MINISTÈRE DE LA MARINE ET DES COLONIES.

LOIS,

DÉCRETS, RÈGLEMENTS ET DÉCISIONS

SUR L'INSCRIPTION MARITIME,

LES ÉCOLES DE LA MARINE, LES PÊCHES,

LA NAVIGATION COMMERCIALE, L'ORGANISATION DES SERVICES DE LA FLOTTE

ET LE RÉGIME COLONIAL.

JANVIER 1861 À AVRIL 1864.

PUBLIÉ PAR ORDRE

DE SON EXC. LE COMTE P. DE CHASSELOUP-LAUBAT,

MINISTRE SECRÉTAIRE D'ÉTAT DE LA MARINE ET DES COLONIES.

PARIS.

IMPRIMERIE IMPÉRIALE.

MDCCCLXIV.

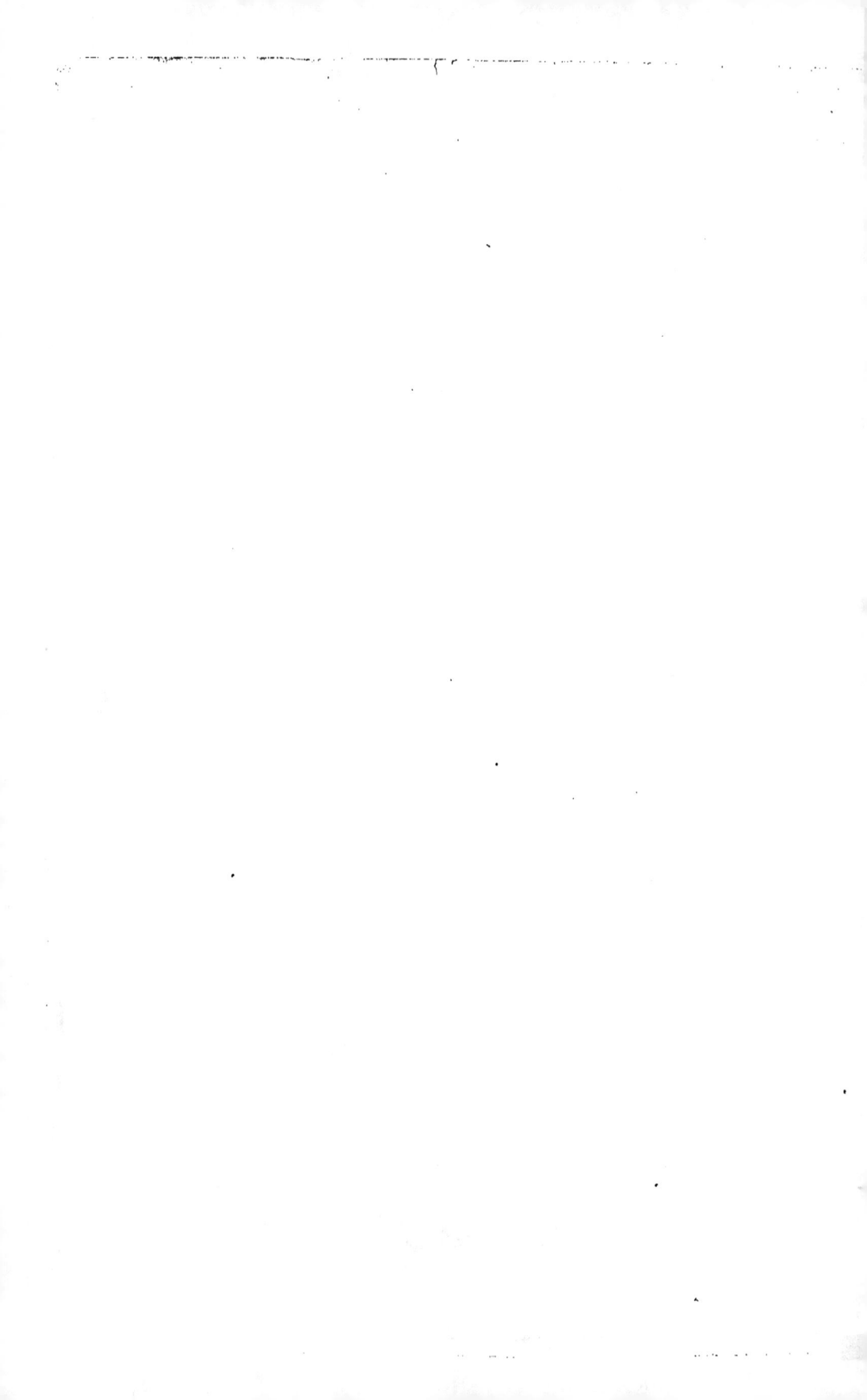

LOIS,

DÉCRETS, RÈGLEMENTS ET DÉCISIONS.

———

MARINE ET COLONIES.

MINISTÈRE DE LA MARINE ET DES COLONIES.

LOIS,

DÉCRETS, RÈGLEMENTS ET DÉCISIONS

SUR L'INSCRIPTION MARITIME,

LES ÉCOLES DE LA MARINE, LES PÊCHES,

LA NAVIGATION COMMERCIALE, L'ORGANISATION DES SERVICES DE LA FLOTTE

ET LE RÉGIME COLONIAL.

JANVIER 1861 À AVRIL 1864.

PUBLIÉ PAR ORDRE

DE SON EXC. LE COMTE P. DE CHASSELOUP-LAUBAT,

MINISTRE SECRÉTAIRE D'ÉTAT DE LA MARINE ET DES COLONIES.

PARIS.

IMPRIMERIE IMPÉRIALE.

MDCCCLXIV

1864

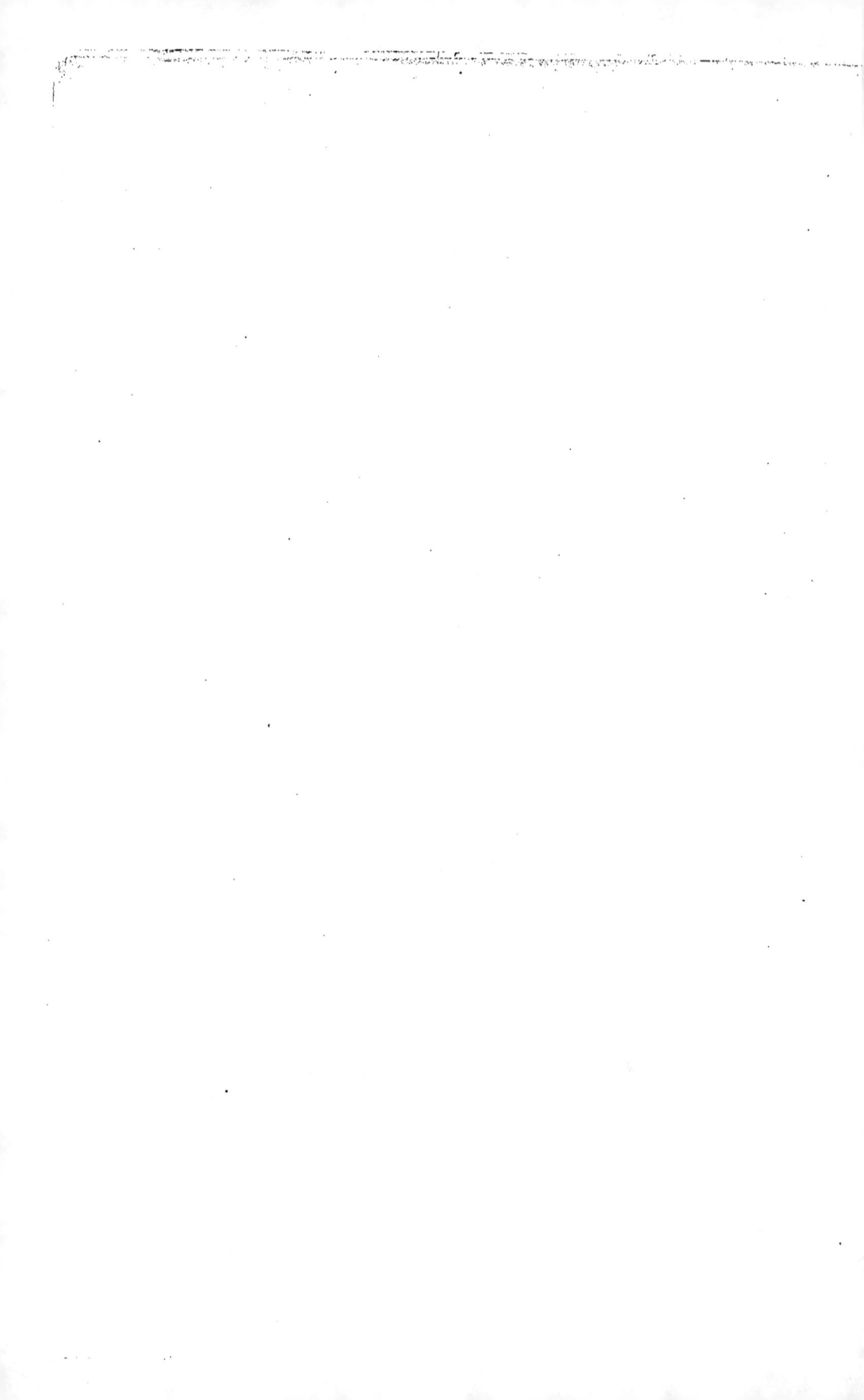

Depuis le commencement de l'année 1861 jusqu'à ce jour, divers actes ont introduit des modifications assez importantes dans les règlements relatifs :

1° à l'inscription maritime ;

2° aux écoles de la marine ;

3° aux pêches ;

4° à la navigation commerciale ;

5° à l'organisation des services de la flotte ;

6° au régime colonial.

Il a paru utile de réunir aujourd'hui les dispositions de ces actes en les groupant de manière à faciliter les recherches.

I. INSCRIPTION MARITIME.

Dans cette partie sont compris : les deux décrets du 25 juin 1861, l'un réglant le mode à adopter pour les levées et pour la concession des sursis de levée, l'autre accordant des primes de réadmission aux marins qui se rengagent sur les bâtiments de l'État ; — les dispositions prises, pour assurer un secours aux enfants au-dessous de dix ans des quartiers-maîtres et matelots de l'inscription levés de nouveau ou maintenus au service ; — les facilités accordées aux marins pour les mettre à même de compléter six années de service à l'État[1] ;

---

[1] Dans l'état actuel, voici les avantages assurés aux marins qui ont accompli leurs six ans de service : garantie contre tout appel nouveau, qui ne peut plus avoir lieu qu'en vertu d'un décret impérial ; supputation sur le pied de sa durée effective, au lieu des trois quarts, de leur temps d'embarquement sur les bateaux affectés à la petite pêche ; supplément de pension de 4 à 6 francs pour les demi-soldes mensuelles de 8 à 18 francs, du quart pour celles au-dessus de 18 francs par mois.

—— les mesures propres à amener le prompt payement dans les quartiers des sommes dues aux gens de mer ou à leurs familles; —— le décret du 22 octobre 1863, sur la formation du personnel des équipages de la flotte; —— enfin, la loi du 28 juin 1862, qui a augmenté la pension des marins.

II. ÉCOLES.

Dans cette seconde partie sont réunis les textes se rapportant aux améliorations qui concernent le personnel des équipages de la flotte : fondation de l'établissement des pupilles de la marine; —— substitution, pour l'école des mousses, d'un vaisseau réunissant neuf cents enfants à une simple corvette; —— création d'un second vaisseau-école des canonniers; —— formation d'un second bataillon de marins fusiliers; —— création d'emplois d'élèves mécaniciens et de seconds-maîtres pratiques dans le corps des mécaniciens et chauffeurs de la marine impériale; —— organisation, à Brest et à Toulon, d'écoles théoriques et pratiques pour les mécaniciens et les chauffeurs.

III. PÊCHES.

Les actes relatifs aux pêches forment la troisième partie; ce sont : le décret portant nomination d'une commission des pêches et de la domanialité maritimes; —— les circulaires prescrivant les études relatives à la révision de la législation des pêches; —— les instructions ministérielles données pour la création des divisions du littoral; —— le décret du 10 mai 1862 sur la pêche côtière.

Ce décret a pour but d'accorder des facilités aux pêcheurs pour l'exercice de leur industrie; ainsi :

Au delà de 3 milles, calculés à partir de la laisse de basse mer, c'est-à-dire au delà de la limite de notre mer territoriale, liberté absolue de se livrer à la pêche, sauf les restrictions que les pêcheurs eux-mêmes pourraient demander à observer.

En deçà de 3 milles, pratique de la pêche comme bon semble

aux pêcheurs, sous la seule observation des règles indispensables pour assurer la reproduction du poisson.

Pour la pêche du hareng et du maquereau, bien qu'aucune disposition définitive n'ait pu encore modifier l'ancienne législation, les actes provisoires, mis immédiatement à exécution, donnent à cette pêche les moyens de se développer.

Ainsi, les pêcheurs ont été autorisés à pratiquer la pêche du hareng sur les côtes de France jusqu'à l'époque de la disparition de ce poisson.

Le voyage unique en Écosse a été supprimé et les pêcheurs ont pu dépasser la latitude précédemment fixée comme ne pouvant être franchie par nos bateaux. Les trois espèces de pêche (d'Écosse, d'Yarmouth et des côtes de France) peuvent aujourd'hui se faire avec un même rôle d'équipage, comportant simplement la taxe fixe au profit de la Caisse des Invalides de la marine, c'est-à-dire des retenues moins élevées que celles imposées aux équipages des bateaux expédiés pour la seule pêche d'Écosse.

La pêche de Lowestoft, prohibée par le décret de 1852, est aujourd'hui permise à partir du moment où le hareng apparaît dans ces parages.

Le règlement des comptes au bureau a été simplifié par la remise à chaque marin d'un livret qui lui est donné aux frais de l'armateur.

Par décision du 20 juin 1863 :

1° Le minimum d'équipage a été supprimé;

2° Les armements peuvent être préparés dans tous les ports sans distinction, à la condition pour les bateaux de se faire expédier d'un port ouvert aux opérations de la pêche du hareng et du maquereau;

3° L'importation des harengs et des maquereaux peut avoir lieu dans tous les ports où existent un agent quelconque de la marine et un bureau de douanes;

4° Enfin les commissions permanentes ont la faculté d'opérer la visite des bateaux intégralement ou partiellement.

Une dépêche du 22 septembre 1863 a supprimé le minimum des filets pour les bateaux au delà de 75 tonneaux.

Pour la pêche de la morue en Islande, un décret du 9 octobre 1863 a rapporté la défense faite aux bâtiments armés pour cette pêche de prendre la mer avant le 1er avril.

Enfin, des règles uniformes ont été tracées pour l'exploitation des hauts et bas parcs. Un décret du 10 novembre 1862 a soumis à une instruction et à une enquête rapides les demandes en concession de parcs à huîtres et autres dépôts de coquillages sur le littoral.

Ces différents actes sont reproduits de la page 161 à la page 250.

IV. NAVIGATION COMMERCIALE.

Dans cette partie se trouvent les mesures relatives à la réexpédition des navires à l'étranger et au rapatriement des équipages du commerce; — l'autorisation d'employer le même rôle, de dispenser le navire d'une nouvelle visite jusqu'au retour au port d'armement et de substituer des novices aux mousses dans la composition des équipages; — la suppression des formalités imposées jusqu'alors à la navigation de plaisance et à l'exploitation, par bateau, des propriétés situées dans les eaux maritimes; — la faculté ouverte aux marins par le décret du 22 octobre 1863 de se faire remplacer au service de l'État; — enfin la dispense de certaines conditions de navigation à l'État pour se présenter aux examens de capitaine au long cours, de pilote, etc.

V. ORGANISATION DES SERVICES DE LA FLOTTE.

Cette cinquième partie contient les actes qui ont apporté des modifications aux divers services de la marine :

La loi et le décret impérial augmentant le cadre des officiers généraux de la marine et celui des officiers de vaisseau; — les décisions ministérielles réglant le tour d'embarquement et la désignation des officiers laissés au choix du commandant; — la loi du 26 juin 1861, qui a amélioré la pension des officiers et fonctionnaires de la marine; — le décret du 25 août 1861 sur l'organisation de la réserve; — l'augmentation du cadre de l'artillerie de la marine et des colonies; — l'institution d'une commission permanente de contrôle et de révision du règlement d'armement; — la création du service météorologique et du service électro-sémaphorique; — l'organisation des commis aux vivres et des magasiniers de la flotte; — la réorganisation de l'administration centrale du ministère de la marine; — celle du commissariat de la marine; — enfin, la création d'une direction et d'un comité d'artillerie de la marine et des colonies [1].

VI. COLONIES.

Le régime des Colonies a subi d'assez notables changements, de 1861 à 1863. Les actes qui les ont consacrés sont réunis dans cette sixième partie :

Ainsi, la lettre de l'Empereur au Ministre de la marine annonçant la cessation de l'émigration africaine; — le traité conclu avec l'Angleterre pour le recrutement de travailleurs indiens destinés à nos colonies; — la loi sur le régime douanier de nos établissements d'outre-mer; — l'organisation financière de la Cochinchine; — le décret sur le cabotage des colonies; — le décret et les instructions sur le régime de la presse; — enfin, le décret approuvant la transformation du Crédit Colonial en Crédit Foncier Colonial.

---

[1] Voir, à la suite de cette cinquième partie, le projet de loi sur l'avancement dans l'armée navale, voté par le Corps législatif pendant le cours de la publication de ce volume.

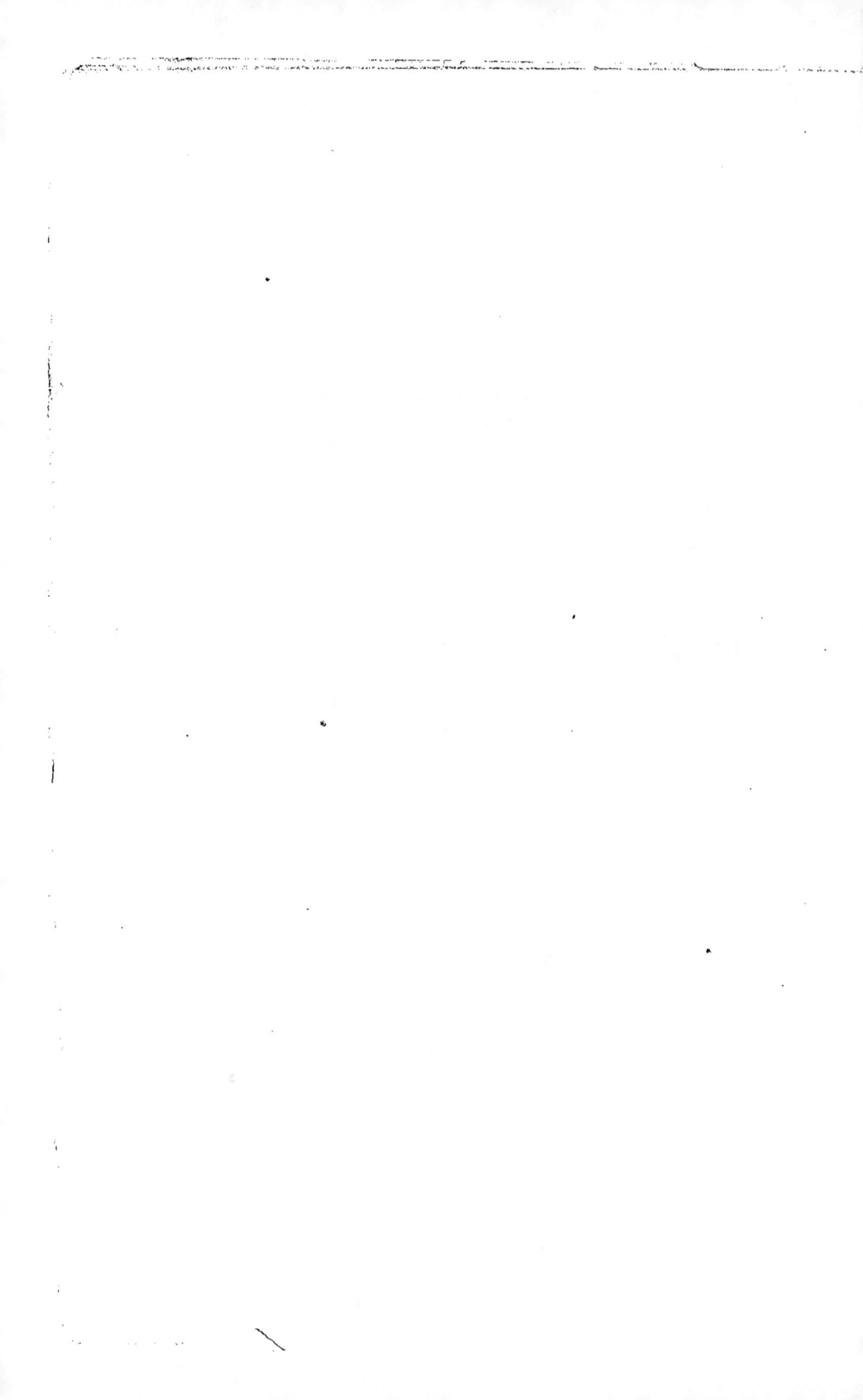

TITRE PREMIER.

INSCRIPTION MARITIME.

Rapport à l'Empereur, suivi d'un décret relatif à l'exercice de la levée permanente et aux sursis à accorder à certaines catégories de marins.

Paris, le 25 juin 1861.

SIRE,

Par un décret du 30 septembre 1860, Votre Majesté a décidé que les inscrits maritimes ayant acquis six années de services à l'État depuis leur inscription définitive ne pourraient désormais être levés de nouveau qu'en vertu d'un décret impérial.

C'était, sauf pour les cas extraordinaires, réduire à une durée assez courte l'obligation du service maritime, et laisser aux gens de mer qui ont accompli ce temps une complète sécurité pour les intérêts de leur industrie et de leurs familles. La pensée, tout à la fois favorable et juste, qui a inspiré cet acte, a été, sans aucun doute, de faire supporter les charges du service par les hommes qui n'ont pas encore payé cette dette, ou qui sont restés le moins de temps sur les bâtiments de la marine impériale.

Exercice de la levée permanente et sursis de levée.

C'est donc entrer complétement dans les bienveillantes intentions de Votre Majesté que de poser cette règle invariable,
que les levées des marins inscrits seront toujours faites en commençant par les hommes qui auront le moins de service à
l'État, et aussi de déterminer d'une manière précise les conditions dans lesquelles les sursis devront être accordés.

Jusqu'à présent, les exemptions de service à donner pour
ne pas priver les familles de leurs soutiens indispensables
ont été laissées à l'appréciation des autorités maritimes, qui
ont apporté dans leurs décisions un esprit d'équité impossible
à méconnaître; mais il n'en est pas moins utile que la même
règle soit appliquée partout, et que partout elle soit connue
des marins.

Ainsi, déclarer que les levées des gens de mer portent,
1° sur les marins qui n'ont pas encore de service à l'État; 2° en
cas d'insuffisance, sur les hommes qui ont le moins de service,

Et déterminer les conditions dans lesquelles les sursis de
levée sont accordés,

Tel est le double but du décret que j'ai l'honneur de soumettre à l'approbation de Votre Majesté, et qui, j'en ai la conviction, sera reçu par les populations maritimes comme un
nouveau bienfait du Gouvernement de l'Empereur.

Je suis, avec un profond respect, etc.

Le Ministre secrétaire d'état de la marine et des colonies,

Signé Cᵗᵉ P. DE CHASSELOUP-LAUBAT.

DÉCRET DU 25 JUIN 1861.

NAPOLÉON, par la grâce de Dieu et la volonté nationale, EMPEREUR DES FRANÇAIS,

A tous présents et à venir, SALUT.

Vu la loi du 3 brumaire an IV, sur l'inscription maritime ;
Vu le décret du 3o septembre 1860 ;
Sur le rapport de notre ministre secrétaire d'état au département de la marine et des colonies ;
Le conseil d'amirauté entendu,

AVONS DÉCRÉTÉ et DÉCRÉTONS ce qui suit :

ART. 1er. Les levées des gens de mer portent :
1° Sur les marins qui n'ont pas encore de service à l'État ;
2° En cas d'insuffisance, sur les hommes qui ont le moins de service, ou, à durée égale de service, sur ceux qui ont été le plus anciennement congédiés.

Ne peuvent être levés qu'en vertu d'un décret les marins ayant plus de six années de service.

ART. 2. Ont droit à des sursis de levée les marins qui se trouvent dans les positions suivantes, savoir :

L'aîné d'orphelins de père et de mère ;

Le marin ayant un frère au service par suite de levée d'office : le sursis accordé dans ce dernier cas est appliqué autant de fois dans la même famille que les mêmes droits s'y reproduisent ;

Le fils unique ou l'aîné des fils, ou, à défaut de fils ou de gendre, le petit-fils unique ou l'aîné des petits-fils d'une femme actuellement veuve, ou d'un père aveugle ou entré dans sa soixante et dixième année.

Dans le cas ci-dessus, le frère puîné obtient un sursis si le

frère aîné est aveugle ou atteint de toute autre infirmité qui
le rende impotent.

ART. 3. Aucun autre sursis de levée ne peut être accordé
que par notre ministre secrétaire d'état de la marine et des
colonies, sur la proposition motivée des préfets maritimes ou
des chefs de service de la marine.

Sauf les cas d'urgence, dont il est rendu compte immédiatement au ministre, les hommes pour lesquels ces propositions
de sursis sont faites doivent être mis en route et attendre la
décision ministérielle aux chefs-lieux des divisions.

Le marin inscrit, en activité de service, ne peut être exceptionnellement renvoyé dans ses foyers que lorsqu'il se trouve
dans un des cas prévus pour l'obtention d'un sursis de levée.

ART. 4. Notre ministre secrétaire d'état au département de
la marine et des colonies est chargé de l'exécution du présent
décret.

Fait au palais de Fontainebleau, le 25 juin 1861.

Signé NAPOLÉON.

Par l'Empereur :

Le Ministre secrétaire d'état de la marine et des colonies,

Signé Cᵗᵉ P. DE CHASSELOUP-LAUBAT.

**Rapport à l'Empereur, suivi d'un décret relatif aux primes
de réadmission au service de la flotte** [1].

RAPPORT.

SIRE,

Primes
de réadmission.

S'il est nécessaire de poser des règles invariables et con-

[1] Par une circulaire du 8 avril 1861, insérée au *Bulletin officiel*, n° 16,

nues de tous lorsqu'il s'agit d'exiger des gens de mer le service qui est dû à l'État, il est bon, il est utile aussi d'offrir des avantages aux marins qui, après avoir accompli un certain temps de service, veulent se rengager et rester sur les bâtiments de la flotte. Ce seront des hommes d'élite dont la marine impériale pourra disposer, et qui entretiendront les bonnes traditions dans les équipages.

J'ai donc l'honneur de soumettre à l'approbation de Votre Majesté un décret aux termes duquel une prime est allouée aux quartiers-maîtres et matelots de l'inscription maritime qui, après avoir servi pendant la première période obligatoire, seraient maintenus ou réadmis pour trois années.

Cette prime est différente selon l'aptitude du marin et se divise en trois annuités, qui, d'ailleurs, peuvent être déléguées en totalité ou en partie à la famille; enfin, dans le cas de décès ou de radiation des rôles par suite de blessures ou d'infirmités contractées dans un service commandé, le montant de la prime est acquis au marin ou à sa famille.

Sans grever beaucoup le budget, cette prime pour rengagement volontaire doit avoir pour effet, en conservant au service des matelots de choix, de diminuer dans une certaine

---

page 352, article 93, le ministre a accordé l'autorisation de donner suite directement aux demandes de rengagement, d'engagement volontaire après libération ou de réadmission, formées par les marins du recrutement, de l'engagement volontaire ou de l'inscription (aux cinq ports seulement), et la faculté d'accueillir, dans la proportion des besoins prévus du service, les demandes d'engagement volontaire comme ouvriers chauffeurs ou apprentis marins.

Sous la date du 24 mai 1861 (*Bulletin officiel*, n° 17, page 376, art. 11), le ministre a décidé que les officiers-mariniers et marins provenant du recrutement ou de l'engagement volontaire, qui, par suite de circonstances de la navigation, sont maintenus à bord des bâtiments de la flotte au delà de l'époque fixée pour leur libération, recevront, à compter de cette époque et à titre de supplément de solde, une allocation égale à la quotité de la haute paye journalière d'ancienneté.

proportion les demandes que l'État doit faire chaque année à l'inscription maritime, et ainsi d'en alléger la charge.

Mais il ne suffisait pas d'accorder des avantages aux marins qui voudraient se faire maintenir ou se faire réadmettre sur les bâtiments de la flotte, même après quelques années d'interruption de service, il fallait encore se préoccuper de la position des hommes qui peuvent être rappelés pour faire partie d'une seconde levée ou qui peuvent être éventuellement maintenus d'office au delà de la première période obligatoire de service. Pour ceux-ci, il était juste aussi de leur allouer une prime journalière, d'abord parce qu'ils apportent à l'État le concours de marins plus expérimentés, plus habiles; ensuite, parce que, au moyen de la délégation, cette allocation pourra profiter entièrement à la famille, qui, dans ces circonstances, a souvent plus à regretter leur absence.

Toutes les dispositions du décret que j'ai l'honneur de vous soumettre, Sire, ont été accueillies avec empressement par le conseil d'amirauté comme présentant de sérieuses améliorations pour le sort des marins, et je les présente à l'approbation de Votre Majesté avec d'autant plus de confiance qu'elles ne font que réaliser les intentions que l'Empereur m'avait personnellement manifestées dans l'intérêt des hommes qui appartiennent à son armée navale.

Je suis avec respect, etc.

Le Ministre secrétaire d'état de la marine et des colonies,
Signé Cte P. DE CHASSELOUP-LAUBAT.

DÉCRET DU 25 JUIN 1861.

Primes de réadmission.

NAPOLÉON, par la grâce de Dieu et la volonté nationale, EMPEREUR DES FRANÇAIS,

A tous présents et à venir, SALUT.

Vu le décret du 5 juin 1856, sur l'organisation du personnel des équipages de la flotte;

Vu le décret du 11 août 1856, portant règlement sur la solde, les revues, l'administration et la comptabilité des équipages de la flotte;

Sur le rapport de notre ministre secrétaire d'état de la marine et des colonies,

Le conseil d'amirauté entendu,

Avons décrété et décrétons ce qui suit :

Art. 1er. Les quartiers-maîtres et les matelots de l'inscription maritime porteurs d'un certificat de bonne conduite délivré à bord du dernier bâtiment sur lequel ils ont navigué peuvent, sur leur demande, être maintenus ou réadmis au service toutes les fois qu'il n'existe pas d'ordre contraire du ministre.

Avant leur réadmission, ils doivent être reconnus aptes à faire un bon service.

Art. 2. Les quartiers-maîtres et les matelots de l'inscription maritime reçoivent la prime dite *de réadmission*, lorsqu'ayant accompli la première période obligatoire de service ils sont, sur leur demande, maintenus ou réadmis au service pour une période de trois années.

Cette prime est fixée à cinquante centimes par jour pour les marins des spécialités, et à quarante centimes pour les marins sans spécialité.

Art. 3. Les actes constatant les réadmissions avec prime sont reçus,

1° Par les commissaires aux armements pour tous les hommes présents à la division des équipages de la flotte ou à bord des bâtiments placés sous l'autorité des préfets matimes;

2° Par les commissaires de l'inscription maritime pour les marins présents dans leurs quartiers;

3º Par les conseils d'administration des bâtiments en cours de campagne, sous l'approbation du commandant en chef de l'escadre ou de la division navale, lorsque le bâtiment ne navigue pas isolément.

Les actes sont inscrits sur un registre spécial; ils sont signés après lecture par le marin réadmis et par l'autorité qui les a reçus.

Mention de la réadmission avec prime est faite sur le rôle, sur le livre de compagnie et sur le livret du marin.

ART. 4. Chaque réadmission pour trois années donne droit au payement de la prime, mais seulement pendant une période de quinze années, à partir de l'âge de vingt ans.

Au delà de leur trente-cinquième année, les quartiers-maîtres et marins réadmis au service n'ont droit qu'à la haute paye d'ancienneté fixée par le tarif nº 5, annexé au décret du 11 août 1856.

ART. 5. La prime de réadmission se divise en trois annuités.

Ces trois annuités sont payées comme la solde et aux mêmes époques; elles sont décomptées à raison de la fixation journalière.

Toutefois, la première annuité est payable par avance, intégralement, aux marins réadmis qui en font la demande.

Ce payement peut avoir lieu dans le quartier auquel appartient le marin réadmis.

En cas de décès ou de radiation des rôles, l'annuité non encore payée n'est due que proportionnellement au temps écoulé jusqu'au jour du décès ou de la radiation. Cette dernière disposition est applicable aux marins qui, pendant une période de réadmission, atteignent les quinze années de service mentionnées en l'article précédent, ou sont portés au grade de second maître.

Toutefois, lorsque le décès ou la radiation des rôles a eu

lieu à la suite de blessures ou d'infirmités contractées dans un service commandé, la totalité des allocations qui leur reviennent en vertu des actes de réadmission leur appartient, après eux à leurs femmes, enfants ou ascendants, et, à défaut, les sommes dues profitent à la caisse des invalides de la marine.

ART. 6. A l'avenir, auront droit à une prime journalière de trente centimes les quartiers-maîtres et les matelots de l'inscription maritime qui, ayant accompli la première période obligatoire, seront levés de nouveau où éventuellement maintenus au service.

ART. 7. Les quartiers-maîtres et les matelots auxquels est attribuée la prime ont la faculté de la déléguer en totalité ou en partie à leurs familles.

Le montant des sommes ainsi déléguées vient alors en augmentation du chiffre des délégations prévues par le décret du 11 août 1856.

ART. 8. Des congés à solde entière, qui n'excéderont pas deux mois, pourront être accordés aux marins réadmis qui arriveront d'une campagne de mer.

ART. 9. Sont et demeurent abrogées toutes les dispositions des décrets des 5 juin et 11 août 1856, dans ce qu'elles ont de contraire au présent décret.

ART. 10. Notre ministre secrétaire d'état de la marine et des colonies est chargé de l'exécution du présent décret.

Fait au palais de Fontainebleau, le 25 juin 1861.

Signé NAPOLÉON.

Par l'Empereur :

Le Ministre secrétaire d'état de la marine et des colonies,

Signé Cte P. DE CHASSELOUP-LAUBAT.

Application de la loi du 26 avril 1855, sur la dotation de l'armée, à un marin renonciataire qui, ayant été affecté comme jeune soldat aux équipages de la flotte, contracte un engagement après la libération de sa classe.

Circulaire ministérielle du 4 octobre 1861.

MESSIEURS, j'ai été consulté sur la question de savoir si un matelot placé dans les conditions ci-après indiquées peut invoquer le bénéfice des dispositions de la loi du 26 avril 1855, sur la dotation de l'armée.

Ce matelot a pris part au tirage au sort de la classe à laquelle il appartenait; le numéro qui lui est échu l'ayant fait comprendre dans le contingent, il en a été déduit à cause de sa qualité d'inscrit, en vertu du paragraphe 2 de l'article 14 de la loi du 21 mars 1832. Sur ces entrefaites, il avait été atteint par la levée permanente et dirigé sur un port militaire. Se trouvant ainsi au service de la marine, il déclare renoncer à la navigation et est mis par suite à la disposition du ministre de la guerre, qui l'affecte aux équipages de la flotte, où il continue à servir comme jeune soldat. Avant l'époque du congédiement de sa classe, il contracte un rengagement et réclame le bénéfice des avantages pécuniaires énoncés aux articles 12 et 14 de la loi du 26 avril 1855.

Dans cette situation, la demande du matelot sur la position duquel j'ai été consulté doit être accueillie, car, sa renonciation ayant eu pour conséquence d'effacer son caractère d'inscrit et de lui rendre celui de jeune soldat, qui n'avait été que suspendu, les services qu'il a acquis subissent la même transformation, et il a le droit de demander à être traité sous tous les rapports comme jeune soldat.

Je vous invite, Messieurs, à annoter la présente circulaire en marge de celle du 23 juillet 1859 (*Bulletin officiel*, p. 335), et à vous conformer, dans des cas analogues, à la ligne de conduite qu'elle indique.

Recevez, etc.

Le Ministre secrétaire d'état de la marine et des colonies,

Signé Cte P. DE CHASSELOUP-LAUBAT.

Décrets du 25 juin 1861 sur les sursis de levée et les primes de réadmission au service de la flotte. — Solutions données à diverses questions relatives à l'application de ces actes.

Circulaire ministérielle du 30 décembre 1861.

Messieurs, les décrets du 25 juin dernier, relatifs aux sursis de levée et aux primes accordées aux quartiers-maîtres et matelots de l'inscription maritime maintenus ou réadmis au service, ont soulevé, comme je le présumais, diverses questions d'interprétation et d'application.

Je vais indiquer ci-après, dans l'ordre des deux actes et des articles auxquels elles se rapportent, les solutions que ces questions m'ont paru comporter.

Solutions données à diverses questions relatives à l'application des décrets du 25 juin 1861.

1° DÉCRET RELATIF AUX SURSIS DE LEVÉE.

QUESTIONS OU OBSERVATIONS.	RÉPONSES, DÉCISIONS.
Doit-on lever pour le service les marins passibles des appels et revenant de la mer dans un port autre que leur quartier d'inscription, sans avoir préalablement constaté s'ils ont ou non droit à un sursis?	C'est aux intéressés qu'il appartient de faire valoir leurs titres. Tout marin passible de la levée qui ne réclame pas un sursis en vertu du décret doit donc être appelé au service et dirigé sur tel port militaire qu'il y a lieu.
Dans le cas où ils invoqueraient l'application du décret, convient-il de les retenir jusqu'à vérification de leur	Quant aux hommes qui exciperont d'une situation prévue par le décret, ils seront libres d'attendre, sur place

position, ou faut-il les renvoyer dans leur quartier pour être levés s'il y a lieu ?

que leurs allégations aient été reconnues exactes ou de se rendre dans leur quartier.

S'ils prennent ce dernier parti, le permis ou l'ordre de retour dont ils doivent être porteurs mentionnera expressément qu'ils ne sauraient s'embarquer de nouveau sur un navire de commerce sans que leur position ait été examinée et régularisée.

Les permis et ordres de retour délivrés aux hommes en jouissance de sursis de levée devront porter dorénavant l'indication de cette situation, qui sera également constatée par une apostille sur les rôles d'équipage des navires, à l'article des intéressés. Quand un homme naviguant ailleurs que dans son quartier cessera d'avoir droit au sursis dont il jouissait, il sera signalé à l'autorité compétente, afin qu'il soit levé le plus promptement possible.

Art. 2, § 2. Le caractère des sursis de levée différant entièrement de celui des exemptions du service militaire, il semble évident que les hommes auxquels il en a été accordé doivent cesser d'en jouir dès qu'ils ne sont plus dans la position qui leur a fait obtenir cette faveur. Ainsi, par exemple, le marin dispensé provisoirement du service comme aîné d'orphelins de père et de mère est levable, si ses frères ou sœurs viennent à mourir avant qu'il ait atteint l'âge de quarante ans.

L'inscrit qui a obtenu un sursis en qualité d'aîné d'orphelins doit être levé, non-seulement si ses frères ou sœurs viennent à mourir avant que son âge le mette en dehors des appels, mais encore du moment où le plus jeune desdits frères ou sœurs a atteint l'âge de vingt et un ans accomplis.

Art. 2, § 3. Comment faudra-t-il

Dans ce cas, les sursis à accorder

opérer si, par suite de l'extension des appels aux hommes *ayant déjà servi*, plusieurs frères doivent être levés simultanément?

ART. 2, § 3. Le marin ayant un frère au service à tout autre titre que par suite de levée d'office, soit notamment comme jeune soldat, a-t-il droit à un sursis?

ART. 2, § 4. Le fils aîné d'une femme veuve obtient un sursis en cette qualité. S'il a deux frères également inscrits, le troisième devra-t-il être levé, alors que le second serait au service?

en vertu du paragraphe 3 de l'article 2 du décret, c'est-à-dire pour le fait de la présence de frères au service ou à y appeler, seront attribués aux hommes ayant le plus de services, et, à durée égale, à ceux le plus récemment congédiés [1].

Non; les dispositions du décret concernent uniquement les marins inscrits, et elles ne sauraient être étendues par voie d'interprétation.

Cette question doit être résolue affirmativement, et il n'y a pas lieu, dans les cas de l'espèce, d'accorder un sursis au troisième frère, en vertu du paragraphe 3 du même article 2.

C'est, au surplus, ce qui a été décidé pour les exemptions en matière de recrutement dans des cas identiques; et la règle tracée par M. le ministre de la guerre dans une lettre dont le contenu, reproduit ci-après, a été porté à la connaissance de M. le préfet maritime à Rochefort, par

---

[1] EXEMPLE :

Six frères inscrits maritimes :

A — 30 ans, 60 mois de services.
B — 28 ans, 64 mois de services.
C — 24 ans, 36 mois de services. Congédié le 1er avril 1861.
D — 23 ans, 36 mois de services. Congédié le 1er juin 1861.
E — 21 ans, 11 mois de services. Au service.
F — 20 ans, sans services.

E exempte B.
F est levé. Il exempte A.
C est levé. Il exempte D.

une dépêche du 16 avril 1859, doit recevoir son application, car ici l'analogie est complète :

« Aux termes de l'article 13 de la « loi du 21 mars 1832, sur le recru- « tement de l'armée (§ n° 6), celui « dont un frère est sous les drapeaux, « à tout autre titre que pour rempla- « cement, a droit à l'exemption du « service militaire, et l'exemption ac- « cordée en vertu de ce paragraphe « doit être appliquée dans la même fa- « mille autant de fois que les mêmes « droits s'y reproduisent.

« Toutefois, les exemptions déjà ac- « cordées aux frères vivants, *à tout autre* « *titre que pour infirmités*, doivent être « comptées en déduction desdites « exemptions.

« Par suite de ces dispositions, la « présence sous les drapeaux du « deuxième frère de la famille F... « ouvrait, il est vrai, un droit à « l'exemption ; mais, comme l'aîné « avait déjà été exempté *pour défaut* « *de taille*, c'est-à-dire *pour une autre* « *cause que pour infirmités*, cette exemp- « tion donnant lieu à déduction a été « opposée au troisième, et celui-ci a « dû, par conséquent, être compris « dans le contingent. »

ART. 2, § 4. Le fils aîné d'une femme veuve étant marié et vivant séparé de sa mère, un sursis doit-il être accordé au fils puîné ?

Non ; le frère puîné ne doit obtenir un sursis, par application du paragraphe 4 de l'article 2, que s'il se trouve dans le cas prévu par le paragraphe 5 dudit article, c'est-à-dire si le frère aîné est aveugle ou atteint de toute autre infirmité qui le rende impotent.

QUESTIONS OU OBSERVATIONS.

RÉPONSES, DÉCISIONS.

Art. 2. § 4. Le fils aîné de veuve, qui est, en outre, marié et père de famille, peut-il obtenir un sursis de levée en vertu dudit article ?

Oui ; le décret n'a pas distingué, et l'on doit admettre que le marin qui se trouve dans cette position vient en aide à sa mère. La solution affirmative est d'ailleurs la conséquence de la précédente, par suite de laquelle un sursis ne sera point accordé au fils puîné d'une femme veuve en raison du mariage de l'aîné.

Art. 3, § 1ᵉʳ. Dans quelle forme et à quelles époques les propositions de sursis de levée devront-elles être adressées au ministre, en exécution du 1ᵉʳ paragraphe de l'article 3 du décret ?

Tant que les levées ne comprendront que les hommes sans services, les commissaires de l'inscription maritime dresseront trimestriellement, au 1ᵉʳ janvier, 1ᵉʳ avril, 1ᵉʳ juillet et 1ᵉʳ octobre de chaque année, en double expédition et conformément au modèle joint à la présente circulaire, la liste des individus jugés susceptibles d'obtenir des sursis pour des causes autres que celles indiquées dans l'article 2 du décret du 25 juin 1861.

Les propositions de l'espèce, approuvées par le ministre, feront considérer les hommes qui en auront été l'objet comme exempts d'appel, tant que leur position ne sera pas modifiée ou jusqu'à ce que les levées soient étendues à une autre catégorie d'inscrits.

Dans ce dernier cas, de nouvelles listes me seraient adressées aussitôt après l'ordre d'appel qui atteindrait la catégorie des hommes ayant déjà servi. Elles comprendraient non-seulement les inscrits de cette catégorie, mais aussi ceux portés sur les listes antérieures.

On procéderait de la même manière chaque fois que les levées s'appliqueraient à d'autres catégories. En un mot, du moment où le régime des appels serait modifié, il y aurait lieu de reviser les sursis antérieurement concédés, en tenant compte, pour les propositions à soumettre au ministre, des besoins plus ou moins grands du service de la flotte.

Quant aux sursis qui résultent des droits reconnus par l'article 2 du décret, ils sont directement accordés par les commissaires de l'inscription maritime, et ne prennent fin que lorsque la situation qui les a motivés vient elle-même à cesser. Les administrateurs des quartiers devront procéder semestriellement, en janvier et en juillet de chaque année, à l'examen de la position des hommes en possession de sursis, sans attendre d'ailleurs l'époque de cette révision, pour lever les inscrits qui cesseraient de pouvoir jouir de la faveur dont il s'agit.

Un état des hommes à l'appel desquels il aura été sursis, en exécution de l'article 2 du décret, devra être tenu dans chaque quartier. Cet état indiquera les folios et numéros d'immatriculation de l'inscrit, ses noms et prénoms, le lieu et la date de sa naissance, son grade, la quotité de ses services à l'État, s'il y a lieu, enfin le motif de la concession du sursis. Ledit état sera soumis à l'examen et au visa des commissaires généraux, chefs du service et inspecteurs appelés à contrôler les opérations des quartiers.

ART. 3, § 2. Il a été demandé ce que l'on devait entendre par les *cas d'urgence*, et l'on a fait observer qu'il serait bien rigoureux de mettre en route et d'envoyer aux chefs-lieux des divisions des hommes auxquels le ministre accorderait, suivant toute apparence, les sursis pour lesquels ils auraient été proposés.

Prenant en considération ces observations, et en vue d'épargner aux inscrits des déplacements inutiles et onéreux, j'ai décidé que les individus proposés pour des sursis ne seraient mis en route que si le préfet maritime, prévenu par une dépêche spéciale du commissaire du quartier et faisant connaître les motifs des sursis, ordonnait l'envoi du marin à la division. Dans le plus bref délai le ministre devra être mis en mesure de statuer.

ART. 3, § 3. Les préfets maritimes peuvent-ils, en vertu de ce paragraphe, prononcer le renvoi exceptionnel d'un inscrit dans ses foyers, ou doivent-ils prendre les ordres du ministre à cet égard ?

Je laisse aux préfets maritimes, aux commandants d'escadres et de divisions navales le soin de statuer sur les demandes de l'espèce. Les congédiements exceptionnels, dans les cas prévus par le décret du 25 juin 1861, ne découlent pas d'ailleurs d'un droit et demeurent subordonnés aux exigences du service. Ils ne peuvent, en outre, avoir lieu que si les hommes, objets de demandes de l'espèce, se trouvent dans un port de France ou embarqués sur des bâtiments à bord desquels des remplacements peuvent être effectués.

Les pièces à produire pour l'obtention des sursis de levée et des congédiements exceptionnels seront-elles les mêmes que celles exigées par les conseils de révision pour les exemptions en matière de recrutement ?

Oui; mais l'autorité maritime devra s'assurer, par ses propres moyens, de l'exactitude des titres invoqués, et, quand il s'agira de congédiements exceptionnels, les pièces présentées à l'appui des demandes devront être visées, et les faits qu'elles énonceront attestés par les commissaires de l'inscription maritime compétents.

TITRE PREMIER.

2ᵉ DÉCRET RELATIF AUX PRIMES DE RÉADMISSION.

AU SERVICE DE LA FLOTTE.

A partir de quel jour le décret est-il exécutoire ?

ART. 1ᵉʳ, § 1ᵉʳ. — La limite d'interruption de service, fixée à un an, par l'article 124 du décret du 11 août 1856, pour obtenir la prime, doit-elle être considérée comme abrogée par suite des termes du cinquième paragraphe du rapport à l'Empereur qui précède le décret du 25 juin 1861 ?

Les dispositions de la circulaire du 13 novembre 1860, qui prescrivent de ne lever sur leur demande les quartiers-maîtres charpentiers, voiliers et calfats, qu'en vertu de l'autorisation du préfet maritime de l'arrondissement, peuvent-elles continuer d'être observées ?

A compter du jour de sa date : il ne peut avoir d'effet rétroactif à l'égard des actes de réadmission qui ont ont été souscrits antérieurement au 25 juin 1861.

L'effet immédiat du décret du 25 juin 1861 est d'abroger toutes les dispositions qui font l'objet des articles 123, 124, 125, 126, 127, 128, 129 et 130 du décret du 11 août 1856. Les termes de l'article 1ᵉʳ du nouveau décret indiquent d'ailleurs clairement que les quartiers-maîtres et matelots de l'inscription maritime, qui se trouvent dans les conditions voulues, peuvent, *à quelque époque que ce soit*, être réadmis au service, puisqu'ils énoncent que le maintien ou la réadmission a lieu *toutes les fois qu'il n'existe pas d'ordre contraire du ministre.*

Le maintien de ces dispositions est nécessaire pour prévenir l'encombrement des divisions en marins de certaines professions. En dehors de cette restriction, les quartiers-maîtres et matelots continueront d'être levés ou réadmis par les commissaires de l'inscription maritime sans autorisation préalable, quand ils se trouveront dans les conditions voulues, conformément aux mesures générales confirmées en dernier lieu par la circulaire du 4 août 1860.

ART. 1er, § 2. Quelles sont les mesures à prendre pour constater l'aptitude à faire un bon service des quartiers-maîtres et matelots de l'inscription maritime qui sollicitent leur réadmission ?

Ces hommes doivent être soumis à la visite prescrite par l'article 100 du décret du 5 juin 1856. Ils seront tenus de produire un certificat de bonne conduite et d'aptitude, conforme au modèle n° 1 annexé à la présente circulaire. Il conviendra aussi d'examiner leur ancien livret.

Les marins congédiés antérieurement au 1er janvier 1857, qui ne justifieront pas d'un certificat de bonne conduite, pourront être réadmis nonobstant l'absence de cette pièce, si leur article matricule ne relate aucune apostille défavorable.

ART. 2, § 1er. Les marins congédiés par *mesure exceptionnelle* avant d'avoir accompli trois années de service ne devraient-ils pas obtenir la prime lorsque, par suite d'une nouvelle levée, ils auraient complété ces trois années?

Non; les dispositions des circulaires des 28 janvier 1857 (*Bulletin officiel,* page 83) et 28 janvier 1860 (*Bulletin officiel,* 1er semestre, page 56) indiquent les règles à suivre dans les cas de l'espèce. Aux termes de la première, les quartiers-maîtres et matelots congédiés par suite de *mesure générale* avant d'avoir accompli la période obligatoire ont droit à la prime de réadmission, et, d'après la seconde de ces dépêches, ladite période est fixée à trois ans.

ART. 5, § 4. La caisse des invalides fera-t-elle l'avance de la première annuité de la prime aux marins qui demanderaient à recevoir cette somme aussitôt après la passation de l'acte de réadmission ?

Les avances de l'espèce seront faites par le trésorier des invalides et régularisées par le port chef-lieu suivant les formes usitées pour le payement de la solde des fonctionnaires détachés dans les quartiers et *au titre de la division sur laquelle les marins réadmis auront été dirigés.*

Les actes de réadmission seront dressés en triple expédition et établis sur l'imprimé modèle n° 2 qui fait suite à la présente dépêche.

La première expédition restera annexée à un registre à souche déposé, soit au bureau des armements, soit à celui de l'inscription maritime, soit entre les mains des conseils d'administration des bâtiments armés.

La deuxième expédition, portant constatation du droit de l'homme à recevoir immédiatement la première annuité de la prime, est adressée au trésorier des invalides de la marine, qui en reste détenteur.

La troisième expédition de l'acte de réadmission, remise à l'intéressé, et sur laquelle le payement effectué doit être apostillé, est envoyé par le comptable à la division compétente.

ART. 6. Les quartiers-maîtres et matelots actuellement au service, qui ont été levés de nouveau, après l'accomplissement de la période obligatoire, avant le décret du 25 juin 1861, jouiront-ils de la prime journalière de trente centimes, ou cette prime ne sera-t-elle acquise qu'à ceux levés d'office dans ces conditions postérieurement audit acte?

La pensée même qui a conduit à l'adoption des dispositions du décret amène à résoudre affirmativement la question ci-contre. En conséquence, les quartiers-maîtres et matelots qui, au moment de la promulgation de cet acte, se trouvaient au service, ont droit, à partir de sa date, à l'allocation déterminée par l'article 6, si d'ailleurs ils remplissaient les conditions voulues.

Aux termes de l'article 45 du décret du 5 juin 1856 et de l'article 4 du décret du 4 août 1860, les marins qui demandent à entrer dans les com-

La position des marins dont il est question rentre dans le cas prévu par l'article 6 du décret du 25 juin dernier, et, par suite, ils ont droit à

pagnies de matelots-canonniers ou de timoniers sont tenus de rester au service pendant deux ans, à compter du jour où ils ont reçu leur brevet.

Comment ces marins doivent-ils être traités, sous le rapport de la prime, depuis le moment où ils ont accompli leurs trois premières années de service jusqu'au jour où ils ont terminé les deux années de présence obligatoire dans les compagnies de matelots-canonniers ou de timoniers?

la prime journalière de 30 centimes, à compter du jour de l'expiration de la période triennale.

Quant à ceux de ces marins qui, sur leur demande, sont réadmis avec prime, conformément à l'article 2 du décret, le bénéfice de cette réadmission doit naturellement courir du jour où ils ont accompli leurs trois premières années de service.

Telles sont, Messieurs, les instructions que m'ont paru comporter, quant à présent, les deux décrets du 25 juin 1861, sur les sursis de levée et les primes de réadmission au service de la flotte. Ces actes sont une nouvelle preuve de la constante sollicitude de l'Empereur pour les marins. D'une part, les charges qui pesaient sur les gens de mer se trouvent notablement allégées, et, d'autre part, de grands avantages sont assurés aux hommes disposés à servir au delà de la première période obligatoire. J'attache beaucoup d'importance à ce que rien ne soit négligé pour faire bien comprendre toute la portée de ces avantages aux intéressés. Indépendamment de la solde, relativement élevée, attribuée, grâce aux primes, aux quartiers-maîtres et matelots maintenus ou réadmis au service, ceux qui se détermineront à compléter six années d'activité, en qualité d'inscrit à titre définitif, ne pourront, en vertu des décrets des 30 septembre 1860 et 25 juin 1861, être levés de nouveau qu'en vertu d'un décret impérial, c'est-à-dire évidemment dans des circonstances exceptionnelles. Ainsi, après avoir servi sur les bâtiments de l'État six années, dont trois leur vaudront de véritables avantages pécuniaires, ils pourront s'établir, exercer leur industrie, soit à la pêche, soit au com-

merce, sans crainte de se voir enlevés à leur famille. Enfin
ces six ans de service ouvrent aux marins qui se vouent à l'exercice de la petite pêche, et qui forment l'une des catégories
les plus intéressantes de la population du littoral, le droit de
compter sur le pied de sa durée effective, au lieu des trois
quarts, leur temps d'embarquement sur les bateaux affectés à
l'exploitation de cette industrie (ordonnance du 9 octobre
1837). Non-seulement ceux des hommes qui remplissent la
condition de six ans de service à l'État arrivent, par suite de
la supputation favorable que je rappelle, bien plus facilement
à la pension dite demi-solde, mais encore ils obtiennent un
supplément variant de 4 à 6 francs pour les demi-soldes mensuelles de 8 à 18 francs, et du quart pour celles au-dessus de
18 francs par mois (décret du 11 juillet 1856).

Efforcez-vous donc, Messieurs, par tous les moyens possibles, de mettre les marins en mesure d'apprécier l'heureuse
influence que les décrets du 25 juin 1861 sont appelés à exercer sur leur sort présent et futur. En contribuant à maintenir
ou à ramener au service de la flotte une partie de l'élite de
notre population inscrite, vous travaillerez à améliorer la condition matérielle d'une classe d'hommes dignes de tant de sympathie, et à assurer une bonne constitution des équipages de
la marine impériale. Je serai heureux de pouvoir faire connaître à l'Empereur que, grâce à votre concours dévoué, les
décrets du 25 juin 1861 ont atteint le but que se proposait
la pensée auguste qui les a inspirés.

Recevez, etc.

Le Ministre secrétaire d'état de la marine et des colonies,

Signé Cte P. DE CHASSELOUP-LAUBAT.

Secours de dix centimes.

Par décision ministérielle du 5 juin 1861, le secours de dix centimes par jour accordé, en vertu de l'article 31 de la loi du 3 brumaire an IV, aux enfants âgés de moins de dix ans, des marins d'un grade inférieur à celui de second maître, levés de nouveau après avoir accompli une première période de service réglementaire, devra être payé en toute circonstance, sans qu'il soit besoin de prendre les ordres du ministre, toutes les fois qu'une levée d'hommes ayant déjà servi sera prescrite.

Secours de dix centimes aux enfants des marins et ouvriers inscrits.

Le secours de dix centimes par jour est alloué aux enfants des ouvriers inscrits d'un grade inférieur à celui de contre-maître.

Circulaire ministérielle du 12 juillet 1861.

MESSIEURS, par décision insérée au *Bulletin officiel*, à la date du 5 juin 1861, je vous ai fait connaître que le secours de 10 centimes par jour accordé aux enfants, âgés de moins de dix ans, des marins d'un grade inférieur à celui de second maître, levés de nouveau après avoir accompli une première période de service réglementaire, devait être payé, en toute circonstance, sans qu'il soit nécessaire de prendre les ordres du ministre, toutes les fois qu'une levée d'hommes ayant déjà servi viendrait à être ordonnée.

J'ai l'honneur de vous informer que le même secours devra être alloué, dans les mêmes circonstances, aux enfants des ouvriers inscrits d'un grade inférieur à celui de contre-maître.

Veuillez, chacun en ce qui vous concerne, assurer l'exécution de la présente prescription.

Recevez, etc.

Le Ministre secrétaire d'état de la marine et des colonies,
Signé Cte P. DE CHASSELOUP-LAUBAT.

Le secours de dix centimes par jour doit être alloué pour les enfants, âgés de moins de dix ans, des marins requis de nouveau ou maintenus au service après l'accomplissement d'une première période obligatoire.

Dépêche ministérielle du 11 septembre 1862, adressée
au préfet maritime à Brest.

MONSIEUR LE PRÉFET, vous m'avez transmis, le 11 du mois dernier, une lettre par laquelle le commissaire de l'inscription maritime à Saint-Brieuc demande s'il y a lieu de payer le secours journalier de 10 centimes aux enfants, âgés de moins de dix ans, des quartiers-maîtres et matelots qui, ayant accompli la première période obligatoire de service, se trouvent aujourd'hui maintenus d'office en activité, conformément à ma circulaire du 28 juin, laquelle suspend provisoirement le congédiement des marins de ces deux catégories réunissant moins de six années de services, dont une au moins depuis leur dernière levée.

Cette question m'a paru devoir être résolue affirmativement, l'article 6 du décret du 25 juin 1861, sur les primes de réadmission, ayant assimilé à une levée nouvelle le maintien au service des quartiers-maîtres et matelots de l'inscription maritime qui ont accompli la première période obligatoire.

Je vous invite à donner des ordres dans le sens de la présente dépêche, dont je prescris d'ailleurs l'insertion au *Bulletin officiel*, afin que la disposition qu'elle contient reçoive une application générale.

Recevez, etc.

Le Ministre secrétaire d'état de la marine et des colonies,

Signé Cte P. DE CHASSELOUP-LAUBAT.

Notification d'une décision impériale relative aux secours journaliers de dix centimes alloués aux enfants des marins inscrits en activité de service après l'accomplissement de la première période obligatoire.

Circulaire ministérielle du 26 décembre 1862.

Messieurs, l'Empereur vient de donner aux populations maritimes une nouvelle preuve de la constante sollicitude qu'elles lui inspirent, en décidant qu'à l'avenir le secours journalier de 10 centimes sera alloué aux enfants âgés de moins de dix ans de tous les marins inscrits, au-dessous du grade de second maître, qui se trouvent en activité de service après avoir accompli la première période obligatoire.

Secours de dix centimes. (Suite.)

Je vous invite à assurer l'exécution de la décision de Sa Majesté, qui est reproduite ci-après, et dont vous ferez remonter l'effet au 30 novembre dernier.

Recevez, etc.

Le Ministre secrétaire d'état de la marine et des colonies,

Signé Cᵗᵉ P. DE CHASSELOUP-LAUBAT.

ANNEXE.

—

RAPPORT A L'EMPEREUR.

Sire,

Votre Majesté a daigné prendre, le 25 avril 1859, par application de l'article 31 de la loi du 3 brumaire an IV, sur l'inscription maritime, une décision en vertu de laquelle il est alloué un secours de 10 centimes par jour à chacun des enfants âgés de moins de dix ans de tout marin d'un grade au-dessous de celui de second maître, requis de nouveau, après avoir accompli une première période de service réglementaire, pour être embarqué sur les bâtiments de la marine impériale ou employé dans les ports et arsenaux.

Cette mesure bienveillante, ne s'appliquant qu'aux enfants d'inscrits levés *d'office,* constitue, en faveur de ceux-ci, un privilège à l'égard des marins réadmis ou maintenus au service sur leur demande.

J'ai l'honneur de prier Votre Majesté de vouloir bien faire cesser cette inégalité de traitement, en décidant que le secours journalier de 10 centimes sera désormais alloué aux enfants âgés de moins de dix ans de tous les marins inscrits, au-dessous du grade de second maître, qui se trouvent au service de la flotte après l'accomplissement de la première période obligatoire.

Je suis, avec le plus profond respect, Sire, de Votre Majesté, le très-humble et très-obéissant serviteur,

Le Ministre secrétaire d'état de la marine et des colonies,

Signé Cte P. DE CHASSELOUP-LAUBAT.

Approuvé :

Signé NAPOLÉON.

Facilités à accorder aux marins qui veulent compléter six années de services à l'État.

Circulaire ministérielle du 18 mars 1862.

Facilités
aux marins
pour compléter
six années
de services.

MESSIEURS, dans le cours de la mission extraordinaire dont il est chargé, et par suite de laquelle il doit se rendre successivement dans les divers quartiers de l'inscription maritime, M. le vice-amiral Pénaud a appelé mon attention sur l'opportunité de faciliter aux anciens marins les moyens de compléter six années de services à l'État, afin de leur permettre d'obtenir le supplément attaché à la pension dite *demi-solde,* en faveur des hommes qui justifient de cette condition. (Décret du 11 juillet 1856. — *Bulletin officiel de la marine,* p. 599.)

Cette faculté existe pleinement en présence des dispositions qui régissent les levées et les congédiements, et il n'est besoin d'aucune mesure nouvelle pour donner aux marins inscrits, quelle que soit la quotité des services qu'ils ont déjà acquise, la possibilité de parfaire les soixante et douze mois dont doivent justifier ceux d'entre eux qui veulent recueillir le bénéfice du supplément de pension accordé par le décret précité du 11 juillet 1856.

En effet, aux termes du dernier paragraphe d'une circulaire en date du 1er février 1859 [1], laquelle ne faisait, d'ailleurs, que confirmer des prescriptions analogues antérieures, tout quartier-maître ou matelot ayant déjà servi, et qui demande de l'emploi, peut être compris dans les appels, s'il a de bons antécédents, indépendamment des conditions physiques voulues; et cette mesure est applicable même aux marins âgés de plus de quarante ans et de moins de cinquante, placés en dehors de ce que l'on appelle communément *le cadre de la levée permanente.*

D'un autre côté, les marins inscrits doivent être congédiés, à moins d'ordres contraires, lorsqu'ils réunissent trois années consécutives d'activité [circulaires des 7 janvier 1833, 6 août 1845 et 13 octobre 1847], ou six années de service en totalité, dont une au moins depuis leur dernière levée. [Circulaires des 16 novembre 1844 [2] et 25 mars 1858 [3].]

---

[1] *Bulletin officiel de la marine,* page 59.
[5] *Annales maritimes,* 1844, partie officielle, page 1302.
[2] *Bulletin officiel de la marine,* page 543.

3

Ainsi donc le marin qui, ayant plus de trois années de service, mais moins de six, veut compléter cette dernière période, peut se faire lever pour le laps de temps qu'il a besoin d'acquérir, *à la condition toutefois d'être retenu au service pendant une année au moins.*

En vue, d'ailleurs, de prévenir une difficulté qui pourrait se produire, j'autorise le renvoi dans leurs foyers, à titre exceptionnel, de ceux de ces marins qui réclameraient leur congédiement avant l'accomplissement de ladite condition, comme ayant dépassé l'âge de cinquante ans.

Il demeure entendu que les hommes dont il s'agit ne recevront point la prime journalière de 30 centimes prévue par l'article 6 du décret du 25 juin 1861 [1], dont la concession est réservée aux seuls cas de levée d'office ou de maintien éventuel au service.

Les marins de quarante à cinquante ans qui profiteront des dispositions que la présente dépêche a pour objet de rappeler et de confirmer, quand ils ne pourront être employés à bord des bâtiments de guerre proprement dits, devront être destinés aux transports, gardes-pêches, bâtiments de servitude, stationnaires, etc. etc. où ils remplaceront souvent des hommes éminemment propres aux vaisseaux et frégates.

Je ne terminerai pas cette circulaire sans insister encore ici, comme je l'ai déjà fait dans celle du 30 décembre 1861 [2], portant instructions pour l'application des décrets du 25 juin de la même année, sur l'intérêt qui s'attache à représenter, aussi fréquemment que possible, aux marins inscrits, les avantages qu'ils ont à recueillir de l'accomplissement de six années de services à l'État : sécurité touchant tout appel nouveau, qui ne peut plus avoir lieu qu'en vertu d'un décret impérial; sup-

---

[1] *Bulletin officiel de la marine,* page 19.
[2] *Bulletin officiel de la marine,* page 654.

putation sur le pied de sa durée effective, au lieu des trois quarts, de leur temps d'embarquement sur les bateaux affectés à la petite pêche; enfin supplément de pension de 4 à 6 francs pour les demi-soldes mensuelles de 8 à 18 francs, et du quart pour celles au-dessus de 18 francs par mois.

Toutes facilités sont donc accordées aujourd'hui aux marins jeunes ou déjà âgés, pour leur permettre de jouir du bénéfice de ces mesures libérales, qui ne peuvent manquer d'améliorer la condition matérielle de nos populations du littoral, objet constant de la sollicitude du Gouvernement de l'Empereur.

Recevez, etc.

Le Ministre secrétaire d'état de la marine et des colonies,

Signé Cte P. DE CHASSELOUP-LAUBAT.

Avantages conférés aux marins inscrits maintenus ou réadmis au service et à ceux qui ont accompli six ans d'activité à bord des bâtiments de l'État ou dans les divisions des équipages de la flotte.

Circulaire ministérielle du 9 février 1863.

Messieurs, d'après les informations qui me sont parvenues récemment, le bruit s'est répandu que le temps passé au service de l'État, par les marins, à la suite d'une réadmission ou d'un maintien avec prime, ne comptait pas dans les six ans d'activité, après lesquels les hommes de l'inscription maritime ne peuvent être appelés de nouveau qu'en vertu d'un décret de l'Empereur.

Le décret du 30 septembre 1860, dont je reproduis ici les termes : « Les inscrits maritimes qui ont acquis six années « de services à l'État, depuis leur inscription définitive, ne « pourront désormais être levés de nouveau pour le service de

Avantages conférés aux marins maintenus ou réadmis après six ans de service.

3.

« la flotte ou des arsenaux qu'en vertu d'un décret impérial, »
ne se prête nullement à une pareille interprétation, qui entra-
verait les bons effets que le décret du 25 juin 1861, sur les
primes de réadmission, doit produire pour le service de la
flotte et pour les marins eux-mêmes.

Je vous invite à ne rien négliger pour faire cesser les doutes
qui ont pu naître à ce sujet dans les esprits, et je saisis cette
occasion de rappeler :

1° Que les marins inscrits, ayant moins de trente-cinq ans,
maintenus ou réadmis au service, pour une période de trois
ans, ont droit à une prime journalière fixée à *cinquante centimes* pour les quartiers-maîtres et matelots des spécialités,
et à *quarante centimes* pour les matelots qui n'appartiennent pas
aux spécialités, ladite prime pouvant être, outre la délégation
ordinaire, abandonnée en totalité ou en partie aux familles
desdits marins (décret du 25 juin 1861);

2° Qu'un secours de dix centimes par jour est alloué à
chacun des enfants de moins de dix ans de tous les marins
inscrits, d'un grade au-dessous de celui de second maître,
qui se trouvent en activité de service après avoir accompli la
première période obligatoire, soit par suite de levée d'office,
soit sur leur propre demande (décision impériale du 26 décembre 1862);

3° Que, lors de la liquidation des pensions dites *demi-soldes*,
un supplément est accordé aux hommes réunissant six années
de service sur les bâtiments de l'État ou dans les divisions des
équipages de la flotte;

4° Que les marins, qui ont accompli cette condition de
six années de service, sont admis à compter sur le pied de sa
durée effective, au lieu des trois quarts, leur temps d'embarquement sur les bateaux armés pour la petite pêche, ce qui

leur permet d'acquérir bien plus facilement les trois cents mois exigés pour l'obtention de la demi-solde;

5° Enfin, que les enfants ayant perdu leurs mères, et dont les pères, officiers-mariniers ou marins, se trouvent au service de l'État, peuvent être admis à l'établissement des pupilles de la marine (décret du 15 novembre 1862).

Afin de donner toute la publicité possible à la présente dépêche, je la fais imprimer en placards, et je vous invite à donner, chacun en ce qui vous concerne, les ordres nécessaires pour qu'elle soit affichée dans tous les chefs-lieux de quartier, de sous-quartiers et de syndicats maritimes, ainsi que dans les casernes des divisions des équipages de la flotte, à bord des bâtiments de la marine impériale, enfin partout où il sera utile de le faire.

Recevez, etc.

Le Ministre secrétaire d'état de la marine et des colonies,

Signé Cte P. DE CHASSELOUP-LAUBAT.

Mesures à prendre pour accélérer le payement des sommes déposées à la caisse des gens de mer et de celles versées à la caisse des invalides.

Circulaire ministérielle du 18 juin 1862.

MESSIEURS, par une circulaire du 4 juillet de l'année dernière, j'ai appelé l'attention des administrations locales sur la nécessité de prendre des mesures efficaces dans le but de réduire le chiffre toujours croissant des sommes qui, à défaut de réclamation pendant la durée légale du dépôt à la caisse des gens de mer, sont versées à la caisse des invalides.

Un système d'avertissements individuels et de publicité périodique m'a paru être la combinaison la plus favorable pour

Mesures pour accélérer le payement des sommes dues aux gens de mer.

ramener à l'état d'exception le passage, dans la caisse des invalides, des produits divers originairement versés à la caisse
des gens de mer, et pour rapprocher ainsi l'époque du payement des salaires de celle à laquelle ont été rendus les services dont ils sont la rémunération.

C'est sous l'inspiration de cette pensée qui, j'en ai la conviction, rencontrera un accueil sympathique chez tous les
fonctionnaires appelés à concourir à sa réalisation, que j'ai arrêté les mesures suivantes :

1° Dans les premiers mois de chaque année, il sera imprimé, par les soins de l'administration centrale de mon département, un état récapitulatif, par arrondissement maritime, des articles les plus importants compris dans les états
de versement à la caisse des invalides qui auront été envoyés
par les ports.

Ainsi, je viens de faire faire ce relevé pour le versement
de 1861, en n'y comprenant que les sommes au-dessus de
50 francs; il est à l'impression, et sera prochainement envoyé, en quadruple expédition, à tous les commissaires de
l'inscription maritime. Ces fonctionnaires en garderont deux
exemplaires, qu'ils feront afficher à l'extérieur de leur bureau. Quant aux deux autres exemplaires, ils devront les renvoyer successivement au ministère, sous le présent timbre;
savoir : le premier, le 30 septembre; le deuxième, le 31 décembre de chaque année, après avoir rayé les noms des marins qui auront été payés, et en indiquant, à l'encre rouge,
les mesures prises pour arriver à faire effectuer le payement
des sommes qui restent disponibles.

Un exemplaire dudit état sera aussi adressé par mes soins
à tous les bâtiments armés.

2° Un bulletin individuel d'avertissement, déjà en usage
dans plusieurs localités maritimes où il a produit d'excellents

résultats, et dont vous trouverez ci-joint le modèle, sera désormais compris dans la nomenclature des imprimés, et envoyé en nombre suffisant aux commissaires de l'inscription maritime, afin que ceux-ci préviennent immédiatement, et, si cela est nécessaire, à plusieurs reprises, les ayants droit, de l'arrivée au quartier des sommes versées à leur profit.

J'espère que la mise à exécution de ces dispositions, sur lesquelles j'appelle toute votre sollicitude, facilitera la remise aux intéressés des diverses sommes déposées à la caisse des gens de mer.

Néanmoins, tout en rendant justice au zèle qui anime, en général, l'administration, je crois utile de faire ici de nouvelles recommandations pour qu'il y ait redoublement d'efforts,

1° De la part des ports expéditeurs des remises, à consigner sur lesdites remises tous les renseignements de nature à mettre les quartiers en mesure de reconnaître les véritables titulaires des versements effectués;

2° De la part des ports recevant les remises, à faire, au moyen des syndics des gens de mer et du concours des maires des communes rurales, toutes les dispositions qui pourront hâter les payements des sommes non encore remboursées après l'envoi du premier avertissement.

En un mot, il faut que chaque administrateur recherche les marins créanciers de la marine avec la même vigilance qu'il met à retrouver les débiteurs de l'État.

Veuillez, je vous prie, donner des ordres pour que les dispositions contenues dans la présente circulaire soient scrupuleusement exécutées.

Recevez, etc.

Le Ministre secrétaire d'état de la marine et des colonies,

Signé Cte P. DE CHASSELOUP-LAUBAT.

Nouvelles mesures relatives au remboursement des sommes déposées à la caisse des invalides de la marine, et portant modification aux dispositions de la circulaire du 18 juin 1862.

Circulaire ministérielle du 9 avril 1863.

Mesures
pour accélérer
le payement des
sommes dues
aux gens de mer.
(Suite.)

MONSIEUR LE PRÉFET, les résultats obtenus l'année dernière par suite de l'affichage dans les ports des états présentant les sommes les plus importantes dues aux gens de mer ou à leurs familles, et qui étaient comprises dans le versement du 15 février 1861, ont été des plus satisfaisants.

Je suis donc décidé à recourir à la même mesure cette année; mais j'ai reconnu que, pour éviter de comprendre sur ces états les sommes payées pendant le temps de la préparation du travail, il était nécessaire que les relevés fussent établis par les quartiers eux-mêmes.

J'ai décidé, en conséquence, que les commissaires de l'inscription maritime dresseront à l'avenir, et m'enverront directement, dans le courant du mois de *mars* de chaque année, un état nominatif de tous les articles de 50 francs et au-dessus, compris dans le versement à la caisse des invalides du *15 février de la même année*, en se conformant, bien entendu, aux autres dispositions de la circulaire du 18 juin 1862.

Quant au relevé de 1863, je vous prie de prescrire aux administrateurs de votre arrondissement de s'en occuper *immédiatement*, et d'y faire figurer toutes les sommes non payées au *1er avril courant, tant sur le versement du 15 février 1862 que sur celui du 15 février 1863.* Je désire que ce relevé me soit envoyé le plus promptement possible et directement par chaque quartier sous le présent timbre.

J'accorderai bien volontiers, s'il y a lieu, des témoignages de satisfaction aux commissaires de l'inscription maritime qui auront apporté le plus de diligence et de zèle dans l'accomplissement de ce travail, ainsi que des gratifications aux employés qui les auront le mieux secondés.

L'impression des placards continuera d'être exécutée à Paris, suivant le mode adopté l'an dernier, et je désirerais qu'elle pût être terminée au commencement du mois de mai prochain, pour que les affiches fussent envoyées aux ports dans la première quinzaine de juin au plus tard.

Je vous serai obligé de m'accuser réception de la présente circulaire.

Recevez, Monsieur le Préfet, l'assurance de ma considération très-distinguée.

Le Ministre secrétaire d'état de la marine et des colonies,

Signé Cᵗᵉ P. DE CHASSELOUP-LAUBAT.

Formation du personnel des équipages de la flotte.

RAPPORT A L'EMPEREUR.

Paris, 22 octobre 1863.

SIRE,

Autrefois, quand on avait besoin de matelots pour le service de l'État, on fermait les ports, on prenait de gré ou de force tous les marins, et on les faisait monter sur les vaisseaux du roi. C'était en réalité la *presse,* mode violent de recrutement tombant à l'improviste, sans égard pour les droits acquis, sans distinction d'âge ni de services antérieurs.

Mais lorsque, sous Louis XIV, on chercha à constituer une marine puissante, on renonça à ce mode d'armement, qui pesait d'une manière si inégale sur les populations maritimes et entravait toutes les opérations commerciales, et on créa le *système des classes.*

Formation
du personnel
des
équipages
de la flotte.

C'est dans l'Aunis, le Poitou et la Saintonge que l'ordonnance de 1665 en fit le premier essai; plus tard les ordonnances de 1668, 1669, 1670, 1673 et 1689 l'appliquèrent à
tout le littoral de la France. Ce système consistait dans la confection, pour les villes et bourgs des côtes, d'un rôle général
des matelots, qu'on partageait en trois classes; chaque classe
devait servir une année sur les bâtiments de l'État, et, pendant les deux autres années, était libre de naviguer sur les
navires marchands. Ce roulement se répétait pour les marins
tant que durait leur inscription sur les rôles [1].

L'application de ce mode de levée fit naitre de sérieuses
difficultés. Ce roulement incessant des classes ne fournissait
pas aux navires de guerre des équipages assez fortement constitués; enfin il limitait forcément l'étendue des opérations du
commerce maritime. Aussi tomba-t-il peu à peu en désuétude,
et il ne servait plus de règle au recrutement de la flotte, qui
s'opérait cependant toujours parmi les marins inscrits, mais
selon les exigences du moment, lorsqu'il fut totalement supprimé en 1784.

L'ordonnance du 31 octobre 1784 constitua une organisation complète de l'administration des gens de mer dans les
quartiers et syndicats qu'elle établit; elle prescrivit que les levées se feraient par rôle individuel au moyen d'états nomina-
tifs.

Ces états étaient divisés en deux listes, l'une pour les gens
mariés, l'autre pour les célibataires; les levées devaient se faire
en commençant par les têtes de listes, et en continuant ainsi,
au fur et à mesure des besoins, jusqu'à complet épuisement;
après quoi, on recommençait à parcourir les listes en suivant
le même ordre.

[1] Dans la Bretagne, la Guienne, la Normandie et la Picardie, le service à
l'État n'était que d'une année sur quatre.

Le contingent à fournir pour chaque quartier était proportionnel au nombre d'hommes propres au service portés sur les états, et le rapport suivant lequel chaque liste devait concourir aux levées était réglé de façon à ce que les célibataires fussent un tiers du temps de plus au service que les gens mariés; les matelots et les hommes des professions maritimes restaient, à moins de renonciation formelle de leur part, soumis à l'inscription jusqu'à l'âge de soixante ans.

Mais, Sire, en même temps que ces ordonnances, promulguées de 1665 à 1784, imposaient aux gens de mer le service sur les bâtiments et dans les arsenaux de l'État, d'autres actes émanés également de l'autorité souveraine leur assuraient des priviléges, des avantages importants, comme une juste compensation des sacrifices qui leur étaient demandés.

Déjà une déclaration de 1661, antérieure dès lors à l'établissement des classes, les avait exonérés de certaines charges personnelles et même d'impôts. Mais ce fut surtout après cet établissement que divers édits et ordonnances vinrent étendre les immunités et accorder d'autres avantages [1].

A terre, les marins non employés recevaient la moitié de leur solde [2], plus un mois de gages en cas de congédiement [3]. Leurs familles recevaient dans leurs quartiers, par l'intermédiaire gratuit de la caisse des gens de mer, les délégations qui les faisaient vivre en l'absence de leurs soutiens naturels [4]; blessés, ils devaient être soignés jusqu'à leur guérison dans des hôpitaux des villes les plus proches [5]; s'ils étaient reconnus capables de servir, ils recevaient un supplément de solde;

[1] Ordonnances, édits ou arrêts de janvier 1670, août 1673, 6 août 1717, 25 juin 1718, juillet et décembre 1720, 9 mars 1755 et 20 mars 1778.

[2] Édit de janvier 1670.

[3] Édit d'août 1673.

[4] Ordonnance du 7 août 1675, règlement du 1er juin 1782.

[5] Ordonnance du 19 avril 1670.

dans le cas contraire, ils devaient être nourris et entretenus
leur vie durant dans les hôpitaux [1]; quant à ceux qui vou-
laient se retirer chez eux, le fonds des hôpitaux leur payait
trois années entières de leur subsistance. Enfin, et ce fut là
l'origine de ce qu'on a appelé depuis l'*Établissement des Invalides de la marine,* des pensions et demi-soldes furent accordées non seulement aux marins de l'État, mais encore à ceux
du commerce [2], et des secours furent alloués aux veuves et
aux enfants des marins tués au service [3].

Pour faire face à ces obligations, on créa des ressources
spéciales; on établit une retenue qui varia de 3 à 6 deniers [4],
et qui, après avoir porté d'abord sur le personnel, puis sur
le matériel de la marine militaire [5], finit par porter également sur les gages des marins du commerce et sur le produit
des prises [6].

On attribua aux invalides de la marine [7] le produit des
gages et parts de prises et la moitié du produit des nau-
frages non réclamés, et des règles précises, d'après lesquelles
les pensions pour blessures, infirmités et ancienneté de service pouvaient être accordées, furent posées par l'ordonnance
du 31 octobre 1784.

Ainsi, d'un côté, inscription de tous les gens de mer et des
professions maritimes, obligation, lorsqu'ils en étaient requis,
de servir sur les bâtiments de l'État et dans les arsenaux; de
l'autre, exemption de bien des charges qui pesaient sur leurs

[1] Règlement du 23 septembre 1673, confirmé par celui du 6 octobre 1674.
[2] Édit de 1709, confirmé par celui de juillet 1720, dont les dispositions
posaient les bases des trois services distincts : prises, gens de mer, invalides.
[3] Édit de 1713 et ordonnance de 1759.
[4] Ordonnance du 23 septembre 1673.
[5] Édit de mai 1709.
[6] Édit de mars 1713.
[7] Édit de décembre 1713.

concitoyens, droit exclusif de l'exercice de leur profession pour la navigation, la pêche, les constructions; enfin pensions pour eux et leurs veuves, alors même qu'ils ne comptaient qu'un petit nombre d'années de service à l'État.

Tel était, en résumé, et bien qu'altéré souvent dans l'application, le système d'après lequel avaient été recrutées les flottes que commandaient les Duguay-Trouin, les Tourville, les Suffren, les d'Estaing, et qui, en 1690, triomphaient des forces maritimes coalisées contre Louis XIV, et, près de cent ans plus tard, protégeaient l'émancipation de l'Amérique.

Telle était enfin la législation, lorsque éclata la grande révolution qui devait proclamer des droits et poser des principes destinés à changer l'aspect du monde.

Cette législation fut alors l'objet de sérieuses discussions; mais l'Assemblée constituante, loin de la trouver incompatible avec les droits qu'elle venait de proclamer, en consacra au contraire de nouveau tous les principes; seulement elle voulut soumettre l'inscription maritime à des règles mieux définies, l'entourer de plus de garanties, enfin lui offrir des conditions plus favorables. C'est ce qu'elle fit par divers actes qui montrent avec quelle sollicitude elle se préoccupait du soin de conserver, en les améliorant, les institutions qui, depuis Colbert, avaient assuré le recrutement de nos armées navales.

Par le décret du 31 décembre 1790, elle déclare que tout citoyen français pourra embrasser les professions maritimes; que tous ceux qui exerceront ces professions seront astreints au service sur mer ou dans les arsenaux; qu'à cet effet ils seront classés et, dès lors, dispensés de tout autre service public. Puis, par un autre décret, rendu le même jour, elle détermine les conditions d'avancement des gens de mer, en paye et en grade, sur les vaisseaux de l'État.

Par le décret du 29 avril, elle cherche à organiser le personnel de la marine, crée des écoles gratuites d'hydrographie; enfin, par le décret du 30, maintient la caisse des invalides de la marine, à laquelle elle conserve ses revenus spéciaux, ainsi que les remises sur toutes les dépenses du département de la marine, convertit en sa faveur une rente viagère sur la tête du roi en rente perpétuelle, et règle le chiffre des pensions et des demi-soldes des matelots, de leurs veuves, et des secours accordés à leurs enfants.

La Convention respecta, elle aussi, ces institutions; elle en sanctionna de nouveau les principes dans la loi du 3 brumaire an IV, dont les prescriptions, tout aussi formelles au moins que celles qui les avaient précédées, maintinrent, pour les marins inscrits, l'obligation de servir sur les bâtiments de l'État chaque fois qu'ils en étaient requis [1].

L'Empire ne toucha pas à l'inscription maritime [1], mais il y puisa les éléments des forces navales qu'il réorganisa sur un pied formidable. Si, dans les entreprises les plus hardies, le succès ne répondit pas toujours aux grandes conceptions du génie qui gouvernait alors la France, du moins les ressources que lui fournirent nos institutions maritimes en firent comprendre toute la valeur, et, grâce à elles, nous pûmes livrer de glorieux combats pour la liberté des mers, et, malgré nos revers, montrer encore notre pavillon avec honneur.

Plus tard, lorsque, pour reconstituer notre armée, une loi de recrutement, fondée sur les principes de notre droit public, appelait la nation tout entière à concourir à la formation de notre puissance militaire, une nouvelle consécration était

[1] Article 10.
[2] Sauf un décret du 19 mars 1808, qui réduit aux quatre professions de charpentier, calfat, perceur et voilier, les ouvriers compris dans l'inscription maritime.

donnée à l'inscription maritime par cette loi même qui exemptait du service tous les gens de mer inscrits conformément aux prescriptions de la loi du 3 brumaire an IV [2].

Quatorze ans après, les mêmes dispositions étaient insérées, c'est-à-dire la même sanction était écrite dans la nouvelle loi de recrutement de 1832.

Enfin, lorsqu'en 1849 l'Assemblée nationale voulut se faire rendre compte de la situation de notre marine, des modifications qu'il pouvait être utile d'introduire dans son organisation, et qu'elle confia à une commission d'enquête choisie dans son sein le mandat le plus étendu qu'elle pût donner, bien des questions furent soulevées, approfondies, pendant deux années consacrées à ces études.

Parmi ces questions, celle de l'inscription maritime ne pouvait manquer d'être agitée, et la commission n'hésita pas à déclarer que le *recrutement de la flotte par la voie de l'inscription maritime devait être conservé, de même que devaient être maintenus les avantages et les priviléges attachés à la profession de marin* [2].

Ainsi, depuis deux siècles, Sire, à toutes les époques, sous tous les gouvernements, avec tous les régimes, l'inscription a été sanctionnée à nouveau, en quelque sorte d'âge en âge; et si, dans l'application, elle a subi des modifications qu'elle comportait, le principe fondamental n'en a pas moins été maintenu, et, jusqu'à ce jour, a servi de base à notre puissance maritime.

Dans un pays comme le nôtre, où la nation entière concourt à la formation de l'armée, on a cru qu'on pouvait sans injustice, surtout à une époque où ils étaient presque les seuls à

[1] Article 15.
[2] Tome Ier, p. 259. Procès-verbaux de la commission d'enquête sur la marine.

pouvoir fournir les éléments de nos forces navales, demander
aux marins un service public qui, d'ailleurs, ne les enlevait
pas aux habitudes de leur profession. Mais cette charge, on
ne l'a pas imposée au matelot sans d'importantes compensa-
tions : sur nos côtes, l'État lui abandonne les richesses de la
mer territoriale et prend soin chaque jour d'éloigner l'étranger
qui voudrait lui en ravir une part; dispensé du service militaire, il confère l'exemption à son frère; pour lui on ouvre des
écoles gratuites d'hydrographie; pendant son absence, l'État
donne des secours à ses enfants, fait payer une partie de la
solde qu'il a déléguée à sa famille, à laquelle la caisse des
gens de mer remet sans frais les sommes qu'il veut lui envoyer.

S'il navigue au commerce, aux grandes pêches, à la part
ou autrement, le contrat qui le lie à l'armateur est placé sous
l'égide tutélaire de la marine. C'est elle qui, d'office, pour-
suit en sa faveur l'exécution des conventions, le remboursement des salaires que son éloignement ou son insouciance lui
ferait bien souvent négliger; malade, il est rapatrié aux frais
de l'État ou aux frais de l'armement.

Non-seulement, quand il navigue sur les bâtiments de
l'État, ses services lui donnent droit à une pension, mais encore le temps passé au commerce, à la pêche, c'est-à-dire dans
l'exercice même de sa propre industrie, lui est compté, et il
reçoit une pension annuelle dite *demi-solde;* pour ses enfants
au-dessous de dix ans, il reçoit également des allocations; sa
veuve, ses orphelins, jusqu'à l'âge de vingt et un ans, touchent
aussi des pensions [1].

___

[1] La retenue annuelle sur les salaires des marins du commerce est d'en-
viron 1,400,000 francs; les pensions dites *demi-soldes* à ces marins sont de
3 millions, et celles à leurs veuves de 700,000 francs, indépendamment des
secours.

Voilà ce que nos institutions maritimes ont fait pour le matelot en échange de ce service qu'elles lui demandaient, et qui, en réalité, n'a jamais, en moyenne, dépassé cinq ans; elles l'ont couvert d'une protection toute spéciale; elles lui ont accordé des immunités importantes, ont veillé à ses intérêts, et, enfant ou vieillard, l'ont entouré d'une sollicitude toute maternelle.

Voilà aussi pourquoi ces institutions ont pu subir les épreuves des discussions de l'Assemblée constituante et de la Convention; pourquoi elles ont motivé les dispositions des lois de 1818, de 1832; pourquoi, enfin, la commission nommée par l'Assemblée nationale de 1849 a cru juste et nécessaire de les maintenir.

Mais, tout en les maintenant, il était possible de les améliorer.

C'est ce que vous avez voulu, Sire, et c'est ce que vous avez fait. Ainsi, un ordre meilleur introduit dans les levées, des sursis accordés aux soutiens de famille, des augmentations de solde, des primes de réadmission, des tarifs plus favorables pour les pensions, une part plus grande demandée au recrutement pour la composition des équipages, le développement de l'école des mousses, la création des écoles de mécaniciens, la fondation de l'établissement des pupilles de la marine, cet asile des orphelins de nos matelots, et d'autres actes encore, sont venus témoigner de votre incessante sollicitude pour nos populations maritimes. Enfin l'Empereur a prescrit de ne plus appeler qu'en vertu d'un décret impérial les marins ayant déjà six années de service à l'État, limitant, sauf le cas d'armements extraordinaires, le service des gens de mer à une durée pas même égale à celle exigée par la loi du recrutement [1].

_____

[1] Décrets des 30 septembre 1860, 29 mai 1861, 25 juin 1861, 10 sep-

Aujourd'hui, il m'a semblé qu'on pouvait faire un pas de plus dans cette voie d'amélioration, et c'est dans ce but que je viens soumettre à l'Empereur un projet de décret qui ne s'applique d'ailleurs qu'aux marins inscrits et non aux ouvriers maritimes. Pour ceux-ci, selon les intentions de Votre Majesté, d'autres mesures seront ultérieurement présentées.

Par ce décret, une large porte est ouverte aux engagements volontaires; sans doute mieux vaut, pour le service, des hommes tout formés que des hommes qui ont à apprendre le métier de la mer; mais, lorsque des jeunes gens demandent à suivre une vocation, lorsqu'ils se présentent de bonne volonté, il ne peut qu'être profitable au développement de notre population maritime de les accueillir, de les encourager même, dût leur instruction coûter un peu de temps.

Le titre Ier du décret admet donc tout individu âgé de plus de seize ans et de moins de vingt et un ans accomplis à contracter un engagement de quatre ans à titre de novice, et tout individu âgé de plus de seize ans et de moins de vingt-trois à contracter un engagement de sept ans à titre d'apprenti-marin.

Des compagnies spéciales de novices et d'apprentis sont formées dans les divisions désignées pour cela. Les novices et les apprentis-marins ne reçoivent de destination à la mer qu'après avoir acquis dans ces compagnies l'instruction pratique nécessaire; mais ceux d'entre eux qui ont été jugés impropres à ce service sont renvoyés dans leurs foyers. Après un an d'embarquement, le novice ou l'apprenti-marin âgé de dix-huit ans accomplis est porté à la troisième classe des matelots.

Après les engagements volontaires, le décret, pour assurer le recrutement de la flotte, a recours aux appels, c'est-à-dire aux levées des matelots de l'inscription maritime. Conservant

tembre 1861, 30 décembre 1861; loi du 28 juin 1862; décrets des 21 juillet 1862, 11 et 26 août 1862, et 15 novembre 1862.

les avantages de ce qu'on a appelé la levée permanente, le
titre II veut que tout marin inscrit soit, comme aujourd'hui,
appelé au service lorsqu'il a atteint l'âge de vingt ans révolus.

A moins d'empêchement dont il devra justifier, il est donc
tenu de se présenter au commissaire de l'inscription dans le
mois pendant lequel il a atteint sa vingtième année, ou dans le
mois qui suit son retour en France, s'il a atteint cet âge en
pays étranger. Alors il est dirigé sur un port militaire et incorporé à la division.

Tout matelot âgé de plus de dix-huit ans et reconnu apte à
faire un bon service peut, d'ailleurs, devancer l'époque à laquelle il aurait été levé.

Jusque-là, le titre II du décret modifie peu l'organisation
actuelle de la levée permanente. Mais, dans une des dispositions qui suivent, il introduit un changement important dans
l'accomplissement du service exigé.

En effet, l'usage est de garder les matelots pendant une
première période obligatoire de service qui, d'ordinaire, est
de trois années au moins, bien qu'elle varie singulièrement,
selon les exigences des armements. Après cette première période, les matelots sont renvoyés dans leurs foyers; chacun
d'eux prend alors la direction qui lui convient, et se livre soit
à la pêche côtière, soit au cabotage, soit à la grande pêche,
soit au long-cours.

Quelques-uns cependant, comprenant les avantages qu'il y a
pour eux à compléter immédiatement les six années de services, se rengagent, surtout depuis le décret du 25 juin 1861,
afin de ne pouvoir plus être levés qu'en vertu d'un décret impérial en cas d'armements extraordinaires, et aussi parce qu'ils
savent que leurs pensions dites demi-soldes sont augmentées
d'une quotité importante lorsqu'ils comptent six ans de services
à l'État. Toutefois, la plupart des matelots retournent dans

4.

leurs quartiers après cette première période de services, et c'est alors qu'en général ils se marient, que quelques-uns forment des établissements.

Mais plus tard, lorsque, après un temps quelquefois assez long, il faut, pour les besoins de la flotte, leur demander une seconde période de service (et c'est ce qui arrive assez ordinairement), cette période ne fût-elle que d'un an, on se trouve en présence de sérieuses difficultés. Cette seconde levée, ainsi qu'on l'appelle, entraîne toujours après elle des inconvénients, malgré tous les adoucissements qu'y apporte l'administration.

Le décret que j'ai l'honneur de présenter à Votre Majesté abandonne cette seconde levée; il déclare, en étendant les dispositions favorables de 1860, qu'après six années révolues, à partir du jour où le marin a été appelé, il ne peut plus être requis qu'en cas d'armement extraordinaire et en vertu d'un décret impérial.

Mais, comme les besoins du service ordinaire n'exigent pas que chaque inscrit passe six années au service; comme les engagements volontaires, les rengagements, viendront encore diminuer considérablement les demandes qui devront être faites à l'inscription maritime, le décret accorde, pendant ces six années, la faculté de donner des congés renouvelables, avec ou sans solde, selon les différentes positions dans lesquelles le marin voudra se placer.

Pendant la durée de ces congés, les marins sont libres de se livrer à toute espèce de navigation. Seulement ceux qui ne navigueront qu'au cabotage, au bornage et à la petite pêche, toucheront le quart de leur solde à terre à titre de solde de disponibilité.

Par ces dispositions, Sire, l'inscrit maritime qui aura satisfait à l'appel à l'âge de vingt ans, qui aura servi sur les bâti-

ments de l'État pendant trois ou quatre années, et aura,
pendant un temps assez court, fait partie de l'espèce de disponibilité où il peut même toucher une solde, s'il reste à
naviguer sur le littoral, se verra assuré, à vingt-six ans[1], de
n'être plus détourné de son industrie que si des circonstances
extraordinaires forçaient l'État à faire appel à bien des dévoue-
ments; et, de son côté, le commerce sera sans appréhension
de ces secondes levées qui viennent quelquefois enlever les
marins au moment même des armements.

Le titre II accorde des sursis de levée dans des cas analogues à ceux que la loi de recrutement a prévus pour les exemptions; enfin il admet le remplacement. C'est là une innovation
assez grave dans la jurisprudence administrative, mais dont le
principe était d'ailleurs posé dans l'ordonnance de 1784. Réclamée souvent, elle m'a paru sans danger en la circonscrivant
dans le cercle où elle peut réellement être admise, c'est-à-dire
en demandant au remplaçant d'avoir servi dans les équipages
de la flotte pendant quatre ans comme engagé-novice, ou à
tout autre titre, pendant le temps de service exigé.

Les titres III et IV sont consacrés à l'avancement des matelots en classes et aux congés et primes qu'il convient d'accorder, à titre d'encouragement, aux hommes qui s'engagent, se
font réadmettre ou veulent continuer leur service.

Telles sont, Sire, les dispositions principales du décret que
j'ai l'honneur de soumettre à Votre Majesté. En n'exigeant
qu'une seule période de service des marins inscrits, il allége
leurs charges; en développant le principe de l'engagement volontaire, il tend à ne demander à l'inscription, en temps ordinaire, qu'une part de plus en plus restreinte dans l'effectif de
nos forces navales, et peut-être à fournir un jour les moyens

---

[1] A vingt-quatre ans, s'il s'est présenté à dix-huit ans, ainsi que le décret lui
en donne la faculté.

d'apporter des modifications à leur mode de recrutement; mais il la maintient comme une *puissante réserve* toute formée pour le jour où il faudrait y faire appel.

C'est pour se créer de semblables réserves que d'autres nations font tant d'efforts; c'est pour cela qu'elles cherchent, au prix même de grands sacrifices, à conserver la disponibilité d'une partie de leurs matelots, et à obtenir ainsi, autant que le comporte le système de recrutement de leurs armées et de leurs flottes, les avantages que nous assurent nos institutions maritimes.

Y renoncer aujourd'hui, Sire, ce serait amoindrir la puissance de la France. Mais y introduire toutes les améliorations successives qui ont pour but de les mettre en harmonie avec nos mœurs, avec l'esprit libéral et les bienveillantes intentions de Votre Majesté, c'est, au contraire, les féconder et leur faire produire tous les fruits qu'elles peuvent porter.

C'est donc avec confiance que je viens demander à l'Empereur de donner son approbation au décret que j'ai l'honneur de lui présenter, et qui a reçu l'assentiment du conseil d'amirauté.

Je suis, avec le plus profond respect, Sire, de Votre Majesté le très-humble et très-obéissant serviteur et fidèle sujet,

Signé Cte P. DE CHASSELOUP-LAUBAT.

DÉCRET DU 22 OCTOBRE 1863.

Formation
du personnel
des
équipages
de la flotte.

NAPOLÉON, par la grâce de Dieu et la volonté nationale, EMPEREUR DES FRANÇAIS,

A tous présents et à venir, SALUT.

Vu la loi du 3 brumaire an IV, sur l'inscription maritime;
Vu la loi du 26 avril 1855;

Vu les décrets des 5 juin 1856, 30 septembre 1860, 25 juin 1861 et 28 mars 1863;

Le conseil d'amirauté entendu;

Sur le rapport de notre ministre de la marine et des colonies,

Avons décrété et décrétons ce qui suit :

TITRE PREMIER.

DE L'ENGAGEMENT VOLONTAIRE.

Art. 1er. Tout individu âgé de plus de seize ans et de moins de vingt et un ans accomplis peut, s'il est reconnu propre au service, contracter un engagement de novice. Cet engagement est de quatre années.

Dans le cas où le nombre des admissions de novices devrait être réduit, seraient admis de préférence :

1° Les jeunes gens provenant des mousses de la flotte;

2° Les jeunes gens ayant navigué, soit comme mousse, soit comme novice, à bord des bâtiments de commerce ou de pêche.

Art. 2. Tout novice ayant un an d'embarquement en cette qualité et dix-huit ans accomplis reçoit la solde de matelot de 3e classe, sans que cet avantage entraîne son inscription à titre définitif.

A l'expiration des quatre années de service, tout novice qui déclare vouloir renoncer à la navigation reçoit un certificat de radiation immédiate.

Art. 3. Tout novice qui, par la voie du sort, se trouve faire partie d'un contingent appelé en vertu de la loi du recrutement, est incorporé comme les autres soldats de sa classe et peut être affecté aux équipages de la flotte.

Toutefois il peut, avant le tirage, se faire porter à titre définitif sur les matricules de l'inscription maritime, auquel cas, conformément à l'article 14 de la loi du 21 mars 1832, il est considéré comme ayant satisfait à l'appel.

ART. 4. Tout individu âgé de plus de seize ans et de moins de vingt-trois ans accomplis peut, s'il est reconnu propre au service, contracter un engagement de sept ans pour servir dans la marine. Il y est admis avec le titre d'apprenti-marin.

Après une année d'embarquement, et s'il a dix-huit ans accomplis, il est porté à la 3e classe des matelots.

ART. 5. Les engagements à titre de novice sont reçus par les commissaires de l'inscription dans les quartiers maritimes, et par les intendants militaires dans les villes de l'intérieur.

Les engagements à titre d'apprenti-marin sont contractés devant les maires des chefs-lieux de canton, avec le concours des commandants de dépôt de recrutement dans les villes de l'intérieur, avec le concours des commissaires de l'inscription dans les quartiers maritimes.

Des décisions de notre ministre de la marine et des colonies fixent la taille à exiger des jeunes gens qui se présentent pour contracter un engagement soit comme novice, soit comme apprenti-marin.

Tout individu qui a contracté un engagement en qualité de novice ou d'apprenti-marin est dirigé sur un des ports chefs-lieux d'arrondissement maritime, et incorporé à la division dès son arrivée.

ART. 6. Des compagnies spéciales de novices et d'apprentis-marins sont formées dans les divisions des ports désignés par notre ministre de la marine et des colonies.

Les novices et les apprentis-marins ne reçoivent de destination à la mer qu'après avoir acquis dans ces compagnies l'instruction pratique nécessaire pour servir utilement à bord des bâtiments armés.

Ceux d'entre eux qui ont été jugés impropres au métier de

la mer sont renvoyés dans leurs foyers avec un acte constatant qu'ils sont libérés de leur engagement, à moins qu'ils ne fassent partie d'un contingent du recrutement, auquel cas ils sont mis à la disposition du département de la guerre.

TITRE II.

DES APPELS.

ART. 7. Tout marin inscrit continue à être appelé au service, lorsqu'il a atteint l'âge de vingt ans révolus.

A moins d'empêchement dont il doit justifier, il est tenu de se présenter devant un commissaire de l'inscription maritime dans le mois pendant lequel il a accompli sa vingtième année, ou dans le mois qui suit son retour en France, s'il a accompli cet âge en pays étranger.

Il est levé, dirigé sur un port chef-lieu d'arrondissement, et incorporé à la division.

Les incorporations datent des 1er janvier, 1er avril, 1er juillet et 1er octobre qui suivent l'arrivée au port.

Tout matelot âgé de plus de dix-huit ans, reconnu apte à faire un bon service, peut devancer l'époque à laquelle il aurait été appelé.

ART. 8. Après six années révolues depuis le jour à compter duquel date son incorporation, conformément à l'article 7 ci-dessus, tout marin inscrit ne peut plus être requis pour le service de la flotte qu'en cas d'armements extraordinaires et en vertu d'un décret impérial.

Pendant cette période de six années, les inscrits peuvent recevoir des congés avec ou sans solde, conformément aux dispositions de l'article 17 du présent décret.

Après les trois premières années de service, les marins qui n'ont pas été envoyés en congé touchent une haute paye de vingt centimes par jour.

A l'expiration de la sixième année, ils sont congédiés et reçoivent un certificat constatant qu'ils ont satisfait à l'appel et mentionnant la manière dont ils ont servi.

Art. 9. Ont droit à des sursis de levée les marins qui se trouvent dans les positions suivantes, savoir :

L'aîné d'orphelins de père et de mère;

Le marin ayant un frère au service par application des dispositions de l'article 7; le sursis, dans ce dernier cas, est accordé autant de fois dans la même famille que les mêmes droits s'y reproduisent;

Le fils unique ou l'aîné des fils, ou, à défaut de fils ou de gendre, le petit-fils unique ou l'aîné des petit-fils d'une femme actuellement veuve, ou d'un père aveugle ou entré dans sa soixante-dixième année.

Dans le cas ci-dessus, le frère puîné obtient un sursis, si le frère aîné est aveugle ou atteint de toute autre infirmité qui le rende impotent.

Art. 10. Aucun autre sursis de levée ne peut être accordé que par notre ministre de la marine et des colonies, sur la proposition motivée des préfets maritimes ou des chefs de service de la marine.

Sauf les cas d'urgence, dont il est rendu compte immédiatement au ministre, les hommes pour lesquels ces propositions de sursis sont faites doivent être mis en route et attendre la décision ministérielle aux chefs-lieux des divisions.

Le marin inscrit en activité de service ne peut être exceptionnellement renvoyé dans ses foyers que lorsqu'il se trouve dans un des cas prévus pour l'obtention d'un sursis de levée.

Art. 11. Les marins qui ont obtenu des sursis de levée en vertu de l'article 9 ci-dessus sont réputés avoir satisfait à l'appel, si les causes qui ont motivé ces sursis subsistent pendant tout le temps pour lequel ils auraient été appelés.

Lorsque ces causes viennent à cesser, ils doivent en faire la déclaration au commissaire de l'inscription maritime; et, si la cause du sursis a cessé deux ans avant le congédiement de la classe à laquelle ils appartiennent, ils peuvent être incorporés pour un temps égal à celui qui restait alors à faire à ladite classe.

ART. 12. Tout marin inscrit qui n'a pas satisfait à l'appel conformément à l'article 7 ci-dessus est levé d'office, et ne reçoit ni les congés ni la haute paye mentionnés à l'article 8.

ART. 13. Les marins appelés au service peuvent se faire remplacer.

Le remplaçant doit :

1° Être libre de tout service public;

2° Avoir déjà servi dans les équipages de la flotte pendant quatre ans comme engagé-novice, ou en avoir été congédié à tout autre titre;

3° Avoir moins de trente-cinq ans;

4° Être agréé par l'autorité maritime.

Le remplacé est, pour le cas de désertion, responsable de son remplaçant pendant un an, à compter de la date de l'acte de remplacement. La responsabilité cesse si le remplaçant meurt au service ou si, en cas de désertion, il est arrêté pendant l'année.

Les actes de remplacement sont reçus par les commissaires de l'inscription maritime; mais ces actes ne sont définitifs qu'après l'admission du remplaçant à la division.

TITRE III.

DE L'AVANCEMENT.

ART. 14. Après une année, soit d'embarquement, soit de service aux bataillons d'instruction en qualité d'apprentis-fusiliers, soit de services mixtes accomplis, partie auxdits bataillons, partie sur les bâtiments armés, les apprentis-marins du recrutement et ceux qui, provenant de l'engagement volontaire, ont atteint l'âge de dix-huit ans révolus, sont portés à la 3ᵉ classe du grade de matelot.

Dans tous les cas, les apprentis-marins ne sont admis à compter, pour l'avancement, le temps passé aux bataillons d'instruction des fusiliers, qu'autant qu'ils en sont sortis avec un brevet de capacité.

Art. 15. Les matelots de 3ᵉ classe de toute provenance qui comptent quarante-huit mois de navigation à l'État sont portés à la 2ᵉ classe du jour où ils ont accompli cette période de navigation, et si, d'ailleurs, les conseils d'avancement des bâtiments sur lesquels ils sont embarqués depuis trois mois les en jugent dignes.

Sont également portés à la 1ʳᵉ classe de leur grade, lorsque les conseils d'avancement des bâtiments sur lesquels ils sont embarqués depuis trois mois les en jugent dignes, les matelots de 2ᵉ classe de toute provenance qui comptent en cette qualité quarante-huit mois de navigation à l'État.

TITRE IV.

DES CONGÉS ET DES PRIMES.

Art. 16. Tout homme engagé comme novice qui, parvenu à l'époque où il aurait droit à son congédiement, contracte l'engagement de compléter six années de service à compter du jour où il touche la solde de matelot, ou souscrit un engagement de sept ans, a droit à une prime journalière de trente centimes, dont la première annuité lui est immédiatement payée.

Il peut, en outre, lui être accordé un congé temporaire de deux mois avec solde.

Art. 17. Les marins de l'inscription maritime peuvent recevoir des congés renouvelables sans solde, pendant lesquels ils sont libres de se livrer à toute espèce de navigation.

Ceux d'entre eux qui, au moment de la délivrance de ces congés, déclarent vouloir, pendant la durée desdits congés, ne naviguer qu'au cabotage, au bornage ou à la petite pêche, ont droit au quart de la solde à terre de leur grade, et le temps passé par eux dans cette position leur est, en outre, compté comme service à l'État. Cette solde leur est payée tous les trois mois.

Un règlement de notre ministre de la marine et des colonies déterminera le mode de délivrance des congés renouvelables, ainsi que le mode d'après lequel le payement de la solde de disponibilité prévu par le paragraphe ci-dessus s'effectuera.

Art. 18. Tout inscrit maritime qui, au lieu d'accepter un congé renouvelable, déclare vouloir rester au service jusqu'à l'expiration de la période obligatoire, a droit, à compter du jour même de cette déclaration, à une prime journalière de trente centimes, dont la première annuité lui est immédiatement payée.

Il peut, en outre, obtenir un congé temporaire de deux mois avec solde.

Le marin qui, ayant accepté un congé, y renonce ensuite dans le délai de deux mois et à la même condition que ci-dessus, a également droit à cette prime journalière.

Art. 19. Les dispositions des articles 17 et 18 ne sont pas applicables aux remplaçants d'inscrits. Toutefois, après trois ans de service, ils peuvent obtenir des congés temporaires de deux mois sans solde.

Art. 20. Tout rengagé dans l'armée de mer aux conditions déterminées par la loi du 26 avril 1855, indépendamment de la prime allouée en vertu de cette loi, peut obtenir un congé temporaire de deux mois avec solde ou de quatre mois avec demi-solde à l'époque où il aurait été libéré.

Des congés temporaires de deux mois, sans solde, peuvent être accordés aux rengagés après trois ans de service, à partir de leur rengagement.

Art. 21. Tout marin inscrit qui, parvenu au terme de sa sixième année de service, demande à se faire réadmettre pour trois ans au moins, autrement qu'à titre de remplaçant, a droit à une prime journalière dont la première annuité lui est immédiatement payée.

Il peut, en outre, obtenir un congé temporaire de deux mois avec solde ou de quatre mois avec demi-solde.

Le taux de la prime est fixée à cinquante centimes pour les marins ayant une spécialité, et à quarante centimes pour les hommes sans spécialité.

La même prime est allouée aux inscrits éventuellement maintenus au service au delà de la période obligatoire, ainsi qu'à tous ceux qui sont réadmis sur leur demande et pour une période de trois ans au moins.

La prime n'est allouée qu'aux hommes ayant moins de trente-cinq ans.

Art. 22. Des frais de route pour se rendre dans leurs foyers et en revenir peuvent être alloués aux marins provenant des novices et de l'inscription maritime qui ont obtenu des congés temporaires avec solde ou demi-solde.

Ceux d'entre eux qui demandent, dans un délai de deux mois depuis leur retour dans leurs foyers, à continuer leur service ou à se faire réadmettre, reçoivent également la solde de leur grade pendant la durée de ce délai.

Art. 23. Sont et demeurent abrogées toutes les dispositions contraires au présent décret.

Art. 24. Notre ministre de la marine et des colonies est chargé de l'exécution du présent décret, qui sera inséré au *Bulletin des lois* et au *Bulletin officiel de la marine*.

Fait au palais des Tuileries, le 22 octobre 1863.

Signé NAPOLÉON.

Par l'Empereur :

Le Ministre secrétaire d'état de la marine et des colonies,

Signé Cte P. DE CHASSELOUP-LAUBAT.

Notification du décret du 22 octobre 1863 sur la formation du personnel des équipages de la flotte.

Circulaire ministérielle du 2 décembre 1863.

Messieurs, j'ai l'honneur de vous transmettre ci-joints plusieurs exemplaires d'un décret relatif à la formation du personnel des équipages de la flotte.

Formation du personnel des équipages de la flotte.

Je me suis attaché à faire ressortir tous les avantages que ce décret présente pour les inscrits dans le rapport que j'ai eu l'honneur de soumettre à l'Empereur et que vous trouverez ci-annexé, en sorte que je n'ai plus qu'à vous donner ici les instructions de détail nécessaires à l'application de cet acte.

Les premiers articles ne comportent qu'une observation : elle est relative à l'immatriculation des novices. Ceux dont l'engagement aura été reçu dans les quartiers seront enregistrés, comme maintenant, sur les matricules provisoires de l'inscription maritime, le plus grand nombre devant probablement se faire inscrire définitivement plus tard. Quant aux novices engagés dans les villes de l'intérieur, ils ne seront immatriculés qu'à la division, au même titre que les autres engagés volontaires, et ne seront portés sur les contrôles de l'inscription

maritime que s'ils usent de la faculté qui leur est ouverte par
le deuxième paragraphe de l'article 3 de se faire inscrire avant
la clôture des opérations des conseils de révision[1], afin de
pouvoir être déduits du contingent.

L'article 5 dispose que les engagements de sept ans sont
contractés devant les maires des chefs-lieux de canton, avec
le concours des commandants de dépôt du recrutement dans
l'intérieur et des commissaires de l'inscription dans les quartiers maritimes. Ce partage d'attributions, n'ayant d'autre objet que de faciliter les engagements, ne doit pas être pris dans
un sens trop absolu. Chaque fois donc que les jeunes gens
qui voudront contracter un engagement ne demeureront pas
dans une ville, siége d'un chef-lieu de quartier ou d'un dépôt
de recrutement, ils seront libres de s'adresser soit à l'autorité
maritime, soit à l'autorité militaire.

Je ne saurais trop recommander aux commissaires de l'inscription maritime d'apporter le plus grand discernement dans
le choix des hommes qui se présentent pour servir dans la
marine, surtout s'ils n'ont pas encore navigué. Outre le certificat de bonne conduite qu'on doit exiger de tout individu
qui veut contracter un engagement, les commissaires de l'inscription maritime pourront, s'ils conservent quelques doutes,
demander la production du livret d'ouvrier ou d'apprenti, afin
d'éviter d'envoyer sur la flotte des sujets peu dignes d'y servir. Je ferai en sorte que des instructions soient données dans
ce sens aux commandants de dépôt du recrutement dans les
départements de l'intérieur, ainsi qu'aux officiers de l'inten-
dance qui recevront les engagements administratifs en qualité
de novice.

Vous verrez, par l'arrêté ci-annexé, que j'ai institué, dans

---

[1] Circulaires des 29 mai 1840 et 2 août 1843. (*Annales maritimes*, partie
officielle, pages 565 et 860.)

les divisions de Cherbourg, de Brest et de Toulon, les compagnies de dépôt de novices et d'apprentis-marins créées par l'article 6 du décret. La création de ces compagnies de dépôt était indispensable pour permettre d'étendre les engagements volontaires, et il faudra s'efforcer de donner une instruction nautique solide aux jeunes hommes qui les composeront. C'est aux préfets maritimes qu'il appartiendra naturellement de faire produire à cette nouvelle institution tous ses fruits. Ils useront, dans ce but, de tous les moyens dont ils disposent; ils pourront, par exemple, placer ces jeunes marins en subsistance, soit à bord des bâtiments en réserve de la première catégorie, soit à bord des bâtiments affectés au service de la côte, et, si ces hommes sont bien exercés, on peut espérer qu'après quelques mois ils seront vraiment aptes à se rendre utiles à bord des bâtiments armés. Cette période d'instruction permettra, d'ailleurs, de reconnaître les hommes qu'il y aurait lieu de ne pas conserver et conséquemment de renvoyer dans leurs foyers, et ceux qu'il conviendra de remettre à la disposition du département de la guerre, s'ils font partie d'un contingent. On se défera ainsi, non-seulement des jeunes gens physiquement impropres au métier de marin, mais encore de ceux qui n'auraient pas l'aptitude nécessaire à cette rude profession. Afin de ne pas être gêné dans l'exercice de cette faculté, il sera prudent de ne faire délivrer aux engagés volontaires que les effets strictement nécessaires pour ne pas surcharger leur compte financier. Le sac serait complété dès qu'il n'y aurait plus de doute à conserver sur le maintien de l'homme au service.

Quant aux jeunes gens qui, reconnaissant qu'ils se sont trompés sur leur vocation, se feraient réclamer par leurs familles, on pourra, par continuation, les rendre à celles-ci, mais à la condition qu'elles rembourseront toutes les dépenses

5

qu'ils auront occasionnées : frais de route, de nourriture, de fourniture d'habillement, etc.

La raison qui a dicté le quatrième paragraphe de l'article 7 ne vous échappera certainement pas; vous avez été trop souvent frappés des inconvénients qui résultent de l'obligation d'effectuer sans cesse, à bord des bâtiments armés, les congédiements partiels des hommes qui ont accompli le temps légal de leur service, pour ne pas comprendre les avantages d'une mesure qui, en permettant de ne congédier les marins qu'au commencement de chaque trimestre, tendra à faire disparaître un élément permanent de désorganisation qui compromet la solidité des meilleurs équipages. Pour que cette disposition soit vraiment efficace, il faut qu'elle s'applique à tous les marins de la flotte; aussi, sans qu'ils puissent d'ailleurs prétendre à une solde avant l'époque de leur mise en route, et sans qu'il en résulte pour eux l'obligation de recevoir leur congé avant l'expiration de leur engagement, les novices et les apprentis-marins devront-ils être considérés comme étant au service depuis le premier jour du trimestre dans le cours duquel ils se sont engagés, en sorte que, pour eux comme pour les inscrits, les congédiements seront trimestriels.

Une distribution intelligente des hommes des divisions complétera l'heureux effet qu'on doit attendre de cette disposition. Les commandants des divisions devront donc choisir les hommes, non-seulement en raison du rang des bâtiments à armer, mais encore en raison du calibre de leur artillerie; ils auront également le soin de composer les équipages en vue de la destination des bâtiments et de la durée présumée de leur absence. Ils s'attacheront surtout à y embarquer des hommes dont l'époque de congédiement ne devrait pas arriver dans le cours de la campagne, et, autant que possible, ils auront égard aux préférences que les marins manifesteraient pour tel ou tel embarquement, car un bâtiment ne peut que gagner à ce que son équipage compte un grand nombre d'hommes de bonne volonté.

Le premier article du titre des appels ne modifie l'état de choses actuel qu'en ce qu'il oblige l'inscrit maritime à se présenter lui-même pour le service de la flotte. La sanction de cette disposition se trouve dans l'article 12; mais, afin d'éviter d'y avoir recours, les commissaires de l'inscription maritime devront, tant par eux-mêmes que par les syndics des gens de mer et les gardes maritimes, inciter les marins à se conformer aux dispositions du décret.

Il ne faudrait pas inférer de l'article 8 que les inscrits seront maintenus au service pendant six années consécutives. Vous verrez, en effet, par les dispositions contenues au titre *Des congés et des primes,* que l'extension donnée aux engagements volontaires, en abaissant la proportion dans laquelle les inscrits maritimes contribuent au recrutement des équipages de la flotte, diminuera d'autant la durée du temps de service à exiger d'eux. Ils recevront des congés renouvelables dès que les besoins du service le permettront, et il y a lieu d'espérer qu'ils ne seront pas rappelés.

Le troisième paragraphe de l'article 8 alloue une haute-paye de 20 centimes par jour, après les trois premières années de service, pour le cas où ce laps de temps se sera écoulé avant l'envoi des hommes en congé. Cette haute-paye ne se cumule pas avec la prime journalière de 30 centimes accordée à l'homme qui demeure au service au lieu d'aller en congé.

Le paragraphe suivant dispose qu'à l'expiration de la sixième année, depuis l'époque de sa levée, l'inscrit maritime est congédié et reçoit un titre constatant qu'il a satisfait à l'appel, mentionnant la manière dont il a servi et indiquant s'il est

susceptible d'être réadmis avec prime. Muni de cette pièce
(n° 3403 de la nomenclature générale), le marin sera libre
de se déplacer à son gré, sans être obligé, comme maintenant,
d'en informer préalablement l'autorité maritime. Toutefois,
lorsqu'il aura l'intention de résider hors du territoire de
l'Empire ou de naviguer à bord des navires marchands étrangers, il sera tenu d'avertir le commissaire de l'inscription maritime de son quartier.

Cette complète liberté d'allures ne pourra d'ailleurs, dans
le premier cas, porter aucun préjudice à ses intérêts relativement à la supputation de ses services, attendu que les commissaires de l'inscription maritime qui l'embarqueront, sur
la production de son certificat de congédiement, auront toujours le moyen de constater sa navigation en donnant avis de
ses mouvements à son quartier d'inscription. Ces mouvements
seront d'ailleurs apostillés sur le titre de congédiement même,
qui fournira ainsi le moyen de contrôler la matricule.

Les articles 9 et 10, relatifs aux sursis de levée, n'étant
que la reproduction du décret du 25 juin 1861, les instructions que je vous ai données pour l'application de cet acte
continueront d'être suivies. La réglementation des sursis a été
un véritable bienfait pour les populations maritimes; mais il
s'était révélé dans la pratique de graves inconvénients résultant de ce que le sursis conservait indéfiniment son caractère
provisoire. L'article 2 remédiera à ces inconvénients en trans-
formant le sursis de levée en exemption définitive lorsque les
causes du sursis subsisteront pendant plus de quatre ans, à
partir de l'époque à laquelle le marin aurait été appelé.

Ainsi que je l'ai fait remarquer plus haut, l'article 12 contient la sanction de l'article 7. La privation des avantages assurés aux inscrits qui se sont présentés à l'époque fixée par ce
dernier article constituant une peine assez grave, j'insiste de

nouveau pour que les marins soient avertis, par tous les moyens possibles, de l'obligation qu'ils ont à remplir et de l'époque à laquelle ils doivent y satisfaire. Je me réserve, d'ailleurs, l'appréciation des circonstances dans lesquelles il paraîtra y avoir lieu d'appliquer l'article 12. Les préfets maritimes, à qui les questions de ce genre seront soumises en premier ressort, m'adresseront donc une proposition motivée, chaque fois que les raisons alléguées par le marin inculpé ne leur sembleront pas recevables. Dans le cas contraire, ils statueront sans en référer à ma décision.

Quant à l'article 13, il n'a pas besoin de commentaire, et je ne le mentionne ici que parce qu'il consacre, en faveur des inscrits maritimes, la faculté de se faire remplacer. Comme conséquence de cette disposition, j'ai dû prier l'Empereur, qui a daigné accueillir ma proposition, de vouloir bien supprimer toutes les conditions de navigation à bord des bâtiments de l'État exigées jusqu'ici des marins pour se présenter aux examens de capitaine du commerce et de pilote ou pour commander au bornage.

Le décret contient également des dispositions favorables aux marins provenant du recrutement et de l'engagement volontaire. C'est ainsi que l'article 15 étend aux matelots de 3e et de 2e classe, quelle que soit leur provenance, les dispositions sur l'avancement qui ne s'appliquaient qu'aux matelots de l'inscription maritime. Ce sera une nouvelle incitation au rengagement, puisqu'au bénéfice qu'assure la loi sur la dotation de l'armée pourra s'ajouter l'avantage d'obtenir, peu de temps après avoir repris le service, le grade de matelot de 1re classe.

L'avenir du régime que le décret va inaugurer dépend en grande partie de la manière dont seront appréciés les avantages qu'il assure aux marins; aussi importe-t-il de chercher à bien leur faire comprendre qu'ils ont un intérêt véritable à pouvoir justifier de six années de services à l'État.

Si donc ils renoncent à leur congé, d'une part, ils jouiront, pendant qu'ils seront en activité, de leur solde accrue de la prime journalière de 30 centimes allouée en vertu de l'article 18, et, d'autre part, ils acquerront le droit de compter sur le pied de sa durée effective, au lieu des trois quarts, leur temps d'embarquement à la petite pêche, ce qui leur permettra de réunir plus facilement les trois cents mois de navigation exigés pour la demi-solde, laquelle est encore bonifiée par un supplément mensuel variable suivant le grade.

Le troisième paragraphe de l'article 17 offre aussi des avantages réels au marin qui prend l'engagement de ne faire que la petite navigation pendant le congé renouvelable qui lui est accordé : il reçoit le quart de sa solde à terre; la durée de son congé lui est comptée comme service à l'État avec tous les bénéfices qui en découlent au point de vue de l'obtention de la demi-solde et des récompenses qui lui seraient décernées; il peut être admis dans les hôpitaux militaires, et enfin il a le droit de voyager à prix réduit sur les voies ferrées en produisant un permis émanant d'un commissaire de l'inscription maritime et mentionnant qu'il est en position de congé renouvelable.

Vous verrez par le règlement ci-annexé comment seront délivrés les congés renouvelables et le mode d'après lequel s'effectuera le payement de la solde de disponibilité.

Il était tout naturel que l'article 19 exclût les remplaçants d'inscrits du bénéfice attaché aux congés renouvelables; ils peuvent cependant obtenir des congés temporaires de deux mois, sans solde, après une période de trois ans de service.

Les rengagés dans l'armée de mer, aux conditions déterminées par la loi de 1855 sur la dotation de l'armée, sont traités de la même manière; il leur est, en outre, accordé des congés temporaires à l'expiration du temps pour lequel ils se trouvaient liés au service.

Relativement à l'article 21, je me bornerai à faire remarquer que les commissaires de l'inscription maritime peuvent diriger immédiatement sur un port militaire, sans en référer préalablement à l'autorité supérieure, tout marin ayant moins de 35 ans et justifiant 6 ans de services *effectifs*, qui, en demandant à être réadmis, produit un certificat attestant qu'il en est digne et, si son congédiement remonte à une époque assez éloignée, d'autres certificats constatant qu'il n'a pas démérité depuis. A plus forte raison doit-on exiger toutes ces justifications des marins qui se présentent comme remplaçants. Lorsque le marin, en se faisant réadmettre, témoigne le désir de faire telle ou telle campagne, qu'il détermine, il en est fait mention sur sa feuille de route, afin que le commandant de la division lui donne, s'il est possible, la destination qu'il aura demandée.

L'arrêté que j'ai pris en exécution du dernier paragraphe de l'article 17 ne concerne que les congés renouvelables. C'est aux préfets maritimes qu'il appartient d'accorder les congés *temporaires* dont il est question dans le titre IV. Autant que possible, il est bon que les hommes qui obtiennent ces congés restent portés sur les rôles des bâtiments où ils sont embarqués. On évitera ainsi des mutations toujours nuisibles à la valeur d'un équipage, et qui donnent en outre lieu à de très-nombreuses écritures.

Telles sont, Messieurs, les instructions qu'il m'a paru utile de vous adresser. Vous avez pu voir dans quel esprit libéral a été conçu le décret que j'ai l'honneur de vous notifier, et combien il est de nature à améliorer la condition des inscrits maritimes et à augmenter la solidité des équipages ; aussi ai-je la certitude que vous me prêterez votre concours le plus dévoué pour en assurer l'exécution.

Recevez, etc.

Le Ministre secrétaire d'état de la marine et des colonies,

Signé Cᵗᵉ P. DE CHASSELOUP-LAUBAT.

Arrêté fixant la taille à exiger des jeunes gens qui se présentent pour servir dans la marine, et déterminant le siége et la composition du cadre des compagnies spéciales de novices et d'apprentis-marins.

Paris, le 2 décembre 1863.

Fixation
de la taille
pour les
engagements
dans la marine.
Composition
des compagnies
de novices
et d'apprentis.

LE MINISTRE SECRÉTAIRE D'ÉTAT DE LA MARINE ET DES COLONIES,

Vu les articles 5 et 6 du décret du 22 octobre 1863,

ARRÊTE :

ART. 1ᵉʳ. Les conditions de taille exigées des jeunes gens qui se présentent pour contracter un engagement dans la marine sont fixées de la manière suivante :

> Après 16 ans................ 1ᵐ,56
> Après 18 ans................ 1ᵐ,59
> Après 20 ans................ 1ᵐ,62

ART. 2. Les compagnies spéciales de novices et d'apprentis-marins, créées par l'article 6 visé ci-dessus, sont établies dans les divisions des équipages de la flotte des ports de Cherbourg, de Brest et de Toulon.

ART. 3. Le cadre permanent de chacune de ces compagnies spéciales est fixé comme suit, conformément au tableau n° 1 annexé au décret du 5 juin 1856, concernant l'organisation des équipages de la flotte :

1 lieutenant de vaisseau, commandant en premier;

1 lieutenant ou enseigne de vaisseau, commandant en second;

1 capitaine d'armes;

1 sergent-major;

2 seconds-maîtres;

2 quartiers-maîtres;

1 sergent-fourrier, caporal-fourrier ou fourrier ordinaire;

1 tambour;

1 clairon.

Le Ministre secrétaire d'état de la marine et des colonies,

Signé Cᵗᵉ P. DE CHASSELOUP-LAUBAT.

Arrêté relatif à la délivrance des congés renouvelables et au mode de payement de la solde de disponibilité due aux inscrits maritimes qui se sont engagés à ne naviguer durant leur congé qu'au cabotage, au bornage ou à la petite pêche.

Paris, le 2 décembre 1863.

LE MINISTRE SECRÉTAIRE D'ÉTAT DE LA MARINE ET DES COLONIES,

Vu l'article 17 du décret du 22 octobre 1863,

ARRÊTE :

ART. 1ᵉʳ. La durée des congés renouvelables accordés aux inscrits maritimes, en vertu de l'article ci-dessus visé, est subordonnée à la durée du voyage pour ceux qui se livrent aux navigations lointaines; — elle est fixée à six mois pour les autres. Les congés peuvent être révoqués avant l'expiration de ce terme. Ils sont délivrés, d'après les ordres du ministre, et sous la surveillance des préfets maritimes, par les conseils d'adminis-

Délivrance des congés renouvelables et payement de la solde de disponibilité.

tration des équipages de la flotte, et prolongés par les préfets maritimes, qui délèguent, au besoin, leur pouvoir à cet égard aux commissaires de l'inscription maritime.

Les marins en congé renouvelable sont tenus, quand ils s'embarquent, de se présenter devant un commissaire de l'inscription maritime, qui vise leur congé, à moins d'ordre contraire pour cause de rappel. Aussitôt leur retour, ces marins doivent faire viser de nouveau leur congé par un commissaire de l'inscription maritime.

Quand le marin n'est pas inscrit dans le quartier où il a fait renouveler son congé, le commissaire de l'inscription maritime qui a visé cette pièce en donne avis au lieu d'inscription du titulaire.

Art. 2. La solde due à l'inscrit maritime qui s'est engagé à ne naviguer pendant la durée de son congé qu'au cabotage, au bornage ou à la petite pêche, lui est payée tous les trois mois, dans le quartier maritime où il lui convient d'en toucher le montant, sur la production qu'il fait, en personne, au commissaire de l'inscription maritime, du congé dont il est porteur.

Dans le cas de perte de ce titre, il en est délivré un duplicata au titulaire, et les commissaires de l'inscription maritime sont informés, par la voie du *Bulletin officiel de la marine*, de l'annulation du primata. La perte du primata entraîne celle des arrérages échus non encore payés.

Le Ministre secrétaire d'état de la marine et des colonies,

Signé Cᵗᵉ P. DE CHASSELOUP-LAUBAT.

**Instruction pour l'établissement des situations du personnel
des équipages de la flotte.**

Paris, 2 décembre 1863.

Les divisions des équipages de la flotte continueront d'envoyer tous les dix jours au ministre une situation générale conforme au modèle n° 1649 de la nomenclature générale.

Chaque fois qu'il sera délivré un congé renouvelable à un marin, les deux fiches placées au talon en seront détachées; l'une sera conservée à la division, et l'autre adressée au ministre. Ces fiches seront classées dans des boîtes *ad hoc*, par année et par couleur; leur nombre correspondra exactement à celui des marins de chaque provenance en position de congé renouvelable avec ou sans solde.

Ce détail, qui n'exige que du soin, devra faire l'objet d'une surveillance spéciale, afin d'éviter toute négligence. Les fiches seront numérotées pour qu'il soit possible de réclamer celles qui ne seraient pas parvenues au ministère.

Quand un marin du recrutement recevra son congé dans une division autre que celle à laquelle il appartient, l'une des fiches le concernant sera adressée à cette dernière division, et l'autre au ministère.

Les commissaires de l'inscription maritime continueront d'adresser au ministère la situation générale semestrielle de la population maritime.

Ils transmettront en outre au ministre, au commencement de chaque trimestre, un état numérique, conforme au modèle n° 3408, de tous les officiers-mariniers et marins levés et réadmis dans le quartier pendant le trimestre écoulé.

Les préfets maritimes adresseront tous les trois mois au ministre un état numérique conforme au modèle n° 3402, comprenant tout le personnel des équipages de la flotte appartenant

Établissement des situations du personnel des équipages de la flotte.

70   TITRE PREMIER.

à la division, et présents au service, soit à terre, soit à la mer.

Le commandant en chef de l'escadre, les commandants de division ou de station navale et les gouverneurs des colonies transmettront également au ministre, au commencement de chaque trimestre, un état du même genre (modèle n° 3407) pour l'ensemble du personnel des équipages placés sous leurs ordres.

Le Ministre secrétaire d'état de la marine et des colonies,

Signé Cte P. DE CHASSELOUP-LAUBAT.

Engagements.   **Engagements volontaires et engagements après libération.**

Les engagements volontaires de quatre et de sept ans sont ouverts pour les équipages de la flotte dans les conditions de la loi du 21 mars 1832 et du décret du 22 octobre 1863.

Les jeunes gens qui se présentent pour servir dans la marine doivent avoir la taille ci-dessous indiquée, suivant leur âge et leur destination.

Taille actuellement exigée.

Novices et apprentis-marins.	Après 16 ans.........	1^m,56
	Après 18 ans.........	1^m,59
	Après 20 ans.........	1^m,62
Compagnies de mécaniciens et chauffeurs...........		1^m,56

Les engagements volontaires, en qualité de novice, ont une durée de quatre ans. Ils ne peuvent être contractés que par des jeunes gens ayant 16 ans accomplis et moins de 21 ans révolus.

Les engagements volontaires en qualité d'apprenti-marin ont une durée de sept ans. Ils ne peuvent être contractés que par des jeunes gens ayant 16 ans accomplis et moins de 23 ans révolus.

Les ouvriers ajusteurs, forgerons et chaudronniers sont seuls admis à contracter depuis l'âge de 18 ans jusqu'à 30, s'ils n'ont point de service à l'État, ou jusqu'à 35, s'ils comptent au moins cinq années de services antérieurs, des engagements volontaires de sept ans pour les compagnies de mécaniciens et chauffeurs de la flotte.

Les engagements volontaires après libération (pour quatre ans au moins et sept ans au plus), conformément aux conditions tracées par les lois de 1855 et de 1860, sont ouverts dans les équipages de la flotte.

Les engagements en qualité de novice sont reçus par les commissaires de l'inscription dans les quartiers maritimes, par les sous-intendants militaires dans les villes de l'intérieur.

Les engagements de sept ans dans les équipages de la flotte sont reçus par les maires de tous les chefs-lieux de canton, avec le concours des commandants des dépôts de recrutement dans les départements de l'intérieur, et avec le concours des commissaires de l'inscription dans les quartiers maritimes.

Les jeunes gens qui ne demeurent pas dans une ville siége d'un quartier maritime ou d'un dépôt de recrutement sont libres de s'adresser, à leur choix, à l'autorité maritime ou à l'autorité militaire.

Les engagements après libération des marins de toute profession sont reçus dans les mairies des chefs-lieux de canton, avec le concours des commandants des dépôts de recrutement. Quant aux engagements volontaires pour les compagnies de mécaniciens et chauffeurs, ils ont lieu à Paris (ministère de la marine, direction du personnel) ou dans les ports de Cherbourg, Brest, Lorient, Rochefort et Toulon : les ouvriers de l'une des trois professions indiquées plus haut (ajusteurs, forgerons, chaudronniers), qui auraient l'intention de servir en qualité de chauffeurs, ne peuvent donc être admis à s'engager dans les départements de l'intérieur que comme apprentis-marins; mais, à leur arrivée au port de destination, ils sont versés dans une compagnie de mécaniciens, s'ils justifient d'une aptitude professionnelle suffisante.

Rapport et décret supprimant l'obligation de justifier de certaines conditions de navigation à l'État pour se présenter aux examens de capitaine du commerce et de pilote ou pour commander au bornage.

RAPPORT A L'EMPEREUR.

Paris, 22 octobre 1863.

Sire,

Suppression des conditions de navigation à l'État pour les examens de capitaine du commerce, etc.

Aux termes des divers décrets qui règlent les conditions des examens de capitaine au long-cours, de maître au cabotage, de pilote ou d'aspirant pilote, les candidats doivent justifier que, pendant le temps qu'ils sont tenus d'avoir consacré à la navigation, ils ont servi sur un bâtiment de l'État durant une période qui varie de six mois à un an, selon le brevet auquel ils prétendent.

En présence des nouvelles dispositions que Votre Majesté vient de sanctionner, qui règlent définitivement les sursis de levée et donnent aux marins la faculté de se faire remplacer, cette obligation de servir quelques mois sur un bâtiment de l'État n'a réellement plus d'intérêt, et il m'a semblé qu'il n'y avait nul inconvénient à la supprimer.

C'est ce que je propose de faire par le décret que j'ai l'honneur de soumettre à Votre Majesté; cette mesure, j'en ai la conviction, sera reçue avec reconnaissance par les hommes qui se préparent, dans les ports de commerce, à subir les examens nécessaires pour obtenir les brevets qu'ils ambitionnent.

Je suis avec un profond respect, Sire, de Votre Majesté, le très-humble, très-obéissant serviteur et fidèle sujet,

Signé Cte P. DE CHASSELOUP-LAUBAT.

DÉCRET DU 22 OCTOBRE 1863.

NAPOLÉON, par la grâce de Dieu et la volonté nationale, Empereur des Français,

A tous présents et à venir, salut.

Vu les articles 2 et 8 du décret du 12 décembre 1806, sur le pilotage;

Vu l'article 1er du décret du 20 mars 1852, sur le bornage;

Vu les articles 4 et 5 du décret du 26 janvier 1857, sur l'admission au commandement des navires du commerce;

Vu les articles 8, 9 et 19 du décret du 26 février 1862, réglant les conditions de la navigation au cabotage et au bornage dans les colonies;

Vu le décret, en date de ce jour, sur le recrutement du personnel-matelot des équipages de la flotte;

Le conseil d'amirauté entendu;

Sur le rapport de notre ministre secrétaire d'état au département de la marine et des colonies,

Avons décrété et décrétons ce qui suit:

Art. 1er. Toutes les conditions de service sur les bâtiments de l'État exigées tant en France que dans les colonies françaises, soit pour passer les examens de capitaine au long-cours, de maître au cabotage, de pilote ou d'aspirant pilote, soit pour exercer le commandement d'un bateau armé au bornage, sont et demeurent supprimées, sans que cette suppression ait pour effet de réduire la période totale de navigation dont il faut justifier dans ces divers cas.

ART. 2. Notre ministre secrétaire d'état de la marine et des colonies est chargé de l'exécution du présent décret, qui sera inséré au *Bulletin des lois* et au *Bulletin officiel de la marine.*

Fait au palais des Tuileries, le 22 octobre 1863.

Signé NAPOLÉON.

Par l'Empereur :

Le Ministre secrétaire d'état de la marine et des colonies,

Signé Cte P. DE CHASSELOUP-LAUBAT.

Les commissaires de l'inscription maritime pourront désormais délivrer des permis de séjour à l'étranger aux inscrits maritimes.

Circulaire ministérielle du 20 juillet 1863.

Permis de séjour à l'étranger pour les inscrits.

MESSIEURS, je reçois journellement des demandes de permis d'absence ou de séjour pour des inscrits maritimes qui veulent se rendre en pays étranger ou naviguer sous pavillon d'une puissance étrangère.

Afin d'éviter des lenteurs qui sont parfois préjudiciables aux intérêts des marins, j'autorise les commissaires de l'inscription maritime à statuer désormais eux-mêmes sur ces sortes de demandes quand ceux qui les leur adresseront rempliront l'une des conditions suivantes :

Avoir accompli une première période de service obligatoire dans les divisions des équipages de la flotte ou sur les bâtiments de l'État;

Être en jouissance d'un sursis de levée accordé en vertu du décret du 25 juin 1861;

Être muni d'un brevet de capitaine au long cours ou de maître au cabotage;

Avoir été déclaré impropre au service de la flotte.

Les permis d'embarquement sur navires de commerce étrangers devront être revêtus de mentions spéciales, afin de mettre les marins qui auront à les produire à l'abri des poursuites dont ils pourraient être l'objet, par l'application de l'article 67 du décret-loi du 24 mars 1852, qui assimile à la désertion la présence non autorisée sur un navire étranger.

Il ne sera d'ailleurs jamais délivré de permis pour naviguer sur des bâtiments de guerre étrangers, sans qu'il en ait été préalablement référé à mon département, qui doit prendre les ordres de l'Empereur, aux termes de l'article 21 du Code Napoléon.

Recevez, etc.

Le Ministre secrétaire d'état de la marine et des colonies,

Signé Cte P. DE CHASSELOUP-LAUBAT.

Notification de la loi du 28 juin 1862, portant amélioration des pensions : 1° des contre-maîtres, aides contre-maîtres et ouvriers non inscrits, et d'autres agents de la marine servant à terre; 2° des marins et autres qui complètent les 25 ans exigés pour la demi-solde au moyen de la navigation pour le compte du commerce. — Explications sur les articles de cette loi et sur quelques points qui s'y rattachent.

Circulaire ministérielle du 2 juillet 1862.

MESSIEURS, vous trouverez ci-après le texte de la nouvelle loi en date du 28 juin 1862, qui modifie le régime de la loi du 13 mai 1791 et des actes subséquents relatifs aux pensions dites *demi-soldes* [1].

Amélioration des pensions des ouvriers non inscrits et des demi-soldes.

[1] Voir le *Bulletin des lois* du 1er juillet 1862, n° 1033.

6

Cette loi, qui a été votée à l'unanimité par le Corps législatif et le Sénat, est une nouvelle preuve de l'intérêt que le Gouvernement de l'Empereur porte à tous ceux qui servent dans le département de la marine, et de sa sollicitude spéciale pour les marins inscrits qui forment la réserve de la marine militaire.

En examinant l'esprit dans lequel ont été conçues les dispositions que renferme la loi précitée, on aperçoit qu'il y est établi, tout d'abord, une *distinction*, conforme d'ailleurs à la nature des choses, entre les services rendus directement à l'État par diverses catégories d'agents de la marine ou d'ouvriers, appelés désormais à obtenir la pension de retraite, au lieu de l'ancienne demi-solde, et les services mixtes rendus par cette catégorie nombreuse de marins qui, tout en étant soumise, il est vrai, par le régime de l'inscription maritime, à l'obligation de monter sur les bâtiments de la flotte, lorsqu'elle en est requise, se livre *habituellement* à la navigation commerciale ou à la pêche, ce qui constitue, il faut bien le reconnaître, une situation différente de celle des serviteurs de l'État.

Pour assurer l'exécution régulière de cette loi, je crois devoir entrer ici dans quelques développements.

TITRE Iᵉʳ.

DES PENSIONS DE RETRAITE.

Art. 1ᵉʳ. Les principales conséquences de l'article 1ᵉʳ et du tarif n° 1ᵉʳ qui s'y rattache sont :

1° Au lieu de la simple pension dite *demi-solde,* le droit à la *pension de retraite pour ancienneté,* avec minimum et maximum, conformément aux dispositions de la loi du 18 avril 1831, pour les contre-maîtres, aides contre-maîtres, ouvriers, apprentis et journaliers des professions non soumises au régime de l'inscription maritime, ainsi qu'en faveur de certains agents de la marine servant à terre et qui n'avaient pas jusqu'ici figuré dans les tarifs de pensions de retraite, bien qu'ils pussent réunir soit trente ans de services pour le compte de l'État, soit vingt-cinq ans, dont six sur les bâtiments de l'État, ou neuf années tant à la mer que dans les colonies françaises;

2° Le droit, pour les mêmes individus, d'obtenir des pensions pour blessures ou infirmités, par application des articles 12, 13, 14, 15, 16 et 17 de la loi précitée du 18 avril 1831, et de l'article 4 de celle du 26 juin 1861;

3° La supputation de *bénéfices de campagnes,* pour le service à la mer, aux colonies ou hors l'Europe, conformément aux articles 7 et 8 de la loi du 18 avril 1831;

4° L'application aux veuves et orphelins des articles 19, 20, 21 et 22 de cette dernière loi, et de l'article 2 de celle du 26 juin 1861, pour le cas de séparation de corps prononcée contre la femme à la demande du mari.

En conséquence, on devra employer à l'avenir, pour ces sortes de propositions, les modèles adoptés pour l'exécution de la loi générale du 18 avril 1831, sur les pensions de l'armée de mer.

ART. 2 et 3. D'après l'article 2, le droit d'obtenir la pension d'ancienneté est ouvert, après vingt-cinq ans de services effectifs, au profit des contre-maîtres, aides contre-maîtres, ouvriers et journaliers non inscrits, par analogie avec ce qui a été stipulé pour les ouvriers *inscrits* par l'article 1er de la loi du 24 novembre 1848.

Toutefois, la loi n'a pas dû vouloir qu'il y eût liquidation de la pension avant l'âge de cinquante ans, à moins de constatation régulière que la partie se trouve hors d'état de travailler ou de servir.

6.

Pour les autres agents désignés au nouveau tarif des pensions de retraite, la durée des services exigés est, par continuation, *de trente ans,* conformément à la loi générale du 18 avril 1831, sauf le cas où ils réuniraient, ainsi qu'il a été dit, les six ans d'embarquement sur les bâtiments de l'État, ou neuf ans tant de mer que de colonies, qui leur donnent *exceptionnellement* le minimum de la pension de retraite *à vingt-cinq ans.*

Pour les uns comme pour les autres, il a été, du reste, expliqué devant le Corps législatif, et admis d'un commun accord, que l'article 11 de la loi du 18 avril 1831 ne leur était pas applicable, le bénéfice du cinquième en sus n'étant légalement attribué qu'aux *grades militaires* ou réputés tels, ainsi que l'a reconnu le Corps législatif, en votant la loi du 26 juin 1861 et le tarif y annexé.

TITRE II.

DES PENSIONS DITES *DEMI-SOLDES.*

ART. 4. La pension dite *demi-solde* continuera d'être réglée en tenant compte, comme par le passé, dans la supputation des vingt-cinq ans exigés, du service fait pour le compte de l'État, ainsi que de la navigation au commerce et à la pêche ayant subi une retenue au profit de la caisse des invalides de la marine.

Toutefois, une amélioration importante a été introduite dans la fixation de cette pension, *le principal* étant bonifié de *quatre dixièmes* (voir la deuxième colonne du tarif nº 2); c'est, on le sait, la proportion la plus favorable d'après laquelle aient été augmentées les pensions militaires par les lois des 25 et 26 juin 1861, et je ne doute pas que ce nouveau bienfait ne soit accueilli avec reconnaissance par la population du littoral.

On a, d'ailleurs, conservé le supplément créé par le décret du 11 juillet 1856, pour les marins réunissant six ans au moins de service sur les bâtiments de l'État ou aux équipages de la flotte (3ᵉ colonne du tarif), ainsi que le supplément d'invalidité pour soixante ans d'âge, ou pour infirmités contractées au service de l'État (colonne 4).

Seulement des modifications ont été introduites dans la classification des payes devant servir de base à la fixation de la demi-solde, afin de faire correspondre, autant que possible, les diverses catégories avec les grades des équipages de la flotte.

La condition de cinquante ans d'âge reste toujours obligatoire pour l'obtention de la demi-solde. Toutefois, si des infirmités *contractées au service de l'État* mettaient le marin dans l'impossibilité de continuer la navigation, la justification en serait faite : 1° par la production du certificat qui aurait motivé le congédiement ou la réforme; 2° par la déclaration d'officiers de santé portant que l'état *actuel* du malade se rattache à l'infirmité constatée dans le temps, et qu'elle entraîne *l'incapacité absolue de travail* pour l'avenir.

Art. 5 et 6. Ces nouvelles dispositions sont généralement plus favorables que les anciennes dispositions de la loi du 13 mai 1791; elles font rentrer, d'ailleurs, les droits des veuves, et, à défaut de veuves, les droits des orphelins de marins, dans le système général qui a prévalu lors de la discussion des nouvelles lois de pensions, à partir de 1831.

Art. 7. Cet article maintient le subside de 2 ou 3 francs par mois que l'article 4 du règlement annexé à la loi du 13 mai 1791 a créé pour les demi-soldiers et pour leurs veuves, à l'effet de les aider à élever des enfants qu'ils destinent le plus souvent à la navigation.

TITRE III.

DISPOSITIONS GÉNÉRALES ET TRANSITOIRES.

Art. 8. Cet article, dont le principe est tiré du droit commun en matière de pensions, indique bien que le législateur n'a pas voulu revenir sur les pensions *déjà inscrites au moment de la promulgation de la nouvelle loi.*

Il n'y a pas à justifier une disposition que rendait nécessaire le respect dû aux liquidations faites d'après les lois précédentes.

Quant à la *réserve de certains droits acquis en vertu de la législation antérieure,* le deuxième paragraphe de l'article 8 a entendu : 1° que l'on *continuerait* de prendre dans la loi du 13 mai 1791 le droit à la pension, lorsqu'il s'agirait de la veuve d'un des agents compris au tarif n° 1er, qui serait mort entre sa vingt-cinquième et sa trentième année de service, *antérieurement à la promulgation de la nouvelle loi ;* 2° que l'on reconnaîtrait aussi, par continuation, le droit à pension à celle qui ne pourrait justifier de deux ans de mariage avant la cessation de l'activité de son mari, en tant, bien entendu, que la sortie du service aura *précédé ladite promulgation.*

Art. 9. L'abrogation prononcée par l'article 9 a pour effet : 1° de substituer le titre Ier de la nouvelle loi à la loi du 13 mai 1791 pour tous les individus compris au tarif n° 1er ; 2° de remplacer par le tarif n° 2 les fixations prévues par le règlement annexé à la loi du 13 mai 1791, toutes les fois qu'il y aura lieu de régler soit la pension dite demi-solde, soit la pension de veuve ou le secours annuel d'orphelin d'un marin ou de tout autre pouvant prétendre à la demi-solde, ou mort en jouissance d'une pension de cette nature.

Je n'ai pas besoin d'ajouter que toutes ces pensions seront, comme par le passé, *acquittées sur la caisse des invalides de la marine,* conformément aux lois spéciales de son institution (loi du 13 mai 1791, arrêté du 19 frimaire an XI et ordonnance de reconstitution du 22 mai 1816), et en application du principe reconnu par les lois des 18 avril 1831, 19 mai 1834, 21 juin 1856 et autres.

J'appelle sur la présente circulaire l'attention des officiers et fonctionnaires qui sont appelés à concourir à l'exécution de la loi précitée, dont ils ne manqueront pas d'expliquer à leurs administrés toute la portée bienfaisante dans le présent et l'avenir.

Recevez, etc.

Le Ministre secrétaire d'état de la marine et des colonies,

Signé Cte P. DE CHASSELOUP-LAUBAT.

ANNEXE.

———

Loi du 28 juin 1862 sur les pensions de retraite des ouvriers des ports et de divers agents de la marine non inscrits, et sur les pensions dites demi-soldes des marins inscrits.

TITRE Ier.

DES PENSIONS DE RETRAITE.

ART. 1er. Les contre-maîtres, aides contre-maîtres, ouvriers, apprentis et journaliers des professions non soumises à l'inscription maritime, et les autres agents du département de la marine compris au tarif n° 1er annexé à la présente loi, obtiendront, à l'avenir, des pensions de retraite, conformément audit tarif et aux dispositions de la loi du 18 avril 1831, au lieu de la pension dite *demi-solde* qui leur était précédemment attribuée par la loi du 13 mai 1791.

ART. 2. Le droit à la pension, pour les contre-maîtres,

[note marginale : Amélioration des pensions de retraites des ouvriers et agents de la marine non inscrits et des demi-soldes.]

aides contre-maîtres, ouvriers, apprentis et journaliers désignés dans le précédent article, est acquis après vingt-cinq ans accomplis de services effectifs.

ART. 3. La pension d'ancienneté ne peut être réclamée par l'ayant droit avant l'âge de cinquante ans accomplis, à moins d'incapacité définitive de travail ou de service dûment constatée.

TITRE II.

DES PENSIONS DITES *DEMI-SOLDES*.

ART. 4. La pension dite *demi-solde* des marins réunissant vingt-cinq ans accomplis, soit de service pour le compte de l'État, soit de navigation sur les bâtiments du commerce, est fixée conformément au tarif n° 2 annexé à la présente loi.

Cette pension ne peut être réclamée par l'ayant droit avant l'âge de cinquante ans accomplis, à moins qu'il ne justifie d'infirmités contractées au service de l'État et qui le mettent dans l'impossibilité de continuer la navigation.

ART. 5. La pension des veuves desdits marins est fixée au tiers du maximum de la pension attribuée au mari par le tarif n° 2.

ART. 6. Après le décès de la mère ou lorsqu'elle se trouvera déchue de ses droits à la pension, l'enfant ou les enfants mineurs du marin mort en jouissance de la demi-solde ou en possession de droits à cette demi-solde, reçoivent, quel que soit leur nombre, un secours annuel égal à la pension que la mère aurait obtenue ou aurait été susceptible d'obtenir.

Ce secours est payé jusqu'à ce que le plus jeune d'entre eux ait atteint l'âge de vingt et un ans accomplis; mais, dans ce cas, la part des majeurs est reversible sur les mineurs.

ART. 7. Il est alloué auxdits marins, pour chacun de leurs enfants âgés de moins de dix ans, un supplément de 24 ou 36 francs par an , conformément aux indications du tarif n° 2.

TITRE III.

DISPOSITIONS GÉNÉRALES ET TRANSITOIRES.

ART. 8. Les dispositions de la présente loi seront appliquées à toutes les pensions non inscrites avant sa promulgation.

Sont néanmoins réservés les droits acquis, en vertu de la législation antérieure, aux veuves des individus compris au tarif n° 1, dont le décès aura eu lieu ou dont la demi-solde aura été inscrite avant ladite promulgation.

ART. 9. Sont abrogées toutes les dispositions contraires à la présente loi [1].

Admission des officiers-mariniers et marins à la pension de retraite et à la pension dite demi-solde.

Circulaire ministérielle du 22 janvier 1864.

MESSIEURS, il m'a paru utile de résumer en quelques règles précises, afin de faire cesser des divergences qui se produisent souvent dans l'application, les dispositions relatives à l'admission des officiers-mariniers et marins à la pension de retraite et à la pension dite *demi-solde*.

Voici ces règles, auxquelles je vous invite à vous conformer à l'avenir :

1° Les officiers-mariniers, quartiers-maîtres et matelots, inscrits ou non incrits, peuvent être admis à la retraite, sur

Admission
des
officiers-mariniers
et des marins
à la pension
de retraite
et
à la demi-solde.

---

[1] Pour les tarifs, voir le *Bulletin officiel de la marine,* n° 27, p. 38, année 1862, 2° semestre.

leur demande ou d'office, quel que soit leur âge, lorsqu'ils justifient de vingt-cinq années de service effectif depuis l'âge de seize ans (articles 1er et 9 de la loi du 18 avril 1831).

Toutefois, la demande d'admission à la retraite formée par un officier-marinier du cadre de maistrance, âgé de moins de cinquante ans, n'est susceptible d'être accueillie qu'autant qu'elle s'est produite, soit pendant l'activité de l'officier-marinier, soit dans les six premiers mois qui suivent son envoi en disponibilité.

2° Peuvent seuls être maintenus en disponibilité ou en activité, au delà de cinquante ans, s'ils sont d'ailleurs encore aptes à faire un bon service, les officiers-mariniers et marins qui n'ont pas encore tout à fait accompli vingt-cinq ans de services à l'État, et auxquels il manque moins d'un an pour remplir la condition de douze ans de grade.

3° A moins qu'ils ne justifient d'infirmités contractées anciennement au service de l'État et qui les mettent dans l'impossibilité de continuer la navigation, les inscrits maritimes qui réunissent vingt-cinq années de services mixtes n'ont droit à la pension dite *demi-solde* qu'après cinquante ans révolus (article 4 de la loi du 28 juin 1862), sans qu'on puisse, d'ailleurs, les contraindre à l'accepter, s'il leur convient de ne la réclamer que plus tard, afin de se ménager certains avantages. Ils doivent seulement être avertis, par l'autorité maritime, du jour où ils remplissent la condition de trois cents mois de navigation.

Recevez, Messieurs, l'assurance de ma considération très-distinguée.

Le Ministre secrétaire d'état de la marine et des colonies,

Signé Cte P. DE CHASSELOUP-LAUBAT.

TITRE DEUXIÈME.

ÉCOLES.

Rapport à l'Empereur, suivi d'un décret portant création au port de Brest d'un établissement dit des Pupilles de la marine.

Paris, le 15 novembre 1862.

Sire,

L'Empereur s'est plus d'une fois ému au récit de ces accidents de mer qui laissent sans appui de pauvres enfants de matelots, et sa générosité est bien souvent venue en aide à des familles auxquelles la caisse des invalides de la marine accorde, de son côté, quelques secours.

Mais, dans sa sympathie pour nos populations maritimes, Votre Majesté ne s'est point bornée à ces bienfaits qu'elle aime à répandre. Elle m'a prescrit d'examiner si les orphelins de ces hommes qui se vouent au rude métier de la mer ne pourraient pas être remis aux soins et placés sous la tutelle de la marine, qui les élèverait pour leur faire suivre la carrière de leurs pères, — comme les fils de nos soldats, — *ces enfants de troupe,* — ainsi que dans son glorieux langage les appelle l'armée qui les adopte, — sont élevés par les régiments et y retrouvent une nouvelle famille.

Votre généreuse pensée, Sire, je viens vous proposer de la réaliser par l'approbation d'un projet de décret posant les bases d'un établissement qui, sous le nom de *Pupilles de la marine,* sera appelé à recevoir un certain nombre d'orphelins des officiers-mariniers et des matelots.

Création de l'établissement des Pupilles de la marine.

Aujourd'hui, l'école des mousses, qui donne des résultats dont la flotte s'applaudit de plus en plus, ne s'ouvre que pour les enfants âgés de treize ans, et les salles d'asile, que quelques-uns de nos ports militaires ont encouragées avec tant de dévouement, se ferment pour les enfants de plus de sept ans. Des secours, il est vrai, sont alloués aux orphelins des marins morts au service de l'État, ou en jouissance d'une pension de retraite, ou même des matelots victimes d'événements de mer, lorsqu'ils naviguent au commerce; mais on ne peut méconnaître que, pour beaucoup de ces enfants, les premières années seraient mieux protégées, mieux employées, mieux préparées aux devoirs de la profession qu'ils doivent embrasser, si l'institution qui les assiste allait un peu plus loin dans sa charitable prévoyance, et prenant, en quelque sorte, l'orphelin sous son égide, employait l'argent qu'elle lui consacre à lui offrir un asile où il trouverait des enseignements utiles à la carrière qu'il doit parcourir, et où on lui montrerait les nobles exemples qu'il a à suivre.

C'est à Brest, au milieu d'une population pour ainsi dire toute militaire et maritime, à Brest où déjà l'école des mousses a dû être établie, et où la marine possède des locaux suffisants, que seraient réunis les *Pupilles de la marine*. Ils seraient placés sous la surveillance immédiate du préfet maritime, qui aurait la haute direction de tout ce qui concerne l'ordre, la discipline, l'instruction.

Les enfants désignés par les préfets des cinq arrondissements maritimes seraient admis par une commission. Les orphelins de père et de mère auraient la priorité, et seraient reçus dès l'âge de sept ans; les autres enfants entreraient à neuf ans; tous y resteraient jusqu'à treize ans et passeraient alors à l'école des mousses.

Deux ou trois officiers de vaisseau, quelques officiers-mariniers, quelques quartiers-maîtres et fourriers, suffiraient pour l'organisation nécessaire, et en centralisant, avec une faible augmentation, les secours que la caisse des invalides de la marine accorderait à chaque enfant qui serait admis, les dépenses pourraient être couvertes. D'ailleurs, Sire, il n'est pas douteux que, reçu comme un bienfait par les populations maritimes, comme un complément des institutions de bienfaisance que la France vous doit, l'établissement des *Pupilles de la marine,* en présence des sympathies qui s'y attacheront, ne soit bientôt élevé au rang des établissements qui ont une existence civile; et de même qu'on voit chaque jour grandir la prospérité de l'Orphelinat du Prince Impérial, de même des dons, des legs, permettraient sans doute promptement d'élargir les bases de l'institution destinée aux orphelins des matelots.

Mais aujourd'hui, Sire, il ne s'agit encore que de jeter le germe de tout le bien dont vous avez conçu la pensée; les gens de mer accueilleront avec une profonde reconnaissance une création dans laquelle ils reconnaîtront l'incessante sollicitude que vous avez pour eux, et c'est avec bonheur qu'ils verront la main paternelle de l'Empereur s'étendre sur la tête de leurs enfants.

C'est donc avec confiance que je soumets à Votre Majesté le projet de décret sur les *Pupilles de la marine,* qui a recueilli les suffrages unanimes du conseil d'amirauté.

Je suis avec un profond respect, Sire, de Votre Majesté, le très-humble serviteur et fidèle sujet,

Le Ministre secrétaire d'état de la marine et des colonies,

Signé Cᵗᵉ P. DE CHASSELOUP-LAUBAT.

DÉCRET DU 15 NOVEMBRE 1862.

Création
de l'établissement
des pupilles
de la marine. NAPOLÉON, par la grâce de Dieu et la volonté nationale, EMPEREUR DES FRANÇAIS,

A tous présents et à venir, SALUT.

Sur le rapport de notre ministre de la marine et des colonies,
Le conseil d'amirauté entendu,

AVONS DÉCRÉTÉ et DÉCRÉTONS ce qui suit :

ART. 1er. Il est créé au port de Brest un établissement dit des *Pupilles de la marine.*

ART. 2. L'établissement des Pupilles de la marine est destiné à recevoir :

1° Les orphelins de père et de mère, fils d'officiers-mariniers et de marins morts au service, ou morts en jouissance soit d'une pension de retraite, soit d'une pension dite demi-solde;

2° Les enfants des officiers-mariniers et des marins mentionnés au paragraphe ci-dessus, dont les mères existent encore;

3° Les enfants qui ont perdu leurs mères et dont les pères, officiers-mariniers ou marins, sont en activité de service;

4° Les orphelins ou enfants de marins victimes d'événements de mer à bord de navires de commerce ou de bateaux de pêche.

ART. 3. Seront admis, dans l'ordre de préférence ci-dessous, les orphelins :

Des officiers-mariniers et matelots morts au service de l'État, ou morts en jouissance d'une pension de retraite;

Des officiers-mariniers ou matelots comptant au moins six années de service à l'État et morts en jouissance d'une demi-solde;

Des marins morts par suite d'accidents de mer en naviguant au commerce ou à la pêche;

Les enfants ayant perdu leurs mères et dont les pères, officiers-mariniers ou marins, sont au service de l'État;

Enfin les enfants des marins morts, dont les mères existent encore.

ART. 4. Les orphelins de père et de mère pourront être admis à l'établissement des Pupilles dès l'âge de sept ans; les enfants compris dans les autres catégories ci-dessus indiquées ne seront reçus qu'à partir de neuf ans révolus.

ART. 5. Les Pupilles de la marine, dès qu'ils ont atteint l'âge de treize ans, sont admis à l'école des mousses avec les autres enfants de marins.

ART. 6. Sont rayés des contrôles des Pupilles de la marine et rendus à leurs familles :

Les enfants qui ne sont pas jugés aptes au service de la marine, ou qui, âgés de treize ans révolus, refusent d'entrer à l'école des mousses.

ART. 7. Le mode d'admission à l'établissement des Pupilles de la marine est déterminé par un arrêté de notre ministre de la marine et des colonies.

ART. 8. Notre ministre de la marine et des colonies est chargé de l'exécution du présent décret.

Fait au palais de Compiègne, le 15 novembre 1862.

Signé NAPOLÉON.

Par l'Empereur :

Le Ministre secrétaire d'état de la marine et des colonies,

Signé Cᵗᵉ P. DE CHASSELOUP-LAUBAT.

Envoi d'un arrêté ministériel qui réglemente le mode d'admission à l'établissement des Pupilles de la marine.

Circulaire ministérielle du 9 février 1863.

MESSIEURS, vous trouverez reproduit, ci-après, un arrêté

Admission
à l'établissement
des Pupilles
de la marine.

que j'ai rendu, le 1er de ce mois, en exécution de l'article 7 du décret du 15 novembre 1862, et qui réglemente le mode d'admission à l'établissement des Pupilles de la marine.

Les dispositions contenues dans cet arrêté déterminent les mesures qui précéderont l'admission des enfants à l'établissement; vous remarquerez que, lors des nominations, les diverses catégories de candidats devront être successivement épuisées dans l'ordre de préférence prévu par l'acte d'institution.

J'appellerai d'ailleurs votre attention sur l'article 5, qui accorde aux candidats admis les frais de conduite attribués aux mousses des équipages de la flotte; en outre, ledit article laisse aux familles toute latitude pour diriger les enfants soit sur Brest, soit sur le port chef-lieu de l'arrondissement dans le ressort duquel elles sont domiciliées.

Dans ce dernier cas, les enfants dont il s'agit devront être mis en subsistance à la division dudit port chef-lieu, jusqu'à ce qu'une occasion favorable se présente de leur faire rejoindre Brest par un bâtiment de l'État, ou *par la voie de terre,* en les adjoignant alors à un détachement qui aurait la même destination, ou en les plaçant sous la conduite d'un officier-marinier.

Veuillez donner aux dispositions que je vous notifie toute la publicité qu'elles comportent, et prendre, en ce qui vous concerne, les mesures nécessaires pour assurer leur ponctuelle exécution.

Recevez, etc.

Le Ministre secrétaire d'état de la marine et des colonies,

Signé Cte P. DE CHASSELOUP-LAUBAT.

ANNEXE.

Règlement concernant le mode d'admission à l'établissement des Pupilles de la marine.

LE MINISTRE SECRÉTAIRE D'ÉTAT AU DÉPARTEMENT DE LA MARINE ET DES COLONIES,

Vu l'article 7 du décret du 15 novembre 1862,

ARRÊTE :

ART. 1er. Les orphelins et enfants des officiers-mariniers et marins sont reçus dans l'établissement des Pupilles de la marine suivant l'ordre de préférence réglé par l'article 3 du décret du 15 novembre 1862. En conséquence, les enfants compris dans la première des catégories établies audit article sont admis avant ceux de la seconde, et ainsi de suite pour les autres catégories.

ART. 2. Lorsque le chiffre des sujets présentés excède celui des candidats à admettre, la répartition entre les arrondissements maritimes est faite au prorata du nombre des enfants proposés, en observant d'ailleurs les règles déterminées en l'article 1er.

ART. 3. Les demandes d'admission à l'établissement des Pupilles de la marine sont adressées au commissaire de l'inscription maritime du quartier de la résidence des enfants.

Cet administrateur procède à la visite des candidats, comme il est dit à l'article 100 du décret du 5 juin 1856, vérifie et certifie la situation des familles, et transmet au préfet maritime les pièces établies à ce sujet, ainsi que toutes les indications utiles pour déterminer le rang de préférence à donner aux postulants.

Règlement
concernant
le mode
d'admission
à l'établissement
des Pupilles
de la marine.

7

Le préfet maritime fait dresser et transmet au ministre l'état des orphelins et enfants des officiers-mariniers et marins de l'arrondissement dont l'admission aux Pupilles de la marine est proposée.

ART. 4. Préalablement à l'admission définitive des candidats, une commission siégeant à Brest et composée :

Du major général de la marine, président;

Du commissaire général;

Du directeur du service de santé et des deux capitaines de vaisseau les plus anciens de ceux présents au port, procède à un nouvel examen des enfants et des conditions d'admission dans lesquelles ils sont placés.

En cas d'avis contraire à l'admission, les enfants sont mis en subsistance à la division, jusqu'à décision du ministre.

ART. 5. Les enfants destinés à l'établissement des Pupilles reçoivent, par les soins des commissaires de l'inscription maritime, des feuilles de route portant allocation des frais de conduite attribués aux mousses pour se rendre soit à Brest directement, soit à un des autres chefs-lieux d'arrondissements maritimes, si les familles domiciliées dans ces arrondissements le préfèrent. Dans ce dernier cas, l'autorité maritime de ces ports pourvoit à l'envoi des enfants à Brest.

Fait à Paris, le 1er février 1863.

Le Ministre secrétaire d'état de la marine et des colonies,

Signé Cte P. DE CHASSELOUP-LAUBAT.

Décret portant notification d'un règlement relatif à l'établissement des Pupilles de la marine.

Du 8 avril 1863.

NAPOLÉON, par la grâce de Dieu et la volonté nationale, EMPEREUR DES FRANÇAIS,

A tous présents et à venir, SALUT.

Sur le rapport de notre ministre secrétaire d'état au département de la marine et des colonies,

Notre conseil d'état entendu,

AVONS DÉCRÉTÉ et DÉCRÉTONS ce qui suit :

ART. 1re. L'établissement des Pupilles de la marine, fondé par notre décret du 15 novembre 1862, sera régi conformément au règlement ci-annexé.

Règlement relatif à l'établissement des Pupilles de la marine.

ART. 2. Les dons et legs faits audit établissement seront acceptés par notre ministre de la marine et des colonies, conformément aux lois et règlements sur la matière.

ART. 3. Notre ministre de la marine et des colonies est chargé de l'exécution du présent décret, qui sera inséré au *Bulletin des lois* et au *Bulletin officiel de la marine.*

Fait au palais des Tuileries, le 8 avril 1863.

Signé NAPOLÉON.

Par l'Empereur :

Le Ministre secrétaire d'état de la marine et des colonies,

Signé Cte P. DE CHASSELOUP-LAUBAT.

ANNEXE.

Règlement du 8 avril 1863, sur l'établissement des Pupilles de la marine.

ART. 1er. L'établissement des Pupilles de la marine est institué en faveur des orphelins et enfants d'officiers-mariniers et marins.

ART. 2. L'établissement est placé à Brest, sous la surveillance immédiate du préfet maritime, auquel appartient la haute direction de tout ce qui concerne l'ordre, la discipline et l'instruction.

ART. 3. Seront admis à l'établissement :

1° Les orphelins de père et de mère, fils d'officiers-mariniers et de marins morts au service ou morts en jouissance soit d'une pension de retraite, soit d'une pension dite *demi-solde;*

2° Les enfants des officiers-mariniers et des marins mentionnés au paragraphe ci-dessus, dont les mères existent encore;

3° Les enfants qui ont perdu leur mère et dont le père, officier-marinier ou marin, est en activité de service;

4° Les orphelins ou enfants de marins victimes d'événements de mer à bord de navires de commerce ou de bateaux de pêche.

ART. 4. Seront admis dans l'ordre de préférence ci-dessous, les orphelins :

Des officiers-mariniers et matelots morts au service de l'État ou en jouissance d'une pension de retraite;

Des officiers-mariniers ou matelots comptant au moins six années de services à l'État et morts en jouissance d'une demi-solde;

Des marins morts par suite d'accidents de mer en naviguant au commerce ou à la pêche;

Les enfants ayant perdu leur mère et dont le père, officier-marinier ou marin, est au service de l'État;

Enfin les enfants des marins morts, dont les mères existent encore.

Art. 5. Les orphelins de père et de mère pourront être admis à l'établissement des Pupilles dès l'âge de sept ans; les enfants compris dans les autres catégories ci-dessus indiquées ne seront reçus qu'à partir de neuf ans révolus.

Art. 6. L'admission des pupilles est prononcée par le ministre de la marine, sur la proposition des préfets des cinq arrondissements maritimes, et après examen d'une commission permanente, siégeant à Brest.

Art. 7. Les pupilles qui ne seraient plus jugés aptes au service de la marine sont rayés des contrôles et rendus à leurs familles.

Art. 8. Les pupilles, dès qu'ils ont atteint l'âge de treize ans, sont admis à l'école des mousses avec les autres enfants de marins.

Art. 9. L'institution des Pupilles est soumise aux règles de la comptabilité des autres corps de la marine.

Art. 10. Les recettes de l'établissement se composent :

1° Des dons et legs;

2° Des secours donnés par la caisse des invalides de la marine aux enfants et orphelins qui sont admis dans l'établissement;

3° Des subventions accordées par les départements et les communes.

Art. 11. Le trésorier des invalides de la marine à Brest est chargé de la perception et de l'encaissement des recettes de l'établissement, ainsi que du payement des dépenses.

Il rend un compte spécial de sa gestion à la fin de chaque année.

Paris, le 8 avril 1863.

Le Ministre secrétaire d'état de la marine et des colonies,

Signé Cᵗᵉ P. DE CHASSELOUP-LAUBAT.

La population maritime des colonies et établissements français d'outre-mer peut être appelée à participer aux bienfaits de l'institution des Pupilles.

Circulaire ministérielle du 11 septembre 1863.

Application
aux colonies
des
mesures relatives
à l'établissement
des Pupilles
de la marine.

MESSIEURS, j'ai été consulté sur la question de savoir si les populations maritimes des colonies et établissements français d'outre-mer sont appelées à profiter, au même titre que celle de la métropole, des bénéfices de l'institution des Pupilles de la marine.

On ne saurait résoudre négativement cette question sans méconnaître la pensée généreuse qui a inspiré à l'Empereur le décret du 15 novembre 1862.

Les divers actes insérés au *Bulletin officiel,* et concernant l'établissement des Pupilles, doivent donc être considérés comme s'adressant aux différentes administrations coloniales, qui, dès lors, peuvent établir et m'adresser des propositions en faveur des enfants et orphelins de marins créoles réunissant les conditions exigées pour être admis audit établissement.

Toutefois, et en vue d'éviter les frais inutiles qu'entraîne forcément le déplacement de sujets qui, à leur arrivée à Brest, seraient reconnus ne pas satisfaire à toutes les conditions d'admissibilité, aucun enfant proposé par une colonie ou un établissement français d'outre-mer ne devra être envoyé en France que sur mon autorisation spéciale, laquelle ne sera accordée, s'il y a lieu, qu'à la suite de l'examen des pièces justificatives à me transmettre pour faire connaître exactement l'âge, la situation de famille, l'état de santé et la taille des sujets présentés. — J'insiste tout particulièrement sur cette recommandation.

Je vous prie de donner communication à qui de droit du contenu de la présente dépêche.

Recevez, etc.

Le Ministre secrétaire d'état de la marine et des colonies,

Signé Cte P. DE CHASSELOUP-LAUBAT.

Augmentation de l'effectif de l'École des mousses.

Par dépêches des 31 mai et 24 août 1861, le vaisseau *l'Inflexible* a été substitué à la frégate *la Thétis*, qui servait d'École des mousses à Brest. Par suite de cette mesure, le nombre des mousses entretenus à l'École a pu être porté de 600 à 900.

Augmentation de l'effectif de l'École des mousses.

Création d'un second vaisseau-école de canonniers.

Dépêche ministérielle adressée au Préfet maritime de Brest.

Paris, le 12 juillet 1861.

MONSIEUR LE PRÉFET,

Vous voudrez bien, au reçu de la présente dépêche, donner les ordres nécessaires pour faire passer le *Louis XIV* de la position de réserve à celle d'armement.

Ce vaisseau, qui est destiné à une école de canonniers, sera commandé par M. le capitaine de vaisseau Dieudonné, et aura pour second M. le capitaine de frégate Grivel ; ce dernier officier supérieur reçoit l'ordre de se rendre immédiatement à Brest. Quant aux officiers qui devront embarquer sur le *Louis XIV*, je me réserve de vous les désigner ultérieurement.

Création d'un second vaisseau-école de canonniers.

Je vous ferai connaître, sous le timbre personnel, la composition d'équipage de ce vaisseau.

Recevez, etc.

Signé Cte P. DE CHASSELOUP-LAUBAT.

Décret du 23 février 1861, relatif à la composition du cadre des bataillons établis à Lorient pour l'instruction des apprentis marins fusiliers.

NAPOLÉON, par la grâce de Dieu et la volonté nationale, EMPEREUR DES FRANÇAIS, à tous présents et à venir, SALUT.

Vu le décret du 31 août 1854, portant réorganisation du corps d'infanterie de la marine;

Vu le décret du 5 juin 1856, sur l'organisation du personnel des équipages de la flotte;

Vu le décret du 10 décembre 1856, relatif à la composition et à l'organisation du cadre du bataillon d'apprentis marins fusiliers établi au port de Lorient;

Sur le rapport de notre ministre secrétaire d'état au département de la marine et des colonies;

Le conseil d'amirauté entendu,

AVONS DÉCRÉTÉ et DÉCRÉTONS ce qui suit :

Création d'un second bataillon d'apprentis marins fusiliers.

ART. 1er. Les apprentis marins fusiliers réunis pour leur instruction au port de Lorient seront divisés désormais en deux bataillons, placés sous le commandement d'un lieutenant-colonel ou d'un colonel d'infanterie de la marine.

ART. 2. Pour la formation de ces deux bataillons d'instruction, il est créé, dans l'arme de l'infanterie de la marine,

      2 emplois de chef de bataillon,

      1 emploi de capitaine adjudant-major,

      1 emploi d'adjudant sous-officier.

Art. 3. Le cadre des deux bataillons est composé des officiers, sous-officiers, caporaux et clairons d'infanterie de la marine indiqués ci-après :

ÉTAT-MAJOR.

30.

1 lieutenant-colonel ou colonel, *commandant*,
2 chefs de bataillon,
2 capitaines adjudants-majors,
1 lieutenant ou sous-lieutenant, chargé des détails.

COMPAGNIES.

8 capitaines,
8 lieutenants,
8 sous-lieutenants.

PETIT ÉTAT-MAJOR.

135.

2 adjudants sous-officiers,
1 sergent clairon,
2 caporaux clairons,
2 caporaux secrétaires,
8 sergents-majors,
40 sergents,
64 caporaux,
16 clairons.

Art. 4. Toute disposition contraire est abrogée.

Art. 5. Notre ministre secrétaire d'état au département de la marine et des colonies est chargé de l'exécution du présent décret, qui sera inséré au *Bulletin officiel de la marine.*

Fait au palais des Tuileries, le 23 février 1861.

Signé NAPOLÉON.

Par l'Empereur :

Le Ministre secrétaire d'état de la marine et des colonies,

Signé Cte P. DE CHASSELOUP-LAUBAT.

Décret du 12 mars 1862 qui modifie le titre III du décret du 5 juin 1856 sur l'organisation des équipages de la flotte.

NAPOLÉON, par la grâce de Dieu et la volonté nationale, EMPEREUR DES FRANÇAIS,

À tous présent et à venir, SALUT.

Vu le décret du 5 juin 1856 sur l'organisation du personnel des équipages de la flotte;

Vu le décret du 23 février 1861, relatif à la composition du cadre des bataillons établis à Lorient pour l'instruction des apprentis marins fusiliers;

Vu le décret du 24 septembre 1861, portant modification du décret organique du 5 juin 1856;

Sur le rapport de notre ministre secrétaire d'état de la marine et des colonies;

Le Conseil d'amirauté entendu,

AVONS DÉCRÉTÉ et DÉCRÉTONS ce qui suit:

ARTICLE PREMIER.

Réorganisation des marins fusiliers.

Le titre III (articles 72 à 86) du décret du 5 juin 1856, sur l'organisation du personnel des équipages de la flotte, est modifié ainsi qu'il suit:

TITRE III.

CHAP. Ier. — DÉFINITION DE L'INSTITUTION.

ART. 72. L'institution des marins-fusiliers a pour objet d'assurer à bord des bâtiments de la flotte le service de la mousqueterie et des compagnies de débarquement.

Les officiers de marine et les marins reçoivent l'instruction théorique et pratique relative aux armes de précision dans les bataillons spéciaux d'instruction.

L'instruction des officiers de marine est complétée à l'école de tir de Vincennes.

CHAP. II. — DES BATAILLONS D'INSTRUCTION.

ART. 73. Les bataillons d'instruction reçoivent, chaque année, le nombre des marins déterminé par notre ministre de la marine et des colonies, qui fixe également celui des officiers-mariniers et des quartiers-maîtres qui doivent y être détachés.

ART. 74. Les bataillons d'instruction sont placés sous la direction d'un officier supérieur d'infanterie de la marine et sous l'autorité du commandant de la division.

L'organisation des bataillons et le programme de l'instruction, dont la durée ne doit pas excéder une année, font l'objet d'un règlement arrêté par notre ministre de la marine et des colonies.

ART. 75. Les apprentis fusiliers se recrutent exclusivement parmi les hommes provenant des contingents annuels du recrutement et parmi les engagés volontaires.

ART. 76. Les apprentis fusiliers sont divisés en compagnies qui, suivant leur nombre, forment un ou plusieurs bataillons.

Les cadres de ces compagnies, officiers compris, sont fournis par l'infanterie de la marine.

Des enseignes de vaisseau, en nombre déterminé chaque année par notre ministre de la marine et des colonies, suivent les cours et exercices des bataillons; ils sont attachés à l'état-major de la division des équipages de la flotte dont les bataillons font partie. A la fin de la période d'instruction, ceux de ces officiers qui ont justifié de l'aptitude suffisante devant une commission composée des officiers supérieurs des bataillons, sont proposés pour être envoyés à l'école de tir de Vincennes, conformément aux dispositions de l'article 80 ci-après.

Les officiers-mariniers et les quartiers-maîtres détachés aux bataillons des apprentis fusiliers sont placés à la suite du petit état-major de la division.

ART. 77. Les apprentis fusiliers sont administrés, sous la direction du conseil d'administration de la division, par les officiers d'infanterie de la marine qui commandent les compagnies.

ART. 78. A l'expiration du délai mentionné en l'article 74 pour la durée de l'instruction, les apprentis fusiliers subissent un examen théorique et pratique en présence de commissions spéciales dont un règlement de notre ministre de la marine et des colonies détermine la composition et le mode d'opérer.

Les apprentis fusiliers qui ont satisfait à cet examen reçoivent, en raison du degré d'instruction et d'aptitude dont ils ont fait preuve, des brevets de marins fusiliers de 1re, de 2e ou de 3e classe, conformes au modèle n° 2 annexé au présent décret.

ART. 79. Les marins fusiliers brevetés sont, à leur sortie des bataillons d'instruction, répartis entre les divisions des équipages de la flotte.

Les apprentis fusiliers qui n'ont pas fait preuve des connaissances exigées sont renvoyés dans les compagnies de dépôt du recrutement des divisions.

Pendant leur séjour dans les divisions, les marins fusiliers sont, autant que possible, employés à des services ayant rapport à leur spécialité, et notamment à celui des gardes.

CHAP. III. — DE L'ÉCOLE DE TIR POUR LES OFFICIERS.

ART. 80. L'école de tir de Vincennes reçoit les enseignes de vaisseau provenant des bataillons de fusiliers.

ART. 81. Pendant leur séjour à l'école de Vincennes, ces officiers sont soumis aux règlements généraux de ladite école.

Ils sont traités, sous le rapport de la solde et de l'indemnité de logement, comme les officiers en résidence à Paris.

ART. 82. A leur sortie de l'école de Vincennes, les officiers sont répartis, pour l'embarquement, entre les différents ports, selon les besoins du service et conformément aux ordres du Ministre.

Des notes particulières sont adressées sur leur compte à notre Ministre de la marine et des colonies par le général commandant l'école de Vincennes.

CHAP. IV. — DISPOSITIONS CONCERNANT LES ENSEIGNES DE VAISSEAU QUI PROVIENNENT DES BATAILLONS D'INSTRUCTION ET DE L'ÉCOLE DE VINCENNES.

ART. 83. Les officiers qui proviennent des bataillons d'instruction et de l'école de tir de Vincennes font, à bord des bâtiments sur lesquels ils sont embarqués, un cours théorique et pratique relatif au tir des armes de précision et aux manœuvres d'infanterie qu'un corps de débarquement peut être appelé à exécuter.

Ce cours est présidé par le commandant, ou, à défaut du commandant, par l'officier en second du bâtiment.

Les officiers, officiers-mariniers et quartiers-maîtres qui font partie des compagnies de débarquement et tous les aspirants sont tenus d'y assister.

ART. 84. Les officiers provenant des bataillons d'instruction et de l'école de tir de Vincennes commandent les compagnies de débarquement. Ils peuvent remplir les fonctions d'adjudants-majors des compagnies de débarquement de plusieurs bataillons réunis.

ART. 85. Les dispositions des articles 83 et 84 ci-dessus ne sont pas applicables à l'officier chargé du détail de l'artillerie.

CHAP. V. — DISPOSITIONS CONCERNANT LES FUSILIERS BREVETÉS.

ART. 86. Les marins fusiliers brevetés jouissent, pendant la durée de leur embarquement, des suppléments attachés à la classe de fusiliers dont ils ont le brevet.

Ces suppléments sont déterminés par le décret portant règlement sur la solde et les revues.

Les dispositions des articles 66 à 71 du présent décret, relatives à la concession et au retrait des brevets, aux annotations à faire sur les rôles, livrets, livres de compagnie et brevets des marins canonniers, sont applicables aux marins fusiliers.

ART. 2.

Notre Ministre secrétaire d'État au département de la marine et des colonies est chargé de l'exécution du présent décret.

Fait au palais des Tuileries, le 12 mars 1862.

Signé NAPOLÉON.

Par l'Empereur :

Le Ministre secrétaire d'état de la marine et des colonies,

Signé Cᵗᵉ P. DE CHASSELOUP-LAUBAT.

Envoi d'un règlement en date du 12 juillet 1862, destiné à remplacer celui du 11 décembre 1856, relatif à l'organisation des bataillons des apprentis fusiliers.

Circulaire ministérielle du 14 juillet 1862.

Réorganisation des bataillons des apprentis fusiliers.

MESSIEURS, vous trouverez reproduit à la suite de la présente circulaire un règlement, en date du 12 de ce mois, qui est destiné à remplacer celui du 11 décembre 1856, relatif à l'organisation et à l'instruction des apprentis fusiliers de la flotte.

Le développement progressif donné à l'institution, qui comporte aujourd'hui deux bataillons, les dispositions nouvelles à introduire tant dans le mode d'enseignement que dans la forme des examens, enfin les modifications radicales que le décret du 12 mars 1862 vient d'apporter au titre III du décret organique du 5 juin 1856, rendaient nécessaire une révision complète du règlement du 11 décembre 1856.

Le nouvel acte que je vous adresse a été élaboré avec tout le soin qu'il comportait et sous l'inspiration des enseignements d'une expérience de six années.

Ainsi que vous le remarquerez, les modifications les plus importantes que le règlement du 12 juillet 1862 apporte dans l'ordre de choses précédemment établi concernent les chapitres III et IV, qui traitent spécialement de l'instruction des apprentis fusiliers et des épreuves auxquelles ces marins doivent être soumis pour obtenir le titre de breveté. Deux articles nouveaux, l'*exercice des voiles* et l'*école du matelotage*, ont été ajoutés au programme de l'instruction accessoire, et, conformément au principe que ma dépêche du 11 mai 1861 (Personnel, Équipages de la flotte) avait déjà posé, le service des places a été définitivement introduit dans le programme de l'instruction principale.

Aux termes de l'article 22 du nouveau règlement, un personnel de douze officiers-mariniers et quartiers-maîtres de manœuvre et de canonnage doit être désormais attaché, d'une manière permanente, aux bataillons d'instruction des apprentis fusiliers. Cette disposition nouvelle n'est que la conséquence nécessaire du développement que l'article 17 a donné au programme de l'instruction accessoire.

D'après le décret du 12 mars 1862, les officiers de marine que leur aptitude appelle plus particulièrement à étudier les manœuvres d'infanterie iront désormais puiser d'abord aux bataillons des apprentis fusiliers une instruction première et pratique, qu'ils perfectionneront ensuite à l'école de tir de Vincennes. Le règlement ci-annexé prévoit ce nouvel ordre de choses.

Des changements importants ont été également apportés au

chapitre iv du règlement du 11 décembre 1856, qui traitait des examens et de la délivrance des brevets.

Partant de ce principe, que le rang du candidat doit, en ce qui concerne le tir, être déterminé d'après le tant pour cent des touchés, le règlement du 12 juillet 1862 établit de nouveaux éléments d'appréciation qui permettent de déterminer avec plus d'exactitude le mérite réel de chacun, et d'attribuer aux différentes matières sur lesquelles portent les épreuves pratiques ou les examens oraux la valeur relative qu'elles doivent avoir.

Une dépêche, en date du 18 mai 1858, avait déjà fait connaître qu'à l'avenir une épreuve pratique sur le terrain précéderait les examens des candidats au brevet d'instructeur. Ce mode d'opérer est rendu définitivement réglementaire aujourd'hui; de plus, tout candidat audit brevet sera tenu désormais d'obtenir, dans cette épreuve pratique, un minimum de 70 points, à totaliser avec les points obtenus dans les épreuves de théorie.

Enfin l'article 40 du règlement ci-annexé prescrit la formation de quatre commissions d'examen. Cette modification à l'ancien état de choses avait déjà été autorisée par ma dépêche du 23 décembre 1861; elle n'est d'ailleurs que la conséquence nécessaire de la formation d'un deuxième bataillon d'apprentis fusiliers.

Recevez, etc.

Le Ministre secrétaire d'état de la marine et des colonies,

Signé Cte P. DE CHASSELOUP-LAUBAT.

ANNEXE.

___

Règlement concernant l'organisation et l'instruction des bataillons des apprentis fusiliers.

LE MINISTRE SECRÉTAIRE D'ÉTAT AU DÉPARTEMENT DE LA MARINE ET DES COLONIES.,

Vu le décret du 5 juin 1856, portant organisation du personnel des équipages de la flotte;

·Vu le décret du 3 décembre 1856, sur le service intérieur dans les divisions des équipages de la flotte;

Vu le décret du 23 février 1861, portant fixation des cadres des bataillons d'instruction des apprentis fusiliers;

Vu le décret du 12 mars 1862, modificatif du titre III du décret du 5 juin 1856;

Le conseil d'amirauté entendu,

ARRÊTE :

CHAPITRE PREMIER.

DISPOSITIONS GÉNÉRALES.

ART. 1er. Les bataillons d'instruction des apprentis fusiliers, placés sous l'autorité supérieure du commandant de la division des équipages de la flotte dont ils font partie, restent cependant en dehors du service courant et journalier de cette division.

Ils font eux-mêmes leur police et assurent leur discipline ainsi que leur service intérieur, en se conformant aux dispositions de l'ordonnance du 2 novembre 1833 sur le service intérieur des corps d'infanterie.

ART. 2. La durée du séjour des officiers d'infanterie de marine aux bataillons d'instruction des apprentis fusiliers n'est

Règlement concernant l'organisation et l'instruction des bataillons des apprentis fusiliers.

8

point limitée; cependant, après deux ans, ces officiers peuvent, de préférence, lors de l'inspection générale, demander à être replacés dans un des régiments de l'arme.

Les sous-officiers, caporaux et clairons peuvent aussi, après deux années passées dans les bataillons d'instruction, faire, lors de l'inspection générale, des demandes pour rentrer dans un des régiments de l'arme.

Lorsque ces demandes sont agréées, les officiers, de même que les sous-officiers, caporaux et clairons, ne peuvent quitter les bataillons qu'à la fin de la période d'instruction.

ART. 3. Les apprentis fusiliers ne peuvent être distraits de leurs exercices particuliers que dans des cas tout à fait exceptionnels et sur l'ordre exprès du préfet maritime. Ils sont exempts de toute corvée, garde, etc. étrangères au service de l'institution ou en dehors des exigences de l'instruction.

ART. 4. L'inconduite soutenue ou le manque d'intelligence d'un apprenti fusilier suffit pour motiver son renvoi du bataillon auquel il appartient. L'exclusion est prononcée par le commandant de la division, sur le rapport du capitaine de la compagnie, annoté des observations du chef de bataillon et du commandant des bataillons.

CHAPITRE II.

DISPOSITIONS PARTICULIÈRES.

ART. 5. Le commandant des bataillons des apprentis fusiliers est l'intermédiaire du commandant de la division, sans qu'il soit dérogé à ce qui est prescrit à l'article 4 du décret du 3 décembre 1856, sur le service intérieur des divisions en matière d'administration. Il est responsable de la police, de la discipline, de la tenue et de l'instruction des bataillons.

Il exécute et fait exécuter tout ce qui est prescrit par les décrets et règlements. Il établit les tableaux du service journalier et autres, et les soumet à l'approbation du commandant de la division.

Il est spécialement chargé de l'instruction théorique des officiers de marine admis à suivre les exercices des bataillons.

ART. 6. Tous les jours, à l'heure fixée, il se rend auprès du commandant de la division, pour lui remettre le rapport général des vingt-quatre heures. Il lui présente en même temps les observations, les propositions, les demandes et les réclamations qu'il croit utile de lui soumettre.

Il lui rend compte immédiatement des délits, des fautes graves et des événements extraordinaires dont il a eu connaissance.

Tous les dimanches, il lui remet un rapport sommaire sur l'instruction des sous-officiers, des caporaux et des apprentis fusiliers des bataillons.

ART. 7. Tous les six mois, il adresse au préfet maritime, par l'intermédiaire du commandant de la division, des notes sur la conduite et l'instruction des officiers d'infanterie de marine placés sous ses ordres; il adresse également au colonel du 2e régiment d'infanterie de marine, et aux mêmes époques, des notes sur la conduite et l'instruction des officiers, sous-officiers et caporaux placés sous ses ordres.

Lorsqu'il y a lieu, il fait parvenir au colonel du 2e régiment d'infanterie de la marine des états de proposition pour l'avancement des sous-officiers, des caporaux et des clairons.

ART. 8. Chaque année, après la sortie des apprentis fusiliers, il remet au commandant de la division un rapport détaillé sur les résultats obtenus, et propose telles dispositions qu'il croit propres à faire progresser l'institution.

Le commandant de la division, après avoir annoté le rap-

8.

port et y avoir ajouté ses propres observations, l'adresse au major général, qui l'annote semblablement et le fait parvenir au préfet maritime pour être transmis au ministre.

Art. 9. Le commandant des bataillons d'instruction des fusiliers tient le registre d'ordre de ces bataillons; il veille à ce qu'il soit tenu un registre semblable dans chaque compagnie. Il exige que ce registre soit exactement communiqué aux officiers et signé par eux.

Il tient aussi le registre du personnel des officiers. Deux fois par an, au moins, il porte sur ce registre ses notes particulières sur la conduite militaire et privée de ces officiers.

Il y inscrit, au fur et à mesure, toutes les punitions qui leur sont infligées. En cas d'absence, le commandant des bataillons remet ce registre au commandant de la division.

Art. 10. Chaque compagnie est partagée en sections, demi-sections et escouades.

La compagnie étant formée par rang de taille, ainsi qu'il est prescrit par l'ordonnance sur les manœuvres, est partagée en deux sections, chaque section en deux demi-sections, chaque demi-section en deux escouades. La liste d'appel de la compagnie est établie dans cet ordre; elle sert à la formation des chambrées, des plats et à tous les rassemblements de la compagnie.

Art. 11. Indépendamment du numéro de matricule, les apprentis fusiliers reçoivent un autre numéro dit *de compagnie*.

Ce numéro indique, pour chaque apprenti fusilier, la compagnie à laquelle il est attaché et son rang de taille dans la compagnie; il est toujours composé de quatre chiffres : celui des mille indique le numéro de la compagnie, et les trois autres représentent le rang de taille de l'homme.

Les numéros de compagnie sont employés pour les appels.

Ils servent, en outre, à indiquer les postes dans les chambres et à marquer les sacs.

Art. 12. Les sous officiers, caporaux et clairons d'infanterie de la marine, ainsi que les apprentis fusiliers, sont armés d'une carabine avec sabre-baïonnette.

Leur équipement se compose d'un ceinturon en cuir noir, d'une giberne et d'un porte-sabre : le tout conforme aux modèles adoptés.

Art. 13. Conformément aux prescriptions du décret sur le service intérieur des divisions, les caporaux, les fusiliers brevetés et les apprentis fusiliers sont groupés par dix pour former les plats. Chaque plat reçoit un numéro d'ordre.

Les caporaux d'une compagnie mangent ensemble : il en est de même des fusiliers brevetés. Les apprentis fusiliers sont groupés par dix, suivant leur rang de taille, pour former les plats.

Les sous-officiers forment une ou plusieurs tables.

Le fourrier d'une compagnie, s'il n'est pas sous-officier, fait partie du plat des caporaux de sa compagnie.

Art. 14. Il est délivré à chaque plat une gamelle, un gamelot, un bidon, une broche en fer et dix petites écuelles en fer-blanc ou en fer battu du modèle adopté.

La gamelle, le gamelot, le bidon et la broche portent le numéro du plat auquel ils sont destinés. Les écuelles sont estampillées aux numéros des hommes qui composent le plat.

Art. 15. Les distributions de vivres se font par compagnie, et pour la journée entière. Elles ont lieu la veille ou le matin selon les exigences du service, à la cambuse de la division, en présence d'une commission composée de sous-officiers, de caporaux et d'apprentis fusiliers, et sous la surveillance de l'adjudant de semaine.

Les vivres sont préparés à la cuisine de la division par les soins d'agents du service des subsistances.

Art. 16. Les apprentis fusiliers sont logés à terre, dans un local distinct de celui qui est affecté au casernement des marins de la division.

Les sous-officiers et caporaux couchent dans des lits, les apprentis fusiliers dans des hamacs.

CHAPITRE III.

INSTRUCTION.

PREMIÈRE SECTION.

Art. 17. L'instruction des apprentis fusiliers est divisée en instruction *principale* et en instruction *accessoire*.

L'instruction principale comprend :

1° La nomenclature, l'entretien, le démontage et le remontage des armes;

2° L'instruction sur le tir;

3° L'école du soldat;

4° L'école de peloton;

5° L'école des tirailleurs;

6° L'école de bataillon;

7° La confection des cartouches;

8° Le service des places.

L'instruction accessoire comprend :

1° L'exercice du canon;

2° La gymnastique;

3° L'exercice des voiles;

4° La nage dans les canots;

5° Les éléments de l'école de matelotage;

6° La théorie des consignes diverses de la garde à bord des vaisseaux.

ART. 18. La durée de l'instruction est de neuf mois ; elle commence le 1er mars et finit le 1er décembre, époque à laquelle s'ouvrent les examens.

Les premiers mois sont exclusivement affectés aux écoles du soldat, de peloton, des tirailleurs, et à des théories faites sur la nomenclature, l'entretien, le démontage et le remontage des armes; à l'instruction sur le tir; au service des places et à la gymnastique dans le gréement.

Vers le 1er juin, autant que possible, commencent le tir à la cible, le service des places et l'instruction accessoire.

Les exercices et théories ont lieu matin et soir, chaque jour de la semaine, excepté l'après-midi du samedi, qui est exclusivement consacré aux différents travaux de propreté. Cinq heures par jour, non compris le temps de repos, l'aller et le retour, sont consacrées à ces exercices et théories.

Pendant ces cinq heures, et jusqu'au 1er juin, toutes les compagnies viennent par division à bord du bâtiment-école pour y être exercées à la gymnastique.

Les autres parties de l'instruction principale sont données dans les derniers mois qui suivent.

ART. 19. Les principes et le mode employés aux bataillons pour l'instruction militaire ou principale des apprentis fusiliers sont ceux en vigueur dans les bataillons de chasseurs à pied.

ART. 20. Le commandant des bataillons dirige l'ensemble de l'instruction militaire. Il assiste à l'instruction théorique et pratique.

Il réunit les officiers, aussi souvent qu'il le juge convenable, pour assurer l'unité de l'instruction et la faire marcher simultanément dans toutes les compagnies.

Art. 21. Chaque commandant de compagnie est responsable de l'instruction de la compagnie.

Il dirige lui-même les théories dans les chambres et assiste aux exercices sur le terrain.

Le capitaine surveille les officiers, les sous-officiers, les caporaux et les brevetés de sa compagnie, tous attachés comme instructeurs aux différents groupes qu'ils commandent.

Art. 22. Le commandant de la division dirige l'ensemble de l'instruction accessoire des apprentis fusiliers. Un lieutenant de vaisseau est spécialement chargé de tous les détails de cette instruction. Il est désigné par le major général, et attaché en supplément à l'état-major de la division pendant toute la durée de l'instruction accessoire.

Il est adjoint au cadre permanent de la division à laquelle appartiennent les bataillons d'apprentis fusiliers, et pour être spécialement chargés de l'instruction accessoire de ces apprentis fusiliers :

1 premier maître de manœuvre,
1 premier maître de canonnage,
2 seconds maîtres de manœuvre,
2 seconds maîtres de canonnage,
3 quartiers-maîtres de manœuvre,
3 quartiers-maîtres de canonnage.

Ces instructeurs sont aidés et suppléés, le cas échéant, par les officiers-mariniers et quartiers-maîtres en expectative d'embarquement.

Les premiers maîtres sont dispensés de l'embarquement pendant un an au moins; les deuxièmes maîtres et les quartiers-maîtres peuvent être remplacés par moitié chaque année.

Art. 23. Les exercices gymnastiques, l'exercice du canon, l'exercice des voiles, la nomenclature des parties principales du gréement, les éléments de l'école de matelotage et la théorie des consignes ont lieu à bord du bâtiment-école de la division.

Des embarcations pour les exercices de nage sont mises en nombre suffisant à la disposition des apprentis fusiliers.

Art. 24. Deux compagnies prennent part simultanément à cette instruction matin et soir, et font alternativement un exercice différent.

Art. 25. A l'heure fixée pour les exercices de l'instruction accessoire, les deux compagnies sont réunies au quartier par les soins de l'adjudant de semaine, qui les dirige sur le lieu de leurs exercices.

Les caporaux assistent à tous les exercices de l'instruction accessoire; ils embarquent dans les canots pour suivre les exercices de nage.

Un sous-officier par compagnie conduit les hommes au bâtiment-école, et, l'instruction terminée, les ramène en bon ordre à la caserne.

Art. 26. Tous les dimanches matin, le commandant en second reçoit du lieutenant de vaisseau chargé des détails de l'instruction accessoire un rapport sommaire concernant cette instruction. Ce rapport mentionne spécialement les instructeurs qui se font remarquer par leur zèle et leur intelligence ; le commandant en second, après l'avoir annoté s'il y a lieu, le remet au commandant de la division.

Pendant la dernière quinzaine de l'instruction accessoire, le commandant en second constate l'aptitude et les connaissances de chaque apprenti fusilier dans les différentes parties qui composent cette instruction. Il dresse, par compagnie, un état indiquant pour chaque homme le résultat de son examen. Cet état (modèle D) est adressé au commandant de la division, et une copie en est remise au capitaine de la compagnie.

ART. 27. L'instruction des officiers de marine admis à suivre les cours et exercices des bataillons d'apprentis fusiliers comprend :

1° L'école du soldat;
2° L'école de peloton;
3° L'école des tirailleurs;
4° L'école de bataillon;
5° L'instruction sur le tir.

ART. 28. L'instruction des officiers de marine commence en même temps que celle des apprentis fusiliers, et finit à la même époque. A la fin de la dernière période d'instruction, et conformément aux dispositions du décret du 12 mars 1862, ces officiers subissent un examen devant une commission composée du commandant et des officiers supérieurs des bataillons. A l'issue dudit examen, ceux de ces officiers qui ont justifié de l'aptitude suffisante sont proposés pour être envoyés à l'école de tir de Vincennes.

ART. 29. Le commandant des bataillons d'instruction réunit deux fois par semaine, dans des conférences théoriques, les officiers de marine admis à suivre les cours desdits bataillons.

Ces conférences ont lieu aux heures fixées par le commandant de la division.

Les exercices pratiques sur le terrain ont lieu aux mêmes heures que celles fixées pour les bataillons.

A l'école de peloton, les officiers de marine remplissent les fonctions d'instructeur, de chef de peloton et de section à chaque peloton auquel ils sont attachés.

A l'école de bataillon, ils commandent les pelotons et les

divisions, et remplissent les fonctions d'adjudant-major; ils commandent le bataillon à tour de rôle, dès que le commandant juge leur instruction assez avancée.

Art. 30. Le commandant de la division assiste aussi souvent que possible aux conférences et aux exercices pratiques mentionnés en l'article 29 ci-dessus.

Il veille à ce que les officiers de marine admis à suivre les exercices des bataillons d'instruction assistent aux manœuvres toutes les fois que ces bataillons prennent les armes.

Art. 31. L'instruction des officiers-mariniers et des quartiers-maîtres admis aux bataillons d'instruction comprend :

1° La nomenclature, l'entretien, le démontage et le montage des armes;

2° L'instruction sur le tir;

3° La confection des cartouches;

4° Le service des places;

5° L'école du soldat;

6° L'école de peloton;

7° L'école des tirailleurs;

8° Le- fonctions de guides à l'école de bataillon.

Art. 32. L'instruction des officiers-mariniers et quartiers-maîtres commence et finit en même temps que celle des apprentis fusiliers.

Art. 33. Les officiers-mariniers et les quartiers-maîtres sont répartis entre les huit compagnies des bataillons.

Ils prennent part aux théories dans les chambres de la compagnie à laquelle ils sont attachés; ils sont exempts des exercices ayant trait à l'instruction accessoire.

Art. 34. Les adjudants-majors, secondés par les adjudants, sont chargés de l'instruction théorique et pratique des officiers-mariniers et des quartiers-maîtres. Les uns et les autres

mettent leurs soins à faire de ces hommes de bons instructeurs et des guides exercés.

ART. 35. Lors des théories pratiques faites sur le terrain
aux officiers de marine admis à suivre les exercices des bataillons, les officiers-mariniers et les quartiers-maîtres sont
attachés aux pelotons d'école en qualité de guides.

ART. 36. Dans les premiers mois de l'instruction, les commandants de compagnie désignent les candidats au brevet de
première classe. Les sujets de cette catégorie sont instruits
théoriquement et pratiquement sur toutes les matières spécifiées en l'article 17.

Leur instruction théorique est confiée aux officiers de
section.

Lorsque cette instruction est assez avancée, ils sont réunis
et exercés sur le terrain par un certain nombre de lieutenants
et de sous-lieutenants, que désigne le commandant des bataillons.

CHAPITRE IV.

EXAMEN ET DÉLIVRANCE DES BREVETS.

ART. 37. Trois tableaux (modèles A, B, C) sont établis
pour les examens.

Le tableau A contient les renseignements donnés au jury
d'examen par les commandants de compagnies, ainsi que leur
opinion exprimée en chiffres et dans l'échelle de 0 à 20, sur
la valeur de chacun des candidats.

Le tableau B reçoit d'abord, pour chaque candidat, une
note en chiffres (échelle de 0 à 20), et qui exprime, savoir :
dans la colonne 2, l'opinion du commandant de compagnie
(colonne 10 du tableau A); dans les colonnes 3 et 5, son appréciation sur le degré d'instruction en ce qui concerne les

matières indiquées par chacune d'elles; dans la colonne 4, un chiffre exprimant le tant pour cent exact du tir; enfin, dans la colonne 10, le chiffre établissant l'aptitude de l'homme pour les exercices accessoires.

Ce tableau reçoit ensuite, dans les colonnes 6, 7, 8 et 9, les notes du jury d'examen exprimées en chiffres (échelle de 0 à 20).

La moyenne de ces notes, faite pour chaque colonne, est multipliée par le coefficient affecté aux matières qui s'y trouvent énoncées, et le résultat est porté en regard du nom de chaque candidat.

La somme de toutes ces notes doit atteindre au moins 150 points pour que le candidat puisse obtenir un brevet de 3e classe.

Le minimum de 200 points est exigé pour le brevet de 2e classe.

Ces minimum de 150 à 200 points sont obtenus par les moyennes des notes données aux candidats, multipliées par les coefficients inscrits en tête des colonnes du tableau B.

Le tableau C reçoit d'abord, dans la colonne 3, le nombre de points résultant du premier examen (colonne 11 du tableau B), et, dans la colonne 9, le chiffre exprimant, au point de vue pratique, la valeur du candidat présenté pour le brevet d'instructeur et pour le brevet de 1re classe. Les colonnes 4, 5, 6, 7 et 8 reçoivent, exprimée en chiffres (échelle de 0 à 20), la moyenne des notes données au candidat sur chaque connaissance théorique. Cette moyenne est multipliée par le coefficient assigné à chaque matière, avant d'être portée dans la colonne à ce destinée.

Le minimum de 396 points est exigé pour l'obtention d'un brevet d'instructeur de mousqueterie ou de fusilier de 1re classe.

ART. 38. Dans la dernière quinzaine de la période d'instruction, les officiers-mariniers, quartiers-maîtres et apprentis
fusiliers, candidats au brevet de 1re classe, subissent sur le
terrain un examen pratique en présence de deux commissions
composées chacune :

1° D'un chef de bataillon, président ;

2° D'un capitaine adjudant-major ;

3° D'un commandant de compagnie étranger à la compagnie de laquelle l'homme examiné fait partie.

Cet examen porte sur les écoles de soldat, de peloton, de
tirailleurs et sur les fonctions de guides. Une note moyenne
exprimée en chiffres, dans l'échelle de 0 à 20, est attribuée
au candidat sur chacune de ces écoles ; l'intonation donne
également lieu à une note exprimée de la même manière. La
somme de ces notes est faite par le président de la commission.

L'officier-marinier, le quartier-maître ou l'apprenti fusilier,
candidat au brevet de 1re classe, qui ne réunit pas, à la première épreuve, un minimum de 70 points, subit une deuxième
épreuve quelques jours après ; le candidat qui, à cette seconde
épreuve, n'a pas atteint ce même minimum, ne peut, s'il est
officier-marinier ou quartier-maître, être admis à passer
l'examen devant la commission créée par l'article 40 ci-après,
et, s'il est apprenti fusilier, il n'est plus susceptible d'obtenir
un brevet de 1re classe.

Le résultat d'admissibilité est remis au commandant supérieur du bataillon, et le chiffre représentant la somme des
moyennes obtenues par le candidat pour chacune des connaissances dont il est appelé à faire preuve est porté à la colonne 9 de la feuille d'examen (tableau C), par le commandant de la compagnie, auquel copie du résultat d'admissibilité
est remise à cet effet.

Les officiers-mariniers et les quartiers-maîtres qui n'ont pas satisfait à la condition ci-dessus indiquée sont renvoyés sans brevet à leur division.

Art. 39. Immédiatement après la clôture de l'instruction, les officiers-mariniers, quartiers-maîtres et apprentis fusiliers qui ont suivi cette instruction subissent un examen théorique.

A la suite de cet examen, les officiers-mariniers et les quartiers-maîtres qui ont satisfait reçoivent un brevet d'instructeur; les apprentis fusiliers reçoivent, suivant leur degré de capacité, des brevets de fusiliers de 1re, 2e ou 3e classe.

Art. 40. Les membres du jury d'examen se partagent en quatre commissions; chacune de ces commissions examine une division.

La première se compose :

1° Du commandant de la division, président;
2° De deux commandants de compagnie;
3° De deux lieutenants ou sous-lieutenants de compagnie.

La deuxième se compose :

1° Du chef de bataillon le plus ancien, président;
2° De deux commandants de compagnie;
3° De deux lieutenants ou sous-lieutenants de compagnie.

La troisième se compose :

1° Du commandant supérieur des bataillons, président;
2° De deux commandants de compagnie;
3° De deux lieutenants ou sous-lieutenants de compagnie.

La quatrième se compose :

1° Du chef de bataillon le moins ancien, président;
2° De deux commandants de compagnie;
3° De deux lieutenants ou sous-lieutenants de compagnie.

Chaque brevet ne porte que les signatures des membres de la commission qui a examiné le candidat; mais tous les brevets doivent avoir l'attache du commandant des bataillons et du commandant de la division.

Art. 41. Les examens ont lieu par compagnie : les candidats ne sont jamais examinés par les officiers de la compagnie à laquelle ils appartiennent.

L'officier qui commande la compagnie fait remettre au président de la commission, le jour même de l'examen de sa compagnie, les tableaux A, B, C, mentionnés à l'article 37 du présent règlement.

Le tableau A est entièrement rempli; le tableau B comporte, indépendamment du contrôle de la compagnie, les appréciations du capitaine (colonnes 2, 3 et 5), le tant pour cent exact du tir (col. 4), enfin la note se rapportant à l'instruction accessoire (colonne 10).

Le tableau C présente les noms, prénoms et grades des candidats pour le brevet d'instructeur et pour le brevet de 1re classe (colonne 1), ainsi que le chiffre exprimant la note donnée à chacun d'eux pour l'examen pratique (colonne 9).

Le report des points du tableau B (colonne 11) est fait en séance par le président de la commission d'examen.

Le commandant de compagnie fait déposer sur la table de la commission d'examen les notes du commandant en 2e de la division, le registre de tir de la compagnie et le registre des punitions.

Art. 42. Les officiers-mariniers, les quartiers-maîtres et les apprentis fusiliers sont examinés successivement par les membres de la commission, et en dernier lieu par le président.

Le président fait connaître à chacun des membres de la commission la partie du programme sur laquelle doivent porter les questions, et le temps qui lui est accordé pour interroger le candidat.

Deux carabines, dont une démontée, et les divers objets nécessaires au démontage des armes et à la confection des cartouches, sont déposés sur la table de la commission pour servir aux épreuves manuelles et orales que chaque candidat doit subir.

La commission examine chaque candidat sur les matières spécifiées dans les colonnes 6, 7, 8 et 9 du tableau B.

Dès que l'examen sur la première partie est terminé pour un candidat au brevet de 1re classe, la commission procède de la même manière pour l'examen de la deuxième partie; chaque candidat est interrogé sur les matières contenues dans les colonnes 4, 5, 6, 7 et 8 du tableau C.

Art. 43. Les examens terminés, les officiers-mariniers, quartiers-maîtres et fusiliers brevetés sont répartis, conformément aux ordres du ministre, entre les cinq divisions. Le mouvement doit être effectué avant le 1er janvier.

Les marins destinés à recruter de nouveau les bataillons d'instruction sont dirigés sur le port où se trouvent établis lesdits bataillons, de manière à y être arrivés du 10 au 20 février.

Art. 44. Les officiers-mariniers et quartiers-maîtres destinés à être détachés aux bataillons d'instruction des fusiliers doivent savoir lire, écrire et compter, et sont choisis, autant que possible, dans la catégorie des sergents et caporaux d'armes.

Les apprentis fusiliers sont pris parmi les hommes du recrutement ou de l'engagement volontaire, réunissant les conditions d'aptitude, d'agilité et de bonne constitution qu'exige le service de la mousqueterie.

Art. 45. Le règlement du 11 décembre 1856, concernant

l'organisation et l'instruction des bataillons des apprentis fusiliers, est abrogé.

Paris, le 12 juillet 1862.

Signé Cte P. DE CHASSELOUP-LAUBAT.

Les commandants des bâtiments à vapeur peuvent faire faire un cours de mécanique élémentaire par un maître mécanicien, et permettre, s'ils n'y voient pas d'inconvénients pour le service, aux hommes qui suivront ce cours, de descendre quelquefois dans la chambre des machines.

Circulaire ministérielle du 4 octobre 1861.

Autorisation de faire faire un cours de mécanique élémentaire à bord des bâtiments à vapeur.

MESSIEURS, aux termes du deuxième paragraphe de l'article 249 du décret du 15 août 1851, sur le service à bord des bâtiments de la flotte, le capitaine d'un bâtiment à vapeur doit interdire l'entrée de la chambre des machines à toute personne qui ne fait pas partie de l'état-major du bâtiment ou qui est étrangère à la manœuvre de l'appareil.

Afin de propager les connaissances mécaniques parmi les marins qui se destinent à commander les navires du commerce, je vous autorise à déroger à la règle que je viens de rappeler en leur permettant de descendre quelquefois dans la chambre des machines pour y étudier *de visu*, sous la surveillance et avec l'aide d'un maître mécanicien, les parties du programme sur lesquelles ils auront à répondre.

Je ne vous prescris rien de précis à cet égard, vous laissant le soin d'examiner si ces facilités peuvent être accordées sans inconvénients pour le service. Je verrais même avec satisfaction qu'il fût possible de faire faire à bord des bâtiments à vapeur, par un maître mécanicien, un cours de machines élémentaire et simplement descriptif à l'usage des matelots de bonne volonté.

Recevez, etc.

Le Ministre secrétaire d'état de la marine et des colonies,

Signé Cte P. DE CHASSELOUP-LAUBAT.

Notification d'un décret, en date du 21 juillet 1862, portant création d'emplois d'élèves mécaniciens pour le service de la flotte.

Circulaire ministérielle du 29 juillet 1862.

MESSIEURS, vous trouverez ci-après un décret impérial, en date du 21 de ce mois, qui porte création d'emplois d'élèves mécaniciens pour le service de la flotte.

Création d'emplois d'élèves mécaniciens pour le service de la flotte.

Les motifs qui ont conduit à compléter par ces dispositions nouvelles l'organisation du corps des mécaniciens de la marine impériale sont développés dans le rapport par lequel j'ai soumis le décret dont il s'agit à la signature de l'Empereur et que j'ai fait reproduire en tête dudit acte.

Toutefois, je crois devoir signaler ici les résultats utiles qu'il est permis d'attendre de cette institution nouvelle et les avantages qu'elle offre, tant pour le présent que pour l'avenir, aux sujets d'élite des diverses provenances qui seraient disposés à entrer dans le corps des mécaniciens de la flotte.

Je dois aussi appeler l'attention sur l'article 13 du décret. D'après l'ordre d'idées qui a inspiré sa création, l'emploi d'élève mécanicien constitue une position temporaire, qui perdrait forcément ce caractère essentiel, si les avantages qu'elle assure pouvaient rester indéfiniment acquis au mécanicien dont l'inaptitude ou la négligence viendrait cependant à être ultérieurement constatée. Il était donc nécessaire de préciser les cas dans lesquels l'élève mécanicien doit perdre ce titre et de déterminer, en même temps, dans quelles conditions il reste alors maintenu au service.

Enfin, vous remarquerez que l'article 15 admet les anciens élèves des écoles d'arts et métiers, qui font aujourd'hui partie des compagnies de mécaniciens en qualité de quartiers-maîtres, à jouir des avantages que le décret du 21 juillet 1862 assure pour l'avenir aux jeunes gens provenant desdites écoles. L'application de cette disposition transitoire a dû d'ailleurs être limitée à une période dont la durée est suffisante pour que, quelle que soit leur situation actuelle, tous les sujets méritants puissent être admis à en bénéficier.

Recevez, etc.

Le Ministre secrétaire d'état de la marine et des colonies,

Signé Cte P. DE CHASSELOUP-LAUBAT.

ANNEXE No 1.

RAPPORT A L'EMPEREUR.

SIRE,

Les compagnies de mécaniciens et chauffeurs de la flotte s'alimentent par les contingents annuels des classes du recrutement, par l'engagement volontaire d'ouvriers civils de professions spéciales, et enfin, par l'admission d'un certain nombre d'élèves des écoles impériales d'arts et métiers d'Aix, d'Angers et de Châlons.

Ces différentes sources peuvent assurer les besoins du service en ouvriers chauffeurs et en quartiers-maîtres; mais il n'en est pas de même en ce qui concerne les deuxièmes maîtres et les premiers maîtres. L'insuffisance du nombre de candidats capables pour l'un et l'autre de ces deux grades se révèle chaque jour, et c'est là une situation grave, car, en se prolongeant, elle serait de nature à compromettre de la manière la plus sérieuse la conduite et l'entretien des machines à vapeur de la flotte.

Le recrutement et l'engagement volontaire n'ont produit jusqu'à ce jour, il faut le reconnaître, que des ouvriers plus ou moins habiles dans leur profession, mais manquant absolument des connaissances théoriques et de l'instruction qui sont indispensables pour l'avancement dans tout corps régulièrement constitué. Quant aux élèves des écoles impériales d'arts et métiers, les sujets de cette provenance, qui, sous l'empire de l'ordonnance du 28 novembre 1845, étaient admis au service de la flotte avec le grade de quartier-maître mécanicien, leur donnant le *rang* et les *insignes* attribués aux seconds maîtres, ne peuvent plus, par suite des principes posés par l'organisation de 1856, être pourvus, à leur entrée dans les compagnies de mécaniciens chauffeurs, que du grade de quartier-maître.

Cet amoindrissement de position et les conséquences qu'il entraîne pour les intéressés dans le régime intérieur du bord éloignent des rangs de la flotte le plus grand nombre des élèves de ces écoles qu'y attirait autrefois une situation meilleure.

L'expérience démontre que le remède à la situation actuelle doit être cherché dans un nouvel ordre de choses qui offre aux jeunes gens instruits des avantages immédiats et des garanties d'avenir de nature à porter leurs vues vers le service de la flotte à vapeur.

Tel est l'objet du projet de décret ci-joint, qui porte création d'emplois d'*élèves mécaniciens*.

Accessible, sous la condition de satisfaire aux épreuves d'un examen spécial, à tout quartier-maître mécanicien et ouvrier chauffeur, cette position nouvelle, qui donne immédiatement sinon l'autorité hiérarchique, du moins les avantages de position attachés au grade de second maître, deviendra un stimulant puissant pour les ouvriers intelligents et studieux que le recrutement ou l'engagement volontaire amènent dans les rangs de la flotte.

D'un autre côté, les élèves des écoles impériales d'arts et métiers, admis désormais en qualité d'élèves mécaniciens, se trouveront replacés dans une situation analogue à celle que l'ordonnance de 1845 leur avait réservée.

Il est permis d'espérer que, sous l'empire de ces conditions nouvelles, le corps des mécaniciens et chauffeurs de la flotte trouvera sans difficulté, dans les diverses provenances qui l'alimentent aujourd'hui, des éléments suffisants pour assurer désormais le recrutement de sa maistrance.

J'ai, en conséquence, l'honneur de soumettre à la sanction de l'Empereur le projet de décret ci-joint, auquel le conseil d'amirauté a donné son adhésion, et qui complétera utilement l'organisation des équipages de la flotte édictée le 5 juin 1856.

Je suis avec le plus profond respect, Sire, de Votre Majesté, le très-humble et le très-obéissant serviteur.

Le Ministre secrétaire d'état de la marine et des colonies,

Signé Cte P. DE CHASSELOUP-LAUBAT.

ANNEXE N° 2.

—

DÉCRET DU 21 JUILLET 1862.

NAPOLÉON, par la grâce de Dieu et la volonté nationale, EMPEREUR DES FRANÇAIS,

A tous présents et à venir, SALUT.

Sur le rapport de notre ministre secrétaire d'état de la marine et des colonies,

Le conseil d'amirauté entendu,

AVONS DÉCRÉTÉ et DÉCRÉTONS ce qui suit :

ART. 1er. Il est créé, pour le service des bâtiments à vapeur de la flotte, des emplois d'élèves mécaniciens.

Création d'élèves mécaniciens.

ART. 2. Les élèves mécaniciens se recrutent parmi les quartiers-maîtres mécaniciens et les ouvriers chauffeurs de la flotte ;

Les élèves des écoles impériales d'arts et métiers ;

Les ouvriers civils exerçant les professions d'ajusteur, de forgeron ou de chaudronnier.

ART. 3. Les quartiers-maîtres mécaniciens et les ouvriers chauffeurs de la flotte peuvent être pourvus de l'emploi d'élève mécanicien lorsqu'ils ont subi avec succès les épreuves *théoriques* exigées pour l'avancement au grade de second maître mécanicien.

Les ouvriers chauffeurs doivent, en outre, avoir satisfait aux épreuves manuelles imposées pour l'admission au grade de quartier-maître mécanicien.

ART. 4. L'emploi d'élève mécanicien peut être conféré, sur la proposition du directeur d'une des écoles impériales d'arts et métiers, aux élèves de ces établissements exerçant les professions d'ajusteur, de forgeron ou de chaudronnier qui, ayant satisfait aux examens de sortie, sont porteurs de certificats d'aptitude et de bonne conduite.

Art. 5. L'emploi d'élève mécanicien peut aussi être conféré aux ouvriers civils exerçant l'une des professions d'ajusteur, de forgeron ou de chaudronnier, qui ont satisfait aux épreuves théoriques et manuelles exigées par l'article 3 du présent décret.

Ces candidats devront préalablement produire un certificat d'aptitude et de bonne conduite.

Art. 6. Les élèves mécaniciens sont nommés par notre ministre secrétaire d'État de la marine et des colonies.

Ces emplois sont conférés dans la limite des besoins du service.

Art. 7. Le minimum d'âge, pour l'admission des candidats provenant des écoles d'arts et métiers ou des ouvriers civils, est fixé à dix-huit ans accomplis; le maximum, à trente-cinq ans.

Les élèves mécaniciens de l'une et l'autre de ces provenances souscrivent, au moment de leur admission dans les compagnies de mécaniciens et chauffeurs de la flotte, un engagement volontaire de sept ans, contracté conformément à la loi du 21 mars 1832 et sous les conditions restrictives définies par l'article 97 du décret du 5 juin 1856.

Art. 8. Les élèves mécaniciens sont, autant que possible, embarqués sur les bâtiments armés aussitôt après leur admission au service.

Art. 9. Les élèves mécaniciens embarqués sont admis à la table des seconds maîtres.

Ils portent sur la manche, comme insigne de leur emploi, un galon mi-parti or et soie bleue, de la même largeur que celui des seconds maîtres.

ART. 10. Les élèves mécaniciens concourent avec les quartiers-maîtres au service général du bord; ils ont autorité sur les ouvriers chauffeurs et sur les matelots de toutes classes.

ART. 11. Les élèves mécaniciens embarqués comptent dans le personnel réglementaire des bâtiments de la flotte en déduction d'un nombre égal de quartiers-maîtres mécaniciens.

Toutefois, ceux qui proviennent des écoles d'arts et métiers ou des ouvriers civils sont, pendant les six premiers mois de leur service, embarqués *en supplément* à bord des bâtiments dont la machine est d'une force inférieure à 45o chevaux.

ART. 12. Les élèves mécaniciens sont admis à subir l'examen pour le grade de second maître mécanicien lorsque, après avoir servi une année au moins à bord des bâtiments armés, ils ont fait preuve de capacité dans la conduite des machines et ont été, en outre, proposés par les conseils d'avancement.

S'ils ne·sont point déclarés admissibles audit grade, ils doivent se présenter de nouveau au concours dans un délai qui ne peut excéder trois années, à compter du jour de leur nomination à l'emploi d'élève, sauf le cas où, au moment du concours, ils seraient embarqués sur des bâtiments faisant partie de stations lointaines.

ART. 13. Tout élève mécanicien qui, à la suite de deux concours, a été jugé inadmissible au grade de second maître, perd son titre d'élève et est maintenu au service de la flotte en qualité de quartier-maître mécanicien de 1re classe.

ART. 14. Les élèves mécaniciens jouissent, dans les diverses positions à terre et à la mer, des allocations que le tarif n° 2 annexé au décret du 11 août 1856 attribue aux quartiers-maîtres mécaniciens de 1re classe.

Art. 15. Les quartiers-maîtres mécaniciens actuellement au service de la flotte qui proviennent des écoles d'arts et métiers pourront, sur la proposition soit des préfets maritimes, soit des commandants en chef d'escadres ou de divisions navales, être pourvus de l'emploi d'élève mécanicien sans avoir à subir les épreuves définies par l'article 3 ci-dessus.

Cette mesure n'aura d'effet que pendant un an, à partir de ce jour.

Art. 16. Notre ministre secrétaire d'état au département de la marine et des colonies est chargé de l'exécution du présent décret.

Fait à Vichy, le 21 juillet 1862.

Signé NAPOLÉON.

Par l'Empereur :

Le Ministre secrétaire d'état de la marine et des colonies,

Signé Cte P. DE CHASSELOUP-LAUBAT.

Notification d'un décret, en date du 11 août 1862, qui porte création d'emplois de seconds maîtres pratiques dans le corps des mécaniciens et chauffeurs de la flotte. — Envoi d'un arrêté ministériel déterminant les épreuves spéciales à subir pour l'admission à ce grade.

Circulaire ministérielle du 25 août 1862.

Création d'emplois de seconds maîtres pratiques dans le corps des mécaniciens et chauffeurs de la flotte.

Messieurs, vous trouverez reproduit ci-après un décret impérial, en date du 11 août 1862, qui porte création d'emplois de *seconds maîtres pratiques* dans le corps des mécaniciens et chauffeurs de la flotte.

Je vous transmets, en outre, l'ampliation d'un arrêté du

20 de ce mois, rendu en exécution du décret précité, et qui détermine les épreuves du concours spécial que devront subir les candidats au nouveau grade dont il s'agit.

Le rapport qui précède le décret du 11 août 1862 développe les considérations qui ont conduit à adopter les dispositions que cet acte consacre. Réalisation d'une haute pensée de bienveillance en faveur d'une classe méritante de sujets utiles et modestes, la création de cette nouvelle catégorie de seconds maîtres se relie à l'institution des élèves mécaniciens, en accordant à l'élément pratique du corps des mécaniciens de la flotte des avantages qui peuvent être considérés comme la contre-partie et le complément de ceux que le décret du 21 juillet assure désormais aux *études théoriques*.

Ainsi que vous le remarquerez d'ailleurs, l'article 3 du décret du 11 août 1862 prévoit l'emploi à la mer des seconds maîtres mécaniciens pratiques dans des conditions qui, tout en offrant les moyens de fortifier la valeur professionnelle du personnel des machines par l'adjonction de ces nouveaux agents, sont de nature cependant à assurer la bonne direction des appareils moteurs de la flotte.

Enfin l'article 5 donne satisfaction à tous les intérêts, car il réserve au second maître pratique la possibilité de rentrer, *en conservant son grade et son ancienneté*, dans la catégorie générale des seconds maîtres mécaniciens, sous la condition de subir d'une manière satisfaisante les épreuves complètes du concours, qui reste toujours accessible pour lui.

Quant à l'arrêté du 20 de ce mois, qui fait suite au décret du 11 août 1862, les dispositions en ont été empruntées au règlement du 24 août 1861. Destinées à constater seulement la valeur du candidat comme *ouvrier* et comme *praticien*, les épreuves imposées au quartier-maître qui aspire à l'emploi de second maître pratique ne doivent comprendre, avec les opérations élémentaires de l'arithmétique et de la géométrie, que l'ensemble des connaissances *pratiques* exigées par le programme annexé au règlement précité pour l'admission au grade de second maître mécanicien.

Recevez, etc.

Le Ministre secrétaire d'état de la marine et des colonies,

Signé Cte P. DE CHASSELOUP-LAUBAT.

ANNEXE N° 1.

RAPPORT À L'EMPEREUR.

SIRE,

Le 21 juillet dernier, Votre Majesté a daigné, sur ma proposition, revêtir de sa signature un décret qui porte institution d'emplois d'élèves mécaniciens pour le service de la flotte.

J'ai l'honneur de soumettre aujourd'hui à la haute sanction de l'Empereur un décret dont l'objet est de créer dans le corps des mécaniciens et chauffeurs de la marine impériale des emplois de *seconds maîtres pratiques*.

La position d'élève mécanicien doit, par la nature même des conditions auxquelles est attachée la concession des emplois de l'espèce, demeurer réservée aux sujets jeunes et studieux que leur instruction première et leur intelligence rendent susceptibles d'acquérir promptement les connaissances théoriques indispensables pour arriver aux grades supérieurs du corps. En accordant certains avantages à cette partie du personnel affecté au service des machines à vapeur de la flotte, il était équitable de se préoccuper en même temps des intérêts légitimes de serviteurs utiles et dévoués, auxquels les exigences du concours enlèvent aujourd'hui presque toute chance d'avancement, et qui, cependant, ont une valeur réelle comme ouvriers et comme praticiens.

Préparé sous l'inspiration de cette pensée, le projet de décret joint au présent rapport a pour but d'étendre aux quartiers-maîtres mécaniciens les dispositions bienveillantes que l'article 215 du décret du 5 juin 1856 a déjà édictées en faveur des ouvriers chauffeurs de première classe.

Par son objet, comme par les résultats qu'on a le droit d'en attendre, cette création nouvelle se relie à l'institution des élèves mécaniciens, qu'elle complétera en quelque sorte. En effet, la valeur professionnelle du personnel des machines se trouvera fortifiée par l'institution des seconds maîtres pratiques, sans que d'ailleurs la direction des appareils moteurs de la flotte puisse être, dans aucun cas, compromise, et l'on aura aussi assuré, à une certaine catégorie de quartiers-maîtres réellement méritants, des avantages de nature à retenir sous les drapeaux un grand nombre de ces hommes utiles que le défaut d'avancement tendait à décourager.

Je présente donc avec confiance à la sanction de Votre Majesté le projet de décret ci-joint, qui témoignera une fois de plus de sa haute sollicitude envers les serviteurs modestes et dévoués.

Je suis avec le plus profond respect, Sire, de Votre Majesté, le très-humble et très-obéissant serviteur.

Le Ministre secrétaire d'état de la marine et des colonies,

Signé Cᵗᵉ P. DE CHASSELOUP-LAUBAT.

ANNEXE N° 2.

DÉCRET.

NAPOLÉON, par la grâce de Dieu et la volonté nationale, EMPEREUR DES FRANÇAIS,

A tous présents et à venir, SALUT.

Sur le rapport de notre ministre secrétaire d'état au département de la marine et des colonies,

Vu le décret du 5 juin 1856, portant organisation du personnel de la flotte ;

Le conseil d'amirauté entendu,

AVONS DÉCRÉTÉ et DÉCRÉTONS ce qui suit :

Création de seconds maîtres pratiques dans le corps des mécaniciens.

ART. 1er. Les quartiers-maîtres mécaniciens de 1re classe réunissant au moins six années de services et proposés pour le grade supérieur par les conseils d'avancement de bord peuvent, après avoir satisfait aux épreuves d'un concours spécial, dont le programme est déterminé par notre ministre secrétaire d'état de la marine et des colonies, être promus au grade de second maître mécanicien de 2e classe, mais à titre de *second maître pratique* seulement.

Un cinquième des nominations dans le grade de second maître mécanicien est réservé aux candidats de cette catégorie.

ART. 2. A bord des bâtiments dont l'effectif réglementaire comporte trois seconds maîtres mécaniciens au moins, un des emplois de ce grade peut être occupé par un second maître pratique ; lorsqu'au contraire le chiffre normal des officiers-mariniers dudit grade est inférieur à trois, les seconds maîtres pratiques ne sont embarqués qu'en *supplément* à l'effectif réglementaire des seconds maîtres et *en remplacement d'un nombre égal de quartiers-maîtres mécaniciens.*

ART. 3. Les seconds maîtres mécaniciens pratiques ne peuvent, sauf les cas d'urgence, être appelés à diriger en chef une machine.

Ils ne sont susceptibles d'avancer qu'en classe et sous les conditions générales définies par les règlements en vigueur pour les avancements de l'espèce.

ART. 4. Les quartiers-maîtres mécaniciens de 1re classe promus à titre exceptionnel en cours de campagne ne peuvent être pourvus que du grade de second maître pratique, si, d'ailleurs, ils ont satisfait, devant une commission nommée par le commandant en chef de l'escadre ou de la division à laquelle ils appartiennent, aux épreuves spéciales déterminées par le règlement.

ART. 5. Tout second maître mécanicien pratique, qui a été reconnu admissible après avoir subi les épreuves complètes du concours pour l'admission au grade de second maître mécanicien, rentre dans la catégorie générale des seconds maîtres de cette profession, en conservant sa classe et son rang d'ancienneté.

ART. 6. Notre ministre secrétaire d'état au département de la marine et des colonies est chargé de l'exécution du présent décret.

Fait au palais de Saint-Cloud, le 11 août 1862.

Signé NAPOLÉON.

Par l'Empereur :

Le Ministre secrétaire d'état de la marine et des colonies,

Signé Cte P. DE CHASSELOUP-LAUBAT.

TITRE II.

ANNEXE N° 3.

ARRÊTÉ.

Le Ministre secrétaire d'état au département de la marine et des colonies,

Vu le décret du 11 août 1862, concernant les avancements au grade de second maître mécanicien pratique;

Vu le règlement du 24 août 1861, relatif aux examens des mécaniciens et chauffeurs de la flotte;

Le conseil d'amirauté entendu,

Arrête :

Épreuves à subir pour l'admission au grade de second maître pratique.

Art. 1er. Les candidats au grade de second maître mécanicien pratique subissent une épreuve ayant pour but de constater leur capacité comme ouvriers en chaudronnerie, forge ou ajustage. A cet effet, ils exécutent un travail manuel dont la nature est déterminée par la commission d'examen des mécaniciens. L'exécution de ce travail a lieu sous la surveillance de deux des membres de la commission, assistés d'un mécanicien principal et d'un ou plusieurs premiers maîtres mécaniciens.

Il est tenu compte du degré de perfection du travail et du temps employé à son exécution; il est également tenu compte de leur double aptitude aux candidats qui font preuve de capacité dans plusieurs des professions relatives aux machines.

Art. 2. Les candidats au grade de second maître mécanicien pratique exécutent le croquis dressé et le dessin d'après échelle donnée d'un objet déterminé par la commission, savoir :

Un organe complexe (piston, pompe, petit cheval).

Il est tenu compte non-seulement du degré de perfection du croquis ou du dessin, mais encore du temps employé à leur exécution.

Les croquis et dessins sont exécutés sous la surveillance d'un des membres de la commission, assisté d'un mécanicien principal et d'un ou plusieurs maîtres mécaniciens.

Art. 3. Tout candidat au grade de second maître mécanicien pratique doit répondre à une question orale, posée au choix du président de la commission, sur chacune des matières suivantes :

Opérations pratiques. . . . . . $\left\{ \begin{array}{l} \text{de l'arithmétique.} \\ \text{de la géométrie.} \end{array} \right.$

Description. . . . . $\left\} \begin{array}{l} \\ \\ \text{des machines.} \\ \\ \end{array} \right.$
Conduite. . . . .
Entretien . . . .
Réparation. . . . .

Art. 4. Le minimum exigé pour l'admissibilité au grade de second maître mécanicien pratique est de :

16 points pour le travail manuel, et de 90 points pour les sept notes réunies du dessin et des six questions orales définies par l'article 3 du présent arrêté.

Paris, le 20 août 1862.

Signé Cᵗᵉ P. DE CHASSELOUP-LAUBAT.

**Envoi d'un règlement concernant l'organisation des écoles théoriques
et pratiques des mécaniciens et ouvriers chauffeurs de la flotte.**

Circulaire ministérielle du 26 août 1862.

Organisation
des
écoles théoriques
et pratiques
des mécaniciens
et ouvriers
chauffeurs
de la flotte.

MESSIEURS, j'ai l'honneur de vous adresser l'ampliation d'un arrêté en date du 18 de ce mois, lequel réglemente l'organisation des écoles théoriques et pratiques des mécaniciens, dont l'article 29 du décret du 5 juin 1856 (modifié par celui du 24 septembre 1860) a prévu l'établissement dans chacun des ports de Brest et de Toulon.

En vous transmettant ce nouvel acte, je crois utile de signaler à votre attention celles des principales dispositions qu'il renferme dont l'exécution est de nature à intéresser plus particulièrement le bon fonctionnement de l'institution.

CHAPITRE Iᵉʳ.

DISPOSITIONS GÉNÉRALES.

ART. 4. Établies à bord du bâtiment central de la réserve, les écoles se trouvent ainsi placées dans la situation la plus favorable à l'instruction pratique des mécaniciens et ouvriers chauffeurs. Mais, pour assurer les résultats qu'on est en droit d'attendre de cette mesure, et afin de prévenir les conflits d'autorité qui pourraient se produire dans l'application, il est indispensable que les rapports journaliers amenés par l'exécution de l'article 4 du règlement entre le service de réserve et celui des divisions soient nettement déterminés, et que la part d'action dévolue à chacun soit clairement définie. MM. les préfets maritimes de Brest et de Toulon devront donc tout d'abord, en s'inspirant des réflexions qui précèdent, préparer l'arrêté local qui, aux termes du deuxième paragraphe de l'article 4, doit être soumis à mon approbation, et qu'ils auront à m'adresser en *double expédition*.

ART. 5. L'article 5 dispose que les mécaniciens et ouvriers chauffeurs admis à suivre les cours de l'école ne peuvent être distraits de leurs études, soit pour des corvées, soit pour le service courant, que sur *l'ordre formel* du préfet maritime. Vous comprendrez, sans qu'il soit nécessaire que j'insiste sur ce point, l'importance qui s'attache à la stricte exécution de cette prescription. Il est, en effet, de toute évidence, que c'est seulement à la condition de ne pas être interrompue qu'une instruction, quelle qu'elle soit d'ailleurs, peut utilement profiter à qui la reçoit.

ART. 6 et 7. En raison même de la pensée qui a inspiré leur création, les écoles des mécaniciens de Brest et de Toulon doivent être accessibles non-seulement aux marins de ladite profession présents dans l'un ou l'autre de ces deux ports, mais encore à ceux que les circonstances de la navigation conduisent à débarquer à Cherbourg, Lorient ou Rochefort. D'un autre côté, s'il est juste de satisfaire aux intérêts de tous, il est nécessaire aussi de prévenir les abus. Les articles 6 et 7 ont pour objet d'assurer ce double résultat; ils réservent à l'autorité supérieure le soin de prononcer sur les demandes d'admission aux écoles, formées par des mécaniciens ou chauffeurs revenant de la mer ou présents à la division par suite de toute autre circonstance; mais ce droit d'appréciation entraîne nécessairement, pour l'autorité qui en est investie, le devoir de n'accorder la faveur sollicitée qu'aux sujets qui en sont reconnus dignes par leur conduite, leur zèle au travail et leur aptitude. Cette dernière observation s'applique particulièrement aux demandes concernant des mécaniciens et chauffeurs présents à Cherbourg, Lorient ou Rochefort.

CHAPITRE II.

PERSONNEL ENSEIGNANT.

ART. 16. Aux termes de l'article 16, les emplois de mécanicien principal et de premier maître mécanicien professeur
sont donnés *au concours.* Cette garantie a paru indispensable
eu égard à l'importance desdits emplois. Toutefois, considérant qu'il est essentiel de ne pas retarder l'organisation et le
fonctionnement des écoles, et attendu l'impossibilité matérielle de se conformer immédiatement à la prescription de
l'article 16 précité, le concours spécial à ouvrir devant être
annoncé plusieurs mois à l'avance, afin d'appeler le plus grand
nombre possible de candidats à y prendre part, j'ai décidé
que, quant à présent, il sera pourvu, *à titre transitoire,* aux
emplois dont il s'agit. En conséquence, MM. les préfets maritimes de Brest et de Toulon devront, chacun en ce qui le
concerne, me désigner les sujets qui offriront les garanties les
plus sérieuses de capacité et d'aptitude à ces fonctions; mais
il demeure entendu que ces premières désignations seront
purement *provisoires,* la nomination définitive des professeurs
titulaires ne pouvant avoir lieu régulièrement qu'à la suite du
concours exigé par l'article 16.

CHAPITRE III.

DISPOSITIONS RELATIVES À L'ENSEIGNEMENT.

ART. 24. Le questionnaire qui fait suite au règlement du
24 août 1861 comprend le détail des connaissances théoriques et pratiques dont doivent justifier les candidats aux
différents grades du corps des mécaniciens de la flotte.

Ce questionnaire constitue donc par lui-même le programme

des cours à professer à l'école, puisque l'objet desdits cours est d'enseigner aux candidats de chaque grade les connaissances dont ils doivent faire preuve devant la commission d'examen pour être admis au grade supérieur.

ART. 25. L'article 25 fixe à quatre mois et demi la durée des cours des différents degrés; il dispose, en outre, que les concours pour l'admission aux divers grades s'ouvriront, dans chacun des ports de Brest et de Toulon, immédiatement après la clôture de cette période scolaire de quatre mois et demi.

Ces dispositions seront favorables aux intérêts généraux du service aussi bien qu'aux intérêts personnels des mécaniciens; d'une part, les sujets qui auront terminé leurs études pourront, sans perdre de temps, profiter des chances du concours, et, d'autre part, ils seront rendus promptement au service de la flotte, sans que les destinations ultérieures qu'ils recevront puissent nuire à leur avancement. Mais, comme vous le remarquerez, il devient nécessaire que, désormais, les opérations de la commission d'examen se renouvellent deux fois par an dans chaque port. Les dispositions édictées par l'article 25 du règlement du 18 août 1862 modifient donc, dans ce sens, le premier paragraphe de l'article 2 du règlement du 24 août 1861. Les considérations qui, jusqu'à ce jour, avaient conduit à n'ouvrir qu'un seul concours annuel à Brest et à Toulon, n'existent plus, car l'organisation des écoles assure désormais, à la fin de chaque période scolaire, un nombre de candidats suffisant pour motiver, exiger même l'ouverture d'un concours semestriel. D'un autre côté, si ce nouvel ordre de choses impose un surcroît d'obligations à la commission d'examen, en ce sens que ladite commission aura désormais à accomplir deux tournées par an, il ne faut pas perdre de vue que le nombre des candidats qui se présenteront à chaque tournée sera moins élevé, et que, dès lors, les opérations du concours seront moins longues et moins laborieuses.

CHAPITRE IV.

Appliquant les principes posés par les articles 156 et 157 du décret du 5 juin 1856, le règlement du 18 août 1862 prévoit et définit les cas dans lesquels les mécaniciens et ouvriers chauffeurs des écoles pourront être employés à des travaux d'entretien et de réparations courantes à bord des bâtiments en réserve ou armés. Cette affectation du personnel des écoles aux travaux du port ou de la rade profitera à l'instruction pratique et professionnelle des mécaniciens employés, et bénéficiera au service général de la flotte. Mais ce double résultat ne saurait être obtenu que sous la réserve qu'il ne pourra, dans aucun cas, être dérogé aux règlements généraux de police intérieure et de discipline des ateliers et des bâtiments armés. C'est ce qu'a prévu l'article 31.

Il y avait aussi un intérêt sérieux à utiliser, pour l'instruction pratique des mécaniciens et chauffeurs des écoles, les bâtiments à vapeur attachés au service des ports et rades et ceux dont les machines sont en *essai*. L'article 33 autorise donc le commandant de l'école à détacher *momentanément*, et sur l'*ordre* du préfet maritime, un certain nombre de mécaniciens et chauffeurs à bord de ces bâtiments, où ils trouveront de précieux enseignements pratiques pour la *chauffe* et pour la conduite des machines *à la mer*.

CHAPITRE V.

ALLOCATIONS SPÉCIALES.

ART. 36. Le deuxième paragraphe de l'article 36 réserve

une somme de 5oo francs, prélevée sur le fonds annuel de
1,5oo francs, qui est alloué pour subvenir aux frais d'achat
des menus objets nécessaires au service général de l'enseignement.

Cette réserve de 5oo francs sera spécialement destinée à
l'achat de prix à décerner, à la fin de chaque cours, aux élèves
qui se seront le plus particulièrement distingués par leur zèle
et leur assiduité. Ces récompenses entretiendront dans le personnel des écoles une émulation nécessairement profitable aux
progrès de l'instruction générale.

Tels sont, Messieurs, les points sur lesquels j'ai cru devoir
insister plus particulièrement en vous notifiant le règlement
ci-annexé.

En présence du développement incessant que prend le matériel de la flotte à vapeur, il devient chaque jour plus essentiel
de donner à nos mécaniciens une valeur individuelle qui les
place à la hauteur du service important qu'ils sont appelés à
assurer; des écoles spéciales où ces agents trouvent le moyen
d'acquérir promptement une instruction professionnelle, que
l'expérience du service à la mer vient ensuite compléter, sont
le seul moyen d'atteindre ce but. Il y a donc un intérêt de premier ordre à ce que les écoles de Brest et de Toulon s'orga-
nisent promptement et fonctionnent dans les conditions les
plus favorables.

Je compte sur le zèle éclairé de chacun pour assurer ce
résultat.

Recevez, etc.

Le Ministre secrétaire d'état de la marine et des colonies,

Signé Cte P. DE CHASSELOUP-LAUBAT.

TITRE II.

ANNEXE.

___

Règlement concernant l'organisation des écoles théoriques et pratiques des mécaniciens et chauffeurs de la flotte.

Le Ministre secrétaire d'état au département de la marine
et des colonies,

Vu le décret du 24 septembre 1860, portant modification de
celui du 3 juin 1856;

Vu le décret du 25 août 1861 et le règlement de même date
concernant l'armement, les essais, l'entretien et la conservation des
bâtiments de la marine impériale;

Vu le décret du 11 août 1862, portant création d'emploi d'élèves
mécaniciens;

Le conseil d'amirauté entendu,

Arrête :

CHAPITRE Ier.

DISPOSITIONS GÉNÉRALES.

Règlement
concernant
l'organisation
des
écoles théoriques
et pratiques
des
mécaniciens.

Art. 1er. Les écoles théoriques et pratiques des mécaniciens et chauffeurs de la flotte, instituées par le décret du
24 septembre 1860 (art. 29 modifié du décret organique du
5 juin 1856), sont établies, à Brest et à Toulon, à bord du
bâtiment central de la réserve.

Art. 2. Le capitaine de frégate commandant la troisième
catégorie de la réserve (art. 149 du règlement du 25 août
1862) est en même temps commandant de l'école, sous l'autorité supérieure du major de la flotte.

Art. 3. Le personnel enseignant est porté sur le rôle d'é-
quipage du bâtiment central de la réserve.

Les dispositions de l'art. 153 du règlement du 25 août

1861 et celles du décret du 12 février 1862 (art. 3) sont applicables à ce personnel.

Art. 4. Les mécaniciens et chauffeurs de la flotte présents à la division et admis à suivre les cours de l'école sont envoyés chaque jour à bord du bâtiment central de la réserve.

Un arrêté du préfet maritime, soumis à l'approbation du ministre, règle, à cet effet, l'emploi du temps et les rapports à établir entre le service de la réserve et celui des équipages de la flotte.

Art. 5. Les mécaniciens et ouvriers chauffeurs de la division, admis à suivre les cours de l'école, ne peuvent être distraits de leurs études, soit pour des corvées, soit pour le service courant, que sur l'*ordre formel* du préfet maritime.

Art. 6. Les mécaniciens et ouvriers chauffeurs de la flotte qui débarquent, à Brest et à Toulon, des bâtiments armés ou en réserve, sont, sur leur demande et sur la proposition du capitaine de la compagnie de dépôt des mécaniciens, approuvée par le commandant de la division, admis à suivre les cours des écoles.

Art. 7. Les mécaniciens et ouvriers chauffeurs de la flotte présents aux ports de Cherbourg, Lorient ou Rochefort, peuvent, sur leur demande hiérarchiquement transmise au préfet maritime, être dirigés sur l'une des deux divisions de Brest ou Toulon, pour être admis aux écoles de ces ports.

Art. 8. Le major de la flotte désigne, sur la proposition des commandants des bâtiments de la première et de la deuxième catégorie et sur celle du commandant du bâtiment central, les mécaniciens et ouvriers chauffeurs de la réserve qui paraissent pouvoir suivre, avec fruit et sans inconvénients pour le service, les cours de l'école.

Art. 9. Tout mécanicien et ouvrier chauffeur appartenant à l'inscription maritime contracte, par le fait même de son admission aux cours de l'école, l'obligation de rester deux années au service à compter du jour de sa sortie de ladite école.

Art. 10. Les mécaniciens et ouvriers chauffeurs admis à suivre les cours sont, suivant leur instruction déjà acquise et l'aptitude qui leur a été reconnue, classés par le commandant de l'école en deux catégories.

Les mécaniciens et ouvriers chauffeurs rangés dans la première catégorie sont, à moins d'ordre contraire du ministre, placés en dehors du tour d'embarquement et maintenus à l'école pendant le temps nécessaire pour suivre un cours scolaire complet.

Les mécaniciens et ouvriers chauffeurs de la deuxième catégorie conservent leur tour d'embarquement.

Art. 11. Tout mécanicien ou ouvrier chauffeur de la première catégorie qui n'a pas été déclaré admissible au grade pour lequel il a concouru cesse d'appartenir à ladite catégorie et reprend son tour d'embarquement.

Art. 12. Les mécaniciens et ouvriers chauffeurs de la première catégorie qui, à ce titre, sont temporairement exempts des obligations de l'embarquement, cessent, sur la décision du commandant de l'école, de jouir de cette faveur pour cause d'inaptitude ou de mauvaise conduite.

Art. 13. Le commandant de l'école tient un enregistrement spécial des notes données par les professeurs aux mécaniciens et ouvriers chauffeurs admis à suivre les cours.

Un double de ces notes est adressé chaque semestre par le commandant de l'école, qui y joint, s'il y a lieu, ses observations personnelles, au commandant de la division des équipages de la flotte à laquelle les mécaniciens et chauffeurs appartiennent.

CHAPITRE II.

PERSONNEL ATTACHÉ A L'ÉCOLE.

ART. 14. Le personnel placé sous les ordres immédiats du commandant de l'école, et chargé de l'instruction théorique et pratique des mécaniciens et ouvriers chauffeurs admis à suivre les cours, comprend :

Un lieutenant de vaisseau,

Un mécanicien principal,

Deux premiers maîtres mécaniciens,

Un dessinateur.

ART. 15. Le lieutenant de vaisseau est désigné par le ministre, sur la proposition du préfet maritime.

Les dispositions de l'article 18 de l'arrêté ministériel en date du 5 mars 1862 sont applicables à cet officier, en ce qui concerne la durée de ses fonctions.

ART. 16. Le mécanicien principal et les premiers maîtres mécaniciens professeurs sont nommés par le ministre, à la suite d'un concours spécial dont les conditions seront ultérieurement déterminées.

ART. 17. Le dessinateur est nommé par le préfet maritime, sur la proposition du commandant de l'école.

ART. 18. Des répétiteurs et moniteurs, pris dans le personnel de l'école, sont adjoints aux professeurs.

Le nombre maximum des répétiteurs et moniteurs affectés à chaque cours ne doit pas dépasser la proportion de :

Un répétiteur pour trente élèves,

Un moniteur pour cent élèves.

ART. 19. Le commandant de l'école répartit entre les professeurs les différents cours théoriques et pratiques que comporte le programme d'instruction.

Il choisit et désigne les sujets auxquels doivent être confiés les emplois de répétiteurs et de moniteurs prévus par l'article 18 du présent règlement.

Art. 20. Le lieutenant de vaisseau est chargé, sous l'autorité et la direction du commandant de l'école, de la surveillance générale des études théoriques et pratiques.

Il veille à ce que les différents cours soient régulièrement faits par qui de droit aux heures réglementaires, et à ce que le personnel de tous grades qui doit y assister soit présent.

Il rend compte au commandant de l'école de tout ce qui paraît de nature à lui être signalé dans l'intérêt des études.

Cet officier peut être chargé d'un cours.

Art. 21. Le mécanicien principal est chargé d'un cours théorique et de la surveillance de l'instruction pratique.

Art. 22. La direction de l'enseignement manuel, dans chacune des trois professions d'ajuster, de chaudronnier et de forgeron, est répartie entre le mécanicien principal et les deux premiers maîtres mécaniciens professeurs.

Art. 23. Un second maître du bâtiment central de la réserve, désigné par le commandant de l'école, dirige spécialement les exercices du scaphandre et les travaux sous-marins.

Il est chargé, en outre, de l'entretien et de la conservation du matériel employé à ces travaux.

CHAPITRE III.

DISPOSITIONS RELATIVES À L'ENSEIGNEMENT.

Art. 24. Les matières que doivent comprendre les cours théoriques et pratiques de l'école sont déterminées par le programme annexé au règlement du 24 août 1861, relatif aux examens des mécaniciens et chauffeurs de la flotte.

Art. 25. La duré des cours pour les mécaniciens de tous grades est de quatre mois et demi.

Ces cours ouvrent :

A Brest, les 15 novembre et 15 mai;

A Toulon, les 1er janvier et 1er juillet.

L'intervalle de six semaines qui existe dans chacun de ces deux ports, entre la clôture d'un cours et sa réouverture, est consacré aux examens semestriels. A cet effet, la commission permanente, instituée par l'article 1er du règlement du 24 août 1861, se rend successivement à Brest et à Toulon, en temps utile pour que les opérations du concours commencent :

A Brest, les 1er avril et 1er octobre;

A Toulon, les 15 mai et 15 novembre.

Art. 26. Les mécaniciens et ouvriers chauffeurs présents à l'école sont admis aux différents cours, non pas d'après le grade dont ils sont titulaires, mais bien d'après leur aptitude reconnue et le degré d'instruction déjà acquise.

Art. 27. Les préfets maritimes de Brest et de Toulon peuvent, dans l'intervalle compris entre la clôture et la réouverture de chaque période scolaire, accorder des permissions d'absence au personnel enseignant.

Pendant la durée de ces absences, le personnel enseignant conserve la jouissance de la solde et des allocations spéciales afférentes au grade et à l'emploi.

Ces autorisations sont délivrées de telle sorte que la moitié au moins du personnel enseignant soit présente à l'école.

Art. 28. Autant que possible, un jour par semaine est consacré à la visite des machines des bâtiments en réserve; cette visite peut, sur la demande du commandant de l'école, et après autorisation du préfet maritime, être étendue aux bâtiments armés et aux ateliers des arsenaux maritimes.

Art. 29. Des instruments, livres et plans, dont le tableau A annexé au présent règlement détermine la nature et le nombre, sont délivrés à l'école pour servir à l'enseignement général.

Ces objets, portés sur un inventaire spécial, sont à la charge du mécanicien principal professeur.

Chaque élève se fournit des livres, instruments de dessin et papier nécessaires à ses études.

CHAPITRE IV.

EMPLOI DES MÉCANICIENS ET OUVRIERS CHAUFFEURS ADMIS À SUIVRE LES COURS DE L'ÉCOLE.

Art. 30. Les mécaniciens et ouvriers chauffeurs présents à l'école peuvent, dans l'intérêt de leur instruction pratique et sans qu'il puisse en résulter aucun retard ou préjudice pour le service, être employés aux travaux d'entretien et aux réparations courantes des bâtiments en réserve ou armés. Ils peuvent aussi être employés dans les ateliers des arsenaux maritimes (art. 156 modifié du décret du 5 juin 1856).

Art. 31. Les mécaniciens et ouvriers chauffeurs employés soit à bord des bâtiments armés, soit dans les ateliers des arsenaux maritimes, sont placés sous les ordres des chefs qui dirigent ces ateliers ou les machines de ces bâtiments, et restent soumis, pendant le temps du travail, aux règles de police et de discipline qui y sont observées, sans préjudice de la discipline militaire qui les régit (art. 157 du décret du 5 juin 1856).

Art. 32. L'emploi, comme moyen d'instruction pratique, des mécaniciens et ouvriers chauffeurs de l'école, a lieu, à bord des bâtiments de la réserve, sur l'ordre du major de la flotte. Mais il ne peut être régulièrement autorisé à bord des bâtiments armés qu'en vertu d'ordres spéciaux du préfet maritime (art. 156 modifié du décret du 5 juin 1856).

Art. 33. Les mécaniciens et ouvriers chauffeurs présents à l'école peuvent, dans le but de perfectionner leur instruction pratique, et sur la demande du commandant de l'école, être détachés momentanément à bord des bâtiments à vapeur employés au service intérieur des ports et rades et de ceux dont la machine est en essai.

Ces destinations n'ont lieu qu'en vertu d'ordres du préfet maritime.

CHAPITRE V.

ALLOCATIONS SPÉCIALES.

Art. 34. Les allocations spéciales à attribuer au personnel enseignant de l'école sont déterminées par le tarif annexé au présent règlement.

Art. 35. Les suppléments déterminés par le tarif annexé au décret du 11 août 1856, pour les officiers-mariniers instructeurs et instructeurs adjoints des écoles d'application des matelots canonniers, sont attribués aux répétiteurs et moniteurs des écoles de mécaniciens.

Art. 36. Une indemnité annuelle de 1,500 francs est accordée pour l'achat des menus objets nécessaires au service général de l'enseignement et compris dans la nomenclature inscrite au tableau B annexé au présent règlement.

Le payement de cette indemnité est effectué d'avance, par trimestre et par quart, au nom du commandant de l'école, qui justifie de l'emploi de ladite indemnité en conseil d'administration du bâtiment central de la réserve.

Une somme de 500 francs est prélévée sur les 1,500 francs susmentionnés, en vue de pourvoir à l'achat d'étuis de mathématiques et de médailles à décerner, à la fin de chaque période scolaire, aux mécaniciens et ouvriers chauffeurs les plus méritants.

-Art. 37. L'achat des instruments, modèles et objets nécessaires au service général de l'enseignement, qui ne sont pas compris dans les nomenclatures arrêtées par les tableaux A et B, annexés au présent règlement, est effectué par ordre spécial du ministre, sur la demande du commandant de l'école, approuvée et transmise par le préfet maritime.

Paris, le 18 août 1862.

Signé Cte P. DE CHASSELOUP-LAUBAT.

Tarif déterminant les allocations spéciales de fonctions attribuées au service des écoles théoriques et pratiques des mécaniciens et ouvriers chauffeurs de la flotte.

DÉSIGNATIONS.	SUPPLÉMENT AU PERSONNEL ENSEIGNANT.		OBSERVATIONS.
	Allocations annuelles.	Allocations journalières.	
Lieutenant de vaisseau chargé en second de l'école.	(A) 800f,00c	//	(A) Le lieutenant de vaisseau chargé en second de l'école n'a droit à cette allocation que dans le cas où il fait un cours.
Mécanicien principal, professeur. .	800 00	//	
Premier maître mécanicien, professeur.	500 00	//	
Répétiteur.	//	0f,60	
Moniteur.	//	0 35	

TABLEAU A.

INSTRUMENTS DE PHYSIQUE.

1 Machine pneumatique à mouvement de rotation, de 0m,27.
2 Cloches en cristal.

1 Récipient pour poser la main.
1 Récipient dit crève-vessie.
1 Récipient à deux baromètres.

1 Appareil à jet d'eau dans le vide.
1 Hémisphère de Magdebourg.
1 Indicateur du vide de Bourdon (intérieur visible).
1 Tube de Mariotte.
1 Baromètre à niveau constant.
1 Baromètre anéroïde.
1 Manomètre à air comprimé.
1 Manomètre à air libre.
1 Manomètre de Bourdon (intérieur visible).
1 Thermomètre ordinaire à alcool

(graduation de Réaumur et Farenheit).
1 Thermomètre à mercure (graduation de Réaumur et centigrade).
1 Aéromètre de Beaumé, en verre.
1 Aéromètre de Beaumé, en métal.
1 Pèse-sel réglementaire.
1 Baromètre à longue cuvette, pour la tension des vapeurs dans le vide.
1 Marmite de Papin.
1 Cuvette à mercure pour expériences (20 kilogrammes de mercure).

INSTRUMENTS POUR LES DESSINATEURS ET LE PROFESSEUR DE GÉOMÉTRIE.

4 Boîtes de mathématiques.
  Règles et équerres (en nombre suffisant).
2 Roulettes pour tracer.
2 Compas à verge.

2 Compas de réduction.
2 Niveaux pour mécaniciens.
1 Collection en bois des principaux corps géométriques.

LIVRES ET PUBLICATIONS.

1° Les ouvrages du contre-amiral Paris, comprenant :
  Le Dictionnaire de la marine à voile et à vapeur;
  Le Catéchisme du mécanicien;
  Et le Traité de l'hélice propulsive.
2° Le Cours de machine de M. de Fréminville.

3° Le Cours de machine de M. Du Temple.
4° Le Cours de machine de M. Ortolan.
5° Le Cours de machine de M. Le Dieu.
6° Un abonnement à l'Artizan et au Nautical Magazine.
7° La partie de l'Atlas du génie maritime qui a rapport aux machines à vapeur.

TABLEAU B.

———

OBJETS DONT LES FRAIS D'ACHAT SONT À LA CHARGE DU FONDS ANNUEL DE 1,500 FRANCS ALLOUÉ POUR LE SERVICE GÉNÉRAL DE L'ÉCOLE (art. 36 du règlement).

Craie pour les tableaux.
Papier à dessin, pour modèles et plans de démonstration.

Crayons, plumes, papiers, pour la correspondance officielle de l'école.

Matières premières nécessaires pour l'exécution des modèles de machines et des instruments qui ne se trouvent pas dans l'industrie.

Esprit de vin, mercure, tubes de verre et autres matières consommables pendant les cours.

Étuis de mathématiques et médailles à décerner en prix à la fin de l'année scolaire (500 francs doivent être réservés pour cette destination).

NOTA. Tout plan et modèle exécuté par les soins de l'école est pris en charge par le mécanicien principal professeur.

Envoi d'un arrêté qui réglemente les épreuves d'un concours pour l'admission aux emplois de mécanicien principal et de premier maître mécanicien professeurs aux écoles théoriques et pratiques de Brest et de Toulon.

Circulaire ministérielle du 11 avril 1863.

Concours pour l'admission aux emplois de mécaniciens professeurs aux écoles théoriques et pratiques de Brest et de Toulon.

MESSIEURS, vous trouverez ci-après l'ampliation d'un arrêté que j'ai rendu le 8 de ce mois, et qui réglemente le concours prévu par l'article 16 du règlement du 18 août 1862 pour l'admission aux emplois de mécanicien principal et de premier maître mécanicien professeurs aux écoles théoriques et pratiques de Brest et de Toulon.

Il importe que les emplois dont il s'agit, et qui sont aujourd'hui confiés à des titulaires provisoires, puissent être prochainement conférés à titre définitif aux sujets reconnus les plus capables. Dans ce but, et tenant compte d'ailleurs des obligations que l'article 25 du règlement du 18 août 1862 impose déjà à la commission d'examen des mécaniciens, l'article 2 de l'arrêté ci-annexé a fixé au 25 septembre prochain pour Brest, et au 10 novembre suivant pour Toulon, les premiers concours.

Quant à ceux qui devront avoir lieu ultérieurement, ils seront nécessairement subordonnés aux vacances qui se produiront, et, dès lors, il n'était pas possible de déterminer à présent leurs époques, non plus que les ports dans lesquels ils s'ouvriront; mais des avis spéciaux les annonceront quatre mois au moins à l'avance.

Il est essentiel, au double point de vue des intérêts individuels et du bon choix des sujets, d'appeler à ces épreuves le plus grand nombre possible de concurrents; vous devrez donc, chacun en ce qui vous concerne, faire donner aux annonces des concours la publicité nécessaire, et accorder à ceux des mécaniciens sous vos ordres qui manifesteraient l'intention sérieuse de se porter comme candidats toutes les facilités compatibles avec les exigences du service, pour se préparer aux épreuves à subir et se rendre en temps utile aux ports où un concours sera ouvert. Cette dernière recommandation, je n'ai pas besoin de le faire remarquer, ne peut d'ailleurs s'appliquer aux mécaniciens principaux et premiers maîtres mécaniciens embarqués, qu'autant que leur situation permettrait de les diriger sans inconvénients sur le lieu du concours.

Veuillez faire donner connaissance à qui de droit du contenu de la présente dépêche.

Recevez, etc.

Le Ministre secrétaire d'état de la marine et des colonies,

Signé Cte P. DE CHASSELOUP-LAUBAT.

ANNEXE.

Arrêté du 8 avril 1863 réglementant les épreuves du concours pour l'admission aux emplois de mécanicien principal et de premier maître professeurs aux écoles de mécaniciens de Brest et de Toulon.

LE MINISTRE SECRÉTAIRE D'ÉTAT AU DÉPARTEMENT DE LA MARINE ET DES COLONIES,

Vu l'article 16 du règlement du 18 août 1862, concernant l'organisation des écoles théoriques et pratiques des mécaniciens et chauffeurs de la flotte;

Le conseil d'amirauté entendu,

ARRÊTE :

ART. 1er. Les concours pour l'admission à l'emploi de mécanicien principal ou de premier maître mécanicien professeur aux écoles théoriques et pratiques des mécaniciens de la flotte ont lieu à Brest et à Toulon, devant la commission permanente d'examen des mécaniciens.

ART. 2. Ces concours ouvriront, pour la première fois, à Brest le 25 septembre, et à Toulon le 10 novembre 1863.

L'époque et le lieu des concours ultérieurs seront déterminés et annoncés quatre mois au moins à l'avance.

ART. 3. Les épreuves sont distinctes pour les mécaniciens principaux et pour les premiers maîtres mécaniciens.

ART. 4. Les premiers maîtres mécaniciens candidats à un emploi de professeur ne peuvent être admis à concourir que s'ils réunissent une année au moins d'embarquement dans leur grade.

ART. 5. Les candidats de l'une et l'autre catégorie subissent trois épreuves portant sur les matières énumérées à l'article 10 du présent arrêté, savoir :

Une épreuve orale dont la durée ne peut être moindre d'une heure ;

Une leçon professée devant la commission d'examen et dont la durée minimum est également d'une heure ;

Une question traitée par écrit.

ART. 6. Les questions sur lesquelles porte l'épreuve orale sont tirées au sort séance tenante.

ART. 7. Le sujet de la leçon professée par chaque candidat est tiré au sort et indiqué quarante-huit heures à l'avance.

ART. 8. L'épreuve écrite est commune à tous les candidats ; elle porte sur une question tirée au sort.

ART. 9. La commission apprécie le mérite individuel des candidats pour chacune des épreuves par des notes moyennes variant de 0 à 20.

Le classement relatif de chaque candidat est déterminé par la somme de toutes ses notes moyennes, dans laquelle celle de l'épreuve orale et de la leçon professée entrent deux fois, et la note moyenne de l'épreuve écrite une fois seulement.

ART. 10. Les épreuves orales et écrites, définies par l'article 5 ci-dessus, portent sur les matières suivantes :

1° L'arithmétique complète, moins les logarithmes ;

2° L'algèbre jusqu'à la résolution numérique des équations du deuxième degré inclusivement ;

3° La géométrie complète, moins les triangles sphériques ;

4° Les éléments de la géométrie descriptive concernant le point et la ligne droite, ainsi que l'exposition des règles pratiques du dessin industriel ;

5° La physique, comprenant les propriétés générales des corps solides, liquides et gazeux, ainsi que les propriétés particulières des métaux et des autres matières en usage dans l'industrie ;

Le calorique, ses propriétés et son mode d'action dans la formation, la dilatation et la condensation des vapeurs ;

La théorie de la combustion, les propriétés des divers combustibles, et particulièrement des charbons employés sur les bâtiments de la flotte ;

6° Les notions de mécanique comprenant les lois du mouvement rectiligne uniforme et uniformément accéléré, ainsi que la démonstration de ces lois par la machine d'Atwood, la composition et la décomposition des forces, les lois de l'inertie et de la pesanteur, la détermination des centres de gravité, le travail des forces, l'équation du travail et des forces vives, enfin l'équilibre des machines simples et complexes ;

7° Le calcul des effets des machines à vapeur, la théorie et la description de leurs principaux organes et accessoires, spécialement en ce qui concerne les appareils marins ; en un mot, toutes les questions relatives à ce sujet comprises dans le programme d'examen des candidats au grade de premier maître mécanicien, mais avec de plus grands développements.

Sur chacune des branches de science mentionnées dans le programme, la commission d'examen pourra étendre ses questions en dehors des limites fixées ci-dessus, si elle le juge utile pour apprécier les mérites relatifs des candidats.

ART. 11. Les listes définitives d'admissibilité établies par la commission pour les candidats de chaque catégorie sont transmises au ministre, avec le procès-verbal du concours, immédiatement après la clôture des épreuves.

Paris, le 8 avril 1863.

Signé Cᵗᵉ P. DE CHASSELOUP-LAUBAT.

TITRE TROISIÈME.

PÊCHE.

———

Décision impériale portant nomination d'une Commission des pêches et de la domanialité maritimes.

RAPPORT À L'EMPEREUR.

Paris, le 20 mars 1861.

S<small>IRE</small>,

Dans votre sollicitude pour la population du littoral, vous vous êtes bien souvent préoccupé des questions qui se rattachent à la pêche et aux établissements qu'il est possible de créer sur nos côtes pour améliorer tout à la fois l'alimentation du pays et le sort de ces hommes dont la vie, toute de labeur et de dévouement, forme l'élément indispensable de la puissance de la France.

C'est à votre initiative personnelle, à vos encouragements, qu'ont été dues des expériences et des études qui, déjà, ont porté leurs fruits.

Mais, à mesure que les avantages de certains procédés sont mieux compris, les demandes sont plus nombreuses pour la création de pêcheries, de parcs, et, dans les concessions, dans les autorisations que l'administration supérieure est appelée à accorder, les intérêts de la navigation et de la domanialité maritimes se trouvent souvent engagés.

D'un autre côté, de nombreuses réclamations se sont élevées contre l'application des décrets de 1853 et de 1859 sur

Création d'une commission des pêches et de la domanialité maritimes.

la police de la pêche côtière, et de toutes parts on demande
la révision de quelques-unes de leurs dispositions.

Votre Majesté, dans sa bienveillance pour cette classe si intéressante de nos marins qui se livrent à la pêche, m'a prescrit
d'examiner de nouveau les règlements, que l'expérience permet
aujourd'hui d'apprécier plus sûrement et de les dégager de
toutes les mesures qui ne seraient pas indispensables pour
sauvegarder la reproduction du poisson et des coquillages, et
pour maintenir l'ordre parmi les pêcheurs.

Enfin, Sire, vous avez désiré que l'administration recher-
chât tout ce qu'il était possible de faire pour améliorer la situation de notre personnel maritime.

Pour répondre aux intentions de Votre Majesté, il m'a
paru indispensable de m'éclairer des lumières de quelques
hommes que leur position avait mis à même de connaître les
besoins et d'étudier les intérêts qu'il s'agit de concilier.

Je crois donc utile de proposer à Votre Majesté la formation
d'une commission qui serait chargée :

1° De donner son avis sur toutes les demandes qui peuvent
être présentées dans le but de former les établissements qu'il
est possible d'autoriser sur le domaine maritime;

2° D'indiquer les modifications à apporter aux divers règlements relatifs à la pêche et à la navigation, ainsi que les mesures propres à placer la population maritime dans les meilleures conditions.

Cette commission, qui, dans ma pensée, devrait *nécessairement*
être consultée sur toutes les concessions ou autorisations qui
concernent le domaine maritime, aurait ainsi, en quelque sorte,
un caractère permanent. Elle servirait à établir une véritable
jurisprudence pour les questions qui intéressent à un si haut
degré les habitants de notre littoral et notre navigation.

Si votre Majesté veut bien accueillir cette proposition, je

Lui demanderai de désigner pour faire partie de cette commission :

MM. le contre-amiral JURIEN DE LA GRAVIÈRE, président [1];
    QUÉRU, commissaire général de la marine;
    DIEUDONNÉ, capitaine de vaisseau;
    GRIVEL, capitaine de frégate;
    COTTIN, auditeur de 1re classe au Conseil d'état;
    KRATZ, auditeur de 2° classe au Conseil d'état;
    NOË, sous-commissaire de la marine.

Il me semble, en outre, opportun de réserver au ministre la faculté d'adjoindre, suivant le cas, à la commission, ceux des chefs de service ou employés du ministère dans les attributions spéciales desquels pourront se trouver les questions à résoudre.

Je suis, avec un profond respect, etc.

Le Ministre secrétaire d'état de la marine et des colonies,

Signé Cte P. DE CHASSELOUP-LAUBAT.

Approuvé :

Signé NAPOLÉON.

---

[1] La commission se composait, au 1er mars 1864, ainsi qu'il suit :
MM. MAIGNE, conseiller d'état, président;
    COSTE, inspecteur général des pêches;
    PALASNE DE CHAMPEAUX, capitaine de vaisseau, chef du bureau des pêches;
    RIBOURT, capitaine de vaisseau;
    DE FAUQUE DE JONQUIÈRES, capitaine de frégate;
    COTTIN, maître des requêtes au Conseil d'état;
    KRATZ, auditeur de 1re classe au Conseil d'état;
    NOË, commissaire adjoint de la marine, secrétaire.

Pêche côtière. — Révision des décrets des 4 juillet 1853 et 19 novembre 1859.

Circulaire ministérielle du 25 mars 1861.

Instructions relatives à la révision des décrets sur la pêche côtière.

MESSIEURS, les réclamations auxquelles ont donné lieu les décrets des 4 juillet 1853 et 19 novembre 1859, sur la police de la pêche côtière dans les cinq arrondissements maritimes, m'ont déterminé à charger une commission de procéder à la révision de ces actes [1].

A cet effet, les commissaires de l'inscription maritime réuniront avec le plus grand soin, pour leurs quartiers respectifs, les renseignements ci-après :

Nature des fonds sur lesquels les pêcheurs exercent leur industrie ;

Conformation et exposition de la côte ;

Nombre et importance des cours d'eau aboutissant à la mer ;

Espèces de poissons, crustacés et coquillages dont se compose la pêche ; importance respective de chaque genre de pêche ;

Description détaillée (forme, dimensions, mailles, poids, etc.), époque et mode d'emploi de tous les filets, engins et instruments en usage dans le quartier, en les groupant sous les divisions suivantes :

Filets fixes [2],

[1] Cette commission a été composée de MM. DUFOUR DE MONT-LOUIS, capitaine de vaisseau, *président;* FILLEAU, chef du bureau des pêches au ministère de la marine; DE LA VAISSIÈRE, MOTET et ROUBET, capitaines de frégate; GERBE, naturaliste, attaché au collége de France; et LAYRLE, lieutenant de vaisseau, *secrétaire*, avec voix délibérative.

[2] Les *filets fixes* sont ceux qui sont tenus au fond, au moyen de piquets ou de poids, et qui ne changent pas de position une fois calés. Sont également

Filets flottants [1];

Filets traînants [2];

Filets, instruments et engins ne rentrant pas dans les catégories qui précèdent.

Indépendamment de ces indications, ils provoqueront de la part des armateurs, pêcheurs et de toutes autres personnes, les observations auxquelles peut donner lieu l'emploi de chaque filet, instrument ou engin, et accompagneront chacune des observations ainsi recueillies d'une discussion approfondie qui permette d'en apprécier le plus ou le moins de fondement.

Enfin, ils se mettront en mesure de fournir à la commission les moyens de faire fonctionner sous ses yeux ceux des filets, engins ou instruments qu'elle voudrait expérimenter par elle-même.

Il sera procédé sans délai à ce travail, dont une copie sera transmise au chef hiérarchique, pour être redressée au besoin, et l'autre conservée au quartier, pour être remise à la commission.

Comme il importe que les autorités civiles puissent, de leur côté, exprimer leurs vœux touchant les modifications à introduire dans la législation qu'il s'agit de reviser, j'invite aujourd'hui même les préfets des départements du littoral à recueillir toutes les réclamations auxquelles cette législation a pu donner lieu, et à les faire parvenir aux commissaires de l'ins-

---

considérés comme filets fixes ceux qui, attachés à un point fixe, soit à terre, soit à bord d'une embarcation à l'ancre ou amarrée à terre, sont manœuvrés de manière à ne pas traîner au fond.

[1] Les *filets flottants* sont ceux qui vont au gré du vent, du courant ou de la lame, sans jamais s'arrêter ou traîner au fond.

[2] Les *filets traînants* sont ceux qui, coulant au fond au moyen de poids placés à la partie inférieure, y sont promenés sous l'action d'une traction quelconque, quelque restreint que soit l'espace parcouru, quelque faible que soit la traction et de quelque manière qu'elle s'exerce.

cription maritime des quartiers dans la circonscription desquels elles se seraient produites, pour être présentées à la
commission avec les appréciations que leur examen aura sug-
gérées à l'autorité maritime.

J'ai décidé que la commission commencerait ses travaux
par la révision du décret du 19 novembre 1859, sur la pêche
côtière dans le 5ᵉ arrondissement.

Recevez, etc.

Le Ministre secrétaire d'état de la marine et des colonies,

Signé Cᵗᵉ P. DE CHASSELOUP-LAUBAT.

**Dispositions à prendre en vue de la révision des décrets
sur la pêche côtière.**

Circulaire adressée par le Ministre aux Préfets du littoral,
le 25 mars 1861.

MESSIEURS, j'ai décidé qu'une commission serait chargée de
procéder à la révision des décrets du 4 juillet 1853 et du
19 novembre 1859, sur la police de la pêche côtière dans les
cinq arrondissements maritimes.

Les autorités relevant de mon département ont reçu l'ordre
de se préparer à fournir à la commission tous les éclaircisse-
ments dont elle aura besoin ; et, comme je désire que les
autorités civiles puissent, de leur côté, exprimer leurs vœux
touchant les modifications à introduire dans cette législation,
je vous prie de prescrire aux maires des communes du littoral
de recueillir les observations, réclamations, plaintes, etc. auxquelles elle a pu donner lieu, et de les faire parvenir, *dans le
plus bref délai possible,* aux commissaires de l'inscription maritime des quartiers dans la circonscription desquels elles se

seraient produites, afin que ces administrateurs les remettent à la commission à son passage au chef-lieu de chaque quartier.

Je compte sur votre zèle éclairé pour prescrire aux autorités placées sous vos ordres de ne voir, dans le concours qui leur est demandé, que mon vif désir de satisfaire aux intérêts généraux, sans aucune préoccupation de considérations particulières ou de localité.

Recevez, etc.

Le Ministre secrétaire d'état de la marine et des colonies,

Signé Cᵗᵉ P. DE CHASSELOUP-LAUBAT.

Création de la station des pêcheries de la Manche et de la mer du Nord. — Instructions.

Circulaire adressée par le Ministre aux Préfets maritimes de Cherbourg et de Brest, le 31 décembre 1861.

Monsieur le Préfet, l'importance que prennent chaque jour les questions de pêche, les efforts déployés par le Gouvernement pour augmenter nos richesses ichthyologiques, la nécessité de veiller à la conservation des espèces afin de réserver à nos pêcheurs de précieuses ressources pour l'avenir; enfin, le besoin d'imprimer à ce service l'unité d'action qu'il comporte; m'ont conduit à proposer à S. M. de réunir sous le commandement d'un capitaine de vaisseau les stations de la mer du Nord et de Granville.

S. M. a approuvé ma proposition, et a décidé que M. le capitaine de vaisseau Moulac exercerait ce commandement sous le titre de *commandant en chef de la division navale des pêcheries de la Manche et de la mer du Nord.*

Instructions relatives à la création de la station des pêcheries de la Manche et de la mer du Nord.

L'action de cet officier supérieur s'étendra sur toute la partie de notre littoral comprise entre la frontière de Belgique et l'extrémité ouest du quartier de Saint-Brieuc.

Les bâtiments désignés ci-après composeront la division navale placée sous son commandement :

Le Bisson, aviso à roues de 120 chevaux, qui portera son guidon ;

Le Corse, aviso à hélice de 120 chevaux ;

Le Pélican, *idem* ;

Le Cuvier, aviso à roues de 120 chevaux ;

L'Argus, aviso à hélice de 60 chevaux ;

Le Phoque, aviso à roues de 80 chevaux ;

L'Ariel, aviso à hélice de 120 chevaux ;

Le Faon, *idem* ;

L'Alcyone, cutter ;

Le Lévrier, *idem* ;

Le Pluvier, *idem*.

Ces bâtiments formeront deux subdivisions, dont chacune sera commandée par un capitaine de frégate.

L'une de ces subdivisions surveillera la partie du littoral située à l'est de la Seine, et l'autre celle qui est située à l'ouest. La première sera dite de la mer du Nord, la seconde de Granville.

La création nouvelle nécessitant l'adoption de dispositions spéciales, j'ai arrêté les mesures indiquées ci-après, qui permettront d'en recueillir tout le bien possible, et de déterminer la part d'action incombant plus particulièrement aux officiers commandant les bâtiments de la station dont il s'agit.

Les commandants de subdivision, secondés par les officiers et officiers-mariniers commandant les bâtiments et embarcations placés sous leurs ordres, concourront, sous la direction supérieure du commandant de la station, avec les commissaires de l'inscription maritime, à assurer, chacun en ce qui sera de sa compétence, l'exécution des lois et règlements sur la pêche côtière.

Ces capitaines ne recevront d'ordres que de leurs chefs immédiats, mais leur action pourra être directement requise, dans les cas urgents, par les commissaires de l'inscription maritime. Ils auront à y déférer toutes les fois que les ordres qu'ils auraient à exécuter ne s'y opposeront pas.

Les commissaires de l'inscription maritime s'entendront, de leur côté, avec les capitaines des bâtiments de la station, à l'effet de leur faciliter l'accomplissement de la mission de surveillance dont ils sont chargés. Ils leur fourniront également, sans retard, tous les renseignements dont ils pourraient avoir besoin.

Les bâtiments de la station ont pour mission spéciale de veiller à l'aménagement, à la conservation et à l'amélioration des fonds de pêche.

Par suite, les commandants de subdivision, qui dorénavant ne feront plus partie des commissions instituées localement par le décret du 4 juillet 1853, pour la visite des huîtrières et moulières, feront procéder en dehors de ces commissions, toutes les fois qu'ils le jugeront convenable, à la visite des bancs réservés à l'exploitation de nos pêcheurs. Le résultat de ces visites sera transmis au préfet maritime.

Lorsque l'exercice de la pêche sur un banc ouvert aura été suspendu sur l'initiative d'un des capitaines des bâtiments de la station, ce capitaine en informera immédiatement le commissaire du quartier et en rendra compte à son supérieur.

Les commissaires de l'inscription maritime informeront de leur côté le commandant de la subdivision de la suspension dont il s'agit, lorsqu'elle aura lieu sur l'initiative d'un de leurs agents.

Les commissaires de l'inscription maritime et les commandants de subdivision s'informeront réciproquement de la découverte de bancs nouveaux, dont ils auraient connaissance.

Dans les localités où la pêche des huîtres se fait en flotte, le commandant de la subdivision, ou celui des capitaines sous ses ordres qui le représente, sera informé la veille, par les soins du commissaire du quartier, de l'intention des pêcheurs de sortir le lendemain. Si, le moment venu, l'état du temps paraît à ces officiers ne pas devoir permettre la sortie, ils pourront l'interdire, de même qu'ils auront la faculté de faire rentrer la flotte des bateaux ou de la faire relâcher sur tel point qu'ils indiqueront, lorsque le temps sera devenu mauvais ou pour passer la nuit.

Il ne sera donné suite aux procès-verbaux dressés pour infractions commises à la mer par nos pêcheurs et constatées par les bâtiments de la station, qu'après qu'ils auront été soumis au commandant en chef, qui appréciera la suite à leur donner, et qui les transmettra, s'il y a lieu, au commissaire de l'inscription maritime compétent, pour être adressés, sans retard, au procureur impérial, à moins que ces administrateurs ne jugent utile de soumettre préalablement au commandant de la station les observations qu'ils croiront devoir présenter.

Le résultat des poursuites sera porté, par les commissaires de l'inscription maritime, à la connaissance du commandant de la subdivision.

La nature des attributions conférées au commandant de la station des pêcheries de la Manche et de la mer du Nord permettra à cet officier supérieur de me soumettre toutes les propositions que pourront lui suggérer l'intérêt de la pêche et son développement. Vous prescrirez donc aux officiers et fonc-

tionnaires sous vos ordres de lui faciliter toutes les investigations auxquelles il aura à se livrer à ce sujet.

Recevez, etc.

Le Ministre secrétaire d'état de la marine et des colonies,

Signé Cte P. DE CHASSELOUP-LAUBAT.

P. S. — Vous trouverez ci-jointe la copie des instructions que
je donne au commandant MOULAC. Vous remarquerez sans doute
que j'ai soin de dire : *Tout en étendant les attributions des commandants des garde-pêches, je n'entends aucunement modifier ce qui
a été réglé pour les rapports existant entre les préfets maritimes et le
service de la surveillance des pêches.*

**Pêche côtière. — Application de l'article 14 de la loi du 9 janvier 1852.
— Dispositions à observer à l'égard des filets et instruments prohibés
seulement d'une façon relative.**

Circulaire ministérielle du 3 juin 1861.

MESSIEURS, la circulaire de mon prédécesseur, en date du
25 novembre 1859 [1], a porté à votre connaissance diverses
dispositions destinées à assurer l'application uniforme de l'article 14 de la loi du 9 janvier 1852, en ce qui concerne la
saisie et la destruction des filets et engins de pêche prohibés.

Les filets
et instruments
de pêche saisis
pourront
être restitués
aux pêcheurs
à titre gracieux.

Vous savez que la prohibition est absolue ou relative : *absolue,*
lorsqu'elle résulte de la nature même des engins ; *relative,* lorsque ces engins, bien que présentant les dimensions réglementaires, sont employés en dehors des conditions déterminées
par les décrets des 4 juillet 1853 et 19 novembre 1859.

[1] *Bulletin officiel de la marine,* 2ᵉ semestre 1859, page 453.

*.12

Si les filets ou instruments prohibés d'une manière absolue doivent être détruits, il n'en saurait être de même de ceux prohibés seulement d'une façon relative.

C'est pour ce motif que S. Exc. l'amiral Hamelin a décidé que les objets rentrant dans cette dernière catégorie seraient vendus au profit de la caisse des invalides de la marine ou restitués à leurs propriétaires par voie gracieuse.

Je me suis concerté avec M. le garde des sceaux, ministre de la justice, pour l'exécution de cette disposition, et, par une lettre en date du 16 de ce mois, M. Delangle m'a fait connaître qu'il ne voyait aucun inconvénient à ce que les objets saisis fussent remis à l'administration de la marine, qui en disposera au mieux des intérêts des gens de mer, en tenant compte, toutefois, de la situation des délinquants et de leurs antécédents. Bien que la restitution ne doive s'effectuer qu'à titre *gracieux*, M. le garde des sceaux a reconnu que c'était plutôt par mesure administrative qu'en vertu d'un acte de la clémence impériale qu'il convenait de statuer sur des intérêts de cette nature.

Vous aurez à vous concerter, le cas échéant, avec l'autorité judiciaire, pour l'exécution des dispositions contenues dans la présente dépêche, et que je prie M. le ministre de la justice de vouloir bien notifier aux tribunaux compétents.

Recevez, etc.

Le Ministre secrétaire d'état de la marine et des colonies,

Signé Cte P. DE CHASSELOUP-LAUBAT.

Demande de propositions pour l'amélioration des huîtrières du littoral.

Circulaire ministérielle du 24 février 1862.

Messieurs, il résulte des rapports parvenus à mon département qu'un grand nombre d'huîtrières du littoral sont devenues improductives, soit par suite d'envasement, soit parce que les fonds sont encombrés de matières impropres à retenir le naissain.

Je vous prie de m'adresser, pour le sous-arrondissement de   , un état raisonné des dépenses qu'il conviendrait de faire pour nettoyer les bancs appauvris, en présentant, en première ligne et par numéro d'ordre, ceux qui se trouvent dans la plus mauvaise situation, afin que je puisse répartir avec le soin désirable la portion du crédit de 150,000 francs que je pourrai affecter à cette opération.

Si votre attention se porte d'abord, tout naturellement, sur les bancs dont la ruine n'est que momentanée, vous ne devrez pas craindre de vous préoccuper de ceux dont la stérilité remonterait à plusieurs années : des expériences faites dans le 4ᵉ arrondissement ont démontré que quelques huîtres-mères, jetées sur des fonds qui depuis longtemps ne produisaient rien, pouvaient suffire au repeuplement d'un banc épuisé, lorsque ce banc a été préalablement nettoyé et qu'on y a jeté des coquilles mortes, purgées des matières animales ou végétales qui les recouvraient.

Recevez, etc.

Le Ministre secrétaire d'état de la marine et des colonies,

Signé Cᵗᵉ P. DE CHASSELOUP-LAUBAT.

(marginal note:) Amélioration des huîtrières du littoral.

12.

**Notification d'un décret modificatif de celui du 4 juillet 1853
sur la pêche côtière dans le 1ᵉʳ arrondissement.**

Circulaire ministérielle du 26 février 1862.

Liberté
de la pêche côtière
à trois milles
au large.

MESSIEURS, je vous adresse ci-jointe la copie d'un décret impérial qui fixe à trois milles, en toute saison, la distance à laquelle pourront être employés les filets et engins dont l'usage n'était précédemment autorisé qu'à six milles au large de la laisse de basse mer.

Je vous invite à donner toute la publicité possible à cet acte, dans lequel nos pêcheurs trouveront une nouvelle preuve de la constante sollicitude de Sa Majesté pour leur industrie.

Recevez, etc.

Le Ministre secrétaire d'état de la marine et des colonies,

Signé Gᵗᵉ P. DE CHASSELOUP-LAUBAT.

DÉCRET DU 22 FÉVRIER 1862.

NAPOLÉON, par la grâce de Dieu et la volonté nationale, EMPEREUR DES FRANÇAIS,

A tous présents et à venir, SALUT.

Vu l'article 2 du règlement international du 23 juin 1843 sur les pêcheries dans les mers situées entre les côtes de France et celles de la Grande-Bretagne;

Vu l'article 3 de la loi du 9 janvier 1832;

Vu l'article 55 du décret du 4 juillet 1853 sur la police de la pêche côtière dans le 1ᵉʳ arrondissement maritime;

Sur le rapport de notre Ministre secrétaire d'état au département de la marine et des colonies,

Avons décrété et décrétons ce qui suit :

Art. 1er. La pêche avec tous filets et engins autorisés par les règlements pourra être pratiquée en toute saison à trois milles au large de la laisse de basse mer.

Art. 2. Notre Ministre secrétaire d'état au département de la marine et des colonies est chargé de l'exécution du présent décret, qui sera inséré au *Bulletin des lois* et au *Bulletin officiel de la marine.*

Fait au palais des Tuileries, le 22 février 1862.

Signé NAPOLÉON.

Par l'Empereur :

Le Ministre secrétaire d'état de la marine et des colonies,

Signé Cte P. DE CHASSELOUP-LAUBAT.

Les huîtres de provenance étrangère peuvent être introduites dans nos parcs.

Dépêche adressée par le Ministre, le 8 mars 1862, au Chef de service de la marine au Havre.

Monsieur, j'ai appris que le commissaire de l'inscription maritime à Dieppe, se basant sans doute sur les dispositions de la dépêche du 7 mars 1854 (*Bulletin officiel,* page 286), s'est opposé récemment à l'introduction, dans les parcs établis sur le littoral de ce quartier, d'huîtres de provenance anglaise, soumises préalablement à l'acquittement des droits de douane.

Admission des huîtres étrangères dans les parcs français.

Après m'être fait rendre compte des motifs sur lesquels la dépêche du 7 mars 1854, précitée, est basée, j'ai reconnu que les circonstances n'étaient plus les mêmes aujourd'hui, en présence des traités de commerce conclus l'année dernière avec l'Angleterre et avec la Belgique.

La consommation des huîtres fait, au surplus, depuis le développement des voies ferrées, des progrès que l'administration doit faciliter; et comme les parcs ne peuvent être exploités que par des marins ou des membres de leur famille, l'accroissement du commerce des huîtres ne doit, en définitive, que procurer du travail à nos populations maritimes.

Il m'a paru, dès lors, qu'il n'y avait pas d'inconvénients à permettre le partage, sur nos côtes, des huîtres de provenance étrangère; toute disposition restrictive à cet égard apporterait d'ailleurs des entraves à l'exécution des traités, contrairement à l'esprit libéral dans lequel ils ont été conclus.

Je vous invite à adresser immédiatement des instructions en conséquence au commissaire de l'inscription maritime à Dieppe.

Recevez, etc.

Le Ministre secrétaire d'état de la marine et des colonies,
Signé Cte P. DE CHASSELOUP-LAUBAT.

Facilités à donner aux pêcheurs pour l'écoulement de leurs produits.

Circulaire ministérielle du 10 mars 1862.

Facilités à donner aux pêcheurs pour l'écoulement de leurs produits.

MESSIEURS, les études qui se poursuivent dans mon département ont donné lieu de reconnaître que, si les pêcheurs ne retirent pas de leur industrie tous les avantages qu'ils pourraient espérer, c'est souvent parce qu'ils sont obligés de se servir, pour l'écoulement de leurs produits, d'intermédiaires dont les profits successifs absorbent la majeure partie de leurs gains.

Il importe donc de chercher à leur donner toutes les facilités, soit pour conserver les produits de leur pêche, soit pour leur assurer des conditions régulières de vente, soit, enfin, pour faire transporter ces produits sur les lieux de consommation.

On pourrait, par exemple, en ce qui concerne la pêche des

huîtres, mettre à leur disposition des parcs ou dépôts communs, dans lesquels ils déposeraient ces coquillages à leur retour de la pêche, et d'où ils les retireraient ensuite lorsque des prix suffisamment rémunérateurs seraient offerts.

Il serait également désirable d'arriver progressivement à substituer les mesures légales aux mesures souvent arbitraires de capacité en usage pour la vente des huîtres; il serait même préférable de s'efforcer de faire prévaloir partout le mode de vente au nombre. D'un côté, les pêcheurs seraient ainsi amenés à laisser grandir sur les fonds les petites huîtres que les marchands ne peuvent qu'à vil prix accepter à la mesure; de l'autre, les acquéreurs connaîtraient mieux la valeur de ce qu'ils achèteraient.

Enfin les pêcheurs pourraient aussi former des associations à l'effet de se faire représenter, dans les grands centres de consommation, par des agents spéciaux qui se chargeraient, moyennant une rétribution raisonnable, de transporter, si eux-mêmes n'avaient pu en organiser le transport, les produits de la pêche et d'en assurer l'écoulement.

Je ne saurais trop vous le répéter, je désire supprimer toutes les restrictions qui ne seraient pas commandées par la nécessité, et accorder à notre pêche toutes les facilités compatibles avec le bon ordre.

Je vous prie, Messieurs, de me seconder dans cette voie, et je vous demande de me soumettre toutes les propositions dont l'adoption vous semblerait devoir atteindre le but que je me propose.

Je vous saurai particulièrement gré de vos efforts.

Recevez, etc.

Le Ministre secrétaire d'état de la marine et des colonies,

Signé Cte P. DE CHASSELOUP-LAUBAT.

Décret du 7 mai 1862 portant création de chefs de division sur le littoral de l'Empire.

Création
de trois divisions
navales
pour
la surveillance
du littoral.

NAPOLÉON, par la grâce de Dieu et la volonté nationale, EMPEREUR DES FRANÇAIS,

A tous présents et à venir, SALUT.

Sur le rapport de notre ministre secrétaire d'état de la marine et des colonies;

Le conseil d'amirauté entendu,

AVONS DÉCRÉTÉ et DÉCRÉTONS ce qui suit :

ART. 1er. La surveillance du littoral de l'Empire, en ce qui concerne le département de la marine, est confiée, sous l'autorité supérieure des préfets maritimes, à trois chefs de division.

La première division est chargée de la surveillance des côtes des 1er et 2e arrondissements maritimes; la seconde, de celles des 3e et 4e; enfin la troisième, des côtes du 5e arrondissement.

ART. 2. Les chefs de division exercent le commandement en chef des bâtiments affectés à la surveillance du littoral dans leurs circonscriptions respectives.

Leur marque distinctive de commandement est arborée sur l'un de ces bâtiments.

Ils se transportent, soit par mer, soit par terre, quand ils le jugent nécessaire, sur les différents points du littoral de leur circonscription.

En leur absence, la conduite du bâtiment qu'ils montent est dévolue à l'officier le plus élevé en grade, ou le plus ancien présent du bâtiment.

ART. 3. Les bâtiments composant les divisions navales du

littoral peuvent être groupés en autant de subdivisions qu'il est nécessaire.

Les commandants de ces subdivisions sont sous les ordres immédiats des chefs de division, qui centralisent leurs rapports.

ART. 4. Les chefs de division ou les officiers sous leurs ordres font, autant que possible, partie des commissions mixtes éventuellement chargées par les départements de la guerre, de la marine ou des travaux publics, d'étudier, sur les points du littoral situés dans les limites de leurs commandements respectifs, les questions relatives au balisage, à l'éclairage, à l'amélioration des ports, à la création des ports de refuge, de pêche, etc.; enfin à la défense des frontières maritimes.

Ils sont chargé d'inspecter les écoles d'hydrographie, en se conformant aux instructions des préfets maritimes, à qui ils adressent leurs rapports d'inspection et soumettent leurs propositions de perfectionnement.

ART. 5. Les chefs de division recherchent et désignent aux préfets maritimes les points de la côte sur lesquels il convient de placer des embarcations et des instruments de sauvetage ou tous autres moyens de secours à offrir aux navires en danger.

Quand ils sont informés que des accidents de mer mettent des navires ou des embarcations en péril, les chefs de division et les capitaines sous leurs ordres s'efforcent, par tous les moyens dont ils disposent, de prévenir les sinistres et d'en atténuer les conséquences.

Ils rendent compte aux préfets maritimes de ces événements et de leurs suites.

ART. 6. Les chefs de division se font rendre compte, par les capitaines sous leurs ordres, des remarques que ceux-ci ont pu faire sur le zèle ou la négligence, l'habileté ou l'incapacité des pilotes lamaneurs.

Ils s'assurent également de la vigilance des guetteurs des postes électro-sémaphoriques et de la bonne exécution du service confié à ces agents en ce qui concerne les communications avec le large.

Ils transmettent aux préfets maritimes les résultats de leurs observations sur ces différents services et sur les améliorations qui leur semblent pouvoir y être introduites.

ART. 7. Les chefs de division observent et font observer attentivement l'état du balisage comme de l'éclairage des côtes, et ils informent sans retard les préfets maritimes de toutes les modifications quelconques qui s'y produisent et qui y ont été apportées, en indiquant les causes et la nature des dérangements, les moyens d'y suppléer momentanément et la durée probable des réparations.

Ils enjoignent aux capitaines sous leurs ordres de prêter, au besoin, leur concours aux services chargés du balisage.

ART. 8. Ils prennent ou provoquent les mesures qui leur paraissent les meilleures en vue de propager parmi les équipages la connaissance pratique des côtes, des dangers qu'on y rencontre et des amers qui servent à les éviter.

Ils en font faire une étude particulière à tous les officiers sous leurs ordres.

ART. 9, Les chefs de division informent les préfets maritimes de tous leurs mouvements.

Lorsqu'ils ne sont pas dans un port résidence d'un préfet maritime, ils peuvent correspondre directement avec le ministre.

Fait au palais des Tuileries, le 7 mai 1862.

Signé NAPOLÉON.

Par l'Empereur :

Le Ministre secrétaire d'état de la marine et des colonies,

Signé Cte P. DE CHASSELOUP-LAUBAT.

Réglementation de la pêche côtière dans les cinq arrondissements maritimes.

RAPPORT A L'EMPEREUR.

Paris, le 10 mai 1862.

SIRE,

Dans sa constante sollicitude pour nos marins, Votre Majesté m'avait prescrit d'étudier les moyens de dégager notre pêche côtière des entraves qui peuvent gêner son essor, de l'encourager dans ses entreprises, enfin de donner aux populations du littoral toutes facilités pour le développement d'une industrie qui est appelée à fournir à l'alimentation publique de si précieuses ressources.

Depuis près d'une année, Sire, je me suis efforcé, par des mesures successives[1], de me conformer à vos bienveillantes intentions; mais il n'appartient qu'à un décret de l'Empereur de changer les règles posées par des actes émanés de votre autorité, et, avant de modifier les règlements en vigueur, il était nécessaire d'en étudier les prescriptions en présence des faits auxquels elles s'appliquent.

Une commission[2] composée d'hommes compétents et dévoués aux intérêts des marins a donc reçu mission de visiter tout le littoral de l'Empire, de convoquer les pêcheurs de chaque quartier, de les interroger, d'écouter leurs observations,

[1] Décisions ministérielles des 17 avril, 4 juin, 18 juillet et 7 octobre 1861, 8 février et 10 mars 1862.

[2] Cette commission a été composée de MM. DUFOUR DE MONTLOUIS, capitaine de vaisseau, *président;* DE LA VAISSIÈRE, MOTET et ROUBET, capitaines de frégate; FILLEAU, commissaire de la marine, chef du bureau des pêches au ministère de la marine; GERBE, naturaliste, attaché au Collége de France; et LAYRLE, lieutenant de vaisseau, *secrétaire,* avec voix délibérative.

d'examiner les engins, les méthodes dont ils font usage, enfin de rechercher toutes les améliorations qu'il serait possible d'introduire dans le régime auquel ils sont soumis.

C'est après ces minutieuses investigations que j'ai préparé le décret sur la pêche côtière. Examiné par la commission supérieure créée par la décision impériale du 20 mars 1861, il a été soumis aux délibérations du conseil d'amirauté, dont il a obtenu l'entière approbation; et aujourd'hui je le présente avec d'autant plus de confiance à Votre Majesté, qu'il rentre complétement, j'en ai l'espérance, dans les vues qu'elle avait bien voulu m'indiquer.

Ce décret, Sire, laisse une entière liberté à nos pêcheurs.

Au delà de certaines limites[1] que dans l'intérêt de la conservation des espèces il a paru nécessaire d'assigner, il leur sera permis désormais de se livrer à leur industrie comme bon leur semblera, et, si certaines restrictions peuvent y être apportées temporairement, c'est sur leur demande même, dans leur propre intérêt, et parce qu'ils en auront reconnu la nécessité, soit pour se conserver la pêche de poissons de passage, soit pour ménager la production de certains fonds. Enfin les limites elles-mêmes que le décret détermine d'une manière générale disparaîtront partout où, pour une cause quelconque, il n'y aura pas de motifs sérieux pour les maintenir.

En dedans de ces limites, toutes facilités sont encore données à différents genres de pêche; des règles uniformes sont établies pour les engins à employer; —enfin on n'a prescrit pour la maille des filets que des dimensions au-dessous des-

---

[1] Trois milles calculés de la laisse de basse mer.

C'est, au surplus, la distance fixée par la convention du 2 août 1839, entre la France et la Grande-Bretagne.

quelles, sans avantages sérieux pour ceux qui en feraient usage, la pêche détruirait bien des richesses de l'avenir.

Mais, par cela même qu'une grande latitude est ainsi laissée, il pourra être nécessaire d'interdire parfois l'exercice de la pêche dans quelques parties du littoral, afin de sauvegarder la reproduction ou de veiller à la conservation du fretin. Les recherches auxquelles l'administration de la marine et la science se livrent depuis quelque temps nous amèneront peut-être un jour à déterminer avec quelque certitude les portions de rivage que chaque année, et successivement, il importerait de ne point exploiter; il était donc indispensable de conserver la faculté, proclamée d'ailleurs par la loi de 1852, d'établir pour ainsi dire des *cantonnements,* et, dès lors, de prononcer des interdictions temporaires que réclamerait l'intérêt bien compris des populations maritimes elles-mêmes.

Au surplus, si les observations faites jusqu'à ce jour ont pu nous faire apercevoir la nécessité pour l'avenir de certaines restrictions, déjà elles nous ont conduits à distinguer, pour les établissements qu'on doit former sur nos côtes, ceux qui sont réellement nuisibles et qu'on peut proscrire, et ceux, au contraire, qui, sans inconvénients sérieux, peuvent fournir des produits chaque jour plus recherchés.

C'est ainsi que, d'un côté, tout en maintenant la législation en vigueur sur les pêcheries, le décret proclame en principe que les réservoirs à poissons pourront être établis dans les propriétés privées accessibles à l'eau de la mer, laissant, d'ailleurs, aux arrêtés d'autorisation, à déterminer, dans un intérêt de police et de surveillance, les conditions d'exploitation.

En effet, tandis que les pêcheries détruisent souvent en une seule marée d'innombrables quantités de petits poissons, les réservoirs les conservent et leur offrent pour ainsi dire un refuge où ils grandissent; et, comme les espèces qui se rendent naturellement dans ces réservoirs sont peu variées, les propriétaires, pour obtenir et garder celles qui ont plus de valeur, devront les demander à la pêche, de sorte que, sans nuire à cette industrie, ils pourront livrer de nouvelles et abondantes ressources à une consommation qui chaque jour augmente et se développe à mesure que s'étend le réseau de nos chemins de fer.

Enfin, Sire, dans l'impossibilité de régler les diverses pêches soumises à des usages si variés, dans des localités qui sont placées dans des conditions si différentes, le décret remet aux préfets maritimes le soin de prescrire par des arrêtés spéciaux les mesures de police et d'ordre propre à empêcher les accidents et les collisions, et à garantir aux marins le libre exercice de leur industrie. Ces arrêtés, au surplus, ne font guère que sanctionner d'anciens règlements existant de temps immémorial et que souvent les pêcheurs ont faits eux-mêmes dans leur propre intérêt, mais auxquels l'expérience peut apporter d'utiles modifications.

Telles sont les principales dispositions du projet que j'ai l'honneur de soumettre à Votre Majesté. Tout en respectant les prescriptions des conditions de 1839 et de 1843 auxquelles il ne pouvait rien changer, il affranchit nos pêcheurs de réglementations minutieuses, qui ont pu, autrefois, avoir leur raison d'être, mais qui, aujourd'hui, en présence des progrès accomplis et de nos rapports avec d'autres peuples, ne sauraient subsister sans un grave préjudice pour une industrie à laquelle s'attachent de si grands et si puissants intérêts.

Inspiré par cet esprit libéral que l'Empereur répand sur tout ce qui touche à la prospérité du pays, ce décret sera reçu par les populations du littoral comme un nouveau bienfait de votre Gouvernement.

Je suis, avec le plus profond respect, Sire, de Votre Majesté, le très-humble, très-obéissant, très-fidèle serviteur et fidèle sujet.

Le Ministre secrétaire d'état de la marine et des colonies,

Signé Cte P. DE CHASSELOUP-LAUBAT.

ANNEXE.

DÉCRET.

NAPOLÉON, par la grâce de Dieu et la volonté nationale, EMPEREUR DES FRANÇAIS,

A tous présents et à venir, SALUT.

Vu la loi du 9 janvier 1852, sur la pêche côtière;

Vu les décrets des 4 juillet 1853 et 19 novembre 1859,

Vu l'avis de la commission permanente des pêches et de la domanialité maritimes;

Sur le rapport de notre ministre secrétaire d'état au département de la marine et des colonies,

Le conseil d'amirauté entendu,

AVONS DÉCRÉTÉ ET DÉCRÉTONS ce qui suit :

ART. 1er. La pêche de tous les poissons, crustacés et coquillages, autres que les huîtres, est libre pendant toute l'année à une distance de trois milles au large de la laisse de basse mer.

La pêche des huîtres est libre du 1er septembre au 30 avril, sur les bancs hors baies ou situés à trois milles des côtes, avec tous bateaux pontés ou non pontés sans tonnage déterminé.

Les pêcheurs sont tenus d'observer, dans les mers situées entre les côtes de France et celles du Royaume-Uni de la Grande-Bretagne et d'Irlande, les prescriptions de la convention du 2 août 1839 et du règlement international du 23 juin 1843.

Art. 2. Sur la demande des prud'hommes des pêcheurs, de leurs délégués, et, à défaut, des syndics des gens de mer, certaines pêches peuvent être temporairement interdites sur une étendue de mer au delà de trois milles du littoral, si cette mesure est commandée par l'intérêt de la conservation des fonds ou de la pêche de poissons de passage.

L'arrêté d'interdiction est pris par le préfet maritime.

Art. 3. En dedans de trois milles des côtes, la pêche des poissons, crustacés et coquillages autres que les huîtres est permise toute l'année, de jour et de nuit, sous les conditions ci-après :

1° Les *filets fixes*, à simple, double ou triple nappe [1], et les filets à poche, auront des mailles d'au moins vingt-cinq millimètres en carré.

Les marins peuvent en faire usage en bateau ou autrement.

2° Les *filets flottants* [2] ne sont assujettis à aucune dimension de maille.

Sont assimilés aux filets flottants les filets fixes dont la ralingue inférieure est élevée de manière à laisser toujours un intervalle de vingt centimètres au moins entièrement libre au-dessous de ladite ralingue.

3° La grande seine à jet aura des mailles de vingt-cinq millimètres en carré.

---

[1] Les filets fixes sont ceux qui, tenus au fond, au moyen de piquets ou de poids, ne changent pas de position une fois calés.

[2] Les filets flottants sont ceux qui vont au gré du vent, du courant, de la lame, ou à la remorque d'un bateau, sans jamais s'arrêter au fond.

Les dimensions des mailles des filets employés dans la Méditerranée restent fixées telles qu'elles l'ont été par le décret du 19 novembre 1859, lorsque ces dimensions sont inférieures à celles prescrites par le présent décret.

Art. 4. Tous les filets, engins et instruments destinés à des pêches spéciales, telles que celles des anguilles, du nonnat, des soclets, chevrettes, lançons et poissons de petites espèces, ne sont assujettis à aucune condition de forme, de dimension, de poids, de distance ou d'époque.

L'emploi en est déclaré aux agents maritimes.

Ils ne peuvent servir qu'aux genres de pêches auxquels ils sont destinés et pour lesquels ils ont été déclarés.

S'ils sont employés autrement, ils seront considérés comme prohibés.

L'usage des foënes, hameçons et dragues à coquillages n'est assujetti qu'aux mesures d'ordre et de police.

Les seines et filets destinés à la pêche des éperlans et des mulets sont, s'il y a lieu, réglementés par les préfets maritimes.

Art. 5. Continuent à être prohibés, les guideaux, gords et autres filets fixes à poche, dans les fleuves, rivières et canaux et à leurs embouchures.

Art. 6. L'usage des *filets traînants* [1] pour la pêche de toutes espèces de poissons peut être, sur la proposition des préfets maritimes, autorisé, par des arrêtés de notre Ministre de la marine et des colonies, à moins de trois milles de la côte, dans les localités où, soit à raison de la profondeur des eaux, soit pour toute autre cause, il ne présente aucun inconvénient.

Ces filets doivent avoir des mailles d'au moins 25 millimètres en carré.

[1] Les filets traînants sont ceux qui, coulés au fond au moyen de poids placés à la partie inférieure, y sont promenés sous l'action d'une force quelconque.

13

Dans aucun cas il n'est fait usage de filets traînants à moins de 500 mètres des huîtrières.

Art. 7. Toute espèce de pêche, par quelque procédé que ce soit, à moins de trois milles de la côte, peut, sur une étendue déterminée du littoral, être temporairement interdite, lorsque l'interdiction est reconnue nécessaire pour sauvegarder soit la reproduction des espèces, soit la conservation du frai et du fretin.

L'interdiction est prononcée par un décret impérial rendu sur la proposition de notre Ministre de la marine et des colonies.

Art. 8. Les préfets maritimes fixent par des arrêtés les époques d'ouverture et de clôture de la pêche des huîtres sur les bancs dans l'intérieur des baies et sur ceux situés à moins de trois milles de la côte.

Ils déterminent les huîtrières qui seront mises en exploitation.

Cette pêche est interdite avant le lever et après le coucher du soleil.

A moins d'exception ordonnée par le préfet maritime, dans l'intérêt du nettoyage des bancs d'huîtres, les pêcheurs doivent immédiatement rejeter à la mer les poussiers, sables, graviers et fragments d'écailles, ainsi que les petites huîtres au-dessous des dimensions réglementaires.

Toutefois, dans les localités où il existe des étalages ou autres établissements propres à recevoir les petites huîtres, ces dernières peuvent y être déposées au lieu d'être rejetées sur les fonds.

Art. 9. Des fossés et réservoirs à poissons peuvent, après autorisation, être établis sur les propriétés privées recevant l'eau de la mer.

Les arrêtés d'autorisation rendus par notre Ministre de la

marine et des colonies déterminent, suivant la disposition et l'étendue des lieux, les conditions d'exploitation de ces réservoirs.

Sont permis, en se conformant aux règlements, les dépôts d'huîtres, de moules et de coquillages dans les propriétés privées.

ART. 10. A l'avenir il ne sera établi aucune pêcherie à poissons, soit sur le domaine maritime, soit sur une propriété privée.

Les détenteurs de pêcheries actuellement existantes seront tenus, lorsqu'ils en seront requis, et dans les délais ultérieurement déterminés, de justifier de leurs titres de propriété ou des actes d'autorisation.

ART. 11. Il est défendu de pêcher, de faire pêcher, de saler, d'acheter, de vendre, de transporter et d'employer à un usage quelconque :

1° Les poissons qui ne sont pas encore parvenus à la longueur de 10 centimètres, mesurée de l'œil à la naissance de la queue, à moins qu'ils ne soient réputés poissons de passage ou qu'ils n'appartiennent à une espèce qui, à l'âge adulte, reste au-dessous de cette dimension ;

2° Les homards et les langoustes au-dessous de 20 centimètres de l'œil à la naissance de la queue ;

3° Les huîtres au-dessous de 5 centimètres.

ART. 12. Les préfets maritimes déterminent par des arrêtés toutes les mesures de police, d'ordre et de précaution propres à empêcher tous accidents, dommages, avaries et collisions, etc. et à garantir aux marins le libre exercice de la pêche.

ART. 13. Tous les arrêtés rendus par les préfets maritimes en matière de pêche côtière sont soumis à l'approbation de notre Ministre de la marine et des colonies.

13.

Art. 14. Sont et demeurent rapportées les dispositions des décrets et règlements antérieurs qui sont contraires au présent décret.

Fait au palais des Tuileries, le 10 mai 1862.

Signé NAPOLÉON.

Par l'Empereur :

Le Ministre secrétaire d'état de la marine et des colonies,

Signé Cte P. DE CHASSELOUP-LAUBAT.

Pêche côtière. — Notification d'un décret en date du 10 mai 1862.

Circulaire ministérielle du 12 mai 1862.

Notification
du décret relatif
à la
réglementation
de
la pêche côtière.

Messieurs, un décret de l'Empereur, en date du 10 de ce mois, introduit d'importantes modifications au régime de la pêche côtière. Je dois appeler toute votre attention sur les principales dispositions d'un acte qui a pour but de donner à nos pêcheurs, ainsi qu'aux populations du littoral, de nouvelles facilités pour l'exercice d'une industrie à laquelle se rattachent tant d'intérêts.

Art. 1er. L'article 1er établit en principe que toute pêche, sauf celle des huîtres, à laquelle il n'impose qu'une interruption temporaire, prescrite presque dans tous les pays, est libre toute l'année à trois mille au large de la laisse de basse mer.

Ce n'est pas comme limite de la mer territoriale qu'on a cru devoir adopter cette distance ; la mer territoriale n'a jamais été bien définie, et le droit iternational ne contient à cet égard rien de précis ; mais la convention du 2 août 1839 ayant considéré la distance de trois milles comme suffisante pour protéger l'industrie des pêcheurs de chaque pays, il a semblé bon de ne pas adopter l'autre base. Enfin, loin de renoncer à un droit plus étendu, le décret maintient, au contraire, le principe qu'au delà de trois milles la pêche pourra être prohibée dans certaines circonstances.

ART. 1ᵉʳ, § 2. La disposition qui, dans divers quartiers, imposait des conditions de tonnage ou de forme pour les bateaux employés à la pêche s'opposait à tout progrès : je n'ai pas hésité à en proposer l'abrogation.

ART. 2. L'article 2 est une exception au principe en vertu duquel toute pêche, autre que celle des huîtres, est libre en dehors de la zone de trois milles, sans distinction d'époque ou d'engin ; il prévoit, en effet, le cas où, *dans l'intérêt de la conservation des fonds ou de la pêche de poissons de passage*, certaines pêches peuvent être temporairement interdites.

Mais, pour que ces restrictions soient de nature à ne soulever aucune réclamation fondée, il faut que la nécessité en soit évidente aux yeux de tous, ou au moins d'une grande partie des intéressés : c'est pour cela que la demande doit émaner de ceux-ci.

Vous remarquerez, toutefois, que l'article ne détermine pas d'une manière rigoureuse comment cette demande devra être produite. En effet, les usages locaux, l'organisation des prud'hommes ou des associations, présentent des conditions si diverses suivant les localités, qu'il était utile de se borner à poser le principe de l'intervention des pêcheurs ou de leurs représentants, et de laisser la plus complète latitude au mode d'exercice de cette intervention.

ART. 3 et 4. Quelles que soient les dénominations qu'ils portent dans chaque localité, tous les filets ou engins de pêche peuvent se grouper, ainsi que l'a indiqué ma circulaire du 25 mars 1861, en quatre catégories distinctes :

Les filets fixes,

Les filets flottants,

Les filets traînants,

Et les filets et engins ne rentrant pas dans les espèces spécifiées ci-dessous.

§ 1ᵉʳ. *Filets fixes.*

Dans les filets fixes, autres que les filets à poche tendus dans les courants (voir l'article 5), la maille reconnue suffisante pour permettre la libre circulation du fretin est le point essentiel à réglementer. Une fois que la grandeur de la maille en est bien déterminée, il n'y a plus que quelques exceptions à prévoir pour certaines pêches spéciales, telles que celle de l'anguille. Quant aux dimensions des filets, à leur forme ou disposition, aux heures pendant lesquelles ils peuvent être calés ou tendus, cette partie de la réglementation doit faire l'objet de mesures d'ordre et de police variant suivant les localités, le temps ou les circonstances, et qui peuvent être laissées à l'appréciation des autorités locales.

§ 2. *Filets flottants.*

Les filets flottants sont ceux qui vont au gré du vent, du courant, de la lame, ou à la remorque d'un bateau, sans jamais s'arrêter au fond. Dans ces conditions, ces filets ne prennent guère que des poissons de passage, tels que harengs, sardines, maquereaux, etc.; ils n'exercent donc pas d'influence sur la destruction du frai ou du fretin, et ne doivent, par suite, être assujettis à aucune dimension de mailles.

§ 3. *Filets traînants.*

Quelle que soit la dénomination que portent les filets traînants, qu'ils s'appellent dreige, chalut, gangui, etc. il est généralement reconnu qu'il est difficile de prescrire pour les mailles et le poids de ces filets des dispositions qui protégent efficacement le fretin; les pêcheurs tendent continuellement, d'ailleurs, *à renforcer* le fond du filet, opération qui rend à peu près illusoire toute limitation de la maille; enfin l'expérience prouve que les ravages exercés par ce filet sont d'autant plus graves qu'il est employé moins loin de terre.

La seule réglementation rationnelle d'un tel instrument ne pouvait donc se trouver que dans la détermination de la distance à laquelle il est traîné, et c'est à quoi il a été pourvu par l'artice 1er.

Il ne pouvait être question dans l'article 3 que de la grande seine à jet, filet traînant spécial, pour lequel il est utile de fixer la maille, en raison des lieux où il s'exerce et de la lenteur avec lequel il est manœuvré.

§ 4. *Divers filets et engins.*

La classification qui précède n'est pas seulement avantageuse en ce qu'elle retranche de la réglementation des détails inutiles, en ce qu'elle simplifie la police de la pêche, mais encore en ce que, réunissant dans un seul cadre tous les modes de pêche usuellement pratiqués en France, elle ne comporte que quelques exceptions dans l'application des règles communes à chaque catégorie.

Ces exceptions sont, par exemple, pour les filets fixes, ceux qui sont affectés à la pêche des anguilles, des soclets, etc. pour les filets traînants, ceux qui servent à prendre les chevrettes, les lançons, le nonnat, etc. Quand il s'agit de ces pêches particulières, ce qui importe, ce n'est pas de fixer les dimensions ou les mailles, car il faut bien que ces engins atteignent leur but, mais bien d'en surveiller l'emploi, de manière à empêcher qu'un pêcheur ne change la destination spéciale de son filet pour le faire servir à une pêche autre que celle en vue de laquelle cet engin est permis.

Art. 5. L'article 5 est la consécration d'une prescription des plus nécessaires à maintenir et qui se justifie d'elle-même, car, par l'effet du courant, les filets dont il s'agit, tendus dans les fleuves ou les canaux, deviennent les plus destructeurs sur les points où le fretin a le plus besoin de protection.

Art. 6. La disposition de l'article 1er qui prohibe les filets traînants à moins de trois mille au large de la laisse de basse mer est susceptible de tempérament dans les parages où la nature des fonds, la profondeur des eaux ou toute autre cause permettraient de s'en écarter; c'est ce que prévoit l'article 6; mais il est bien entendu que les préfets, en autorisant ces exceptions, devront toujours assurer la conservation des huîtrières.

Art. 7. En raison même des facilités que le nouveau décret accorde aux pêcheurs, il est nécessaire de réserver le cas où l'intérêt de la reproduction exigerait le *cantonnement* de certaines parties de la côte. Cette mesure ne peut d'ailleurs être prescrite que par un décret impérial; l'accomplissement des formalités préparatoires donne dès lors aux riverains toutes les garanties que l'interdiction temporaire de telle ou telle espèce de pêche sur un point déterminé du littoral ne sera prononcée qu'après un très-sérieux examen.

Art. 8. L'article 8 est, au fond, la reproduction de l'article 4 de la loi du 9 janvier 1852; toutefois, vous remarquerez que les préfets maritimes sont désormais seuls investis du droit de prendre des arrêtés pour l'ouverture et la fermeture des huîtrières.

Il résulte encore de cet article que le préfet peut adopter des mesures extraordinaires en vue du nettoyage des bancs, et que, dans les localités où il existe des établissements propres à recevoir les petites huîtres, il n'y a pas d'inconvénient à permettre aux pêcheurs de les y déposer.

Art. 9. On a longtemps confondu les réservoirs à poissons avec les pêcheries proprement dites. Il existe, cependant, entre ces deux sortes d'établissements des différences essentielles : la *pêcherie* fonctionne de manière à retenir le poisson surpris à la marée descendante, tandis qu'en général, dans les *réservoirs*, il n'y a que des espèces bien peu nombreuses, .telles que les mulets et les anguilles qui, à l'état de fretin, s'introduisent librement par les ouvertures assez étroites formées par les mailles de l'appareil destiné à empêcher la sortie du poisson qui a atteint une certaine grosseur.

Sans porter de grave préjudice à la pêche, les *réservoirs* peuvent donc offrir de précieuses ressources à l'alimentation publique, à la condition que les autorisations données prescriront un mode d'exploitation qui ne permettra pas d'en faire de véritables *pêcheries*. L'établissement de ces réservoirs ne sera, d'ailleurs, permis que sur des propriétés privées. Le domaine maritime est un domaine public qui ne saurait être aliéné, et dont la jouissance doit être réservée exclusivement aux populations du littoral, soit qu'elles s'y livrent à différents genres de pêche, soit qu'elles y aillent recueillir ce que la mer leur apporte.

Art. 10. Aussi l'article 10 proclame-t-il de nouveau ce principe que, désormais, il ne sera établi sur le domaine public maritime aucune pêcherie, et, en appliquant aux propriétés privées cette prohibition, cet article n'a fait que maintenir une prescription indispensable pour sauvegarder des intérêts que la législation doit protéger.

Art. 11. Sauf les exceptions mentionnées dans l'article 4, il n'y a pas de pêche spéciale à telle ou telle espèce de poisson; on trouve à la fois dans le fond d'un chalut, par exemple, des crustacés, des huîtres, des poissons ronds, longs, plats, etc. Or, s'il faut intéresser autant que possible le pêcheur à ne pas se servir de filets et engins prohibés, en lui défendant de prendre des poissons, huîtres et crustacés qui ne sont pas parvenus à une certaine croissance, il est, d'un autre côté, bien difficile d'établir, pour arriver à ce but, autant de dimensions qu'il y a d'espèces, lorsqu'on n'a pu fixer qu'un minimum de mailles, précisément parce que la généralité des instruments de pêche, notamment les filets traînants et les filets fixes, est destinée à capturer toute espèce de poisson.

Dans cette situation, il a paru plus sage de n'adopter qu'une dimension unique pour tous les poissons qu'il est défendu de prendre ou d'employer à un usage quelconque. On dégage ainsi la réglementation de complications qui ne sont pas commandées par une absolue nécessité.

ART. 12. Les conditions de la pêche qui se pratique en réunion de bateaux ou d'individus varient suivant les localités. On s'exposerait, en les généralisant, à contrarier sans nécessité des habitudes locales, qui peuvent être parfaitement motivées; on pourrait même occasionner aux pêcheurs des dépenses qui ne seraient pas justifiées par l'intérêt public. L'article 12 permet donc désormais aux préfets maritimes de prendre dans chaque arrondissement, suivant les usages des lieux, des mesures qui sont pleinement autorisées par l'article 3, paragraphe 11, de la loi du 9 janvier 1852.

Telles sont, Messieurs, les principales dispositions du décret du 10 mai. Elles ont pour objet, vous le voyez, d'affranchir nos pêcheurs d'une réglementation qui n'avait véritablement plus sa raison d'être. Je désire que vous vous pénétriez complétement de la pensée libérale qui a inspiré cet acte, et je ne doute pas qu'avec votre concours le nouveau régime dans lequel nous sommes entrés n'exerce une influence favorable sur la condition de nos pêcheurs et sur le développement de la pêche côtière. C'est un résultat si important à atteindre, que chacun de vous, j'en suis convaincu à l'avance, le poursuivra sans relâche, avec autant de dévouement que de persévérance.

Recevez, etc.

Le Ministre secrétaire d'état de la marine et des colonies,

Signé Cte P. DE CHASSELOUP-LAUBAT.

Règles à suivre pour l'exploitation des hauts et bas parcs.

Circulaire ministérielle du 1er septembre 1862.

MESSIEURS, à la suite de difficultés dans l'examen desquelles je n'ai pas à entrer, j'ai jugé nécessaire de généraliser les diverses solutions qui m'ont été demandées touchant l'exploitation des genres de pêche connus sous les noms de hauts et bas parcs.

Je rappellerai, d'abord, que les hauts parcs sont ainsi nommés, non pas en raison de la hauteur des piquets ou pieux qui servent à les établir, mais parce que la ralingue inférieure du filet dont ils sont formés doit être élevée de manière à laisser un intervalle constamment libre au-dessus du sol.

Cet intervalle est fixé, par l'article 3 du décret du 10 mai dernier, à 20 centimètres au-dessous de ladite ralingue.

Dans ces conditions, les hauts parcs ne peuvent servir, comme les filets flottants, qu'à prendre des poissons de passage, tels que harengs, sardines, maquereaux, etc. et c'est pour ce motif qu'il n'a pas été assigné de maille au filet dont il s'agit.

Dans les bas parcs, au contraire, la ralingue inférieure du filet touche le sol, dans lequel elle est même presque tou-

Exploitation des hauts et bas parcs.

jours enfouie, et la réglementation d'un tel genre de pêche ne peut, dès lors, porter que sur le maillage du filet, avec obligation de s'abstenir de toute pratique qui tendrait à en annuler le fonctionnement, par exemple de celle qui consisterait à fermer l'enceinte où se rend le poisson au moyen de planches sur lesquelles serait fixée la ralingue du filet, ce qui paralyserait complétement l'action de la maille.

En d'autres termes, lorsque la maille des filets fixes est inférieure à 25 millimètres en carré, ces filets doivent être élevés au-dessus du sol de 20 centimètres au moins; et, lorsqu'elle est portée ou supérieure à 25 millimètres, le filet peut reposer sur le sol, et même y être enfoui, mais de manière à ne pas gêner son action et à permettre au poisson de le traverser sur tous les points de la surface où il est tendu.

Le décret du 10 mai dernier n'autorise pas d'autres modes d'exploitation des filets fixes connus sous les noms de hauts et bas parcs, et je ne puis que vous inviter à veiller à ce qu'on ne s'écarte pas de la règle dans les localités où, par suite d'anciennes pratiques, ces genres de pêche auraient pris le caractère de véritables pêcheries.

L'article 1ᵉʳ du décret du 13 juin 1857 voulait que, tous les ans ou tous les deux ans au moins, la répartition par la voie du sort des portions de grèves propres à cette pêche fût effectuée par les commissaires de l'inscription maritime des quartiers respectifs, de préférence entre les marins hors de service, les mères des marins en activité de service, les femmes et filles de marins au service, et les veuves et orphelins de marins.

On ne pouvait mieux faire ressortir la précarité de tels établissements, et je ne m'explique pas, dès lors, l'hésitation que l'on a eue, sur certains points, à prononcer le retrait des autorisations accordées à des individus qui, n'appartenant pas aux

catégories ci-dessus, s'étaient de plus montrés rebelles aux
mesures arrêtées en vertu de l'article 12 du décret du 10 mai
dernier.

Il doit donc être entendu que les hauts et les bas parcs ne
seront pas concédés comme établissements de pêcheries, mais
uniquement au point de vue de l'emplacement sur lequel seront
tendus les filets dont ils sont formés ;

Que ces emplacements seront accordés de préférence aux
familles des marins, entre lesquelles ils seront tirés au sort ;

Enfin que les autorisations pourront être retirées par les
préfets maritimes, toutes les fois que le permissionnaire en
aurait abusé.

Il ne sera plus adressé, à l'avenir, à mon département, qu'un
état numérique indiquant les catégories de personnes qui auront
pris part au tirage dont il s'agit.

Recevez, etc.

Le Ministre secrétaire d'état de la marine et des colonies,

Signé Cᵗᵉ P. DE CHASSELOUP-LAUBAT.

Pêche côtière. — Au sujet de l'application du décret du 10 mai 1862.

Circulaire ministérielle du 14 novembre 1862.

Messieurs, diverses informations parvenues récemment à
mon département m'ont donné lieu de supposer que le contenu
d'une dépêche télégraphique adressée aux préfets maritimes
le 6 juin dernier, relativement à l'application du décret du
10 mai précédent, n'a pas été porté à la connaissance de tous
les officiers, fonctionnaires et agents de la marine appelés à
concourir à l'exécution de cet acte.

Il m'a paru dès lors opportun de notifier, par voie de circu-

Application
du
décret relatif
à
la pêche côtière.

laire imprimée, ladite dépêche, dont je reproduis ci-après la
teneur :

« Par suite de quelques observations qui m'ont été présentées
« relativement à des restrictions qui résulteraient, en fait, de
« l'application du décret du 10 mai 1862, par rapport à des
« tolérances préexistantes ou à des règlements particuliers, je
« dois vous dire que l'application de ce décret ne doit pas en-
« traîner *ipso facto* de nouvelles entraves pour les pêcheurs.

« Maintenez donc provisoirement les dispositions antérieures
« auxquelles le décret pourrait apporter quelques restrictions,
« jusqu'à ce qu'un examen attentif vous ait permis de faire des
« propositions définitives, soit au sujet des arrêtés spéciaux qui
« peuvent tempérer, suivant les localités, les règles générales
« posées par le décret, soit pour l'exécution formelle dudit
« décret, en ce qu'il pourrait avoir de restrictif dans certaines
« localités. »

Recevez, Messieurs, l'assurance de ma considération très-
distinguée.

Le Ministre secrétaire d'état de la marine et des colonies,
Signé Cᵗᵉ P. DE CHASSELOUP-LAUBAT.

Concession de parcs à huîtres.

RAPPORT A L'EMPEREUR.

Sɪʀᴇ,

Concessions
de
parcs à huîtres.

Depuis quelque temps, de nombreuses demandes en concession de parcs à huîtres et autres dépôts à coquillages sur le
littoral ont été adressées au département de la marine.

Bien que toujours révocables, les autorisations de créer des
établissements particuliers sur le domaine public maritime
pourraient avoir, en certains cas, pour conséquence, si elles se

multipliaient, d'interdire en quelque sorte l'accès du littoral à des populations qui trouvent des moyens de subsistance en recueillant ce que la mer dépose sur la plage; enfin elles pourraient gêner, paralyser même la pêche sur des étendues importantes et productives.

Les populations du littoral ont donc un grand intérêt à connaître les demandes de concessions qui sont présentées à l'administration supérieure, et celle-ci, de son côté, doit vouloir avant tout être éclairée sur les intérêts qu'il s'agit de concilier; et, dès lors, elle a le devoir de les appeler, de les entendre.

C'est pour atteindre ce but que, après avoir pris l'avis de la commission permanente des pêches et de la domanialité maritimes, je viens proposer à l'approbation de l'Empereur un projet de décret qui a pour but de soumettre toutes les demandes à une instruction prompte sans doute, mais régulière, dans laquelle tous les intérêts pourront se présenter.

·D'après ce décret, les demandes en autorisation de création de parcs et claires à huîtres, etc. seront soumises à une enquête ouverte pendant quinze jours dans la commune du territoire.

Les observations auxquelles· ces demandes donneront lieu seront reçues par les autorités maritimes, et, pour prévenir toute influence locale, non-seulement les autorités maritimes, mais les maires des communes, ainsi que tous ceux qui se croiront intéressés, pourront adresser directement leurs observations aux préfets maritimes, qui transmettront le dossier de l'enquête au ministre avec leurs propositions. Les préfets maritimes pourront d'ailleurs se faire renseigner sur la situation réelle des choses, soit par les agents placés sur les lieux, soit par le chef de la division du littoral.

Enfin, comme cela a lieu depuis le décret du 20 mars 1861, ces demandes seront soumises à la commission des pêches et de la domanialité, qui remplit avec tant de zèle la double mission d'aider au développement des moyens de production mis dans les mains de l'industrie privée, et de sauvegarder pour les populations du littoral et pour les pêcheurs la jouissance du domaine public maritime.

J'ai l'espoir, Sire, que le décret que j'ai l'honneur de soumettre à Votre Majesté donnera ainsi toutes les garanties désirables aux intérêts divers qu'il s'agit de protéger.

Je suis, avec le plus profond respect, Sire, de Votre Majesté le très-humble, très-obéissant serviteur et fidèle sujet,

Le Ministre secrétaire d'état de la marine et des colonies,

Signé Cᵗᵉ P. DE•CHASSELOUP-LAUBAT.

DÉCRET.

NAPOLÉON, par la grâce de Dieu et la volonté nationale EMPEREUR DES FRANÇAIS,

A tous présents et à venir, SALUT.

Sur le rapport de notre ministre de la marine et des colonies;
Vu l'avis de la commission permanente des pêches et de la domanialité maritimes,

AVONS DÉCRÉTÉ et DÉCRÉTONS ce qui suit :

ART. 1ᵉʳ. Toute demande en autorisation de création de parcs et claires à huîtres, ainsi que de dépôts permanents de coquillages ou de crustacés, sur une partie du domaine maritime, doit être accompagnée d'un plan détaillé des ouvrages à construire et d'un plan d'ensemble du rivage, rapporté sur la carte marine de la localité, de manière à faire connaître la situation du parc ou du dépôt.

ART. 2. Toute demande de création de réservoirs à poissons sur une propriété privée devant avoir une prise d'eau de mer est accompagnée des mêmes documents.

ART. 3. Les demandes sont adressées au ministre de la marine et des colonies, qui en ordonne l'instruction.

ART. 4. Ces demandes sont toujours soumises à une enquête dans la commune du territoire, pendant quinze jours, à partir de l'apposition des affiches destinées à faire connaître ces demandes.

ART. 5. L'apposition des affiches, après visa du commissaire du quartier, est faite aux frais et à la diligence du demandeur.

Cette apposition est constatée, et les adhésions ou oppositions sont reçues par le commissaire ou l'administrateur de l'inscription maritime dans les chefs-lieux de quartier ou de sous-quartier, et dans les autres localités par les syndics des gens de mer.

Les maires des communes peuvent, dans les délais de l'article 4, transmettre à l'autorité maritime leurs observations et les réclamations qui leur auraient été adressées.

ART. 6. Le procès-verbal d'enquête contenant les différents dires, auquel sont joints les documents indiqués en l'article 1er, ainsi que toutes les pièces de l'enquête, est transmis par la voie hiérarchique au préfet maritime, qui le fait parvenir au ministre avec ses propositions.

Le préfet maritime transmet également au ministre toutes les observations ou réclamations qu'il aurait pu recevoir directement au sujet des demandes soumises à l'enquête.

ART. 7. Sont dispensées des formalités ci-dessus les demandes en transmission ou en substitution d'autorisations de

14

parcs ou claires qui auraient été concédés conformément aux dispositions qui précèdent.

ART. 8. Notre ministre de la marine .et des colonies est chargé de l'exécution du présent décret.

Fait au palais de Compiègne, le 10 novembre 1862.

Signé NAPOLÉON.

Par l'Empereur :

Le Ministre secrétaire d'état de la marine et des colonies,

Signé Cte P. DE CHASSELOUP-LAUBAT.

Envoi annuel d'un état statistique des produits des réservoirs à poissons, parcs, viviers, claires, etc.

Circulaire ministérielle du 4 janvier 1863.

Statistique de la pêche.

MESSIEURS, je désire qu'il soit adressé annuellement à mon département, à partir de 1862, un état faisant connaître, par quartier et par nature de produits, la valeur en francs des poissons, coquillages ou crustacés provenant des réservoirs, parcs, viviers, claires, etc. établis tant sur les propriétés privées que sur le domaine public maritime, et livrés à la consommation.

Cet état sera conforme au modèle annexé à la présente circulaire, et transmis par les préfets maritimes dans les deux premiers mois de chaque année. Les renseignements dont il s'agit devront, par conséquent, me parvenir, pour l'année 1862, avant le 1er mars 1863.

Recevez, Messieurs, l'assurance de ma considération très-distinguée.

Le Ministre secrétaire d'état de la marine et des colonies,

Signé Cte P. DE CHASSELOUP-LAUBAT.

**Décret du 7 février 1863 concernant les établissements huîtriers
du bassin d'Arcachon (quartier de la Teste).**

NAPOLÉON, par la grâce de Dieu et la volonté nationale,
EMPEREUR DES FRANÇAIS,

A tous présents et à venir, SALUT.

Vu l'article 3 de la loi du 9 janvier 1852, sur la pêche côtière;
Vu le décret du 29 février 1860, concernant les dépôts permanents d'huîtres du bassin d'Arcachon (quartier de la Teste);

Établissements
huîtriers
d'Arcachon.

Vu l'avis de la commission permanente des pêches et de la domanialité maritimes;

Sur le rapport de notre Ministre secrétaire d'état au département
de la marine et des colonies,

AVONS DÉCRÉTÉ et DÉCRÉTONS ce qui suit :

ART. 1er. Les parcs et dépôts à huîtres établis sur les cras-
sats du bassin d'Arcachon ne doivent avoir aucune clôture. Les
détenteurs de ces établissements sont autorisés à exécuter tous
les travaux d'aménagement et de retenue d'eau qu'ils jugeront
utiles dans l'intérêt de leur industrie, pourvu que ces travaux
ne forment pas obstacle à la navigation, n'encombrent pas les
chenaux et ne nuisent point aux parcs voisins.

La forme et la dimension des parcs et dépôts à huîtres
seront fixées par les arrêtés ministériels d'autorisation rendus
en conformité de l'article 2 de la loi du 9 janvier 1852. L'é-
tendue de chacun des parcs et dépôts dont la création sera
autorisée ne pourra excéder quatre hectares. Un intervalle de
15 mètres au moins devra être conservé entre le parc ou le
dépôt et la laisse de basse mer.

Ces établissements seront indiqués à l'une de leurs extré-
mités par une balise portant un numéro d'ordre qui devra

14.

rester apparent même aux plus hautes marées. Ce numéro
sera peint en blanc sur un fond noir et en lettres de 3o centimètres de hauteur. Le balisage est à la charge du détenteur,
qui se conformera, d'ailleurs, pour la disposition, l'entretien
et le renouvellement des balises, aux prescriptions du service
des ponts et chaussées.

ART. 2. Les permissions accordées pour la formation des
parcs et dépôts à huîtres sont données de préférence aux inscrits maritimes. Elles sont personnelles et révocables, au gré
de l'administration, sans indemnité.

Toutefois, ces établissements pourront être transmis avec
l'autorisation du Ministre de la marine et des colonies.

Les parcs et dépôts à huîtres devenus vacants pour quelque
cause que ce soit ne pourront être exploités qu'en vertu d'autorisations nouvelles.

ART. 3. L'exploitation des parcs et dépôts à huîtres établis
dans le bassin d'Arcachon ne pourra avoir lieu qu'au moyen
de bateaux pourvus d'un rôle d'équipage.

Un espace de un mètre au moins devra être ménagé entre
les parcs et dépôts à huîtres pour la libre circulation et pour
les chemins de servitude et d'exploitation de ces établissements. Les chemins de servitude devront être maintenus en
bon état. Tout dépôt quelconque, étranger à l'industrie hui-
trière, sera enlevé aux frais du détenteur.

ART. 4. Les détenteurs ne pourront employer, pour l'exploitation de leurs parcs et dépôts à huîtres, que des inscrits
ou des femmes, enfants, mères ou sœurs non mariées d'inscrits maritimes.

ART. 5. Notre ministre secrétaire d'état au département de
la marine et des colonies est chargé de l'exécution du présent

décret, qui sera inséré au *Bulletin des lois* et au *Bulletin offi-ciel de la marine.*

Fait au palais des Tuileries, le 7 février 1863.

Signé NAPOLÉON.

Par l'Empereur :

Le Ministre secrétaire d'état de la marine et des colonies,

Signé Cte P. DE CHASSELOUP-LAUBAT.

Notification d'un décret autorisant le remplacement des mousses par des novices à bord des bateaux armés pour la pêche côtière.

Circulaire ministérielle du 11 mai 1863.

Messieurs, l'Empereur a daigné signer, le 2 de ce mois, sur ma proposition, un décret qui étend aux bateaux armés pour la pêche côtière la faculté, précédemment concédée aux autres bâtiments de mer, d'embarquer, en remplacement de mousses, des novices âgés de seize à dix-huit ans et affranchis de toute condition de navigation antérieure. *Autorisation accordée aux patrons de pêche d'embarquer des novices au lieu de mousses.*

Vous trouverez ci-après ce décret, ainsi que le rapport où sont indiqués les motifs qui l'ont inspiré.

Je vous invite à le porter à la connaissance des pêcheurs, qui verront sans doute dans cette mesure une nouvelle preuve de la sollicitude de Sa Majesté.

Recevez, etc.

Le Ministre secrétaire d'état de la marine et des colonies,

Signé Cte P. DE CHASSELOUP-LAUBAT.

RAPPORT A L'EMPEREUR.

Paris, le 1er mai 1863.

Sire,

Par un décret du 15 mars 1862, Votre Majesté a bien

voulu décider que des novices, âgés de seize à dix-huit ans et affranchis de toute condition de navigation antérieure, pourraient être embarqués, en remplacement de mousses, à bord des bâtiments armés pour le long cours, le cabotage et les grandes pêches.

Je viens aujourd'hui demander à l'Empereur d'étendre le bénéfice de cette disposition aux bateaux qui se livrent à la pêche côtière. Il me paraît juste que les patrons des bateaux de pêche jouissent des mêmes facilités que les capitaines et armateurs qui font des expéditions maritimes plus considérables. L'extension proposée aurait d'ailleurs un avantage spécial à la petite pêche. La présence des mousses à bord des nombreux bateaux non pontés, affectés à cette industrie sur les côtes de l'Empire, expose ces enfants, pendant l'hiver, à des intempéries que leur âge ne peut pas toujours supporter impunément. Aussi les autorités maritimes sont-elles souvent obligées d'user d'une tolérance contraire à la loi, en permettant aux pêcheurs de laisser à terre, dans la mauvaise saison, les mousses inscrits sur leurs rôles d'équipage. L'embarquement de novices, plus âgés et conséquemment plus robustes, n'offrira pas les mêmes inconvénients et donnera ainsi le moyen d'échapper à la fâcheuse alternative de violer les règlements ou de blesser l'humanité.

J'ai l'honneur de soumettre à la signature de Votre Majesté le projet de décret destiné à réaliser ces améliorations, qui ont obtenu l'assentiment du conseil d'amirauté.

Je suis avec le plus profond respect, Sire, de Votre Majesté, le très-humble et très-obéissant serviteur.

Le Ministre secrétaire d'état de la marine et des colonies,

Signé Cte P. DE CHASSELOUP-LAUBAT.

DÉCRET DU 2 MAI 1863.

NAPOLÉON, par la grâce de Dieu et la volonté nationale, EMPEREUR DES FRANÇAIS,

A tous présents et à venir, SALUT.

Vu les décrets des 23 mars 1852 et 15 mars 1862, concernant les novices et les mousses.;

Sur le rapport de notre ministre secrétaire d'état au département de la marine et des colonies;

Le conseil d'amirauté entendu,

AVONS DÉCRÉTÉ et DÉCRÉTONS ce qui suit :

ART. 1er. Est étendue aux bateaux destinés à la petite pêche la faculté accordée par le décret du 13 mars 1862 aux bâtiments armés pour le long cours, le cabotage et les grandes pêches, relativement à l'embarquement de novices en remplacement des mousses.

ART. 2. Notre Ministre secrétaire d'état au département de la marine et des colonies est chargé de l'exécution du présent décret, qui sera inséré au *Bulletin des lois* et au *Bulletin officiel de la marine*.

Fait au palais des Tuileries, le 2 mai 1863.

Signé NAPOLÉON.

Par l'Empereur :

Le Ministre secrétaire d'état de la marine et des colonies,

Signé Cte P. DE CHASSELOUP-LAUBAT.

Recommandations au sujet de la relâche des bateaux de pêche français dans le port de Brixham.

Circulaire ministérielle du 19 mai 1863.

Suppression
des
droits imposés
à nos pêcheurs
dans le port
de Brixham.

Messieurs, aux termes de l'article 5 du traité de navigation conclu, le 26 janvier 1826, entre la France et la Grande-Bretagne, « les bateaux pêcheurs des deux nations, forcés de « chercher un refuge dans les ports ou sur les côtes de l'un « ou de l'autre État, ne sont assujettis à aucun droit de navi- « gation, sous quelque dénomination que ces droits soient res- « pectivement établis, pourvu que ces bateaux, dans ces cas de « relâche forcée, n'effectuent aucun chargement ou décharge- « ment dans les ports ou sur les points de la côte où ils ont « cherché refuge ».

En ce qui concerne nos bateaux de pêche, l'application de cet article a présenté quelques difficultés dans certains ports d'Angleterre soumis aux priviléges spéciaux de compagnies. Sur les réclamations adressées par les soins de M. le commandant de la division navale des côtes des 1er et 2e arrondissements, ces difficultés ont été résolues quant au port de Brixham, et les propriétaires ont consenti, dans une assemblée tenue le 5 mars dernier, à la suppression des droits imposés à nos pê-cheurs, à la condition qu'ils se renfermeraient dans les limites de l'article 5 du traité de 1826, c'est-à-dire que leur relâche serait forcée et qu'ils ne se livreraient à aucun commerce.

Pendant un des séjours de l'aviso à vapeur *le Corse* à Brixham, le commandant de ce bâtiment a reçu du percepteur des droits des plaintes contre nos pêcheurs, qui paraissent entrer dans ce port par tous les temps et sans nécessité.

Si un tel état de choses continuait, il serait à craindre que la compagnie propriétaire du port de Brixham ne revînt sur les concessions faites à nos pêcheurs et n'exigeât de nouveau les droits d'encrage perçus antérieurement.

Pour éviter une semblable mesure, je vous invite à rappeler aux pêcheurs du 1er arrondissement maritime qu'ils ne doivent pas se servir habituellement des ports anglais pour la facilité de leurs opérations de pêche, ni relâcher dans ces mêmes ports sans nécessité bien constatée.

Recevez, etc.

Le Ministre secrétaire d'état de la marine et des colonies,

Signé Cte P. DE CHASSELOUP-LAUBAT.

La pêche de la truite et du saumon est interdite dans les eaux salées du 20 octobre au 31 janvier.

Circulaire ministérielle du 27 octobre 1863.

MESSIEURS, vous trouverez reproduit à la suite de la présente circulaire un décret, en date du 24 de ce mois, portant que la pêche de la truite et du saumon est interdite chaque année dans les eaux salées du 20 octobre au 31 janvier inclusivement.

Je vous prie de recommander aux divers officiers, fonctionnaires ou agents de la marine, préposés à la police des pêches, de veiller à l'observation de cette disposition, qui a été édictée, pour les eaux fluviales, par divers arrêtés préfectoraux qu'un décret du 19 octobre courant a homologués.

Une commission, composée de représentants des départements de l'agriculture, du commerce et des travaux publics, et de la marine, est chargée de l'élaboration d'un projet de règlement applicable à la pêche de la truite et du saumon, notamment en ce qui concerne les engins qui pourront être

[note marginale : Interdiction de la pêche de la truite et du saumon dans les eaux salées, du 20 octobre au 31 janvier.]

employés pour la capture de ces deux espèces de poisson et la dimension au-dessous de laquelle il sera défendu de les pêcher.

Les dispositions à intervenir pourront, je l'espère, être mises en vigueur à partir du 1er février prochain, époque à laquelle la pêche de la truite et du saumon se trouvera permise.

Recevez, Messieurs, l'assurance de ma considération très-distinguée.

Le Ministre secrétaire d'état de la marine et des colonies,

Signé Cte P. DE CHASSELOUP-LAUBAT.

ANNEXE.

Décret du 21 octobre 1863 interdisant la pêche de la truite et du saumon du 20 octobre au 31 janvier de chaque année.

NAPOLÉON, par la grâce de Dieu et la volonté nationale, EMPEREUR DES FRANÇAIS,

A tous présents et à venir, SALUT.

Vu la loi du 9 janvier 1852, sur la pêche côtière;
Vu l'avis de la commission permanente des pêches et de la domanialité maritimes,

AVONS DÉCRÉTÉ et DÉCRÉTONS ce qui suit :

ART. 1er. La pêche de la truite et du saumon est interdite chaque année, du 20 octobre au 31 janvier inclusivement, tant à la mer, le long des côtes, que dans la partie des fleuves, rivières, étangs et canaux où les eaux sont salées.

Art. 2. Notre ministre secrétaire d'état au département de la marine et des colonies est chargé de l'exécution du présent décret, qui sera inséré au *Bulletin des lois* et au *Bulletin officiel de la marine.*

Fait au palais de Saint-Cloud, le 24 octobre 1863.

Signé NAPOLÉON

Par l'Empereur :

Le Ministre secrétaire d'état de la marine et des colonies,

Signé Cte P. DE CHASSELOUP-LAUBAT.

PÊCHE DU HARENG ET DU MAQUEREAU.

Pêche du hareng et du maquereau. Nouvelles facilités accordées.

Circulaire ministérielle du 17 avril 1861.

Messieurs, vous savez que, dans le but de placer les pê-cheurs dans des conditions plus favorables, des ordres ont été donnés au mois de janvier dernier, pour que, « sous les con- ditions d'usage, la pêche dite *d'Yarmouth,* et la pêche du « hareng sur les côtes de France, avec salaison à bord, puissent « se continuer, à titre exceptionnel d'essai, jusqu'au 1er mars. » Les bateaux ont, en outre, été autorisés à rester absents pendant plus de trois jours.

Facilités accordées à la pêche du hareng et du maquereau.

Le comité des armateurs et patrons de pêche de Dieppe m'a récemment adressé une demande ayant pour objet d'obtenir, pour les pêches du hareng et du maquereau, les facilités indiquées ci-après :

1° Suppression du voyage unique pour la pêche du hareng dite *d'Écosse,* et faculté, par conséquent, de faire dans ces parages autant de voyages que les pêcheurs le jugeront convenable; suppression de la latitude de 53° 36';

2° Armement unique pour les pêches d'Écosse, d'Yarmouth
et des côtes de France ;

3° Extension, jusqu'au 30 juin, de la période de pêche du
maquereau, avec salaison à bord, que l'article 48 du décret
du 4 juillet 1853 circonscrit entre le 1er mars et le 15 juin.

De son côté, le comité des pêches de Boulogne a demandé
que les armements pour la pêche de Lowestoff aient lieu avant
le *1er mai,* époque qui avait été précédemment fixée.

Après m'être concerté avec MM. les ministres des finances
et de l'agriculture, du commerce et des travaux publics, j'ai
reconnu que les diverses facilités réclamées pouvaient être immédiatement accordées, *à titre exceptionnel,* jusqu'à la révision
des actes régissant les pêches du hareng et du maquereau,
avec salaison à bord, à la condition que les parts des équipages seront réglées et payées au bureau de l'inscription ma-
time, même pour la pêche dite *d'Yarmouth* et sur les côtes de
France.

Un des moyens qui permettent aux pêcheurs anglais de livrer à la consommation, à un prix inférieur au nôtre, plus de
poissons que nos nationaux, consiste dans l'usage, suivi par
eux, d'expédier sur les marchés, sans quitter les lieux de
pêche, les produits de plusieurs bateaux, à bord d'un navire
détaché de la flottille de pêche ou qui est même spécialement armé à cet effet.

J'ai pensé que nos pêcheurs devaient avoir la faculté d'opérer de la même manière, et j'ai décidé, dans ce but, conformément d'ailleurs à l'avis exprimé par la commission centrale
de la pêche du hareng, que l'on pourrait accorder à une
réunion de bateaux, régulièrement armés pour la pêche, l'autorisation d'expédier les produits de pêche, soit sur un navire
détaché de la flottille, soit sur un navire spécialement armé
à cet effet, à charge, par le bateau transporteur, de déclarer

au retour, à la commission des pêches, les quantités afférentes à chaque bateau, et le lieu où elles auront été chargées.

Je vous invite à porter immédiatement les dispositions contenues dans la présente dépêche à la connaissance des chambres de commerce et armateurs des ports où s'effectuent des armements pour les pêches du hareng et du maquereau.

Recevez, etc.

Le Ministre secrétaire d'état de la marine et des colonies,

Signé Cte P. DE CHASSELOUP-LAUBAT.

Décret du 11 mai 1861 relatif aux sels destinés à la salaison, en mer, du hareng et du maquereau.

NAPOLÉON, par la grâce de Dieu et la volonté nationale, EMPEREUR DES FRANÇAIS,

A tous présents et à venir, SALUT.

Vu la loi du 23 novembre 1858 (article 1er);

Vu le décret-loi du 28 mars 1852 (articles 2 et 5);

Vu les décrets des 7 juin 1852, 10 février 1855 (article 1er), 7 septembre 1857, 20 septembre 1858;

Sur le rapport de notre ministre secrétaire d'État au département de l'agriculture, du commerce et des travaux publics,

AVONS DÉCRÉTÉ et DÉCRÉTONS ce qui suit:

ART. 1er. Les patrons des bateaux armés pour la pêche du hareng et pour celle du maquereau, avec salaison à bord, sont autorisés à embarquer en quantités illimitées, et en franchise de droit, le sel de provenance nationale qui leur est délivré pour la préparation, en mer, du poisson pêché.

2. Ils sont également autorisés à employer au même usage des sels étrangers, sous la condition que ces sels seront char-

Autorisation donnée aux pêcheurs d'embarquer du sel français en quantités illimitées et en franchise de droits, et du sel étranger, aux droits de 50 cent. par 100 kil.

gés exclusivement dans les entrepôts de France, et soumis préalablement au payement du droit spécial de cinquante centimes par cent kilogrammes, appliqué aux sels étrangers employés à la pêche de la morue, à Terre-Neuve.

3. Nos ministres secrétaires d'État au département de l'agriculture, du commerce et des travaux publics, et au département des finances, sont chargés, chacun en ce qui le concerne, de l'exécution du présent décret.

Fait au palais des Tuileries, le 11 mai 1861.

Signé NAPOLÉON.

Par l'Empereur :

Le Ministre secrétaire d'état de la marine et des colonies,

Signé Cᵗᵉ P. DE CHASSELOUP-LAUBAT.

Les armements préparés pour la pêche du hareng sur les côtes d'Écosse et d'Yarmouth, avec salaison à bord, pourront être effectués avec un rôle comportant simplement la taxe fixe au profit de la caisse des invalides, comme pour la pêche du hareng frais sur les côtes de France.

Circulaire ministérielle du 12 juillet 1861.

La pêche du hareng sur les côtes d'Écosse et d'Yarmouth est assimilée à la pêche du hareng frais sur les côtes de France.

MESSIEURS, consulté sur le mode d'exécution du principe qui avait été posé, pour l'ancienne pêche dite *d'Écosse*, par l'article 12 du décret du 28 mars 1852, j'ai dû rappeler, le 12 juin dernier, que ce temps de navigation ne pouvait compter au marin, *pour sa durée effective,* qu'autant qu'il y aurait versement à la caisse des invalides de la marine, de la prestation de 3 p. o/o sur la somme qui reviendrait aux équipages, conformément aux comptes fournis par les armateurs et acceptés par les commissaires de l'inscription maritime, et qu'il fallait ainsi employer un rôle spécial autre que les rôles ordinaires de pêche qui sont décomptés dans le système de la taxe fixe, et d'après lesquels la pêche du poisson frais ne compte généralement, pour la pension, que dans la proportion des trois quarts de sa durée (article 2 de l'ordonnance du 29 juin 1828).

Mais il paraît résulter des observations qui m'ont été soumises que, pour les armements préparés cette année, à destination de la pêche du hareng, sur les côtes d'Écosse et d'Yarmouth, avec salaison à bord, et qui se compléteront par la pêche du hareng frais sur les côtes de France, on préférait abandonner le rôle spécial, pour s'en tenir à l'ancien rôle affecté à la pêche dite *du poisson frais,* afin que les équipages, au lieu de payer les 3 p. o/o des sommes gagnées par eux dans toute la campagne de pêche, fussent seulement taxés, savoir :

Le patron, à raison de... 80ᶜ par mois d'embarquement.
Les matelots, à raison de. 50   *id.*
Les novices, à raison de. 30   *id.*
Les mousses, à raison de. 15   *id.*

(ordonnance du 9 octobre 1837, article 3), avec la restriction, bien entendu, qu'ils ne pourraient pas réclamer le *bénéfice* de la supputation plus favorable pour la pension que l'article 12 du décret du 28 mars 1852 avait introduit à la condition du payement des 3 p. o/o, c'est-à-dire d'une prestation produisant des versements plus élevés pour la caisse des invalides.

L'intérêt fiscal de cette caisse n'ayant nullement déterminé ma dépêche du 12 juin dernier, j'admets, en vue de confirmer les facilités que le Gouvernement de l'Empereur a voulu accorder aux armements à destination de la pêche du hareng, que cette pêche pourra se faire, provisoirement, avec des rôles ne comportant que les taxes fixes, telles qu'elles ont été établies en dernier lieu par l'article 3 de l'ordonnance du 9 octobre 1837, laissant ainsi de côté l'ancienne disposition de l'article 12 du décret du 28 mars 1852, qui avait été édicté relativement à la pêche dite *d'Écosse*, et m'en référant d'ailleurs, pour le surplus, à ma dépêche du 17 avril dernier.

Veuillez bien donner des ordres en ce sens à qui de droit.

Recevez, etc.

Le Ministre secrétaire d'état de la marine et des colonies,

Signé Cte P. DE CHASSELOUP-LAUBAT.

Pêche du hareng. — Facilités nouvelles.

Circulaire ministérielle du 18 juillet 1861.

Nouvelles facilités pour la pêche du hareng.

MESSIEURS, par suite de demandes qui viennent de m'être adressées à l'effet d'obtenir de nouvelles facilités pour la pêche du hareng, j'ai arrêté les dispositions suivantes :

1° Les armateurs sont autorisés à substituer, dans la proportion d'un septième de l'effectif réglementaire, des mousses ou des novices aux matelots que l'on ne pourrait se procurer pour atteindre le minimum d'équipage déterminé par l'article 7 du décret du 7 juin 1852.

2° La diminution proportionnelle qui résultera de cette substitution, aux termes du § 1° de l'article 10, dans la quantité de filets à embarquer, ne pourra être invoquée que s'il ne se trouve pas dans le port d'armement de filets disponibles appartenant à des marins infirmes ou à des veuves de marins.

3° Le règlement des parts au bureau de l'inscription maritime pourra être simplifié par la remise à chaque homme, aux frais de l'armateur, d'un livret sur lequel seront inscrites les avances autorisées par le commissaire de l'inscription maritime jusqu'au payement définitif.

Ce livret pourra être laissé aux familles pour l'inscription des avances qu'il y aurait lieu de leur faire pendant l'absence des marins et avec l'assentiment de ces derniers, dans les formes indiquées par le paragraphe qui précède.

4° Enfin, vous voudrez bien recommander aux autorités placées sous vos ordres d'accorder aux armements pour la pêche du hareng toutes les facilités qui sont la conséquence du régime nouveau sous lequel la pêche est exercée, et de me soumettre d'urgence les doutes qui pourraient se présenter à cet égard à leur esprit.

Ainsi, le nombre des voyages n'étant plus aujourd'hui limité, il n'y a pas lieu de se préoccuper de l'embarquement des avitaillements dans les visites qui doivent précéder les armements.

Recevez, etc.

Le Ministre secrétaire d'état de la marine et des colonies,
Signé Cte P. DE CHASSELOUP-LAUBAT.

Décret du 5 décembre 1861 modifiant l'ordonnance du 30 octobre 1816 et augmentant les quantités de sel allouées pour la préparation du hareng à terre.

NAPOLÉON, par la grâce de Dieu et la volonté nationale, EMPEREUR DES FRANÇAIS,

A tous présents et à venir, SALUT.

Vu l'ordonnance du 30 octobre 1816,
Sur le rapport de notre ministre de l'agriculture, du commerce et des travaux publics,

AVONS DÉCRÉTÉ et DÉCRÉTONS ce qui suit :

ART. 1er. L'article 1er de l'ordonnance du 30 octobre 1816 et le tableau joint à cette ordonnance sont modifiés ainsi qu'il suit :

Augmentation des quantités de sel allouées pour la préparation du hareng à terre.

15

L'administration des douanes et des contributions indirectes est autorisée à délivrer en franchise les quantités de sel ci-après, pour la salaison des harengs provenant de pêche française, savoir :

Pour 100 kilogrammes de harengs blancs. . .   3o kilog.

Pour 12,240 harengs saurs. 200

ART. 2. Nos ministres de l'agriculture, du commerce et des travaux publics, et des finances, sont chargés, chacun en ce qui le concerne, de l'exécution du présent décret,

Fait au palais des Tuileries, le 5 décembre 1861.

Signé NAPOLÉON.

Par l'Empereur :

Le Ministre secrétaire d'état de la marine et des colonies,

Signé Cte P. DE CHASSELOUP-LAUBAT.

Les armements pour la pêche du maquereau avec salaison à bord pourront être effectués avec le rôle d'équipage délivré aux bateaux pêcheurs de hareng, en vertu de la dépêche du 12 juillet 1861.

Circulaire ministérielle du 8 février 1862.

Le même rôle d'équipage peut servir pour la pêche du hareng et du maquereau.

MONSIEUR LE PRÉFET, des armateurs de Laugrune viennent de m'adresser une demande ayant pour objet d'obtenir l'autorisation de pratiquer la pêche du maquereau, salaison à bord, avec le rôle d'équipage qui leur est délivré pour la pêche du hareng.

En présence des facilités accordées en matière de rôle d'équipage et de perception par la dépêche du 12 juillet 1861, n° 905, sous le double timbre, personnel et invalides, je ne vois aucun inconvénient à accueillir la demande qui m'a été soumise et à étendre, par suite, le bénéfice de cette dépêche aux armements pour la pêche du maquereau, salaison à bord.

Je vous invite à adresser des instructions en conséquence dans les ports du 1ᵉʳ arrondissement où s'effectuent des armements pour la pêche du maquereau.

Recevez, etc.

Le Ministre secrétaire d'état de la marine et des colonies,

Signé Cᵗᵉ P. DE CHASSELOUP-LAUBAT.

Ouverture de nouveaux ports à l'importation des harengs et du maquereau salés de pêche française.

Par décrets du 1ᵉʳ novembre 1862 et du 28 février 1863, le port du Hourdel (quartier maritime de Saint-Valery-sur-Somme) et le port de Dunkerque ont été ouverts à l'importation des harengs et des maquereaux salés provenant de pêche française.

Ouverture de nouveaux ports à l'importation des harengs et des maquereaux salés de pêche française.

Hareng salé. — Opérations commerciales à faire avec le port de Livourne. — Renseignements.

Circulaire ministérielle du 23 mars 1863.

MESSIEURS, des négociants appartenant à l'un des ports du 1ᵉʳ arrondissement maritime se sont adressés au consulat de France à Livourne pour savoir si des chargements de hareng salé pourraient être expédiés sur cette place, et si le placement de cette denrée s'y effectuerait avec avantage.

Renseignements sur le commerce du hareng salé à Livourne.

Dans le but de fournir au commerce français toutes les informations propres à l'éclairer sur la nature des opérations qu'il pourrait entreprendre avec cette partie de l'Italie, notre consul à Livourne s'est empressé d'adresser, à la date du 23 janvier dernier, les renseignements suivants à M. le Ministre des affaires étrangères qui vient de me les transmettre, et que je vous prie de porter à la connaissance des chambres de commerce des ports du sous-arrondissement de.....

« Les Anglais font des expéditions assez considérables de harengs de leurs pêches : ces harengs sont apportés dans des barils cerclés, de différentes dimensions, contenant depuis 60 jusqu'à 600 et 700 pièces l'un.

« Dans la consommation, on préfère les harengs d'Écosse qui, en réalité, sont les plus fins. Les petits harengs maigres qui sont vendus sur les baroccini sont appelés harengs français : tout porte à croire cependant qu'ils sont d'origine anglaise.

« Les prix de cette salaison sur la place de Livourne sont les suivants :

Harengs d'Écosse........ (1er choix), le baril de 600 à 650 pièces.	45f
Harengs de pêche anglaise. — — 600 à 700 —	40
Harengs ordinaires...... — — 600 à 700 —	33

« Le hareng d'Angleterre est préféré à celui de France, parce qu'il est d'une couleur plus claire; mais il y a lieu de présumer que les harengs préparés à Boulogne et à Dieppe, bien conditionnés, seraient vendus au même prix que ceux de l'Angleterre.

« Deux navires chargés de harengs sont en ce moment attendus d'Angleterre.

« Le saumon salé importé d'Irlande est d'une qualité remarquable, et il s'en fait une grande consommation à Livourne.

« La saison étant un peu avancée, il serait prudent de ne faire des envois de harengs qu'après s'être assuré de la vente sur des échantillons.

« Les commerçants pourraient avantageusement entrer en relations avec MM. Thibaud et de Neyroude, négociants français établis à Livourne, rue Victor-Emmanuel, n° 59. M. Thibaud fait partie de la commission chargée de vérifier la qualité des morues de pêche française importées à Livourne. »

Recevez, etc.

Le Ministre secrétaire d'état de la marine et des colonies,

Signé Cte P. DE CHASSELOUP-LAUBAT.

Pêches du hareng et du maquereau. — Adoption de nouvelles facilités.

Circulaire ministérielle du 20 juin 1863.

Messieurs, au commencement de la présente année j'ai chargé une commission présidée par M. le vice-amiral Pénaud d'examiner diverses questions relatives au régime des pêches. Cette commission a émis, en ce qui concerne les pêches du hareng et du maquereau, des vœux tendant à accorder à nos pêcheurs de nouvelles facilités. Ces vœux ont été soumis à la commission centrale de la pêche du hareng, qui a été d'avis de les accueillir.

Nouvelles facilités pour la pêche du hareng et du maquereau.

Après m'être concerté à ce sujet avec MM. les Ministres des finances et de l'agriculture, du commerce et des travaux publics, j'ai adopté les dispositions suivantes, comme étant de nature à faciliter le développement des opérations de pêche :

1° Les armements pour les pêches du hareng et du maquereau pourront être préparés dans tous les ports sans distinction, à charge pour les bateaux d'aller se faire expédier dans un port ouvert aux opérations de ces deux pêches ;

2° L'importation des harengs et des maquereaux de pêche

française est permise par tous les ports où existent un agent quelconque de la marine et un bureau de douanes;

3° L'embarquement, pour la pêche, de barils démontés est autorisée, à l'exclusion des barils cerclés en fer, qui devront être embarqués tout montés;

4° La quantité minimum de filets, que les bateaux doivent embarquer, eu égard à leur tonnage, est réduite ainsi qu'il suit :

Pour les bateaux	PÊCHE DU HARENG.	PÊCHE DU MAQUEREAU.
de 11 à 15 tonneaux.	4,800 mètres carrés.	8,000 mètres carrés.
16 à 19	5,400	9.000
20 à 23	6,000	10,000
24 à 27	6,600	11,000
28 à 31	7,200	12,000
32 à 35	7,800	13,000
36 à 38	8,400	14,000
39 à 41	9,000	15,000
42 à 44	9,600	16,000
45 à 47	10,200	17,000
48 à 50	10,800	18,000
51 à 53	11,400	19,000
54 à 57	12,000	20,000
58 à 61	12,600	21,000
62 à 65	13,200	22,000
66 à 68	13,800	23,000
69 à 71	14,400	24,000
72 à 75	15,000	25,000

5° L'institution des commissions permanentes chargées de la visite des bateaux à leur départ et à leur retour est maintenue; mais ces commissions, dont la composition reste subordonnée au nombre et à la qualité des agents existant dans le port d'importation, auront la faculté d'opérer leur visite intégralement ou partiellement, selon qu'elles le jugeront utile.

Je vous prie de porter immédiatement les dispositions qui précèdent à la connaissance des armateurs et des chambres de commerce des ports du sous-arrondissement de..... où s'effectuent des armements pour les pêches du hareng et du maquereau, et de veiller à ce qu'elles soient observées dès la prochaine campagne de pêche du hareng.

M. le Ministre des finances m'a fait connaître qu'il avait adressé des instructions en conséquence au service des douanes.

La commission présidée par M. le vice-amiral Pénaud a formulé, indépendamment des mesures indiquées ci-dessus, diverses propositions qui sont actuellement à l'étude dans les départements de l'intérieur et du commerce, et dont l'adoption sera, je l'espère, favorable à la préparation et au commerce du hareng, en dégageant cette industrie d'obligations ou de formalités inutiles.

Recevez, Monsieur le... l'assurance de ma considération très-distinguée.

Le Ministre secrétaire d'état de la marine et des colonies,

Signé Cte P. DE CHASSELOUP-LAUBAT.

Admission en France, au droit de 10 francs les 100 kilogrammes, des harengs pêchés par nos nationaux dans les parages de Terre-Neuve.

Circulaire ministérielle du 18 juillet 1863.

Messieurs, je vous prie de faire connaître aux armateurs et chambres de commerce des divers ports du sous-arrondissement de.......... qu'une loi en date du 25 mai 1863 [1]

Admission en France au droit de 10 francs

[1] *Bulletin des lois,* n° 1116, page 861 ; extrait de la loi :

Harengs secs, salés ou fumés, provenant de pêche française et importés de Terre-Neuve.	par navires français............ 10^f 00^c les 100 kil.
	par navires étrangers.......... 11 00 *idem.*
	(décimes compris).

La provenance devra être justifiée par la présentation d'un certificat d'origine délivré.

permet l'importation en France, au droit de 10 francs les
100 kilogrammes, lorsque l'importation aura lieu par navires
français, et au droit de 11 francs, lorsqu'elle sera effectuée
par navires étrangers, des harengs secs, salés ou fumés, provenant de la pêche de nos nationaux dans les parages de Terre-
Neuve.

Aux termes de ladite loi, la provenance doit être justifiée
au moyen d'un certificat d'origine délivré soit par le commissaire de l'inscription maritime de Saint-Pierre, soit par le
commandant de la station, pour les navires qui partiraient directement de la côte : dans le but d'accorder au commerce
toutes les facilités désirables, j'ai décidé, de concert avec
M. le Ministre des finances, qu'en l'absence du commandant
de la station les certificats d'origine pourraient être délivrés
par les prud'hommes, comme cela a lieu pour les morues
séchées à la côte de Terre-Neuve.

Recevez, etc.

Le Ministre secrétaire d'état de la marine et des colonies,

Signé Cᵗᵉ P. DE CHASSELOUP-LAUBAT.

**Pêches du hareng et du maquereau. — L'embarquement d'un minimum
d'équipage a été abrogé par la dépêche du 20 juin 1863.**

Circulaire ministérielle du 20 juillet 1863.

MESSIEURS, des doutes paraissent s'être élevés sur la question de savoir si les diverses facilités accordées en matière de

soit par le commissaire de l'inscription maritime de Saint-Pierre, soit par le commandant
de la station, pour les navires qui partiraient directement de la côte.

(Disposition nouvelle.)

pêches du hareng et du maquereau entraînaient la suppression des minimum d'équipage fixés par les décrets des 7 juin
1852 et 7 février 1854.

pour
la pêche du hareng
et
du maquereau.

Cette question doit être résolue affirmativement. En effet,
la dépêche du 20 juin dernier, n° 817, s'étant bornée à maintenir un minimum réduit de filets calculé d'après le tonnage
des bateaux, au lieu de l'être d'après le nombre d'hommes
embarqués, il en résultait implicitement que toute disposition relative à l'embarquement d'un minimum d'équipage est
abrogée.

Recevez, etc.

Le Ministre secrétaire d'état de la marine et des colonies,

Signé Cte P. DE CHASSELOUP-LAUBAT.

Pêches du hareng et du maquereau. — Il n'y a pas lieu d'exiger un minimum de filets pour les bateaux au delà de 75 tonneaux.

Dépêche adressée par le Ministre, le 22 septembre 1863,
au Chef du service de la marine au Havre.

MONSIEUR, par lettre du 12 de ce mois, vous m'avez soumis
la question de savoir s'il y avait lieu d'exiger un minimum de
filets pour les bateaux pêcheurs de hareng et de maquereau,
d'un tonnage supérieur à 75 tonneaux, et, dans le cas de l'affirmative, d'après quelle proportion cette augmentation devrait être fixée.

Suppression
du
minimum de filets
pour les bateaux
au delà
de 75 tonneaux.

La question doit être résolue négativement.

Sans doute, en se reportant aux articles 7, § 2, et 10,
§ 1°, du décret du 7 juin 1852, on peut penser que la quantité de filets déterminée par la dépêche du 20 juin dernier,
n° 817, comme devant être embarquée à bord des bateaux

pêcheurs de hareng, devrait être augmentée, au delà de
75 tonneaux, de 600 mètres par chaque accroissement de 1 à
5 tonneaux; mais, en présence des facilités accordées et de la
tendance à les augmenter encore si la période d'essai que
nous traversons donne des résultats favorables, toute interprétation de cette nature ne saurait être admise.

Recevez, etc.

Le Ministre secrétaire d'état de la marine et des colonies,

Signé Cte P. DE CHASSELOUP-LAUBAT.

**Les pêcheurs de Cayeux sont autorisés à déposer leurs filets dans cette
localité, avant de se rendre à Dieppe.**

Dépêche adressée par le Ministre, le 31 octobre 1863, au Préfet
maritime à Cherbourg.

*Les pêcheurs
de Cayeux
sont autorisés
à déposer
leurs filets
dans
cette localité
avant de se rendre
à Dieppe.*

MONSIEUR LE PRÉFET, dans un rapport en date du 19 de ce
mois, M. le chef de la division navale des côtes des 1er et
2e arrondissements m'a fait connaître que les pêcheurs de
Cayeux demandaient à être autorisés à déposer leurs filets
dans cette localité, à leur retour de la pêche du hareng, avant
de se rendre à Dieppe, où ils vont vendre leur poisson.

Cette facilité m'a paru pouvoir être accordée sans inconvénient, comme étant de nature à diminuer les frais résultant,
pour les pêcheurs de Cayeux, de l'obligation dans laquelle ils
se trouvaient de ne débarquer leurs filets qu'au port de destination du chargement.

Les patrons qui useront de la faculté accordée par la présente dépêche devront toutefois se munir d'un certificat délivré par le syndic de Cayeux et constatant le débarquement
des filets, ainsi que le nombre de barils de hareng existant à

bord. De cette façon, toute fraude sera impossible, et la commission permanente de Dieppe aura encore des éléments d'appréciation suffisants pour constater la nationalité des produits de pêche.

Je vous prie de donner les ordres nécessaires pour que les pêcheurs de Cayeux jouissent le plus tôt possible des facilités qu'ils ont sollicitées.

Recevez, etc.

Le Ministre secrétaire d'état de la marine et des colonies,

Signé Cᵗᵉ P. DE CHASSELOUP-LAUBAT.

PÈCHE DE LA MORUE.

Décret du 15 juin 1861 portant que ceux des 20 août [1] et 29 décembre 1851 [2], relatifs à la pêche de la baleine, du cachalot et de la morue, continueront de recevoir leur exécution jusqu'au 30 juin 1871.

NAPOLÉON, par la grâce de Dieu et la volonté nationale, EMPEREUR DES FRANÇAIS,

A tous présents et à venir, SALUT.

Sur le rapport de notre ministre secrétaire d'état au département de l'agriculture, du commerce et des travaux publics;

Vu la loi du 22 juillet 1851 [3], concernant les grandes pêches maritimes;

Les décrets sur la pêche de la baleine, du cachalot et de la morue, recevront leur exécution jusqu'au 30 juin 1871.

[1] *Bulletin officiel de la marine,* 2ᵉ semestre 1851, p. 188 à 132.
[2] *Bulletin officiel de la marine,* 1ᵉʳ semestre 1852, p. 94 à 115.
[3] *Bulletin officiel de la marine,* 2ᵉ semestre 1851, p. 111.

Vu la loi du 28 juillet 1860 [1], qui a prorogé les effets de la loi précitée jusqu'au 30 juin 1871,

Avons décrété et décrétons ce qui suit :

Art. 1er. Nos décrets des 20 août et 29 décembre 1851, relatifs à la pêche de la baleine, du cachalot et de la morue, continueront de recevoir leur pleine et entière exécution jusqu'au 30 juin 1871.

Art. 2. Nos ministres secrétaires d'état aux départements de l'agriculture, du commerce et des travaux publics, de la marine et des colonies, et des finances, sont chargés, chacun en ce qui le concerne, de l'exécution du présent décret.

Fait au palais de Fontainebleau, le 15 juin 1861.

Signé NAPOLÉON.

Par l'Empereur :

Le Ministre secrétaire d'état au département de l'agriculture, du commerce et des travaux publics,

Signé E. ROUHER.

Autorisation donnée aux pêcheurs partant pour Terre-Neuve sur lest de prendre du sel au retour dans un port d'Espagne ou de Portugal.

En vertu d'une dépêche adressée, le 4 juin 1861, au Chef du service de la marine à Saint-Servan et au Commandant des îles Saint-Pierre et Miquelon, les navires pêcheurs partant de Terre-Neuve, sur lest, sous le commandement de maîtres au cabotage, ont été autorisés à prendre, au retour, dans un port d'Espagne ou de Portugal, les quantités de sel nécessaires à la campagne de pêche suivante.

---

[1] *Bulletin des lois*, XIe série, n° 831, p. 325.

Pêche de la Morue en Islande. — Embarquement des spiritueux.

Circulaire ministérielle du 10 janvier 1862.

Messieurs, dans le but de remédier aux abus auxquels donnait lieu l'embarquement exagéré des spiritueux à bord des bâtiments armés pour la pêche de la morue en Islande, mon prédécesseur a arrêté les dispositions suivantes par une dépêche du 11 décembre 1857, n° 1358 :

Dispositions relatives à l'embarquement des spiritueux.

« 1° Le maximum des spiritueux à embarquer sur les na- « vires destinés à la pêche de la morue en Islande sera d'un « litre 75 centilitres par semaine et par homme, en se basant « sur une durée moyenne de six mois de campagne pour les « bâtiments qui n'effectuent qu'un seul voyage, et de quatre « mois pour ceux qui en font deux.

« 2° Les autorités de la marine et de la douane, dans les « divers ports où s'effectuent des armements pour cette desti- « nation, détermineront, de concert avec la chambre de com- « merce et les armateurs des bâtiments pêcheurs, la quantité « de spiritueux à embarquer, sans pouvoir jamais dépasser le « maximum ci-dessus fixé.

« 3° Les capitaines, maîtres ou patrons détiendront les « quantités de liquide embarqué.

« 4° La distribution de ces liquides aux équipages sera faite « régulièrement, chaque jour, proportionnellement au maxi- « mum indiqué ci-dessus, ou à la quantité, inférieure à ce « maximum, déterminée d'après le paragraphe n° 2 ci-dessus. »

Les services des douanes et de la marine sont chargés de veiller à l'observation de ces mesures.

Dans un rapport adressé à l'issue de la dernière campagne de pêche, M. le capitaine de vaisseau de Dompierre d'Hornoy, chef de la division navale d'Islande, m'a signalé divers faits regrettables et des scènes de désordre causés par l'ivresse de tout ou partie des équipages de certains bâtiments.

Les informations recueillies dans les ports d'armement de ces bâtiments ont démontré que les prescriptions de la dépêche du 11 décembre 1857 n'étaient pas observées avec toute la régularité nécessaire.

Comme il importe de remédier à une situation aussi contraire à la santé des hommes que préjudiciable aux opérations de pêche, il m'a paru opportun de rappeler les dispositions reproduites ci-dessus, et de rendre les capitaines personnellement responsables des cas d'ivresse qui seraient constatés à leur bord, et qu'ils ont les moyens de prévenir.

J'invite donc les commissaires de l'inscription maritime à remettre un exemplaire de la présente circulaire à chaque capitaine de navire pêcheur, avec recommandation spéciale de ne faire la distribution des spiritueux que par jour et non par semaine, comme cela s'est irrégulièrement pratiqué. Pour assurer l'exécution de cette disposition, les boissons devront être renfermées dans une armoire ou soute, dont le capitaine aura seul la clef, et les autorités maritimes se mettront en rapport avec les fonctionnaires des douanes pour qu'il soit interdit, de la manière la plus formelle, aux pêcheurs, d'embarquer des provisions particulières de spiritueux.

Des instructions seront données au chef de la division d'Islande pour qu'il ait à me signaler les capitaines qui ne se conformeraient pas aux recommandations qui précèdent, et contre lesquels je n'hésiterai pas à prononcer une suspension de commandement proportionnée à la gravité de l'infraction.

Recevez, etc.

Le Ministre secrétaire d'état de la marine et des colonies,
Signé Cᵗᵉ P. DE CHASSELOUP-LAUBAT.

Les mousses engagés pour la pêche de la morue et du maquereau ne seront levés qu'au retour.

Décision ministérielle du 22 février 1862.

Aux termes d'une décision ministérielle du 22 février 1862, les mousses engagés suivant le mode en usage, pour la pêche de la morue et pour celle du maquereau, ne seront levés qu'au retour des navires.

Pêche de la morue à Terre-Neuve. — Le décret du 24 octobre 1860, fixant le minimum d'équipage des goëlettes armées aux îles Saint-Pierre et Miquelon, n'a pas été abrogé par le décret du 15 juin 1861.

Circulaire ministérielle du 24 octobre 1862.

Messieurs, des doutes se sont élevés sur la question de savoir si le décret du 24 octobre 1860 [1], qui a fixé le minimum d'équipage des goëlettes armées aux îles Saint-Pierre et Miquelon, n'a pas été abrogé par celui du 15 juin 1861 [2], portant que ceux des 20 août et 29 décembre 1851 [3], relatifs à la pêche de la baleine, du cachalot et de la morue, continueront de recevoir leur exécution jusqu'au 30 juin 1871.

J'ai soumis cette question à M. le Ministre de l'agriculture, du commerce et des travaux publics, qui vient de me faire connaître, ainsi que je m'y attendais, que les doutes auxquels a pu donner lieu le silence gardé par le décret du

Minimum des équipages pour les pêcheurs de Saint-Pierre et Miquelon.

---

[1] Voir circulaire du 4 décembre 1860, *Bulletin officiel de la marine*, 1er semestre 1861, p. 91.

[2] *Bulletin officiel de la marine*, 2e semestre 1861, p. 27.

[3] *Bulletin officiel de la marine*, 1er semestre 1852, p. 94 à 115.

15 juin 1861, au sujet de celui du 24 octobre 1860, n'étaient point fondés.

Je vous invite à adresser par suite, aux armateurs et chambres de commerce, les communications nécessaires pour faire cesser l'incertitude qui s'était produite à cet égard.

Recevez, etc.

Le Ministre secrétaire d'état de la marine et des colonies,

Signé Cᵗᵉ P. DE CHASSELOUP-LAUBAT.

Pêche de la morue. — Les armements effectués à Saint-Pierre et Miquelon, et qui sont assujettis à un minimum d'équipage, ouvrent des droits à la prime d'armement, dont le payement pourra avoir lieu à Saint-Pierre et Miquelon.

Circulaire ministérielle du 8 février 1862.

Les pêcheurs de Saint-Pierre et Miquelon ont droit à la prime d'armement.

MESSIEURS, aux termes de la loi du 28 juillet 1860 sur les primes accordées aux grandes pêches maritimes, les goëlettes armées aux îles Saint-Pierre et Miquelon, pour faire la pêche de la morue soit au grand banc de Terre-Neuve, au banc de Saint-Pierre, dans le golfe Saint-Laurent ou sur les côtes de Terre-Neuve, sont assujetties à un minimum d'équipage que détermine le décret rendu le 24 octobre 1860.

L'obligation du minimum d'équipage imposé à ces goëlettes, ayant pour conséquence d'ouvrir à leurs armateurs des droits à la prime d'armement, j'ai prié M. le Ministre de l'agriculture, du commerce et des travaux publics de vouloir bien examiner s'il serait possible d'autoriser le payement de ladite prime à Saint-Pierre, où résident la plupart des négociants qui effectuent des armements locaux.

M. Rouher m'a répondu, le 29 janvier dernier, dans les termes suivants :

« Je ne vois aucun empêchement à ce que les armateurs » résidant à Saint-Pierre et Miquelon touchent la prime qui « leur sera allouée pour leurs armements dans cette localité.

« En conséquence, je vous transmettrai l'extrait du borde- « reau de liquidation relatif à ces armements. Cet extrait sera « accompagné de la lettre d'envoi adressée au commissaire de « l'inscription maritime de cette île, et la comptabilité de mon « ministère fera, de son côté, connaître au département des « finances, comme cela se pratique pour les sommes à payer « dans les départements, le montant des primes qui devront « être acquittées par le payeur de Saint-Pierre.

« Le désir que vous m'avez exprimé dans l'intérêt des arme- « ments recevra ainsi complète satisfaction. »

Je vous prie de porter les informations qui précèdent à la connaissance des armateurs et chambres de commerce.

Recevez, etc.

Le Ministre secrétaire d'état de la marine et des colonies,

Signé Cᵗᵉ P. DE CHASSELOUP-LAUBAT.

Décret du 22 mars 1862 portant modification de celui du 2 mars 1852, sur la police de la pêche de la morue à Terre-Neuve.

NAPOLÉON, par la grâce de Dieu et la volonté nationale, Police de la pêche EMPEREUR DES FRANÇAIS, à Terre-Neuve.

A tous présents et à venir, SALUT.

Vu le décret du 2 mars 1852, sur la police de la pêche de la morue à l'île de Terre-Neuve ;

16

Vu le procès-verbal de l'assemblée générale des armateurs pour la pêche de la morue, réunis à Saint-Servan, les 5, 6, 7 et 8 janvier 1862;

Vu l'avis de la commission instituée par la décision impériale du 20 mars 1861;

Sur le rapport de notre ministre secrétaire d'État au département de la marine et des colonies;

Le conseil d'amirauté entendu,

Avons décrété et décrétons ce qui suit :

ARTICLE PREMIER.

Les articles 8, paragraphes 3 et 4; 13, paragraphe 9 nouveau; 22, 23, paragraphes 3 et 10; 26, paragraphe 5; 31 et 42 du décret précité sont modifiés ainsi qu'il suit :

« ART. 8, § 3. A la fin de la cinquième année de jouissance, chaque capitaine constatera, par un procès-verbal signé de deux capitaines voisins, l'état de l'établissement qu'il aura formé et occupé, lequel consistera dans le chaufaud, ses orgages et ses tenailles, les cabanes et leurs portes, les étaux, lavoirs, garde-poissons, rances à bascules et cajots; il laissera ledit établissement dans la situation où il se trouvera.

« § 4. Quant aux autres objets, tels que traîneaux, bateaux, avirons et autres ustensiles, le capitaine pourra les enlever, afin que l'armateur propriétaire en dispose à son gré.

« ART. 13, § 9 nouveau. On entend par occuper une place, y déposer le nombre d'hommes d'équipage voulu par la série à laquelle le navire appartient, faire pêche effective dans le havre, trancher et saler à la place les produits de la pêche, y former et entretenir l'établissement complet de pêche. Cette explication, toutefois, ne concerne que les places de la côte est, et celles des havres du nouveau Port-aux-Choix, anse de Barbacé, îles des Sauvages et île Saint-Jean à la côte ouest.

« Toute place de la côte est ou des havres susdésignés de la côte ouest qui ne sera point ainsi occupée perdra ses droits à l'armement des seines.

« ART. 22. Aucun capitaine ne pourra, sauf les exceptions ci-après, établir son navire pour faire pêche ou sécherie dans un havre autre que celui qui lui aura été assigné par le bulletin de mise en possession, sous peine de 5oo francs d'amende, indépendammment d'une interdiction de commandement.

« Les bateaux à la ligne de main expédiés en dégrat seront admis à pêcher, trancher et saler dans tous les havres, et même à sécher sur les terrains vacants desdits havres.

« Le dégrat des bateaux pêchant aux harouelles est autorisé à la côte ouest, mais seulement dans les baies communes et dans les havres inoccupés.

« La défense portée par le premier paragraphe du présent article est sans préjudice des arrangements qui pourront être faits à l'amiable entre les armateurs ou capitaines pour l'occupation réciproque par leurs navires des havres et des places qui leur auront été respectivement affectés sur l'une et l'autre côte, et elle ne s'étend pas aux havres absolument inoccupés, où les bâtiments pourront se placer et auront la faculté de conserver la place, en faisant au retour du voyage l'abandon de celle déjà concédée.

« Toutefois, aucun échange de place ne sera valable, même entre navires appartenant au même armateur, s'il n'y a expédition des deux navires.

« En cas de non-expédition de l'un des deux bâtiments, la place qui lui appartenait avant l'échange tombera dans le domaine public.

« Les navires pêcheurs de la côte ouest sont autorisés à s'établir pour sécher leurs produits de pêche, soit dans les havres absolument inoccupés de la côte est, soit sur une place inoc-

cupée de la même côte, soit aussi par adjonction mutuelle-
ment consentie avec un des navires concessionnaires.

« En aucun cas ces bâtiments, non plus que leurs équipages,
ne pourront se livrer à la pêche, même à la ligne, à la côte est.

« Les navires concessionnaires de places à la côte est pourront aller avec leurs seines, ou envoyer leurs bateaux de seine
dans tous les havres inoccupés de ladite côte.

« Les dégrats de navires et de seines, dans les havres oc-
cupés de la côte est, sont interdits d'une manière absolue.

« Les équipages des navires naufragés sont autorisés à s'établir pour faire pêche et sécherie sur toute place inoccupée,
et même à s'adjoindre à tout navire concessionnaire, si celui-ci
n'y met obstacle.

« Ces équipages conserveront le droit de faire usage de leurs
seines.

« Nonobstant la perte de leurs bâtiments, ils seront tenus
de rembourser tous les engagements par eux contractés en vue
de la campagne, à charge par l'armateur, représenté, en son
absence, par le capitaine, de pourvoir à ses frais à leur rapatriement, ainsi qu'à leur entretien et à leur subsistance, et
d'exécuter intégralement de son côté les stipulations du contrat.

« Il ne pourra, dans l'intervalle d'un tirage à l'autre, être
créé de nouvelles places, à moins que toutes celles soumises
au tirage n'aient été concédées.

« ART. 23, § 3. La pêche est libre, au contraire, pour tous
les navires pêcheurs, sans exception, expédiés à la côte ouest
dans toutes les baies où il n'est pas créé de places particulières,
et qui sont désignées sur le tableau de répartition des places,
comme affectées à l'exploitation commune. Ces baies sont celles
de Port-à-Port, avec ses divers mouillages, des îles, avec toutes
les rades qui en dépendent, de Bonne-Baie, de Tête-de-Vache,

de Sainte-Marguerite, avec l'anse du Nouveau-Ferrolle et de l'anse aux Fleurs.

« § 10. On entend par occuper une place à la côte ouest (sauf la réserve faite par l'article 13 relativement aux havres du nouveau Port-aux-Choix, de l'anse de Barbacé, de l'Ile-au-Sauvage et de l'île Saint-Jean), mouiller au moins une fois dans le havre où l'on est concessionnaire d'une place. Il suffit de paraître parmi les pêcheurs du golfe, si l'on est pourvu d'un bulletin d'autorisation de pêche.

« ART. 26, § 5. Les bateaux, les sels et les autres objets laissés à la côte, et qui n'auront pas été enlevés par le proprié-taire du 1er au 10 septembre de la seconde année, à partir de l'époque de l'occupation, seront vendus à l'encan, à la dili-gence de prud'homme, au profit du propriétaire, à la charge par l'acquéreur de les enlever dans la quinzaine qui suivra la vente.

« ART. 31. L'usage des lignes de fond ou harouelles n'est autorisé qu'à la côte ouest de Terre-Neuve.

« Les chaloupes pêchant avec des harouelles sont affectées aux places, et leur nombre dépend du rang de série desdites places.

« Les places de première série pourront en armer trois, celles de deuxième série deux, et celles de troisième série une seulement.

« Ces chaloupes n'auront pas le droit de faire lever les ba-teaux pêchant à la ligne de main et réciproquement.

« ART. 42. La pêche du saumon au moyen de barrages ou de rets pourra se faire dans les ruisseaux, ainsi que dans les rivières, mais jamais le long des côtes. »

240 TITRE III.

ART. 2.

Le paragraphe suivant est ajouté, entre les paragraphes 2 et 3, à l'article 13 du décret du 2 mars 1852 :

« Avant d'être admis à prendre part à un tirage partiel, tout armateur déjà concessionnaire de places à Terre-Neuve devra s'engager à y expédier le même nombre de navires que l'année précédente, ou déclarer que son intention est de faire abandon de telle ou telle place, le tout sous peine des amendes portées ci-dessus, dont le chiffre sera toutefois réduit proportionnellement au nombre d'années restant à courir jusqu'à l'époque du renouvellement intégral des concessions. »

ART. 3.

La disposition suivante est ajoutée au décret du 2 mars 1852 susvisé :

« ART. 25 bis. Les amers servant à indiquer l'entrée des « havres seront entretenus par les capitaines les plus voisins « desdits havres.

« En cas de difficulté, le prud'homme pêcheur compétent « statuera. »

ART. 4.

Notre ministre secrétaire d'État au département de la marine et des colonies est chargé de l'exécution du présent décret, qui sera inséré au *Bulletin des lois* et au *Bulletin officiel de la marine*.

Fait au palais des Tuileries, le 22 mars 1862.

Signé NAPOLÉON.

Par l'Empereur :

Le Ministre secrétaire d'état de la marine et des colonies,

Signé Cte P. DE CHASSELOUP-LAUBAT.

Les armateurs pour la pêche de la morue sont autorisés à faire traiter par un même officier de santé ou médecin plusieurs équipages réunis dans le même havre.

Dépêche adressée par le Ministre, le 4 avril 1862, aux membres de la Chambre de commerce de Saint-Brieuc.

MESSIEURS, par votre lettre du 1er de ce mois, vous demandez que les armateurs des bâtiments expédiés pour la pêche de la morue à la côte de Terre-Neuve soient provisoirement autorisés à s'associer pour faire traiter par un même officier de santé ou médecin *plusieurs équipages réunis dans le même havre.*

[marginal note: Un même officier de santé peut servir pour un groupe de navires.]

Je m'empresse de vous informer que j'accueille cette demande dans les termes où elle est présentée, c'est-à-dire avec la condition que le service médical dont il s'agit ne sera confié qu'à des chirurgiens munis du diplôme de docteur en médecine ou de celui d'officier de santé, et que les havres desservis seront renfermés dans les circonscriptions établies par le projet d'arrêté qui vous a été communiqué le 21 février dernier.

Recevez, etc.

Le Ministre secrétaire d'état de la marine et des colonies,

Signé Cte P. DE CHASSELOUP-LAUBAT.

Les navires destinés pour la pêche de la morue en Islande sont autorisés à quitter nos ports à compter du 20 mars.

Circulaire ministérielle du 13 février 1863.

MESSIEURS, diverses demandes ont été adressées à mon département à l'effet d'obtenir que le départ des navires destinés pour la pêche de la morue en Islande ait lieu avant le 1er avril.

M. le Chef de la division navale d'Islande m'ayant fait connaître, à l'issue de la dernière campagne, qu'on pouvait sans

[marginal note: Autorisation donnée aux pêcheurs de partir pour l'Islande dès le 20 mars.]

inconvénient permettre aux navires pêcheurs de quitter nos ports de façon à leur donner les moyens d'arriver en Islande pour le 1er avril, j'ai fait connaître aux chambres de commerce des ports intéressés dans ces sortes d'expéditions, que j'étais disposé à autoriser d'une manière générale le départ desdits navires à partir du 20 mars, si la mesure pouvait avoir quelque effet utile à nos armements.

Ces diverses assemblées se sont montrées favorables à l'adoption de cette mesure, à l'exception d'une seule qui a basé sa détermination sur ce que le départ des navires, avant le 1er avril, pourrait amener le retour des sinistres, et sur cette considération, que la morue pêchée en mars étant encore garnie de ses œufs, sa capture, à cette époque de l'année, est contraire à la reproduction de l'espèce.

Ces craintes n'étant pas fondées, puisque le départ ne serait autorisé qu'à compter d'une époque qui permettrait aux navires d'arriver seulement en avril, j'ai décidé que les bâtiments armés à destination de la pêche de la morue en Islande pourraient quitter nos ports à partir du *20 mars.*

Je vous invite à porter immédiatement cette disposition à la connaissance des capitaines, armateurs et chambres de commerce du sous-arrondissement de...

Recevez, etc.

Le Ministre secrétaire d'état de la marine et des colonies,

Signé Cte P. DE CHASSELOUP-LAUBAT.

Pêche de la morue en Islande. — Notification d'un décret portant abrogation de l'ordonnance du 16 janvier 1840.

Circulaire ministérielle du 16 janvier 1864.

MESSIEURS, une ordonnance du 16 janvier 1840 avait fixé

au 1er avril le départ des navires destinés pour la pêche de la morue en Islande.

Époque de départ
pour la pêche
d'Islande
laissée à la liberté
des armateurs.

Des réclamations ont été élevées à différentes époques contre cette disposition, qui était de nature à entraver le développement de nos armements. A la suite d'informations recueillies depuis deux ans, il a été reconnu que la mesure dont il s'agit pouvait être rapportée sans inconvénient.

J'ai, en conséquence, soumis à l'Empereur, qui l'a revêtu le 9 octobre de sa signature, un décret portant abrogation de l'ordonnance précitée.

Vous trouverez reproduit ci-après mon rapport à Sa Majesté, et le décret du 9 octobre 1863, que je vous prie de porter immédiatement à la connaissance des capitaines, armateurs et chambres de commerce de votre circonscription maritime.

Recevez, Messieurs, l'assurance de ma considération très-distinguée.

Le Ministre secrétaire d'état de la marine et des colonies,

Signé Cte P. DE CHASSELOUP-LAUBAT.

ANNEXE N° 1.

———

RAPPORT A L'EMPEREUR.

Sire,

Une ordonnance, en date du 16 janvier 1840, « défend à « tout capitaine de navire expédié pour la pêche de la morue « sur les côtes d'Islande, d'appareiller et de faire route annuellement avant le 1er avril. »

Cette ordonnance a été rendue à la suite de sinistres sur-
venus pendant la campagne de pêche de 1839, et dont la
cause était attribuée au départ prématuré des navires pêcheurs,
ainsi qu'au défaut d'aptitude des marins qui les commandaient.

Le département de la marine a reçu à différentes époques
des demandes ayant pour objet d'obtenir que le départ des
navires destinés pour la pêche de la morue en Islande ait lieu
avant le 1er avril.

M. le chef de la division navale affectée dans ces parages à
la surveillance de la pêche, ayant émis l'avis, à la suite de la
campagne de l'année dernière, que des facilités pouvaient,
sous ce rapport, être accordées aux armateurs, j'ai fait connaître aux chambres de commerce des ports intéressés dans
les expéditions pour la pêche de la morue en Islande, que
j'étais disposé à autoriser, d'une manière générale, à titre
d'essai, le départ des navires à dater du 20 mars, si la mesure pouvait avoir quelque effet utile à nos armements.

Ces diverses assemblées se sont, à l'exception d'une seule,
montrées favorables à l'adoption de la mesure, qui a en effet
été mise en pratique, sans qu'il en soit résulté des inconvénients de nature à motiver le maintien de l'ordonnance de
1840.

Les circonstances dans lesquelles cette ordonnance a été
rendue se sont, d'ailleurs, considérablement modifiées, en
raison du perfectionnement apporté depuis lors dans la cons-
truction et l'armement des bâtiments pêcheurs, qui sont en
outre commandés par des marins réunissant des conditions
d'aptitude supérieures à celles qu'on exigeait en 1839.

Je ne vois donc aucun inconvénient à l'abrogation de l'ordonnance dont il s'agit. Les armateurs et les capitaines demeureront juges de l'opportunité du départ, et je crois que la li-

berté qui leur sera laissée à cet égard ne peut qu'être favorable au développement des armements, en supprimant une entrave que rien ne justifie plus suffisamment.

Les armateurs seront prévenus, toutefois, que les bâti-ments composant la division navale d'Islande n'appareille-ront pas pour leur destination avant l'époque habituelle, c'est-à-dire vers le 15 mars, de sorte que les pêcheurs ne sauraient compter, en cas de départs anticipés de leur part, sur le con-cours qu'ils sont habitués à rencontrer dans la marine impé-riale, s'il venait à surgir quelques-unes de ces difficultés que la présence des bâtiments de l'État suffit pour aplanir.

Après m'être concerté avec M. le Ministre de l'agriculture, du commerce et des travaux publics, j'ai l'honneur de sou-mettre à la signature de Votre Majesté le projet de décret ci-joint, portant abrogation de l'ordonnance du 16 janvier 1840 précitée.

Je suis avec le plus profond respect, Sire, de Votre Ma-jesté le très-humble et très-obéissant serviteur et fidèle sujet,

Signé Cte P. DE CHASSELOUP-LAUBAT.

ANNEXE N° 2.

Décret du 9 octobre 1863, portant abrogation de l'ordonnance du 16 jan-vier 1840, défendant aux navires de partir pour la pêche de la morue en Islande avant le 1er avril.

NAPOLÉON, par la grâce de Dieu, et la volonté nationale, EMPEREUR DES FRANÇAIS,

A tous présents et à venir, SALUT.

Sur le rapport de notre Ministre Secrétaire d'État au département de la marine et des colonies,

Avons décrété et décrétons ce qui suit :

Art. 1er. L'ordonnance du 16 janvier 1840, portant défense à tout capitaine de navire expédié pour la pêche de la morue en Islande, d'appareiller et de faire route annuellement avant le 1er avril, est abrogée.

Art. 2. Notre ministre secrétaire d'état au département de la marine et des colonies est chargé de l'exécution du présent décret, qui sera inséré au *Bulletin des lois* et au *Bulletin officiel de la marine.*

Fait au palais des Tuileries, le 8 octobre 1863.

Signé NAPOLÉON.

Par l'Empereur :

Le Ministre secrétaire d'état de la marine et des colonies,

Signé Cte P. DE CHASSELOUP-LAUBAT.

Pêche de la morue. — Importation en Espagne. — Nouvelles facilités.

Circulaire ministérielle du 25 juillet 1862.

Nouvelles facilités pour l'importation de la morue en Espagne.

Messieurs, j'ai l'honneur de vous faire connaître que la direction générale des douanes espagnoles a, par un arrêté en date du 14 novembre 1861, accordé de nouvelles facilités pour l'importation des morues étrangères dans les ports de la Péninsule.

Vous retrouverez ci-après reproduit cet arrêté, que je vous prie de porter à la connaissance des armateurs et chambres de

commerce des ports où s'effectuent des armements pour la
pêche de la morue.

Recevez, etc.

Le Ministre secrétaire d'état de la marine et des colonies,

Signé Cte P. DE CHASSELOUP-LAUBAT.

ANNEXE.

Vu le procès-verbal de l'enquête qui a eu lieu en conséquence des réclamations incessantes du commerce pour obtenir la modification du 3ᵉ paragraphe de l'arancel, pour que
la faculté soit accordée aux navires porteurs de morue provenant des lieux de pêche de relâcher en des ports non produc-
teurs de cette marchandise, pour prendre des ordres, sans
perdre droit pour cela au bénéfice dont jouissent les provenances directes;

Vu les informations des gouverneurs de province, des administrations des douanes, des juntes de commerce, favorables
en général à la prétention des demandeurs;

Considérant que la concession dont il s'agit n'est pas de nature
à nuire à l'industrie maritime, mais qu'elle peut même la fa-
voriser, en adoptant certaines mesures pour éviter la fraude:

LA REINE (Q. D. G.), en conséquence de la proposition qui
lui a été faite par cette direction générale des douanes, a bien
voulu ordonner (pour les motifs spéciaux énoncés dans ledit
article) que la morue jouisse, à son entrée dans le royaume,
des bénéfices accordés par l'arancel à celle qui provient directement des lieux de pêche, bien que pendant le voyage
et que depuis le point de départ les navires qui en sont chargés

aient touché à divers ports n'en possédant pas, à la condition néanmoins qu'ils seront munis des documents prescrits par les ordonnances administratives concernant le commerce et la pêche de la morue et qu'ils justifieront, au moyen d'un certificat du consul résidant au port de relâche, qu'ils n'ont fait aucune opération de charge ou de décharge, n'ayant touché que pour recevoir des ordres.

D'ordre royal, Madrid, 14 novembre 1861.

Le Directeur général des douanes et arancels,

Signé SALAVERIA.

Pour traduction conforme et littéral :

Alicante, le 6 juin 1862,

Signé Baron DE CHAMBAUD.

Renseignements fournis par le Consul de France à Boston, au sujet de l'importation de la morue aux États-Unis.

Circulaire ministérielle du 2 juin 1863.

Importation de la morue aux États-Unis. MONSIEUR ..... mon collègue au département des Affaires étrangères vient de me communiquer une lettre du consul de France à Boston, contenant diverses informations relatives à l'importation, dans ce port, des morues de pêche française.

Les troubles politiques dont l'Amérique est le théâtre ont amené une diminution notable dans le chiffre des importations : elles tendent néanmoins à augmenter depuis l'année dernière, et notre consul a pensé qu'en prévision d'une situation plus normale aux États-Unis il serait utile d'indiquer dès à présent, aux négociants français, une combinaison capable de développer les débouchés que, depuis une dizaine d'années, nos nationaux se sont ouverts à Boston.

M. Souchard s'exprime à cet égard dans les termes suivants :

« Les règlements de la douane américaine admettant les « négociants du pays à établir, moyennant certaines garanties, « des magasins d'entrepôt, les commerçants qui achètent la « morue sèche de provenance française l'emmaganisent dans « des *Bonded Warehouses* et les conservent jusqu'au commen-« cement de l'hiver, époque où ils l'expédient pour les Antilles, « par petits lots. Pourquoi ceux de nos armateurs qui sont in-« téressés dans les pêcheries de Terre-Neuve ne s'entendraient-« ils pas entre eux pour se substituer, par l'intermédiaire de « l'un ou plusieurs de leurs consignataires, aux expéditeurs de « Boston, en affermant un entrepôt ?

« Ils trouveraient à cela un avantage incontestable, car ils « s'assureraient en peu de jours le droit à la prime de pêche, « en envoyant ici le poisson dirigé ordinairement sur le golfe « du Mexique, et ils éviteraient les frais et les retards d'une « longue navigation, ainsi que les risques de détérioration ré-« sultant, pour les chargements, des chaleurs d'été sous une « latitude tropicale, détérioration qui leur inflige non-seule-« ment la perte de leurs marchandises, mais encore celle de « la prime.

« La morue sèche entreposée ici pourrait être expédiée « dans la saison favorable, soit sur des navires affrétés expres-« sément, soit comme partie des cargaisons assorties que pren-« nent les nombreux bâtiments de Boston et de New-York qui « font le commerce des Antilles et de l'Amérique du Sud.

« Je crois, Monsieur le Ministre, que cette combinaison, « dont je n'ai fait qu'indiquer rapidement les avantages prin-« cipaux, serait parfaitement pratique, et peut-être Votre Excel-« lence jugera-t-elle utile de la soumettre à l'examen des

« chambres de commerce directement intéressées dans la
« question. »

Sans vouloir donner à la combinaison de M. le Consul de
France à Boston un caractère d'importance qu'elle ne comporte pas, je pense qu'il peut y avoir utilité à la faire connaître. Je vous autorise, en conséquence, à communiquer la
présente dépêche aux chambres de commerce des ports du
sous-arrondissement de . . . . . qui arment pour la pêche de
la morue à Terre-Neuve.

Recevez, etc.

Le Ministre secrétaire d'état de la marine et des colonies,

Signé Cᵗᵉ P. DE CHASSELOUP-LAUBAT.

TITRE QUATRIÈME.

NAVIGATION COMMERCIALE.

Réexpédition de navires français dans un port étranger.

Circulaire ministérielle adressée le 9 juillet 1861
aux consuls de France à l'étranger.

MESSIEURS, jusqu'à présent, quand le capitaine d'un navire de commerce français arrivé dans le port de votre résidence à la suite d'un voyage de long cours a demandé à être expédié de ce port même pour un nouveau voyage sans rentrer en France, vous avez cru devoir me soumettre cette demande, qui vous paraissait ne pouvoir être accueillie sans mon autorisation.

Ce mode de procéder entraînant des lenteurs incompatibles avec la célérité qu'exigent quelquefois les opérations commerciales, et donnant souvent lieu à des dépenses assez considérables pour le rapatriement de l'équipage, j'ai décidé qu'à l'avenir vous pourriez expédier pour toute destination, avec un simple visa au rôle, les navires dont les équipages auront souscrit l'engagement de suivre le bâtiment dans toutes ses escales, ou consentiront à entreprendre le nouveau voyage lorsque la proposition leur en sera faite à l'étranger.

Jusqu'à ce que j'aie fait une réglementation complète, pour laquelle je demande l'avis des chambres de commerce des ports principaux, vous exigerez des capitaines qui demanderont à jouir de cette facilité de réexpédition, soit le versement à la chancellerie de votre consulat du montant des salaires acquis

par l'équipage au moment de la réexpédition du navire, soit
une traite sur leurs armateurs, qui auront alors à verser eux-
mêmes dans la caisse des gens de mer les salaires de l'équipage, dont la répartition sera indiquée sur une liste nominative arrêtée par vous et mise à l'appui de la traite. Une partie
des sommes transmises en France pourra, de cette manière,
être distribuée sur procuration aux familles des marins qui,
ayant ainsi loué leurs services pour un temps illimité, se trouveraient autrement dans l'impossibilité de venir en aide à leurs
femmes ou enfants.

Veuillez donner des instructions conformes à la présente
dépêche aux vice-consuls placés dans le ressort de votre arrondissement consulaire.

Recevez, etc.

Le Ministre secrétaire d'état de la marine et des colonies,

Signé Cte P. DE CHASSELOUP-LAUBAT.

**Navigation d'intercourse. — Réexpédition de navires français
en pays étrangers.**

Circulaire ministérielle adressée le 9 juillet 1861 aux membres
des chambres de commerce du littoral.

Réexpédition
de
navires français
à l'étranger.

MESSIEURS, jusqu'à présent, quand le capitaine d'un navire
de commerce français, arrivé dans un port étranger voisin des
côtes de l'Empire demandait à être expédié de ce port même
pour un nouveau voyage, sans rentrer en France, le consul à
qui cette demande était adressée était obligé d'en référer au
département de la marine, qui ne l'accueillait qu'à la condition
de réarmer le navire à nouveau et d'en changer le rôle
d'équipage.

Sur les représentations de quelques chambres de commerce,

j'ai consenti, à titre provisoire, à ce qu'il n'en fût plus ainsi, et je viens de donner des ordres aux consuls dans les résidences desquels se font généralement ces sortes d'opérations, afin qu'ils expédient dorénavant les navires pour toute destination sans autre formalité que le visa du rôle, et sous la réserve,

1° Que l'équipage consentira à ce nouveau voyage;

2° Que le montant des salaires acquis sera versé en chancellerie, soit effectivement, soit au moyen d'une traite.

Avant d'adopter des dispositions réglementaires définitives à ce sujet, je crois devoir vous consulter, Messieurs, sur les mesures à prendre et que nécessitent les nouveaux usages qui tendent à s'introduire dans nos expéditions avec les étrangers.

Il y a déjà longtemps, vous le savez, que des armateurs s'entendent avec leurs équipages pour leur faire souscrire des conventions qui obligent les marins à suivre le navire dans tous les voyages qu'il effectue entre l'époque de son départ de France et celle de son retour dans un des ports de l'Empire. A la faveur de cet engagement, les bâtiments armés au long cours peuvent, sans qu'on ait à craindre un refus de service de la part de l'équipage, parcourir toutes les mers du globe pour y transporter les frets que bien souvent les armateurs savent se faire préparer par leurs correspondants en pays étrangers.

Ce mode d'engagement, très-avantageux pour le commerce maritime, paraît devoir se généraliser depuis que l'Angleterre a admis, en 1849, les marines étrangères à prendre part à l'intercourse entre les ports du Royaume-Uni et ses colonies, et a ouvert ainsi à nos armateurs une source de bénéfices dont ils s'efforcent de profiter en prenant dans les ports de la Grande-Bretagne tous les frets qu'ils peuvent se procurer.

Je constate avec satisfaction cet empressement de notre commerce à entrer dans la nouvelle voie qui lui a été ouverte; mais je dois me préoccuper, d'un autre côté, des conséquences

que cette modification profonde de nos usages maritimes entraîne pour les équipages des navires marchands.

Avec l'engagement indéfini des marins, on ne saurait continuer à observer les dispositions d'actes qui, parfaitement ap-
propriés aux besoins de la navigation telle qu'on la pratiquait
autrefois, deviennent d'une application presque impossible
aujourd'hui que les opérations commerciales, entées les unes
sur les autres, retiennent souvent les navires éloignés de la
métropole pendant des années. Je veux parler des ordonnances
et règlements remontant à la première moitié du siècle dernier [1], qui interdisent de payer des salaires à l'équipage en
cours de voyage, et qui prescrivent de n'en faire le versement
qu'au moment du désarmement du navire. Il n'est point admissible, en effet, que les familles des marins embarqués restent privées de tout secours pendant une absence aussi pro-
longée de leurs soutiens. Le crédit, qui ne leur est d'ailleurs
accordé qu'à des conditions souvent onéreuses, leur manque-
rait certainement, et elles se trouveraient, par suite, réduites
à la plus profonde misère.

Ainsi donc, du moment que notre commerce maritime veut
et doit entrer dans la nouvelle voie que lui ouvrent tous les
actes qui permettent les voyages successifs d'intercourse, il
faut nécessairement :

1° Que les marins engagés déclarent, dès l'origine, consentir
à suivre le bâtiment dans ses diverses destinations, ou bien
qu'au moment de la réexpédition ils déclarent consentir à entreprendre le nouveau voyage ;

2° Que, chaque fois qu'il terminera un voyage intermédiaire, le capitaine, s'il ne règle pas entièrement les loyers dus
aux marins, leur accorde au moins, sur leur demande, un

[1] Déclaration royale du 18 décembre 1728 ; — arrêt du conseil du 19 janvier 1734 ; — ordonnance du 1er novembre 1745.

à-compte qui pourrait être versé à la chancellerie du consulat, pour être transmis au port d'armement du navire ; ou bien encore que le capitaine donne une traite sur son armateur, en mettant à l'appui d'une liste nominative, visée au consulat, établissant les salaires dus à l'équipage. L'armateur serait, dans ce cas, tenu de verser à la caisse des gens de mer du port d'armement le montant des sommes indiquées sur ladite liste, et dont le payement pourrait être fait aux familles des marins, en vertu de procurations que ceux-ci leur auraient données.

Vous vous rappelez sans doute, Messieurs, que, lorsqu'en 1857 [1] les chambres de commerce du littoral furent invitées par mon prédécesseur à examiner s'il convenait de supprimer les avances délivrées aux marins avant le départ du navire, question qui fut résolue négativement, quelques-unes d'entre elles, qui s'étaient prononcées pour cette mesure, manifestèrent la pensée que, de même que les marins au service de l'État souscrivent sur leur solde, en faveur de leurs familles, des délégations qui sont payées à ces dernières par l'entremise de l'administration de la marine, de même les marins embarqués sur les navires du commerce devaient pouvoir, avant le départ, exprimer l'intention d'abandonner à leurs familles une portion de leurs loyers, que les armateurs consentiraient à verser mensuellement ou trimestriellement dans la caisse des gens de mer, pour le payement en être fait aux ayants droit par les soins de l'administration.

A la demande de Son Excellence l'amiral Hamelin [2], les chambres de commerce se livrèrent à l'étude de cette nouvelle question ; mais cette proposition, qui donnait satisfaction à des intérêts bien respectables, rencontra une opposition assez vive. Des armateurs objectèrent que les mutations dans leurs

[1] Circulaire du 29 septembre 1857, n° 2758.
[2] Circulaire du 3 avril 1858, n° 822.

équipages, les chances de la navigation, la difficulté d'avoir des
nouvelles fréquentes de leurs bâtiments, les exposeraient à
faire des payements en pure perte; enfin qu'il était difficile de
concilier des dispositions de ce genre avec les termes de l'article 258 du Code de commerce, qui statue qu'aucun salaire
n'est dû à l'équipage en cas de naufrage du navire, et on s'ar-
rêta devant cette objection, qui, pour ma part, je l'avoue,
me touche peu en présence du bien qui devait résulter de la
mesure proposée, et de la situation si intéressante des familles
des marins.

Quoi qu'il en soit, ce que je demande aujourd'hui ne présente aucun des inconvénients signalés en 1857 pour les délégations. Le capitaine qui versera des salaires en chancellerie
sera parfaitement en mesure d'établir exactement le décompte
des loyers dus à l'équipage; il ne le fera du reste qu'avec l'attache de l'autorité consulaire. Dans le cas de transmission de
traite, l'armateur n'aventurera pas ses fonds en versant les salaires à la caisse des gens de mer, puisqu'il saura, d'une part,
que son navire a heureusement terminé son voyage, dont le
compte aura été réglé, et que, d'autre part, les marins ne seront payés qu'après le service rendu et sur la preuve de leur
présence à bord au moment du payement. Ce mode de règlement des loyers sera d'ailleurs conforme à la jurisprudence
généralement consacrée aujourd'hui, et d'après laquelle les
salaires de l'équipage sont acquis pour toutes les traversées
heureusement accomplies, lesquelles doivent être considérées
comme autant de voyages distincts, les dispositions de l'article 258 du Code de commerce étant de droit étroit, et ne
s'appliquant qu'à la traversée dans le cours de laquelle le navire s'est perdu.

J'appelle donc avec confiance, Messieurs, votre attention sur
ces dispositions, qui vous sembleront sans doute, comme à

moi, le correctif nécessaire des obligations que l'extension du commerce d'intercourse paraît devoir imposer aux équipages des bâtiments marchands, et je vous prie de me faire part, le plus tôt possible, des réflexions que vous suggérera la lecture de la présente circulaire.

Recevez, etc.

Le Ministre secrétaire d'état de la marine et des colonies,

Signé Cte P. DE CHASSELOUP-LAUBAT.

Dispositions relatives aux réexpéditions de navires en pays étrangers et au règlement des salaires des équipages en cours de voyage. — Décision impériale en matière de conduite de retour des marins du commerce.

Circulaire ministérielle du 29 mars 1862.

MESSIEURS, vous trouverez ci-après un arrêté par lequel j'ai rendu définitives les dispositions que j'avais prises à titre provisoire, par ma circulaire du 9 juillet 1861, relativement aux réexpéditions de navires en pays étranger, au règlement des salaires des équipages en cours de voyage et aux payements partiels à faire aux familles des marins absents.

J'en informe aujourd'hui même les chambres de commerce du littoral.

Je joins à la présente dépêche un rapport à l'Empereur, dans lequel j'ai proposé à Sa Majesté de décider que les frais de conduite alloués aux gens de mer pour se rendre dans leurs quartiers seraient, à l'avenir, comme toutes autres conditions de l'engagement, objet de stipulations entre l'armateur et l'équipage.

Désormais donc, ainsi que le porte la décision impériale, c'est à défaut de stipulation spéciale que l'indemnité de route

> Réexpédition de navires français à l'étranger.
>
> Frais de conduite et de rapatriement des gens de mer laissés à la liberté des stipulations entre les armateurs et les marins.

fixée par le décret du 7 avril 1860 « continuera à être allouée
« aux gens de mer naviguant pour le commerce pour se rendre
« dans leurs quartiers, lorsqu'ils ne sont pas ramenés dans le
« port d'armement du navire à bord duquel ils étaient em-
« barqués. »

Vous remarquerez que la décision impériale ne s'applique
pas aux autres cas prévus par le décret de 1860.

Recevez, etc.

Le Ministre secrétaire d'état de la marine et des colonies,

Signé Cte P. DE CHASSELOUP-LAUBAT.

ANNEXES.

———

ARRÊTÉ.

LE MINISTRE SECRÉTAIRE D'ÉTAT DE LA MARINE ET DES COLONIES
ARRÊTE :

ART. 1er. A la revue de départ des navires du commerce,
le commisssaire de l'inscription maritime invitera les hommes
de l'équipage à faire connaître la portion de salaire qu'ils entendent déléguer.

ART. 2. Les capitaines pourront déléguer telle portion de
leurs salaires qu'il leur conviendra. Les délégations des marins
portées sur le rôle avec le titre d'officier ne pourront s'élever
à plus de la moitié de leurs gages. Les autres hommes de
l'équipage ne seront admis à déléguer que le tiers.

Il sera toutefois facultatif de dépasser ces limites avec l'assentiment des armateurs.

Mention de la quotité déléguée sera immédiatement faite
sur le rôle d'équipage à l'article de chacun des délégataires.

ART. 3. Des délégations ou retenues pour aliments ne pourront être inscrites d'office que dans les cas prévus par les articles 2o3, 2o5 et 214 du Code Napoléon.

ART. 4. Lorsqu'il sera parvenu dans une colonie française ou dans un port étranger, tout capitaine qui voudra se faire réexpédier pour une colonie française ou pour un port étranger devra faire régler par l'autorité compétente les salaires des hommes composant son équipage, jusqu'au jour où il réclamera son rôle pour reprendre la mer. Il sera tenu de remettre le montant de ces salaires entre les mains du commissaire de l'inscription maritime, du consul ou du vice-consul, au moyen d'une traite tirée sur son armateur, à l'ordre du trésorier des invalides de la marine du port d'armement du navire.

Cette traite, accompagnée d'un état nominatif indiquant la répartition à faire des sommes qu'elle représentera, sera directement adressée au ministre.

Les payements partiels ainsi effectués seront mentionnés à l'article de chacun des hommes de l'équipage.

Les capitaines pourront, d'ailleurs, conformément à l'article 3o de l'ordonnance du 29 octobre 1853, continuer à faire des avances ou à payer des à-compte aux hommes de leur équipage.

ART. 5. Dès que les armateurs auront acquitté les traites tirées sur eux par leurs capitaines, les commissaires de l'inscription maritime assureront le payement à qui de droit des sommes déléguées. Le restant des salaires demeurera déposé dans la caisse des gens de mer, pour être remis aux marins à leur rentrée en France, ou, à défaut, à leurs héritiers ou ayants droit.

Fait à Paris, le 22 mars 1862.

Signé Cᵗᵉ P. DE CHASSELOUP-LAUBAT.

RAPPORT A L'EMPEREUR.

Paris, 22 mars 1862.

SIRE,

Aux termes de l'article 11 du décret du 7 avril 1860,

« Les gens de mer naviguant pour le commerce ont droit
« à une indemnité de route pour se rendre dans leurs quar-
« tiers, s'ils ne sont pas ramenés dans le port d'armement du
« navire à bord duquel ils étaient embarqués.

« Les gens de mer débarqués hors de France et rapatriés,
« et ceux qui ont été embarqués en cours de voyage, peuvent
« exiger l'indemnité de route pour se rendre dans leurs quar-
« tiers, lors même qu'ils sont ramenés au port d'armement.

« Les chirurgiens, subrécargues, cuisiniers, domestiques ou
« agents non inscrits, faisant partie de l'équipage d'un navire
« de commerce, ont droit à une indemnité de route pour se
« rendre dans le port d'armement du navire, si le navire ne
« les y ramène pas, ou s'ils sont débarqués en cours de voyage
« pour une cause indépendante de leur volonté. »

Enfin, l'article 12 a déterminé le tarif de l'indemnité allouée,
par kilomètre, aux différentes personnes en faveur desquelles
cette indemnité était stipulée par le décret.

Ces dispositions ont, en ce qui concerne les gens de mer
se rendant dans leurs quartiers, donné naissance à des réclamations assez vives, fondées sur ce que, dans bien des cas,
les marins débarqués dans un port autre que celui où le navire
avait été armé trouvaient à se rengager dans ce port ou dans
un port voisin, et qu'ainsi l'armateur était grevé de frais de
conduite qui n'étaient nullement motivés.

Présentées d'une manière générale, ces prescriptions peuvent en effet, entraîner des abus, et imposer à notre marine
marchande une charge assez lourde et qui n'est pas justifiée.

Je crois donc que ces frais de conduite peuvent, comme d'autres conditions de l'engagement, être laissés à la liberté des stipulations entre les armateurs et les gens de mer, et que, pour sauvegarder les intérêts sur lesquels l'État doit étendre plus particulièrement sa sollicitude, il suffit de déclarer qu'en l'absence de toute stipulation spéciale les dispositions du décret du 7 avril continueront à être appliquées.

En conséquence, j'ai l'honneur de proposer à l'Empereur de vouloir bien décider qu'à l'avenir, « à défaut de stipulation « spéciale dans les engagements relativement aux frais de route « pour se rendre dans leurs quartiers, les gens de mer navi- « guant pour le commerce continueront à recevoir les indem- « nités qui leur seront allouées conformément au décret du « 7 avril 1860. »

Je suis, Sire, avec un profond respect, etc.

Le Ministre secrétaire d'état de la marine et des colonies,

Signé Cte P. DE CHASSELOUP-LAUBAT.

Approuvé :

Signé NAPOLÉON.

**Réexpédition de navires français dans un port étranger.
Frais de conduite des marins.**

Circulaire ministérielle adressée le 29 mars 1862 aux Chambres de commerce du littoral.

Messieurs, sous l'empire des anciens règlements, lorsqu'un capitaine d'un navire de commerce français, arrivé dans un port étranger voisin des côtes de France, trouvait à être réexpédié pour un autre port étranger, il était obligé de

Réexpédition de navires, à l'étranger. Frais de conduite.

demander au consul l'autorisation d'entreprendre ce nouveau
voyage. Sa demande devait être transmise au département de
la marine, qui ne l'accueillait qu'à la condition de payer les
salaires acquis, de réarmer administrativement le navire, et
dès lors de remplacer le rôle d'équipage.

Cette prescription entraînait des retards et des frais onéreux
pour nos armateurs.

Préoccupé de cette situation, j'ai, par ma circulaire du
9 juillet 1861, autorisé, à titre provisoire, nos consuls à réexpédier désormais les navires pour toute destination, sans
autre formalité que le simple visa du rôle.

Il était d'ailleurs bien entendu que l'équipage devait consentir à une nouvelle expédition, pour le cas où il ne se serait pas engagé dès l'origine à suivre le navire dans les divers
voyages, et que le montant des salaires acquis après chaque
expédition serait versé en chancellerie, soit effectivement, soit
au moyen d'une traite.

En effet, si d'un côté il importait de laisser la plus grande
latitude aux opérations du commerce, de l'autre, il n'était pas
moins nécessaire d'assurer aux matelots le payement de ce
qui leur était dû, et aussi de les mettre à même de donner,
pendant des absences qui peuvent se prolonger, des subsides
à leurs familles.

Les mesures prescrites à titre provisoire par ma décision
du 9 juillet dernier ont paru aux chambres de commerce,
consultées à cet égard, donner une entière satisfaction aux
divers intérêts qu'il s'agissait de sauvegarder, et je n'hésite
pas à les rendre définitives; j'ai adressé en conséquence des
instructions aux autorités compétentes tant en France qu'à
l'étranger.

J'ai dû aussi m'occuper de l'application des règlements sur
les frais de conduite des marins qui, congédiés dans un port

autre que celui de l'armement, doivent être renvoyés dans leurs quartiers au compte de l'armateur.

C'est là une charge qui ne laisse pas que d'être assez lourde, et n'a pas de raison d'être lorsque le marin se rengage dans le port même où il vient d'être débarqué.

Il m'a paru que cette condition de frais de conduite devait être entièrement laissée à la liberté de conventions entre l'armateur et l'équipage, et qu'il suffisait d'en maintenir l'obligation en l'absence de toute stipulation spéciale.

La marine ne doit intervenir dans les conventions que pour les constater, et conserver aux marins, ainsi qu'à leurs familles, sa tutélaire et bienfaisante protection.

Une décision impériale, en date du 22 mars, modifie dans le sens que je viens d'indiquer les dispositions du décret du 7 avril 1860.

Recevez, etc.

Le Ministre secrétaire d'état de la marine et des colonies,
Signé Cᵗᵉ P. DE CHASSELOUP-LAUBAT.

Les navires armés au long cours qui font retour ailleurs qu'au port d'armement sont autorisés à regagner ce port sans changer de rôle d'équipage, sauf règlement des salaires acquis au port d'arrivée en France.

Circulaire ministérielle du 24 mai 1862.

MESSIEURS, des observations m'ont été présentées sur l'obligation imposée aux navires armés au long cours, effectuant leur retour ailleurs qu'au port d'armement, de changer de rôle pour se rendre dans ce port, ce dernier voyage étant considéré comme effectué au cabotage.

Cette obligation, établie dans le but d'assurer le payement

[note marginale : Faculté d'employer le même rôle d'équipage jusqu'au retour au port d'armement.]

des salaires des équipages au moment où ils étaient acquis, peut être onéreuse au commerce, et j'ai jugé possible de l'en exonérer, tout en sauvegardant les intérêts des marins.

À cet effet, il suffit d'appliquer le principe posé dans mon arrêté du 22 mars dernier, et de décider que tout navire rentrant en France dans un port autre que son port d'armement pourra, sans nouveau rôle, mais avec un simple visa, se rendre dans ce dernier port, sous la seule condition qu'il sera procédé au règlement des salaires acquis à l'arrivée en France.

Cette réserve est commandée, vous le comprenez, par la nécessité de mettre les salaires de l'équipage à l'abri de toute éventualité en cas de perte du navire dans la traversée de retour au dernier port.

Je vous invite à prendre note de la présente circulaire en marge de celle du 8 juin 1853 (*Bulletin officiel*, p. 541).

Recevez, etc.

Le Ministre secrétaire d'état de la marine et des colonies,

Signé Cᵗᵉ P. DE CHASSELOUP-LAUBAT.

Les certificats de visite délivrés aux navires armés au cabotage doivent, sauf dans le cas d'avaries, être considérés comme ayant la même durée que le rôle d'équipage.

Circulaire ministérielle du 19 décembre 1862.

Les certificats de visite ont la même durée que le rôle d'équipage.

MESSIEURS, j'ai été informé que quelques consuls sont dans l'habitude de faire procéder à la visite des bâtiments armés au cabotage, quand le délai pendant lequel le certificat de visite est valable vient à être périmé à l'étranger, et alors même que ces navires n'ont point éprouvé d'avaries, dont la constatation est nécessaire.

Mon intention est qu'il n'en soit plus ainsi, et que, à l'avenir, les certificats de visite des navires expédiés pour le cabotage restent valables jusqu'au retour en France de ces bâtiments, qui, en raison même de leur genre de navigation, ne sont jamais éloignés pour longtemps des ports de l'Empire. Il ne sera dérogé à cette règle par les autorités consulaires que dans le cas où, le navire ayant fait des avaries, il y aurait péril à l'autoriser à entreprendre une nouvelle traversée avant d'avoir constaté qu'il est en état de tenir la mer.

Vous voudrez bien donner des instructions dans ce sens aux agents placés sous vos ordres.

Recevez, etc.

Le Ministre secrétaire d'état de la marine et des colonies,

Signé Cte P. DE CHASSELOUP-LAUBAT.

Visite des navires armés au cabotage.

Circulaire ministérielle du 23 mars 1863.

MESSIEURS, suivant la circulaire du 3 mars 1857 (*Bulletin officiel*, page 165), lorsqu'un navire armé au cabotage relâche dans un port avec un rôle d'équipage ayant déjà un an de durée, on doit s'abstenir de procéder au renouvellement de ce rôle, si le navire fait ensuite directement retour à son port d'armement. Vous agirez désormais de la même manière en ce qui touche la visite des navires, à moins qu'il n'y ait lieu de penser, par suite de déclarations de l'équipage, des chargeurs ou de tout autre intéressé dans l'opération, que le bâtiment ne pourrait sans danger entreprendre une nouvelle traversée avant d'avoir subi des réparations. Dans ce cas, les

Les navires armés au cabotage sont dispensés d'une nouvelle visite jusqu'au retour au port d'armement.

constatations nécessaires pour établir qu'il est en état de tenir la mer devront être exigées par l'autorité maritime, préalablement au visa du rôle.

Recevez, etc.

Le Ministre secrétaire d'état de la marine et des colonies,

Signé Cte P. DE CHASSELOUP-LAUBAT.

Visite des navires armés au long cours.

Circulaire ministérielle du 3o octobre 1863.

Les navires armés au long cours sont dispensés d'une nouvelle visite jusqu'au retour au port d'armement.

MESSIEURS, je vous autorise à étendre les dispositions de la circulaire du 23 mars 1863 (*Bulletin officiel,* page 142), en vertu de laquelle les navires armés au cabotage qui font directement retour dans leur port d'armement sont affranchis de la visite, aux navires armés au long cours qui, après avoir déposé leur cargaison dans l'un des ports de l'Empire, reviennent au port d'armement avec le même rôle d'équipage, ainsi qu'ils y sont autorisés par la circulaire du 24 mai 1862 (*Bulletin officiel,* page 457).

Recevez, etc.

Le Ministre secrétaire d'état de la marine et des colonies,

Signé Cte P. DE CHASSELOUP-LAUBAT.

Navigation au bornage. — Loi du 4 juin 1858. — Le prix de la patente doit être fixé à raison de 5 centimes par tonneau pour les bateaux armés au bornage qui, naviguant exclusivement dans les fleuves, rivières et canaux, ne vont pas à la mer.

Circulaire ministérielle du 7 octobre 1861.

MESSIEURS, la loi de finances du 4 juin 1858 a assimilé, en matière de patente, le bornage au cabotage et aux grandes pêches, qui sont taxés à raison de 25 centimes par tonneau.

La même loi n'astreint qu'à un droit de 5 centimes par tonneau les barques et bateaux affectés au transport de marchandises sur les fleuves, rivières et canaux.

Réduction du prix de la patente des bateaux armés au bornage et naviguant uniquement dans les eaux fluviales.

L'administration de la marine, se conformant en cela à la loi et à la jurisprudence, qui n'admettent que quatre genres de rôles d'équipage, long cours, cabotage, bornage et petite pêche, délivre des rôles de bornage aux bateaux qui se livrent à la navigation restreinte définie par le décret-loi du 20 mars 1852.

Par suite, l'administration des contributions directes impose à la taxe uniforme de 25 centimes tous les bateaux armés au bornage, sans tenir compte des caractères différents qu'affecte ce genre de navigation, suivant qu'on l'exerce à la mer ou seulement dans la partie maritime des fleuves et rivières.

Sur mes représentations, M. le Ministre des finances vient de reconnaître que ce mode de procéder n'est pas conforme à l'esprit de la loi, et qu'en réalité la profession des patrons de barques armées au bornage, mais naviguant seulement sur les fleuves, canaux et rivières, étant de tous points semblable à celle des maîtres ou patrons de barques ou bateaux ordinaires, il est équitable d'imposer les uns comme les autres au droit de 5 centimes par chaque tonneau.

Mon collègue m'annonce avoir donné des ordres dans le

18

sens de cette solution à M. le directeur général des contributions directes.

Mais les ordres de M. de Forcade la Roquette ne pourront être suivis d'exécution qu'autant que les commissaires de l'inscription maritime indiqueront sur le rôle d'équipage, pièce d'après laquelle l'administration des contributions directes établit le prix de la patente, quel est le genre de navigation pratiqué par le navire armé au bornage.

Je vous invite donc, Messieurs, à délivrer, comme par le passé, des rôles au bornage, sans mention particulière, aux bateaux qui, exerçant cette navigation à la mer, doivent supporter la taxe de 25 centimes par tonneau, et à placer l'apostille suivante sur les rôles des bateaux armés au bornage qui naviguent exclusivement sur les fleuves, canaux et rivières et ne vont pas à la mer.

(*Navigation fluviale maritime assujettie au droit de patente de 5 centimes par tonneau.* — *Loi du 4 juin 1858.* — *Instruction du ministre de la marine et des colonies du 7 octobre 1861.*)

Recevez, etc.

Le Ministre secrétaire d'état de la marine et des colonies,

Signé Cte P. DE CHASSELOUP-LAUBAT.

Embarquement des novices et des mousses à bord des navires de commerce. — Notification d'un décret du 15 mars 1862, modificatif de l'article 3 de celui du 23 mars 1852. — Abrogation des prescriptions de la circulaire du 4 juin 1852.

Circulaire ministérielle du 24 mars 1862.

Substitution des novices aux mousses à bord des bâtiments du commerce.

MESSIEURS, vous trouverez reproduit ci-après un rapport suivi d'un décret, en date du 15 de ce mois, rendu sur ma proposition, et qui modifie les dispositions de l'article 3 de celui du 23 mars 1852, concernant les novices et les mousses, en ce sens que, dorénavant, des novices agés de moins de dix-huit ans pourront, *sans justifier d'aucune condition de navigation,* remplacer les mousses à bord de tout bâtiment armé pour le long cours, le cabotage ou les grandes pêches.

Je vous invite, Messieurs, à assurer, chacun en ce qui vous concerne, l'exécution de l'acte que je vous notifie, et à faire mentionner la disposition qu'il consacre en marge de l'article 3 du décret précité du 23 mars 1852.

La modification en question rend désormais sans objet les prescriptions de la circulaire du 4 juin 1852, qui doit conséquemment être considérée comme abrogée.

Recevez, etc.

Le Ministre secrétaire d'état de la marine et des colonies,

Signé Cte P. DE CHASSELOUP-LAUBAT.

ANNEXE.

RAPPORT À L'EMPEREUR.

SIRE,

Le décret du 23 mars 1852, en autorisant tous les bâtiments armés pour le long cours, le grand cabotage et les grandes pêches à remplacer les mousses par des novices *ayant acquis dix-huit mois de navigation avant l'âge de seize ans,* a, sans aucun doute, donné au commerce, pour la composition des équipages, plus de facilités que les règlements antérieurs.

Cependant cette prescription imposée aux novices d'avoir accompli, avant l'âge de seize ans, dix-huit mois de navigation, a plus d'une fois éloigné du métier de la mer des jeunes gens qui ne remplissaient pas cette double condition; souvent aussi après avoir navigué comme mousses pendant quelque temps, ils n'ont pu que difficilement se placer, soit parce qu'ils ne comptaient plus dans l'équipage en qualité de mousses, soit parce que, en raison de leur âge et de leur faiblesse physique, ils avaient moins de valeur pour le navire que des matelots ordinaires.

Loin donc d'attirer un plus grand nombre d'individus sur les bâtiments du commerce, l'obligation d'avoir accompli dix-huit mois de navigation avant l'âge de seize ans éloigne des jeunes gens qui pourraient rendre des services à la marine et s'y consacrer entièrement; enfin elle empêche quelquefois ceux qui déjà en ont fait l'apprentissage de continuer la carrière qu'ils ont embrassée.

J'ai pensé que, pour remédier aux inconvénients résultant des restrictions imposées par le décret de 1852, il suffisait de déterminer que, jusqu'à l'âge de dix-huit ans accomplis, les jeunes gens pourraient, *sans condition de navigation anté-rieure*, être embarqués comme novices et en remplacement de mousses; enfin il m'a semblé utile d'étendre au petit cabotage le bénéfice de cette autorisation.

Ces modifications au décret de 1852 ont obtenu l'assentiment du conseil d'amirauté, et je les soumets avec d'autant plus de confiance à l'approbation de l'Empereur, qu'en donnant à notre marine marchande de nouvelles facilités pour ses armements, et en plaçant dans de meilleures conditions les jeunes gens qui veulent se consacrer à la navigation, ces modifications répondent aux bienveillantes intentions de Votre Majesté en faveur de notre commerce et de notre population maritimes.

Je suis avec un profond respect, etc.

Le Ministre secrétaire d'état de la marine et des colonies,

Signé Cte P. DE CHASSELOUP-LAUBAT.

DÉCRET DU 15 MARS 1862.

NAPOLÉON, par la grâce de Dieu et la volonté nationale.
EMPEREUR DES FRANÇAIS,

A tous présents et à venir, SALUT.

Vu le décret du 23 mars 1852, concernant les novices et les mousses;

Sur le rapport de notre ministre secrétaire d'État au département de la marine et des colonies;

Le conseil d'amirauté entendu,

AVONS DÉCRÉTÉ et DÉCRÉTONS ce qui suit :

ARTICLE PREMIER.

L'article 3 du décret du 23 mars 1852, ci-dessus visé, est abrogé et remplacé par l'article suivant :

« ART. 3. Il pourra être embarqué à bord de tout bâtiment
« armé pour le long cours, le cabotage et les grandes pêches,
« en remplacement des mousses et dans la proportion déter-
« minée par l'article 2 du présent décret, des novices âgés de
« moins de dix-huit ans, qui ne seront tenus de justifier d'au-
« cune condition de navigation. »

ART. 2.

Notre ministre secrétaire d'État au département de la marine et des colonies est chargé de l'exécution du présent décret, qui sera inséré au *Bulletin des lois* et au *Bulletin officiel de la marine.*

Fait au palais des Tuileries, le 15 mars 1862.

Signé NAPOLÉON.

Par l'Empereur :

Le Ministre secrétaire d'état de la marine et des colonies,

Signé Cte P. DE CHASSELOUP-LAUBAT.

Composition des équipages des navires de commerce français.

Circulaire ministérielle du 4 avril 1862.

Rappel à l'acte
de
navigation
qui permet
l'introduction
dans
les équipages
des navires
de commerce
d'un quart
de matelots
étrangers.

MESSIEURS, l'article 2 de l'acte de navigation du 21 septembre 1793 a permis d'introduire dans les équipages des navires du commerce français un quart de matelots étrangers.

J'ai été informé qu'en se fondant sur des observations présentées par une dépêche déjà ancienne du département de la marine, et motivées seulement par des circonstances toutes exceptionnelles, on s'était parfois refusé, dans certains ports, à permettre l'embarquement de marins étrangers dans la proportion fixée par l'acte de navigation.

Il me suffit sans doute de vous rappeler que les règles posées par ledit acte sont formelles, pour que vous n'apportiez aucune entrave à l'application qui pourrait en être réclamée.

Recevez, etc.

Le Ministre secrétaire d'état de la marine et des colonies,

Signé Cᵗᵉ P. DE CHASSELOUP-LAUBAT.

Rapport à l'Empereur, suivi d'un décret concernant les mesures à prendre pour éviter les abordages.

Paris, le 25 octobre 1862.

SIRE,

Mesures à prendre
pour éviter
les abordages.

Le règlement qui détermine les feux que les bâtiments de guerre et les navires de commerce à voiles et à vapeur sont tenus de porter pendant la nuit a été adopté par la plupart des nations maritimes. Il a été appliqué, en dernier lieu, dans la marine française, en vertu du décret du 28 mai 1858.

Depuis cette époque, cependant, les nombreux abordages qui ont eu lieu et que le développement de la navigation à vapeur semble avoir augmentés dans une grande proportion, ont démontré l'insuffisance des prescriptions établies. En effet, si, dans bien des cas, des abordages ont pu être attribués à l'absence à bord des feux réglementaires, il a été constaté que, le plus souvent, ces sortes d'accidents se sont produits par suite de la diversité des règles observées par les différentes nations, en ce qui concerne la route à suivre pour éviter la rencontre des deux navires courant l'un sur l'autre en faisant des routes qui se croisent.

La nécessité de reviser les règles adoptées à cet égard par la marine française a été signalée à plusieurs reprises, et notamment par une commission nommée en 1858 parmi les commandants des bâtiments de l'escadre d'évolutions et qui prépara un projet de règlement. Mais le conseil d'amirauté, qui en fut saisi, déclara avec raison que, pour être efficace, une règle destinée à prévenir les abordages devait être en quelque sorte adoptée par toutes les nations, et émit l'avis qu'avant de rien changer à nos usages il était indispensable de s'entendre avec les principales puissances maritimes.

Le département des affaires étrangères fut donc saisi, par mon prédécesseur, d'une proposition qui avait pour objet de soumettre à l'examen du gouvernement britannique un projet rédigé par le conseil d'amirauté, d'après les données de la commission de l'escadre, et soit de provoquer, de concert, la réunion d'une conférence internationale en vue de l'adoption d'une règle uniforme, soit de demander l'adhésion des différentes puissances à ce qui aurait été fait.

Le projet du conseil, sauf quelques modifications que nous avons acceptées, a été adopté par le gouvernement de Sa Majesté Britannique et sanctionné, dans la dernière session, par un acte du parlement.

En présence de l'adoption définitive, par les administrations de la France et de l'Angleterre, des règles à observer dans la navigation, on a pensé qu'au lieu de réunir une commission spéciale où tous les États intéressés auraient dû se faire représenter par les délégués chargés d'élaborer contradictoirement les règles à consacrer, il était préférable et plus simple de faire remettre à ces États, simultanément et par l'intermédiaire des agents diplomatiques de France et d'Angleterre accrédités auprès d'eux, une note identique pour leur faire connaître le texte du nouveau règlement, en leur demandant d'y adhérer.

En conséquence, je viens demander à Votre Majesté de vouloir bien ordonner que le nouveau règlement sera observé par les navires de guerre et du commerce à partir du 1er juin 1861, époque à laquelle il sera mis en vigueur dans la marine britannique, et j'ai l'honneur de soumettre à Votre Majesté, en la priant de vouloir bien y donner son approbation, le décret qui a pour objet de sanctionner les nouvelles règles, dont l'observation, il faut l'espérer, devra diminuer les chances de ces accidents de mer que nous avons trop souvent à déplorer.

Je suis avec un profond respect, Sire, de Votre Majesté, le très-humble et très-obéissant serviteur.

Le Ministre secrétaire d'état de la marine et des colonies,

Signé Cte P. DE CHASSELOUP-LAUBAT.

DÉCRET DU 25 OCTOBRE 1862.

NAPOLÉON, par la grâce de Dieu et la volonté nationale, EMPEREUR DES FRANÇAIS,

A tous présents et à venir, SALUT.

Vu la loi des 9-13 août 1791;
Vu l'article 225 du Code de commerce;
Vu le décret du 28 mai 1858;
Le conseil d'amirauté entendu;
Sur le rapport de notre ministre de la marine et des colonies,

AVONS DÉCRÉTÉ et DÉCRÉTONS ce qui suit:

ART. 1er. A dater du 1er juin 1863, les bâtiments de la ma- rine impériale, ainsi que les navires du commerce, seront as- sujettis aux prescriptions ci-après, qui ont pour objet de pré- venir les abordages.

Mesures à prendre pour éviter les abordages.

Dans les règles qui suivent, tout navire à vapeur qui ne marche qu'à l'aide de ses voiles est considéré comme navire à voiles; et tout navire dont la machine est en action, quelle que soit sa voilure, est considéré comme navire à vapeur.

Règles relatives aux feux et aux signaux en temps de brume.

ART. 2. Les feux mentionnés aux articles suivants doivent être portés, à l'exclusion de tous autres, par tous les temps, entre le coucher et le lever du soleil.

ART. 3. Les navires à vapeur, lorsqu'ils sont en marche, portent les feux ci-après:

(a) *En tête du mât de misaine*, un feu blanc placé de ma- nière à fournir un rayonnement uniforme et non interrompu dans tout le parcours d'un arc horizontal de 20 quarts du compas, qui se compte depuis l'avant jusqu'à 2 quarts en arrière du travers de chaque bord, et d'une portée telle qu'il puisse être visible à 5 milles au moins de distance, par une nuit sombre, mais sans brume ;

(*b*) *A tribord*, un feu vert établi de façon à projeter une lumière uniforme et non interrompue sur un arc horizontal de 10 quarts du compas, qui est compris entre l'avant du navire, et 2 quarts sur l'arrière du travers à tribord, et d'une portée telle qu'il puisse être visible à 2 milles au moins de distance, par une nuit sombre, mais sans brume ;

(*c*) *A bâbord*, un feu rouge construit de façon à projeter une lumière uniforme et non interrompue sur un arc horizontal de 10 quarts du compas, qui est compris entre l'avant du navire, et 2 quarts sur l'arrière du travers à bâbord, et d'une portée telle qu'il puisse être visible à 2 milles au moins de distance, par une nuit sombre, mais sans brume ;

(*d*) Ces feux de côté sont pourvus, en dedans du bord, d'écrans dirigés de l'arrière à l'avant, et s'étendant à 0^m,90 en avant de la lumière, afin que le feu vert ne puisse pas être aperçu de bâbord avant, et le feu rouge de tribord avant.

Art. 4. Les navires à vapeur, quand ils remorquent, doivent, indépendamment de leurs feux de côté, porter deux feux blancs verticaux en tête de mât, qui servent à les distinguer des autres navires à vapeur. Ces feux sont semblables au feu unique de tête de mât que portent les navires à vapeur ordinaires.

Art. 5. Les bâtiments à voiles, lorsqu'ils font route à la voile ou en remorque, portent les mêmes feux que les bâtiments à vapeur en marche, à l'exception du feu blanc du mât de misaine, dont ils ne doivent jamais faire usage.

Art. 6. Lorsque les bâtiments à voiles sont d'assez faible dimension pour que leurs feux verts et rouges ne puissent pas être fixés d'une manière permanente, ces feux sont néanmoins tenus allumés sur le pont à leurs bords respectifs, prêts à être montrés instantanément à tout navire dont on constaterait l'approche, et assez à temps pour prévenir l'abordage.

Ces fanaux portatifs, pendant cette exhibition, sont tenus autant en vue que possible, et présentés de telle sorte que le feu vert ne puisse être aperçu de bâbord avant, et le feu rouge de tribord avant.

Pour rendre ces prescriptions d'une application plus certaine et plus facile, les fanaux sont peints extérieurement de la couleur du feu qu'ils contiennent, et doivent être pourvus d'écrans convenables.

ART. 7. Les bâtiments tant à voiles qu'à vapeur, mouillés sur une rade, dans un chenal ou sur une ligne fréquentée, portent, depuis le coucher jusqu'au lever du soleil, un feu blanc placé à une hauteur qui n'excède pas 6 mètres au-dessus du plat-bord et projetant une lumière uniforme et non interrompue tout autour de l'horizon à la distance d'au moins un mille.

ART. 8. Les bateaux-pilotes à voiles ne sont pas assujettis à porter les mêmes feux que ceux exigés pour les autres navires à voiles; mais ils doivent avoir en tête de mât un feu blanc visible de tous les points de l'horizon, et de plus montrer un feu de quart d'heure en quart d'heure.

ART. 9. Les bateaux de pêche non pontés et tous les autres bateaux également non pontés ne sont pas tenus de porter les feux de côté exigés pour les autres navires; mais ils doivent, s'ils ne sont pas pourvus de semblables feux, se servir d'un fanal muni sur l'un de ses côtés d'une glissoire verte, et sur l'autre d'une glissoire rouge, de façon qu'à l'approche d'un navire ils puissent montrer ce fanal en temps opportun pour prévenir l'abordage, en ayant soin que le feu vert ne puisse être aperçu de bâbord, et le feu rouge de tribord.

Les navires de pêche et les bateaux non pontés qui sont à l'ancre, ou qui ayant leurs filets dehors sont stationnaires, doivent montrer un feu blanc.

Ces mêmes navires et bateaux peuvent, en outre, faire usage d'un feu visible à de courts intervalles, s'ils le jugent convenable.

Signaux en temps de brume..

ART. 10. En temps de brume, de jour comme de nuit, les navires font entendre les signaux suivants toutes les cinq minutes au moins, savoir :

(*a*) Les navires à vapeur en marche, le sn du sifflet à vapeur qui est placé en avant de la cheminée à une hauteur de 2^m,40 au-dessus du pont des gaillards;

(*b*) Les bâtiments à voiles, lorsqu'ils sont en marche, font usage d'un cornet;

(*c*) Les bâtiments à vapeur et à voiles, lorsqu'ils ne sont pas en marche, font usage d'une cloche.

Règles relatives à la route.

ART. 11. Si deux navires à voiles se rencontrent courant l'un sur l'autre, directement ou à peu près, et qu'il y ait risque d'abordage, tous deux viennent sur tribord, pour passer à bâbord l'un de l'autre.

ART. 12. Lorsque deux navires à voiles font des routes qui se croisent et les exposent à un abordage, s'ils ont des amures différentes, le navire qui a les amures à bâbord manœuvre de manière à ne pas gêner la route de celui qui a le vent de tribord; toutefois, dans le cas où le bâtiment qui a les amures à bâbord est au plus près, tandis que l'autre a du largue, celui-ci doit manœuvrer de manière à ne pas gêner le bâtiment qui est au plus près. Mais, si l'un des deux est vent arrière ou s'ils ont le vent du même bord, le navire qui est vent arrière ou qui aperçoit l'autre sous le vent manœuvre pour ne pas gêner la route de ce dernier navire.

ART. 13. Si deux navires sous vapeur se rencontrent courant l'un sur l'autre, directement ou à peu près, et qu'il y ait risque d'abordage, tous deux viennent sur tribord, pour passer à bâbord l'un de l'autre.

ART. 14. Si deux navires sous vapeur font des routes qui se croisent et les exposent à s'aborder, celui qui voit l'autre par tribord manœuvre de manière à ne pas gêner la route de ce navire.

ART. 15. Si deux navires, l'un à voiles, l'autre sous vapeur, font des routes qui les exposent à s'aborder, le navire sous vapeur manœuvre de manière à ne pas gêner la route du navire à voiles.

ART. 16. Tout navire sous vapeur, qui approche un autre navire de manière qu'il y ait risque d'abordage, doit diminuer sa vitesse ou stopper et marcher en arrière, s'il est nécessaire. Tout navire sous vapeur doit, en temps de brume, avoir une vitesse modérée.

ART. 17. Tout navire qui en dépasse un autre gouverne de manière à ne pas gêner la route de ce navire.

ART. 18. Lorsque, par suite des règles qui précèdent, l'un des deux bâtiments doit manœuvrer de manière à ne pas gêner l'autre, celui-ci doit néanmoins subordonner sa manœuvre aux règles énoncées à l'article suivant.

ART. 19. En se conformant aux règles qui précèdent, les navires doivent tenir compte de tous les dangers de la navigation. Ils auront égard aux circonstances particulières qui peuvent rendre nécessaire une dérogation à ces règles, afin de parer à un péril immédiat.

ART. 20. Rien dans les règles ci-dessus ne saurait affranchir un navire, quel qu'il soit, ses armateurs, son capitaine ou son équipage, des conséquences d'une omission de porter des feux ou signaux, d'un défaut de surveillance convenable, ou enfin d'une négligence quelconque des précautions commandées par la pratique ordinaire de la navigation ou par les circonstances particulières de la situation.

ART. 21. Le présent décret abroge, à partir du 1ᵉʳ juin 1863, le décret du 28 mai 1858, concernant l'éclairage de nuit des bâtiments à voiles et à vapeur et les signaux de brume.

ART. 22. Notre ministre de la marine et des colonies est chargé de l'exécution du présent décret, qui sera inséré au *Bulletin des lois.*

Fait au palais de Saint-Cloud, le 25 octobre 1862.

Signé NAPOLÉON.

Par l'Empereur :

Le Ministre secrétaire d'état de la marine et des colonies,

Signé Cᵗᵉ P. DE CHASSELOUP-LAUBAT.

Recommandation de ne négliger aucun moyen de prévenir à temps les chefs des divisions navales du littoral ou les commandants des bâtiments sous leurs ordres, en cas d'accidents de mer.

Circulaire ministérielle du 27 octobre 1862.

Recommandation de prévenir les chefs des divisions navales en cas d'accidents de mer.

MESSIEURS, vous savez que l'article 5 du décret du 7 mai dernier, portant création de chefs de divisions navales sur notre littoral, prescrit à ces chefs et aux commandants des bâtiments placés sous leurs ordres de porter secours aux navires et embarcations en péril, afin de prévenir les sinistres ou d'en atténuer les conséquences.

Mais, pour donner à cette disposition toute son efficacité, il est indispensable que ces officiers soient immédiatement informés de tous les accidents de mer où leur assistance peut être utile; un avis tardif, en effet, ne leur permettrait pas le plus souvent d'arriver à temps sur les lieux.

Chaque fois donc qu'un semblable accident surviendra dans les limites de vos circonscriptions respectives, et que d'ailleurs un bâtiment des divisions navales du littoral se trouvera à portée de prêter secours, je vous recommande de ne négliger aucun moyen, et d'employer même au besoin le télégraphe, pour que le commandant de ce bâtiment soit averti sans délai.

Recevez, etc.

Le Ministre secrétaire d'état de la marine et des colonies,

Signé Cᵗᵉ P. DE CHASSELOUP-LAUBAT.

— —

Les capitaines des paquebots affectés à un service rapide et régulier sont dispensés de remplir en personne les obligations prescrites à l'égard des consuls par les articles 10, 11 et 12 de l'ordonnance du 29 octobre 1833.

Circulaire ministérielle du 10 avril 1863.

Messieurs, vous trouverez ci-après reproduite une circulaire de M. le Ministre des affaires étrangères annonçant aux consuls que les capitaines des bâtiments de commerce français, faisant un service rapide et régulier, sont exemptés pour l'avenir de l'obligation de se présenter *en personne* dans les chancelleries des consulats, afin de faire leur rapport et de déposer leurs papiers de bord, conformément aux prescriptions des articles 10, 11 et 12 de l'ordonnance du 29 octobre 1833.

Facilités accordées aux capitaines des paquebots à service rapide et régulier.

Cette mesure, que mon collègue avait concertée avec moi, et dont les motifs sont d'ailleurs exposés dans ladite circulaire, n'est que la généralisation d'une tolérance déjà pratiquée à l'égard des paquebots des messageries impériales et autres qui font une navigation régulière dans la Méditerranée.

Je vous invite à la porter à la connaissance des compagnies, armateurs et capitaines qu'elle concerne.

Recevez, etc.

Le Ministre secrétaire d'état de la marine et des colonies,

Signé Cᵗᵉ P. DE CHASSELOUP-LAUBAT.

ANNEXE.

Circulaire de M. le Ministre des affaires étrangères aux Consuls généraux, Consuls et Vice-Consuls de France, en date du 17 mars 1863.

Monsieur, mon attention a été appelée sur une infraction aux règlements assez fréquemment commise par les capitaines des bâtiments à vapeur français qui desservent les lignes exploitées par les diverses compagnies maritimes. Quelques agents de mon département s'étant plaints de ce que ces capitaines négligeaient parfois de se conformer aux articles 10, 11 et 12 de l'ordonnance du 29 octobre 1833, qui les obligent à se présenter *en personne* devant les consuls des ports où ils s'arrêtent, pour faire leur rapport et déposer leurs papiers de bord, j'ai été amené à examiner, de concert avec M. le Ministre de la marine et des colonies, s'il n'y aurait pas lieu de dispenser les commandants des paquebots à service rapide et régulier, en raison des conditions nouvelles où se trouve cette navigation, du strict accomplissement de ces devoirs.

Il a été reconnu que la périodicité même du service de ces bâtiments justifiait suffisamment chacune de leurs apparitions dans les ports d'escale, et diminuait, par suite, au point de vue de l'intérêt des propriétaires ou armateurs, l'importance des formalités imposées par la loi à leurs capitaines. Il a donc été décidé que ceux-ci pourraient être autorisés à laisser à un de leurs officiers le soin de remplir les obligations prescrites par les articles précités de l'ordonnance de 1833, obligations dont il leur serait, dans bien des cas, difficile de s'acquitter eux-mêmes, à cause de la multiplicité de leurs occupations et de la courte durée de leurs relâches.

Vous aurez, en ce qui vous concerne, Monsieur, à vous conformer à l'avenir à ces dispositions, dans les rapports de votre consulat avec les commandants de ces bâtiments.

Recevez, etc.

Signé DROUYN DE LHUYS.

Arrêté ministériel du 30 avril 1863, rapportant les dispositions relatives au Code des signaux maritimes de Reynold [1].

LE MINISTRE SECRÉTAIRE D'ÉTAT AU DÉPARTEMENT DE LA MARINE ET DES COLONIES,

Le Code Reynold n'est plus obligatoire.

Le conseil d'amirauté entendu,

ARRÊTE :

Les dispositions de la circulaire du 26 juin 1855, ayant pour effet de rendre le *Code Reynold* obligatoire à bord de tous les bâtiments du commerce, sont et demeurent rapportées.

Paris, le 30 avril 1863.

Signé Cte P. DE CHASSELOUP-LAUBAT.

---

[1] Le département de la marine s'occupe, de concert avec l'Angleterre, d'établir un code universel de signaux maritimes qui sera commun aux sémaphores et aux bâtiments de guerre et de commerce.

Yachts et bateaux de plaisance. — Adoption d'un permis spécial destiné à remplacer le rôle d'équipage.

Circulaire ministérielle du 23 mai 1862.

Le rôle d'équipage des bateaux de plaisance est remplacé par un permis de navigation.

Messieurs, la circulaire du 26 juillet 1850 (*Bulletin officiel*, page 39) a établi, entre les yachts employés à des voyages de quelque durée et les bateaux affectés à des promenades le long des côtes, une distinction qu'il ne me paraît pas y avoir lieu de maintenir. La navigation de plaisance doit être dégagée de toute entrave, de toute gêne, afin que, se développant en pleine liberté, elle répande le goût des choses de la mer parmi les classes aisées.

J'ai décidé, en conséquence, qu'à l'avenir les propriétaires de yachts et bateaux de plaisance, quel que soit le genre de navigation auquel il leur convienne de se livrer, seront affranchis de l'obligation de se munir d'un rôle d'équipage, de prendre un capitaine ou un maître brevetés, d'embarquer un mousse et d'avoir un coffre de médicaments.

Vous vous bornerez à leur délivrer un permis de navigation conforme au modèle ci-joint, en les prévenant, d'ailleurs, que toutes ces immunités seraient immédiatement retirées au yacht employé à une opération de commerce ou de pêche proprement dite.

De leur côté, les propriétaires de yachts ne seront tenus qu'à remettre au bureau de l'inscription maritime, chaque fois qu'ils voudront entreprendre un voyage de quelque durée, une liste exacte des personnes embarquées, et ils en garderont un double, afin que, dans le cas d'un accident en mer, il puisse être dressé un acte de l'état civil dans la forme tracée par l'instruction du 2 juillet 1828, dont ils devront être pourvus à cet effet.

Vous considérerez comme bâtiment de plaisance tout navire muni de l'acte de francisation spécialement délivré aux yachts par l'administration des douanes et dont vous trouverez le modèle à la suite de la présente circulaire.

Le permis de navigation destiné à tenir lieu de rôle d'équipage pourra être remis par l'autorité maritime au propriétaire d'un yacht, sans qu'il ait à produire un certificat constatant que son navire a été visité.

Je rappelle ici, en terminant, que tout individu qui naviguerait dans les eaux maritimes avec une embarcation de plaisance sans être muni du permis spécial aux yachts s'exposerait à être poursuivi pour défaut de rôle d'équipage, conformément aux principes généraux et à l'arrêt de cassation du 17 janvier 1850, notifié par la circulaire du 12 mars suivant (*Bulletin officiel*, p. 209).

Recevez, etc.

Le Ministre secrétaire d'état de la marine et des colonies,

Signé Cte P. DE CHASSELOUP-LAUBAT.

Yachts et bateaux de plaisance. — Mention spéciale inscrite sur les congés destinés à ces navires ou embarcations, qui sont dispensés de l'acte de francisation.

Circulaire ministérielle du 13 mars 1863.

MESSIEURS, la circulaire du 23 mai 1862 a prescrit de considérer comme bâtiment de plaisance tout navire muni de l'acte de francisation spécial que l'administration des douanes délivrait alors aux yachts; mais, M. le Ministre des finances ayant fait disparaître cette distinction en dispensant les bateaux de plaisance de 10 tonneaux et au-dessous de l'acte de francisation, et en les astreignant seulement à se pourvoir

Les mots *bateaux de plaisance* doivent être inscrits sur les congés destinés à ces navires pour servir à les reconnaître.

d'un congé annuel, j'ai dû demander à mon collègue à quelle
marque particulière les autorités maritimes reconnaîtraient les
congés destinés à ces navires. S. Exc. M. Fould a bien voulu
prescrire que les mots *Bâteaux de plaisance* soient à l'avenir
écrits à la main et en gros caractères en tête des formules
ordinaires.

Il y aura donc lieu d'affranchir de l'obligation du rôle d'é-
quipage tous les navires ou embarcations dont les propriétaires présenteront un congé annoté de cette mention, et de
se borner à leur délivrer le permis spécial adopté par la circulaire précitée du 23 mai 1862.

Recevez, etc.

Le Ministre secrétaire d'état de la marine et des colonies,

Signé Cte P. DE CHASSELOUP-LAUBAT.

**Il peut être délivré des rôles d'équipage aux yachts et bateaux
de plaisance.**

Circulaire ministérielle du 30 juin 1863.

Les propriétaires
de bateaux
de plaisance
peuvent obtenir
des rôles
d'équipage
dans l'intérêt
des gens de mer
qu'ils
emploient.

MESSIEURS, les circulaires des 26 juillet 1850 et 23 mai
1862 (*Bulletin officiel*, 1850, p. 39; 1862, p. 491), en permettant de donner des permis de navigation aux bateaux de
plaisance, n'ont pas mis obstacle à ce qu'il fût délivré de rôles
d'équipage aux propriétaires de yachts qui, dans l'intérêt des
gens de mer qu'ils emploient, voudraient que le temps d'embarquement des hommes composant leur équipage pût être
compris dans les 300 mois de navigation exigés pour ouvrir
des droits à la pension dite demi-solde.

La prestation à payer par ces marins au profit de la caisse

des invalides de la marine sera la même que celle qui est perçue pour la navigation au bornage; mais il sera fait mention expresse en tête du rôle d'équipage que le bateau est affecté à une navigation de plaisance.

Recevez, etc.

Le Ministre secrétaire d'état de la marine et des colonies,

Signé Cte P. DE CHASSELOUP-LAUBAT.

Rapport à l'Empereur, suivi d'un décret du 25 octobre 1863, supprimant l'obligation du rôle d'équipage pour les navires et bateaux employés à certains genres de navigation.

Paris, le 25 octobre 1863.

Sire,

Aux termes du décret du 19 mars 1852, tout navire ou bateau naviguant dans les eaux maritimes doit être pourvu d'un rôle sur lequel sont portés tous les hommes formant l'équipage.

L'application de ces règles aux chalands et bateaux affectés uniquement au service des propriétés industrielles et agricoles situées dans les îles ou sur les fleuves, dans leur partie maritime, impose aux propriétaires une gêne dont on peut, je crois, sans inconvénient, les affranchir, et c'est ce que je viens demander à Votre Majesté. Je propose également à l'Empereur d'exempter de l'obligation de se munir d'un rôle d'équipage les yachts et bateaux uniquement affectés à une navigation de plaisance.

Depuis quelque temps le goût de ces yachts semble se répandre sur notre littoral; l'intérêt de la marine est de le développer, de l'encourager par toutes les facilités qu'il est possible de lui accorder.

Suppression du rôle d'équipage pour les navires et bateaux affectés au service de propriétés industrielles sur le bord de la mer, et pour la navigation de plaisance.

Les mesures conservées à l'égard des hommes qui montent ces navires auront pour objet de constater le temps qu'ils passeront à la mer, et qui doit leur être compté pour l'obtention de leurs pensions et demi-soldes.

Je suis avec le plus profond respect, Sire, de Votre Majesté, le très-humble, très-obéissant serviteur et fidèle sujet,

Le Ministre secrétaire d'état de la marine et des colonies,

Signé Cte P. DE CHASSELOUP-LAUBAT.

Décret du 25 octobre 1863, supprimant l'obligation du rôle d'équipage pour les navires et bateaux employés à un certain genre de navigation.

NAPOLÉON, par la grâce de Dieu et la volonté nationale, EMPEREUR DES FRANÇAIS,

A tous présents et à venir, SALUT.

Vu le décret du 19 mars 1852, sur le rôle d'équipage et les indications des navires du commerce ;

Sur le rapport de notre ministre secrétaire d'état au département de la marine et des colonies,

AVONS DÉCRÉTÉ et DÉCRÉTONS ce qui suit :

ART. 1er. Sont exemptés du rôle d'équipage les bateaux et chalands uniquement employés à l'exploitation de propriétés rurales, fabriques, usines et biens de toute nature situés dans les iles et sur les rives de fleuves ou de rivières dans leur partie maritime.

Tout propriétaire qui emploie ces bateaux ou chalands à une autre destination ou qui les loue à fret est privé du bénéfice de cette exemption.

ART. 2. Sont affranchis de l'obligation de se munir d'un rôle d'équipage les yachts et bateaux uniquement affectés à une navigation de plaisance.

Les propriétaires de ces yachts ou bateaux sont simplement tenus de se pourvoir d'un permis de navigation dont la forme est déterminée par notre ministre de la marine et des colonies, et de remettre au commissaire de l'inscription maritime, lorsqu'ils entreprennent un voyage de quelque durée, une liste des personnes embarquées sur le yacht ou bateau.

Toute opération de commerce est absolument interdite aux yachts et bateaux de plaisance.

ART. 3. Notre ministre de la marine et des colonies est chargé de l'exécution du présent décret.

Fait au palais des Tuileries, le 23 octobre 1863.

Signé NAPOLÉON.

Par l'Empereur :

Le Ministre secrétaire d'état de la marine et des colonies,

Signé Cte P. DE CHASSELOUP-LAUBAT.

Extrait du décret du 22 octobre 1863 [1] sur la formation du personnel des équipages de la flotte.

.   .   .   .

TITRE II.

DES APPELS.

.   .   .   .

ART. 23. Les marins appelés au service peuvent se faire remplacer.

Le remplaçant doit :

1° Être libre de tout service public ;

[1] Voir le texte du décret, p. 48.

Faculté accordée
aux marins
de se
faire remplacer
au
service de l'État

2° Avoir déjà servi dans les équipages de la flotte pendant quatre ans comme engagé novice, ou en avoir été congédié à tout autre titre;

5° Avoir moins de trente-cinq ans;

4° Être agréé par l'autorité maritime.

Le remplacé est, pour le cas de désertion, responsable de son remplaçant pendant un an, à compter de la date de l'acte de remplacement. La responsabilité cesse si le remplaçant meurt au service ou si, en cas de désertion, il est arrêté pendant l'année.

Les actes de remplacement sont reçus par les commissaires de l'inscription maritime; mais ces actes ne sont définitifs qu'après l'admission du remplaçant à la division.

Extrait du décret du 22 octobre 1863 [1], supprimant l'obligation de justifier de certaines conditions de navigation à l'État pour se présenter aux examens de capitaine du commerce et de pilote ou pour commander au bornage.

. . . .

ARTICLE PREMIER.

Suppression de l'obligation de justifier de certaines conditions de navigation pour se présenter aux examens de capitaine du commerce.

Toutes les conditions de service sur les bâtiments de l'État, exigées tant en France que dans les colonies françaises, soit pour passer les examens de capitaine au long cours, de maître au cabotage, de pilote ou d'aspirant pilote, soit pour exercer le commandement d'un bateau armé au bornage, sont et demeurent supprimées, sans que cette supression ait pour effet de réduire la période totale de navigation dont il faut justifier dans ces divers cas.

[1] Voir le texte du décret, p. 48.

TITRE CINQUIÈME.

ORGANISATION DES SERVICES DE LA FLOTTE.

**Rapport suivi d'une décision impériale concernant l'état-major
de la flotte.**

Paris, le 14 août 1861.

SIRE,

Je manquerais à mon devoir si je ne faisais connaître à
Votre Majesté l'insuffisance qui chaque jour m'est signalée
dans la composition de l'état-major de la flotte. Aujourd'hui
cette insuffisance est telle, que les commandants des diverses
stations réclament près de quatre-vingts officiers pour maintenir l'effectif réglementaire sur leurs bâtiments, et je suis
dans l'impossibilité de les leur envoyer; d'un autre côté, les
préfets maritimes n'ont plus le nombre d'officiers que les règlements ont fixé pour les arsenaux; enfin cent vingt officiers
font défaut, uniquement pour le service ordinaire, et encore
faut-il remarquer que l'administration supérieure a borné à
trois mois la durée des congés accordés après plusieurs années
de navigation.

Ainsi réduit, le temps de repos n'est plus en rapport avec
les fatigues, et nous voyons des hommes pleins de valeur dans
l'impossibilité de reprendre la mer; car, si le dévouement de
vos officiers est sans bornes, Sire, leurs forces ont des limites
que dépasse aujourd'hui le service qui leur est imposé.

Ce service, en effet, n'est plus ce qu'il était lorsqu'en 1846
on a déterminé la composition de l'état-major de la flotte.

*Augmentation
du cadre
de l'état-major
de la flotte.*

La loi qui a placé hors du continent les condamnés renfermés, il y a quelques années, dans les bagnes, ainsi que l'organisation récente de quatre compagnies de disciplinaires
exclus de l'armée et qui doivent être maintenus au Sénégal,
aux Saintes, à la Réunion et à la Nouvelle-Calédonie, exigent,
seulement au point de vue des transports, un personnel plus
nombreux; mais nos stations aussi ont pris une importance
qu'elles n'avaient point en 1846.

La possession de la Nouvelle-Calédonie, avec le protectorat
des îles de la Société, nécessite la présence d'un certain
nombre de navires dans l'océan Pacifique; notre situation en
Cochinchine nous impose également d'y conserver des forces
navales; enfin, Sire, la protection de notre commerce dans
le monde, et la répression sur les côtes d'Afrique d'opérations
illicites que l'humanité réprouvait et que votre volonté formelle a proscrites à jamais, toutes ces causes ont rendu insuffisant un nombre d'officiers qui n'avait évidemment pas été
calculé sur de pareils besoins.

Aussi, alors même que l'expédition si glorieuse que Votre
Majesté, avec la reine de la Grande-Bretagne, a entreprise dans
l'extrême Orient, ne nous forcerait pas, ainsi que les événements qui se déroulent en Amérique, à conserver encore à la
mer tous les navires qui y sont, nous n'en serions pas moins
obligés de reconnaître la nécessité absolue d'élargir les cadres
de l'état-major de la flotte.

Je viens donc demander à l'Empereur de vouloir bien augmenter, dès cette année, de dix le nombre des capitaines de
vaisseau, de vingt celui des capitaines de frégate, de cinquante celui des lieutenants de vaisseau, et de vingt-cinq
celui des enseignes.

Cette augmentation, je ne puis le dissimuler, ne suffira pas
pour satisfaire à tous les besoins, et, dans ma conviction, une

mesure semblable devra être prise l'année prochaine; mais elle apportera du moins une notable amélioration à une situation qui ne saurait se prolonger sans compromettre tous les services.

Si Votre Majesté approuve ces propositions, j'aurai l'honneur de lui soumettre successivement les nominations nécessaires pour remplir les nouveaux cadres.

Je suis avec un profond respect, Sire, de Votre Majesté, le très-humble serviteur et fidèle sujet,

Le Ministre secrétaire d'état de la marine et des colonies,

Signé Cᵗᵉ P. DE CHASSELOUP-LAUBAT.

Approuvé :

NAPOLÉON.

Décret du 14 août 1861, relatif à l'augmentation du cadre de l'état-major général de la flotte.

NAPOLÉON, par la grâce de Dieu et la volonté nationale, EMPEREUR DES FRANÇAIS,

A tous présents et à venir, SALUT.

Vu les ordonnances des 14 septembre 1840, 31 octobre 1843 et 8 septembre 1846;

Sur le rapport de notre ministre secrétaire d'état de la marine et des colonies,

AVONS DÉCRÉTÉ et DÉCRÉTONS ce qui suit :

ARTICLE PREMIER.

Les cadres des différents grades d'officiers de marine ci-après indiqués sont portés, savoir :

Capitaines de vaisseau : — de cent dix à cent trente;

Capitaines de frégate : — de deux cent trente à deux cent soixante-dix;

Lieutenants de vaisseaux : — de six cent cinquante à sept cent cinquante;

Enseignes de vaisseau : — de cinq cent cinquante à six cents.

L'augmentation ci-dessus mentionnée aura lieu en deux années, savoir : une moitié en 1861, l'autre moitié en 1862.

ART. 2.

Notre ministre secrétaire d'état de la marine et des colonies est chargé de l'exécution du présent décret.

Fait au palais des Tuileries, le 14 août 1861.

Signé NAPOLÉON.

Par l'Empereur :

Le Ministre secrétaire d'état de la marine et des colonies,

Signé Cte P. DE CHASSELOUP-LAUBAT.

Loi du 6 mai 1863 sur la composition de la première section du cadre de l'état-major général de l'armée navale.

Augmentation du cadre de l'état-major général de la flotte.

ARTICLE UNIQUE. La première section du cadre de l'état-major général de l'armée navale, en temps de paix, se composera au plus de quinze vice-amiraux et de trente contre-amiraux.

Arrêté ministériel du 5 mars 1862 sur l'embarquement des officiers de marine et sur leur emploi dans les services à terre.

Embarquement des officiers de marine. Leur emploi dans les services à terre.

LE MINISTRE SECRÉTAIRE D'ÉTAT DE LA MARINE ET DES COLONIES,

Vu le règlement du 17 mars 1837, sur l'embarquement des officiers;

Vu l'ordonnance royale du 14 juin 1844, sur le service administratif de la marine;

Vu le décret du 15 août 1851, sur le service à bord des bâtiments de la flotte;

Vu l'arrêté ministériel du 9 juillet 1852, concernant le service des commissions de recettes et de visite;

Vu l'instruction générale du 1er octobre 1854, sur la comptabilité du matériel;

Vu le décret du 5 juin 1856, sur l'organisation du personnel des équipages de la flotte, et la circulaire ministérielle du 10 juin 1858, y relative;

Vu la circulaire ministérielle du 9 août 1856, au sujet des emplois sédentaires;

Vu le Code de justice militaire pour l'armée de mer, promulgué le 4 juin 1858;

Vu la décision ministérielle du 10 février 1859, relative au cadre des services à terre;

Vu le décret impérial du 4 août 1860, portant création d'un cadre de lieutenants de vaisseau en résidence fixe;

Vu l'arrêté ministériel du 14 août 1860, relatif au déplacement des officiers de marine;

Vu le décret et le règlement du 25 août 1861, concernant l'armement, les essais, l'entretien et la conservation des bâtiments de la marine impériale;

Le Conseil d'amirauté entendu,

ARRÊTE :

TITRE PREMIER.

DE L'EMBARQUEMENT DES OFFICIERS DE MARINE.

———

ARTICLE PREMIER.

1. L'embarquement des lieutenants et enseignes de vaisseau affectés à chacun des ports est ordonné par le préfet maritime, d'après le rang d'inscription de ces officiers sur la liste

d'embarquement de leur grade, tenue, et affichée à la majorité générale du port.

2. Dans chaque grade et dans chaque port, les officiers, quelle que soit leur provenance, sont portés à la date de leur dernier débarquement sur cette liste, dont la copie, mentionnant les mutations survenues pendant les dix jours précédents (modèle 1), est envoyée au ministre les 1er, 11 et 21 de chaque mois.

ART. 2.

1. La période réglementaire de l'embarquement des officiers est fixée à deux ans.

2. Dans les ports de France, les officiers qui ont accompli cette période sont immédiatement débarqués, à moins qu'ils ne soient au choix des commandants.

ART. 3.

1. Tout capitaine de bâtiment arrivant de la mer remet à son chef direct la liste nominative des officiers de son état-major qui ont accompli la période réglementaire d'embarquement.

2. Pendant son séjour au port, le capitaine signale, au moins quinze jours à l'avance, les officiers qui vont achever cette période et le jour qui en est le terme.

ART. 4.

En cas de débarquement fortuit, l'officier qui compte plus d'une année d'embarquement est placé à la queue de la liste; celui qui compte moins d'une année est placé en tête et reste disponible pour le prochain embarquement.

2. Il est tenu compte de la durée de tout embarquement interrompu avant le terme d'un an, pour l'application ulté-

rieure des règles énoncées au présent article et aux articles 2 et 3 précédents.

3. A cet effet, l'ordre d'embarquement de tout officier qui a pris la tête de la liste après un ou plusieurs embarquements interrompus dont la durée totale est de moins d'un an, mentionne la durée de cette première période, qui est également inscrite sur le rôle d'équipage du bâtiment où embarque l'officier, ainsi que sur le contrôle tenu par le chef d'état-major, conformément à l'article 162 du décret du 15 août 1851.

ART. 5.

1. Les aspirants, les enseignes de vaisseau auxiliaires ainsi que les premiers maîtres promus au grade d'enseigne de vaisseau, et les enseignes promus au grade de lieutenant de vaisseau sont débarqués immédiatement, lorsque leur bâtiment se trouve dans un port de France.

2. Les officiers ainsi débarqués, par suite de leur promotion, prennent toujours la queue de la liste d'embarquement.

3. Lorsqu'ils sont promus pendant un séjour à terre, les officiers prennent rang, sur la liste d'embarquement de leur nouveau grade, à la date de leur promotion, considérée alors comme date de débarquement réglementaire.

ART. 6.

Les officiers de même grade débarqués le même jour, et tous ceux qui, par suite d'un embarquement interrompu, sont placés, en vertu de l'article 4, à la tête de la liste, prennent rang entre eux, sur la liste d'embarquement, dans l'ordre naturel de leur ancienneté de grade.

ART. 7.

1. Tout officier occupant une position qui le place en de-

hors du tour d'embarquement et dont la durée est déterminée, reprend son tour le jour même où le terme assigné à
cette position est arrivé.

2. S'il quitte cette position, pour un motif quelconque,
avant le terme fixé, l'officier reste en dehors du tour d'embarquement pendant trente jours, sauf le cas où le terme de
ladite position se trouverait atteint avant que les trente jours
fussent écoulés.

ART. 8.

1. Les officiers de même grade peuvent permuter entre eux,
pour le tour d'embarquement, avec l'approbation du préfet
maritime.

2. Toute permutation a pour effet de substituer complétement l'un à l'autre, pour l'origine des droits et pour les obligations du tour, les officiers qui ont permuté.

ART. 9.

1. Tous les ports concourent à tour de rôle au remplacement des officiers sur les vaisseaux, frégates ou autres bâtiments faisant partie des escadres d'évolutions, dans l'orde des
numéros d'arrondissement et dans la proportion du nombre
des officiers attachés à chaque port, d'après l'arrêté ministériel du 14 août 1860.

2. Les tours successifs, par port, arrêtés sur ces bases, se
présentent dans l'ordre suivant :

> Cherbourg, 1er tour;
> Brest, 2e, 3e, 4e et 5e tour;
> Lorient, 6e tour;
> Rochefort, 7e tour;
> Toulon, 8e, 9e, 10e, 11e et 12e tour.

ART. 10.

1. Les commandants en chef des escadres, lorsqu'elles se trouvent sur les côtes de France ou dans les mers d'Europe, adressent au ministre, le 1er et le 15 de chaque mois, la liste des officiers sous leurs ordres qui doivent accomplir la période réglementaire d'embarquement pendant les trente jours suivants. (Modèle 2.)

2. Lorsque des vacances se produisent inopinément à bord des bâtiments des escadres d'évolutions, le ministre en est informé directement et sans délai par les commandants en chef, ou par le commandant supérieur de toute fraction détachée des escadres.

3. Les préfets maritimes sont informés en temps utile du nombre d'officiers à diriger sur les ports où se trouvent les escadres, pour y être mis à la disposition des commandants en chef.

ART. 11.

La règle des tours successifs, par port, énoncée à l'article 9 ci-dessus, n'est pas applicable, à moins d'un ordre contraire du ministre, à l'embarquement des officiers sur les vaisseaux, frégates ou autres bâtiments entrant en armement.

ART. 12.

Lorsque le ministre juge qu'il y a lieu de recourir à cette règle des tours successifs, soit à cause du nombre ou de l'importance des armements dans un même port, soit dans le but de faire participer le personnel de tous les ports au service d'une même station, soit pour tout autre motif, il prend, à ce sujet, une décision qui est notifiée aux préfets maritimes.

ART. 13.

1. Lorsque, dans l'un des ports, l'embarquement des officiers se trouve arrêté par suite de la rareté des armements, le
ministre décide s'il y a lieu de diriger de ce port sur un
autre, pour l'embarquement, les officiers dont la date de débarquement est la plus ancienne.

2. Si, au contraire, dans l'un des ports, le mouvement de
l'embarquement est trop rapide, en raison du nombre des
officiers disponibles de ce port, le ministre décide s'il y a lieu
d'y appeler, pour concourir à l'embarquement, les officiers les
plus anciennement débarqués des autres ports.

3. Toutes les fois que des officiers sont envoyés, pour le
service, d'un port dans un autre, ils sont pris à la tête de la
liste d'embarquement.

ART. 14.

Toute désignation pour l'embarquement est faite le jour
même de la vacance, pour les remplacements prévus, et au
moment de l'arrivée de la dépêche, pour des embarquements
résultant d'un ordre du ministre.

ART. 15.

1. Le ministre fixe chaque année la destination à donner
aux officiers sortant de l'école de tir de Vincennes.

2. Le ministre désigne également la première destination
que reçoivent les lieutenants de vaisseau commandant les
escouades, lorsque ces officiers ont accompli leur temps d'embarquement réglementaire sur les vaisseaux-écoles des matelots-canonniers.

ART. 16.

1. Les dispositions qui précèdent sont applicables à l'em-

barquement des officiers sur les bâtiments en réserve de 1re et de 2e catégorie, et sur les bâtiments en essai.

2. Toutefois, la période réglementaire d'embarquement sur les bâtiments en réserve de 1re catégorie est d'un an seulement, lorsque ces bâtiments sont maintenus dans le port.

3. Dans ce dernier cas, le service des officiers, à bord de ces bâtiments, n'est pas compté comme temps d'embarquement, et, lorsque les officiers quittent ce service, ils reprennent rang, sur la liste d'embarquement, d'après la date de leur dernier débarquement précédent.

4. Le lieutenant de vaisseau embarqué sur les bâtiments en réserve de 1re catégorie peut être l'officier au choix du commandant.

ART. 17.

1. La période réglementaire de l'embarquement des officiers sur les bâtiments en réserve de 2e catégorie est fixée à un an.

2. Ce service ne compte pas comme temps d'embarquement, et, quand les officiers le quittent, ils reprennent rang sur la liste d'embarquement, d'après leur dernier débarquement précédent.

ART. 18.

1. Les officiers appelés à embarquer sur le bâtiment central de la réserve sont désignés par le ministre.

2. Ils sont maintenus dans leurs fonctions aussi longtemps que le bien du service l'exige.

3. Lorsque ces officiers quittent leurs fonctions, ils restent en dehors du tour d'embarquement pendant trente jours, après lesquels ils prennent rang, sur la liste, d'après la date de leur dernier débarquement précédent.

20.

Lorsqu'un bâtiment est affecté à une mission spéciale, le ministre désigne, s'il y a lieu, les officiers qui doivent composer l'état-major de ce bâtiment, et la décision qu'il prend à ce sujet est notifiée aux préfets maritimes.

TITRE II.

DES EMPLOIS SÉDENTAIRES DÉVOLUS AUX OFFICIERS DE MARINE.

ART. 20.

1. Les services à terre qui, dans chaque port, comportent des emplois sédentaires dévolus aux officiers de marine, sont :

L'état-major du préfet maritime ;

La majorité générale du port ;

La division des équipages de la flotte ;

La direction des mouvements du port ;

Les conseils de guerre permanents ;

Les conseils et tribunaux de révision permanents ;

Les tribunaux maritimes permanents ;

Les commissions permanentes de recette et de visite.

2. Le cadre de ces emplois sédentaires, distinct de celui des officiers en résidence fixe, est déterminé par le tableau A, annexé au présent arrêté.

ART. 21.

1. Le major de la marine, le commandant de la division des équipages de la flotte, le directeur des mouvements du port et les commissaires impériaux près les conseils de guerre, les conseils et tribunaux de révision et les tribunaux maritimes, sont nommés par le ministre.

2. Le préfet maritime nomme à tous les autres emplois sédentaires du port.

3. Pour les emplois confiés à des lieutenants de vaisseau, le choix du préfet ne s'exerce que parmi les officiers compris dans la seconde moitié de la liste d'embarquement.

ART. 22.

1. Les officiers supérieurs pourvus d'emplois sédentaires et les aides de camp du préfet maritime sont maintenus dans leurs fonctions tant que le bien du service l'exige.

2. Les lieutenants de vaisseau commandant en premier les compagnies de dépôt, dans les divisions des équipages de la flotte, exercent leurs fonctions pendant deux ans.

3. Les lieutenants de vaisseau employés dans les autres services à terre, énumérés à l'article 20, exercent leurs fonctions pendant un an.

ART. 23.

1. Les lieutenants de vaisseau pourvus d'emplois sédentaires ne figurent pas sur la liste d'embarquement.

2. Les dispositions de l'article 7 leur sont directement applicables.

ART. 24.

1. Les fonctions de commandant en second des compagnies de dépôt, dans les divisions des équipages de la flotte, ne constituent pas des emplois sédentaires.

2. Les officiers qui remplissent ces fonctions sont maintenus sur la liste d'embarquement, et suivent, par leur tour, la règle commune.

ART. 25.

Dans chaque port, la liste des officiers employés dans les

services à terre (modèle 3) est envoyée au ministre, au commencement de chaque trimestre.

ART. 26.

Tout lieutenant de vaisseau ayant occupé un emploi sédentaire pendant toute la durée assignée à cet emploi par l'article 22 du présent arrêté ne peut être désigné de nouveau, pour un emploi de même nature, qu'après une période d'un an au moins.

ART. 27.

Lorsqu'un lieutenant de vaisseau, avant d'être arrivé au terme d'un emploi sédentaire, le quitte pour occuper un autre emploi de même nature, le temps qu'il a passé dans le premier emploi s'ajoute à celui qu'il passe dans le second, pour la supputation de la durée réglementaire assignée par l'article 22 au dernier de ces emplois.

ART. 28.

Les lieutenants de vaisseau qui, par suite d'insuffisance de personnel, seraient exceptionnellement maintenus dans les emplois sédentaires au delà du terme réglementairement assigné à cette nature de fonctions, reprennent leur rang sur la liste d'embarquement, avec toutes les obligations qui en résultent, à dater du jour où ce terme est arrivé.

ART. 29.

Lorsque le nombre des capitaines de frégate est insuffisant pour le service des commisions permanentes, les emplois vacants de ce service sont remplis par les lieutenants de vaisseau pris, autant que possible, parmi les juges aux conseils de guerre ou aux tribunaux maritimes.

ART. 30.

1. Les enseignes de vaisseau ne sont point placés dans les services à terre.

2. Ils ne peuvent être appelés à suppléer provisoirement les lieutenants de vaisseau, dans les emplois sédentaires, que lorsqu'il y a nécessité absolue, et en attendant que les circonstances permettent de pourvoir à la nomination des officiers titulaires.

3. Dans cette position exceptionnelle, les enseignes de vaisseau continuent à suivre leur tour d'embarquement.

Paris, le 5 mars 1862.

Le Ministre secrétaire d'état de la marine et des colonies,

Signé Cte P. DE CHASSELOUP-LAUBAT.

(Voir les tableaux au *Bulletin officiel de la marine*, n° 10, p. 232, année 1862.)

Décret du 12 février 1862, autorisant les lieutenants de vaisseau à embarquer un officier à leur choix, et relatif à la désignation des officiers sur les bâtiments-écoles.

NAPOLÉON, par la grâce de Dieu et la volonté nationale, Empereur des Français,

A tous présents et à venir, salut.

Vu le décret du 15 août 1851, sur le service à bord des bâtiments de la flotte;

Vu le décret du 5 juin 1856, sur l'organisation du personnel des équipages de la flotte;

Sur le rapport de notre ministre secrétaire d'état au département de la marine et des colonies;

Le conseil d'amirauté entendu,

Avons décrété et décrétons ce qui suit :

Autorisation
accordée
aux lieutenants
de vaisseau
d'embarquer
un officier
à leur choix.
Désignation
des
officiers
sur les bâtiments-
écoles.

Art. 1er. Le lieutenant de vaisseau commandant a le droit d'embarquer, à son choix, un lieutenant ou un enseigne de vaisseau.

Art. 2. Les officiers susceptibles, en raison de leur aptitude spéciale, d'être embarqués sur les différents bâtiments-écoles, sont signalés au ministre, dans des états particuliers à chaque école et au moment de l'envoi des notes annuelles, par les commandants en chef à la mer et les préfets maritimes.

Art. 3. Lorsque des vacances se produisent, le ministre désigne, sur la proposition du commandant des bâtiments-écoles, ceux des officiers compris dans les états ci-dessus mentionnés qui doivent embarquer sur ces bâtiments.

Art. 4. Sont et demeurent abrogées toutes dispositions contraires au présent décret.

Art. 5. Notre ministre secrétaire d'état au département de la marine et des colonies est chargé de l'exécution du présent décret.

Fait au palais des Tuileries, le 12 février 1862.

Signé NAPOLÉON.

Par l'Empereur :

Le Ministre secrétaire d'état de la marine et des colonies,

Signé Cte P. DE CHASSELOUP-LAUBAT.

Décret du 12 février 1862, concernant la supputation des services à bord des bâtiments en réserve.

NAPOLÉON, par la grâce de Dieu et la volonté nationale, Empereur des Français,

A tous présents et à venir, salut.

Vu le décret du 19 octobre 1851, portant règlement sur les allocations de solde et les tarifs modifiés du 15 août 1856;

Vu le décret du 25 août 1861, concernant l'armement, les essais, l'entretien et la conservation des bâtiments de la marine impériale;

Sur le rapport de notre ministre secrétaire d'état au département de la marine et des colonies;

Le conseil d'amirauté entendu,

Avons décrété et décrétons ce qui suit :

ARTICLE PREMIER.

1. Le temps de service à bord des bâtiments en réserve de première catégorie, stationnés en rade, est considéré comme service à la mer pour toutes les personnes faisant partie de l'état-major ou de l'équipage de ces bâtiments.

Supputation des services à bord des bâtiments en réserve.

2. Toutefois, et seulement en ce qui concerne les conditions de commandement exigées pour passer d'un grade à un autre, le temps de commandement des bâtiments en réserve de première catégorie, en rade, n'est compté que pour moitié de sa durée effective, et sans que ce bénéfice puisse entrer dans l'accomplissement des conditions de l'avancement pour plus de moitié du temps de commandement exigé.

3. Le traitement de table des officiers commandant les bâtiments en réserve de première catégorie, stationnés en rade, est fixé aux trois quarts du traitement de table alloué en France aux commandants des bâtiments armés.

ART. 2.

Le temps de service sur les bâtiments en réserve de deuxième catégorie et sur ceux de la première catégorie qui sont maintenus dans le port, à poste fixe, est considéré comme service à terre pour toutes les personnes embarquées; mais, à bord de ces bâtiments, les maîtres chargés et les marins des spécialités ont droit aux mêmes suppléments de fonctions que sur les bâtiments armés.

ART. 3.

Les services du commandant de l'atelier central de la réserve et ceux de tout le personnel attaché à cet atelier sont supputés sur le même pied que les services des commandants et du personnel des bâtiments en réserve de première catégorie, en rade.

ART. 4.

Les bâtiments en essai sont considérés comme effectivement armés, et le personnel embarqué jouit de tous les avantages attachés à cette situation, depuis le jour où le bâtiment sort du port pour la première fois jusqu'à celui où, les essais étant terminés, il passe à la position de réserve ou d'armement.

ART. 5.

Sont et demeurent abrogées toutes dispositions contraires au présent décret.

ART. 6.

Notre ministre secrétaire d'état au département de la marine et des colonies est chargé de l'exécution du présent décret.

Fait au palais des Tuileries, le 12 février 1862.

Signé NAPOLÉON.

Par l'Empereur :

Le Ministre secrétaire d'état de la marine et des colonies,

Signé Cte P. DE CHASSELOUP-LAUBAT.

Notification de la loi du 26 juin 1861, portant augmentation des pensions des officiers et de divers fonctionnaires et agents de la marine et des colonies. — Explications sur les articles de cette loi et sur quelques points qui s'y rattachent.

Circulaire ministérielle du 27 septembre 1861.

Messieurs, vous trouverez ci-après le texte de la nouvelle loi, en date du 26 juin 1861, portant augmentation des pensions des officiers et de divers fonctionnaires et agents du département de la marine et des colonies.

Cette loi, dans laquelle chacun a déjà reconnu une nouvelle preuve de la sollicitude constante de l'Empereur pour les intérêts maritimes et coloniaux, a été, vous le savez, insérée au *Bulletin des lois* sous le n° 942, pages 812 à 822, et elle est reproduite au n° 25 du *Bulletin officiel de la marine*, pages 45 à 56.

Je n'ai pas besoin de vous faire remarquer, 1° que, sauf les modifications contenues dans l'article 2 et dans le 2e paragraphe de l'article 3 de la nouvelle loi, c'est toujours à celle du 18 avril 1831 et à l'ordonnance du 26 janvier 1832 qu'il faut se reporter quant aux conditions sous lesquelles on obtient la pension de retraite pour ancienneté de services ou pour blessures ou infirmités;

2° Que, pour la pension des officiers des troupes de la marine, le tarif qui leur est devenu applicable est celui que contient la loi du 25 juin 1861, sur les pensions de l'armée de terre, insérée pareillement au n° 942 du *Bulletin des lois*, pages 807 à 812. Ici s'applique, *par continuation*, le principe posé dans l'article 23 de la loi du 18 avril 1831 [1].

Amélioration des pensions de retraite des officiers, fonctionnaires et agents de la marine et des colonies.

[1] Quant aux sous-officiers, caporaux et soldats, c'est le tarif de la loi du 11 avril 1831, combiné avec l'article 19 de la loi du 26 avril 1855, qui continue de leur être applicable.

Bien que les divers articles de la nouvelle loi du 26 juin
1861 soient généralement d'une interprétation facile, je crois
néanmoins devoir les reprendre ici, pour vous donner quelques
explications sommaires sur la portée de leurs dispositions.

ART. 1er. L'article 1er est, sans contredit, le plus important; c'est lui qui donne force de loi au nouveau tarif où se
trouvent principalement les *améliorations* introduites dans le
régime des pensions, soit en faveur des officiers et assimilés
et des fonctionnaires qui figuraient déjà dans le tableau joint
à la loi du 18 avril 1831, soit en faveur de ceux qui avaient
pris place dans les services de la marine, depuis la promulgation de ladite loi, sous des appellations nouvelles ou sous
des dénominations différentes.

Pour les officiers et autres qui sont compris dans la *1re section du tarif,* on voit, d'un seul coup d'œil, que les améliorations correspondent à ce que le tarif de la loi du 25 juin
1861 a réalisé pour les officiers et autres de l'armée de
terre.

Quant à la *2e section du nouveau tarif,* laquelle s'applique
aux *agents au-dessous du grade d'officier,* cette partie du tarif a
sa raison d'être dans l'organisation spéciale de la marine.

Une remarque à faire tout d'abord, c'est que les premiers
maîtres-mécaniciens, les premiers-maîtres et les capitaines
d'armes de 1re et de 2e classe des équipages de la flotte, au lieu
de l'augmentation de 165 francs qu'ils avaient obtenue jusqu'alors par application des lois des 26 avril 1855 et 21 juin
1856, ont été mis en dehors de ce régime, pour passer dans
le tarif de la nouvelle loi du 26 juin 1861, qui leur est d'ailleurs plus favorable.

D'un autre côté, les écrivains des divers services, qui jusqu'ici n'avaient obtenu que la pension dite *demi-solde* d'après
la loi du 13 mai 1791, recevront, à l'avenir, *des pensions de re-*

traite, ce qui constitue un avantage propre à faciliter le recrutement de ces utiles agents.

Enfin, à temps égal de service, les contre-maîtres, aides-contre-maîtres et ouvriers des *professions soumises au régime de l'inscription maritime*, recevront la même rémunération que les seconds-maîtres, quartiers-maîtres et matelots des équipages de la flotte, auxquels ils correspondent pour le grade; c'est un nouvel avantage dont ils sauront se montrer dignes.

Il ne vous échappera pas, comme règle générale d'interprétation, que, le bénéfice du 5e en sus pour 12 ans d'activité dans un grade *militaire* ou *réputé militaire* ayant été porté en regard de chacun des grades dont les titulaires ont le droit d'y prétendre, toute hésitation doit disparaître désormais devant les indications du tarif qui fait partie intégrante de la loi nouvelle.

Art. 2. L'article 20 de la loi du 18 avril 1831, qui excluait du droit à la pension *toute femme en état de séparation de corps*, était, en certains cas, attaqué comme disposition rigoureuse dans ses termes absolus, surtout depuis que la loi du 9 juin 1853, sur les *pensions civiles,* avait *restreint* l'exclusion à la femme *contre laquelle la séparation a été obtenue.*

Une disposition analogue devait donc être introduite dans la législation en *matière de pensions militaires,* et tel est l'objet de l'article 2, pour l'exécution duquel il devra toujours être joint une copie du jugement de séparation, afin que le droit de la veuve puisse être reconnu si l'autorité judiciaire a prononcé en sa faveur.

Art. 3. Cet article, après avoir déclaré que le droit à la pension de retraite demeure acquis aux aumôniers de la flotte, d'après les dispositions de l'article 1er de la loi du 18 avril 1831, lorsqu'ils en remplissent les conditions, leur accorde une abréviation de quatre ans dans la durée du service effectif, ou, en d'autres termes, leur reconnaît le droit à la pension de retraite à vingt et un ans, au lieu de vingt-cinq ans de service effectif, lorsqu'ils justifieront de *douze ans de navigation sur les bâtiments de l'État.*

Cette disposition exceptionnelle s'explique par l'âge, relativement avancé, auquel ces ecclésiastiques entrent généralement dans le service de la marine, ce qui aurait rendu pour eux trop difficile l'accomplissement de l'effectif ordinaire.

ART. 4. Le nouveau tarif ne comprenant pas les marins et assimilés, dont les pensions doivent rester fixées d'après la loi du 18 avril 1831 combinée avec celle du 21 juin 1856, vous trouverez ci-joint un second tableau dans lequel le maximum prévu pour chaque grade a été augmenté de 30 p. o/o, pour le cas d'amputation de deux membres ou de cécité complète, en exécution du deuxième paragraphe de l'article 4 de la loi du 26 juin 1861 [1].

Quant aux officiers et autres qui figurent au tarif de la loi du 26 juin 1861, l'augmentation de 20 ou 30 p. o/o, suivant le cas, est comprise dans les fixations portées à la quatrième colonne dudit tarif.

Il est entendu, d'ailleurs, que, pour tous ceux qui peuvent prétendre au cinquième en sus, ce bénéfice s'ajouterait, s'il y avait lieu, à l'augmentation dont il s'agit.

ART. 5. L'article 5 ayant décidé, suivant l'usage établi, que le point de départ de l'application de la loi serait *la date de sa promulgation,* il a été donné cours, d'après les nouvelles bases, aux liquidations de pensions qui étaient en instance; mais sont maintenues, bien entendu, comme le veut la loi, toutes

---

[1] Ce second tableau, en *complétant* la série des tarifs des pensions de retraite, permet de saisir l'ensemble de la matière.

les pensions qui, lors de la promulgation, étaient déjà inscrites sur la matricule générale des pensionnaires de la marine.

ART. 6. L'abrogation prononcée par l'article 6 a pour effet
de substituer le nouveau tarif à celui de 1831 : 1° pour l'exécution de la loi du 19 mai 1834, en ce qui concerne les pensions et soldes de réforme; 2° pour l'application du double-
ment que comporte la loi du 26 avril 1856 au profit des veuves
et des orphelins de militaires tués sur le champ de bataille; et
3° enfin pour la liquidation des pensions de veuves et orphelins d'officiers ou autres qui mourront titulaires de pensions
liquidées d'après l'ancien tarif.

ART. 7. Sous le titre de *disposition transitoire*, l'article 7 contient en faveur des officiers de santé de 1re classe une réserve
de droits, laquelle permettra de conserver, *à tous ceux dont la
nomination est antérieure à la loi du 26 juin 1861,* les divers avantages qui résultaient pour eux, d'après la loi de 1831, de leur
assimilation, pour la pension, au grade de capitaine de corvette.

C'est d'après le maximum de la pension afférente à ce grade,
et suivant le nouveau tarif, que les veuves de ces officiers de
santé seront traitées, d'après ce qui vient d'être expliqué et
d'après ce qui a été dit sous l'article 6.

Je n'ai pas besoin d'ajouter que toutes ces pensions seront,
comme par le passé, *acquittées sur la caisse des invalides de la
marine,* conformément aux lois spéciales de son institution
(loi du 13 mai 1791, arrêté du 19 frimaire an XI, décret du
4 mars 1808 et ordonnance de reconstitution du 22 mai
1816), et en application du principe reconnu par la loi du
18 avril 1831, article 26, par la loi du 19 mai 1834, article 25,
et par celle du 21 juin 1856, article 2.

Je recommande la lecture attentive de la présente circulaire à tous ceux qui sont appelés à concourir à son exécution.

Recevez, Messieurs, l'assurance de ma considération très-distinguée.

Le Ministre secrétaire d'état de la marine et des colonies,

Signé Cte P. DE CHASSELOUP-LAUBAT.

ANNEXE N° 1.

——

Loi du 26 juin 1861, qui modifie celle du 18 avril 1831 sur les pensions de l'armée de mer.

ART. 1er. Les pensions de retraite des officiers et des fonctionnaires assimilés de l'armée de mer, et celles des autres agents du département de la marine et des colonies, sont fixées conformément au tarif annexé à la présente loi.

Toutefois, les pensions des vice-amiraux et des contre-amiraux, et celles des fonctionnaires de la marine qui leur sont assimilés pour la retraite, ne pourront, en aucun cas, excéder la solde attribuée, selon le grade, aux officiers généraux dans le cadre de réserve.

ART. 2. En cas de séparation de corps, la femme contre laquelle elle a été admise ne peut prétendre à la pension de veuve; en ce cas, les enfants, s'il y en a, sont considérés comme orphelins.

ART. 3. Le droit à la pension de retraite demeure acquis aux aumôniers de la flotte, d'après les dispositions de l'article 1er de la loi du 16 avril 1831.

Toutefois, ils auront droit à ladite pension à vingt et un ans de services effectifs, s'ils comptent douze ans de navigation sur les bâtiments de l'État.

Art. 4. Pour l'amputation d'un membre ou la perte absolue de l'usage de deux membres, les officiers, officiers-mariniers, assimilés et autres agents du département de la marine et des colonies, reçoivent le maximum de la pension qui leur est attribuée par la présente loi ou par la loi du 21 juin 1856.

En cas d'amputation de deux membres ou de la perte totale de la vue, ce maximum est augmenté de 20 p. o/o pour les officiers et fonctionnaires assimilés compris dans la première section du tarif annexé à la présente loi, et de 30 p. o/o pour les marins et autres assimilés dont les pensions sont régies par la loi du 21 juin 1856, ainsi que pour les agents compris dans la deuxième section du tarif ci-dessus.

Dans cette dernière augmentation de 30 p. o/o se trouve compris le supplément alloué par l'article 33 de la loi du 28 fructidor an VII.

Art. 5. Les dispositions de la présente loi seront appliquées à toutes les pensions non inscrites avant sa promulgation.

Art. 6. Sont abrogées toutes les dispositions contraires à la présente loi.

DISPOSITION TRANSITOIRE.

Art. 7. Les officiers de santé de première classe déjà pourvus de ce grade à l'époque de la promulgation de la présente loi, auxquels le tarif annexé à la loi du 18 avril 1831 attribuait la pension de retraite de capitaine de corvette, conserveront ce droit en cas d'admission à la retraite.

(Voir les tarifs au *Bulletin officiel de la marine* n° 25, page 45, année 1861.)

Rapport à l'Empereur sur l'organisation de la réserve.

Paris, le 1ᵉʳ août 1861.

SIRE,

J'ai l'honneur de soumettre à Votre Majesté un projet de décret qui a pour but de maintenir dans de bonnes conditions de disponibilité les bâtiments de la marine impériale reconnus aptes à naviguer.

Je demande à Votre Majesté la permission d'entrer dans quelques explications nécessaires pour bien faire comprendre la pensée qui m'a dirigé dans le travail que je lui soumets, car le décret ne fait que poser les principes, en renvoyant à un règlement détaillé les prescriptions nécessaires à leur application.

Dans l'état actuel des choses, qu'un bâtiment soit classé parmi les bâtiments en *disponibilité,* en *réserve,* en *commission,* ou en *armement,* tous les travaux d'entretien et de réparation n'en continuent pas moins à être exécutés par ce qu'on appelle le *Service des directions,* c'est-à-dire que toutes les directions du port concourent, chacune selon sa spécialité, aux divers travaux.

Le décret de 1857 a bien dit qu'un capitaine de vaisseau, portant le titre de commandant supérieur des bâtiments à vapeur, *exerçait une surveillance constante sur l'entretien et la conservation des bâtiments en réserve, en commission et en disponibilité,* mais ce n'est là qu'une surveillance. Cet officier n'exécute pas, n'ordonne même pas les plus simples travaux de réparation, et il lui faut toujours avoir recours aux diverses directions du port, qui, souvent occupées à des constructions neuves ou à des travaux plus importants que ceux signalés, tardent à faire ce qui est réclamé; enfin le personnel préposé à l'entretien et à la garde des bâtiments qui ne sont pas armés est tout à fait insuffisant, surtout pour les navires à vapeur.

Il résulte évidemment de cette situation que la *disponibilité* réelle d'un bâtiment n'est jamais certaine. Il arrive tous les jours que, au moment de compléter l'armement d'un navire, ou au moment de lui faire prendre la mer, on reconnaît qu'il a besoin de réparations importantes, et son départ est quelquefois indéfiniment retardé.

Je me suis demandé s'il n'était pas possible de remédier à ces inconvénients, dont la cause m'a paru être principalement dans la *division* des services qui sont chargés des réparations : une responsabilité partagée n'est jamais sérieuse.

Le moyen le plus simple, selon moi, est donc de constituer l'unité de commandement, de direction, pour l'entretien et les *réparations courantes* de tous les navires reconnus aptes à naviguer, et de confier ces travaux aux officiers qui ont le plus d'intérêt à ce que le bâtiment soit toujours en état de prendre la mer, c'est-à-dire à ceux qui doivent l'y conduire.

Dans l'application, cette pensée ne pouvait présenter de sérieuses difficultés. En effet, sur les rades étrangères, nos bâtiments possèdent des moyens de bord suffisants pour faire un grand nombre de réparations qu'ils exécutent tous les jours, et si la marine à vapeur est venue y ajouter des complications, l'habileté de nos mécaniciens, qui grandit avec leur importance, ainsi que le dévouement et la science de nos officiers, suffit en cours de campagne à toutes les exigences.

On peut donc, avec toute confiance, demander au service actif de la flotte, pour peu qu'on lui en donne les moyens, d'exécuter dans nos ports et sur nos rades les travaux d'entretien et de réparations des bâtiments, qui lui sont remis lorsqu'ils ont été reconnus aptes à naviguer.

C'est ce que fait le décret que je soumets à Votre Majesté.

21.

C'est là le principe nouveau dont j'attends des conséquences
fécondes, et qui permet, indépendamment des bâtiments
armés, d'avoir une réserve sur la disponibilité de laquelle on
pourra compter.

En effet, Sire, comme un bâtiment, soit neuf, soit réparé,
ne pourra être remis au service actif de la flotte, comme il ne
sera accepté par ce service que lorsque tous les essais auront
été faits à la mer en présence d'une commission spéciale, que
lorsque tous les emménagements et installations seront terminés, il est évident qu'on ne se contentera pas de ces *à peu
près,* qui font naître parfois de si dangereuses illusions ;
le bâtiment placé dans la réserve pourra être armé sans
d'autres opérations que celles relatives à l'embarquement de
son personnel et de son matériel constamment tenu prêt dans
des magasins ; ainsi, il sera réellement disponible à plus ou
moins bref délai, selon la catégorie de la réserve à laquelle il
appartiendra.

Enfin, comme je l'ai indiqué, le service actif de la flotte,
chargé de l'entretien et des réparations des navires, y apportera d'autant plus de soin que c'est aux officiers qui le composent que revient l'honneur de les commander ; plus que
personne ils doivent vouloir qu'ils soient toujours en état, toujours prêts.

Cependant, Sire, malgré tous les soins, malgré l'entretien
le mieux entendu, le navire a besoin de passer au bassin ;
les machines s'usent, se brisent, et de grands travaux sont
souvent encore indispensables.

Alors il faut que le navire soit remis complétement au service des directions ; quel que soit le concours qu'elles réclament des hommes laissés à bord, seules elles doivent diriger
les travaux, et seules aussi elles doivent en être responsables.

Cette distinction des responsabilités, j'ai cherché à l'établir de la manière la plus nette, la plus précise; c'est elle, ainsi que je l'ai expliqué, qui est la base fondamentale du décret.

Le second but que s'est proposé d'atteindre le projet est d'avoir des cadres permanents de maîtres et de matelots de spécialités, suffisant pour recevoir le nombre d'hommes nécessaire à l'armement d'une partie des bâtiments de la réserve.

Votre Majesté sait mieux que moi que la puissance des empires est dans la permanence des armées, et que, dans l'impossibilité où l'on est de conserver sur pied des effectifs trop considérables pour le temps de paix, la force des armées réside dans la bonne composition des cadres, car c'est par leur forte organisation qu'il est possible seulement de suppléer au défaut de permanence d'une partie de l'effectif de guerre.

Pour l'armée de terre il a été facile d'avoir des cadres solidement constitués; ces cadres restent toujours placés sous les ordres des mêmes officiers; dans les mêmes régiments, les sous-officiers ont devant eux un avenir presque certain pour les sujets de valeur; les recrues, les réserves, se trouvent ainsi incorporées dans les meilleures conditions d'instruction, et l'on peut de la sorte, pendant la paix, avoir les éléments d'une puissante armée, prête, en peu de temps, à entrer en campagne.

Cette admirable organisation de notre armée de terre n'a pas été appliquée à notre armée navale, et il faut bien dire qu'il était impossible de l'y appliquer entièrement.

Le vaisseau ne conserve pas, comme le régiment, son corps d'officiers et de sous-officiers. Le matériel dans l'armée de mer joue un rôle immense. Selon les besoins des divers armements, les officiers sont employés successivement sur des navires différents, où ils ne restent, d'ailleurs, qu'un temps limité. Les cadres des maîtres varient aussi à chaque armement. On ne saurait, on le voit, établir une analogie complète entre les éléments et les besoins si différents des deux armées.

Mais, pourtant, je crois qu'on s'est peut-être un peu trop écarté dans la marine du principe qui a produit de si grands résultats dans l'armée, et que, au moins pour les navires de combat, il est possible dans une certaine mesure, et il est nécessaire d'organiser une sorte de permanence de cadres.

Voici, en effet, comment les choses se passent aujourd'hui :

Lorsqu'on arme un vaisseau, l'empereur nomme le capitaine qui doit le commander et qui choisit son second (un capitaine de frégate); puis le tour d'embarquement désigne les lieutenants de vaisseau, les enseignes, les aspirants qui doivent servir sur le bâtiment. La maistrance, c'est-à-dire les sous-officiers sont pris au tour d'embarquement dans la division, s'il s'en trouve, ou dans les quartiers où ils ont pu être envoyés en disponibilité; enfin on cherche des hommes de spécialités (canonniers, gabiers et timoniers); à défaut d'un nombre suffisant on prend des matelots des classes, qu'on s'efforce de former à ces diverses fonctions; on complète l'équipage par ceux qu'on vient souvent de lever. Mais ce n'est pas tout. Aujourd'hui où les seuls navires de guerre dignes de ce nom sont les navires à vapeur, et dont la machine est l'âme pour ainsi dire, cette machine est quelquefois confiée, au moment de l'armement, à des mécaniciens qui n'en connaissent ni les défauts ni les qualités.

Et c'est dans ces conditions que part le navire après avoir passé plus ou moins de temps à son armement.

Ainsi voilà des officiers qui ne se connaissent peut-être pas la veille, qui ne connaissaient nullement leurs sous-officiers, lesquels n'avaient jamais eu de rapports avec les hommes qu'ils doivent commander, et qui, réunis seulement pendant le temps nécessaire à l'armement, devraient immédiatement

se présenter au combat s'ils rencontraient l'ennemi à la sortie
du port.

Et pourtant, il ne faut pas moins de six mois pour qu'un
bâtiment armé dans ces conditions ait acquis sa valeur. Puis,
quand on le désarmera, tout ce personnel réuni, formé à
grande peine, sera de nouveau dispersé; pas un homme ne
conservera la tradition du bord, et plus tard il faudra recom-
mencer sur de nouveaux frais. Aussi l'administration supérieure cherche-t-elle à prolonger le plus qu'elle peut le temps
pendant lequel le même navire reste armé. Elle change les
commandants lorsque le terme du commandement est arrivé;
elle remplace partiellement les équipages lorsque les hommes
ont fini leur temps de service; mais elle fait durer autant que
possible la période de service du bâtiment pour ne pas dé-
sorganiser l'ensemble qu'on est parvenu à former; ce qui a le
double inconvénient de fatiguer, d'user même, le matériel
d'une partie de la flotte, et de ne pas se servir de l'autre
portion, et dès lors de ne pas en connaître la véritable valeur.

C'est cet état de choses regrettable, selon moi, que j'ai
cru possible de changer, non pas par une modification profonde dans l'administration navale, mais par une combinaison
bien simple, presque inaperçue, qui n'a rien de nouveau,
mais dont il faut seulement que l'application soit faite avec
suite et persévérance, et qui n'était sérieusement réalisable
qu'au moyen de la remise au service actif de la flotte des bâtiments aptes à naviguer.

Voici en quoi consiste tout le système :

Après qu'on aura reconnu quels sont réellement les bâtiments qui sont en état de prendre la mer, et qu'ils auront
été remis au service actif, on maintiendra sur un certain
nombre de ces bâtiments en réserve les cadres de maistrance

et de spécialités affectés à chacun de ceux laissés dans la première catégorie de la réserve; les maîtres mécaniciens seront
toujours attachés à la même machine. Lorsqu'un des bâtiments
aujourd'hui à la mer rentrera au port, il sera remplacé par
une sorte de roulement par un autre du même type pris dans
la réserve, et dont on n'aura eu qu'à compléter l'équipage;
mais celui qui rentrera et qui sera placé à son tour dans la
réserve n'en conservera pas moins un cadre plus ou moins
complet de maistrance, selon la catégorie à laquelle il appartiendra.

L'Empereur voit que ce ne sont, en définitive, que des
cadres permanents affectés à un certain nombre de navires de
guerre. L'augmentation d'effectif qu'ils nécessitent est peu
considérable; ce ne serait, d'ailleurs, que successivement et
dans la mesure des nécessités du service qu'on arriverait à ces
cadres. J'ai, en conséquence, l'honneur de prier Votre Majesté de donner son approbation au principe qui sert de base
à cette organisation; car, à mes yeux, et j'ajoute aux yeux du
conseil d'amirauté, avec lequel j'ai longuement discuté ces
questions, aux yeux des hommes les plus dévoués, les plus
compétents, la réserve avec des cadres permanents est un des
principaux éléments de la puissance navale de la France.

Je suis avec un profond respect, Sire, de Votre Majesté, le
très-humble, très-obéissant serviteur et fidèle sujet,

Le Ministre secrétaire d'état de la marine et des colonies,

Signé C^to P. DE CHASSELOUP-LAUBAT.

Décret et règlement du 25 août 1861, concernant l'armement, les essais, l'entretien et la conservation des bâtiments de la marine impériale.

NAPOLÉON, par la grâce de Dieu et la volonté nationale, EMPEREUR DES FRANÇAIS,

A tous présents et à venir, SALUT.

Sur le rapport de notre ministre secrétaire d'état au département de la marine et des colonies;

Le conseil d'amirauté entendu,

AVONS DÉCRÉTÉ et DÉCRÉTONS ce qui suit :

ARTICLE PREMIER.

1. Les bâtiments de la marine impériale, soit neufs, soit réparés, lorsque les essais définitifs ont été faits, et les installations ainsi que les emménagements terminés, sont remis au service actif de la flotte.

2. Les positions que ces bâtiments occupent alors sont les suivantes :

    1° Bâtiments armés,

    2° Bâtiments en réserve.

ART. 2.

1. La réserve se divise en trois catégories.

2. Les conditions dans lesquelles doivent être maintenus les bâtiments classés dans chacune de ces catégories sont déterminées, tant au personnel qu'au matériel, par un règlement de notre ministre de la marine et des colonies.

ART. 3.

1. Toutes les réparations courantes des bâtiments armés

ou en réserve sont faites par le service actif de la flotte, soit par les moyens du bord, soit par les moyens de l'atelier central de la réserve.

2. A cet effet, il est installé dans chaque port, sur un bâtiment spécial, un atelier dont l'outillage est déterminé par le ministre.

ART. 4.

1. Les bâtiments armés ou en réserve qui ont à subir de grandes réparations dans les arsenaux sont remis au service des directions de travaux. Selon les circonstances et sur la proposition du préfet maritime, la totalité ou une portion du personnel peut être maintenue à bord.

2. Dans cette situation, ce personnel n'est employé dans les travaux que lorsque son concours est réclamé par les directions; mais celles-ci restent responsables de l'exécution des travaux.

ART. 5.

1. Les bâtiments à flot qui ne se trouvent pas dans les conditions énoncées à l'article 1er sont dans les positions suivantes :

  1° Bâtiments désarmés,
  2° Bâtiments en achèvement,
  3° Bâtiments en armement.

2. Les conditions de ces diverses positions sont déterminées par un règlement de notre ministre de la marine et des colonies.

ART. 6.

1. Les travaux des bâtiments désarmés et des bâtiments en achèvement sont exclusivement confiés aux services des directions dans les ports.

ART. 7.

1. Les travaux de tout bâtiment en armement continuent à être exécutés par les directions; toutefois ces travaux sont suivis par un officier que désigne le ministre, et par le personnel adjoint à cet officier.

2. Un rôle d'équipage est ouvert au titre du bâtiment en armement.

ART. 8.

1. Des règlements ministériels déterminent, suivant les diverses positions des bâtiments :

1° Le personnel qui leur est affecté;

2° Le matériel qui doit être à bord ou réservé en magasin;

3° Les soins dont le bâtiment, les emménagements, la machine ainsi que le matériel doivent être l'objet.

ART. 9.

1. Un ordre du ministre fixe ou modifie, quand il le juge utile, la position de chaque bâtiment.

ART. 10.

1. Un officier général ou supérieur, nommé par décision impériale, centralise dans chaque port, sous l'autorité du préfet maritime, le service des bâtiments en réserve. Il prend le titre de *major de la flotte*.

2. Cet officier intervient dans toutes les opérations relatives à l'armement des bâtiments à vapeur.

3. Il est tenu, par les capitaines, au courant de l'état et de tous les besoins, tant au personnel qu'au matériel, des bâtiments à vapeur armés, qui sont placés sous l'autorité du préfet maritime.

4. Il reçoit communication des ordres qui sont adressés aux chefs de service relativement à ces bâtiments. Il s'assure de l'exécution de ces ordres, soit directement, soit par les capitaines, et il en rend compte au préfet maritime.

ART. 11.

1. Il est adjoint au major de la flotte, et sur sa proposition, un ou plusieurs officiers, selon les besoins du service.

2. Il a droit à un secrétaire pris parmi les aides-commissaires ou les commis de marine.

ART. 12.

1. Sont et demeurent abrogées les dispositions des décrets, ordonnances et règlements antérieurs qui seraient contraires à celles du présent décret.

Fait au palais de Saint-Cloud, le 25 août 1861.

Signé NAPOLÉON.

Par l'Empereur :

Le Ministre secrétaire d'état de la marine et des colonies,

Signé Cᵗᵉ P. DE CHASSELOUP-LAUBAT.

(Voir le règlement au *Bulletin officiel de la marine,* p. 580, n° 49, 2ᵉ semestre 1861.)

Décret du 14 août 1861, portant augmentation de trois batteries et d'une compagnie de canonniers conducteurs dans le régiment d'artillerie de la marine et des colonies.

Augmentation de l'artillerie de la marine et des colonies.

NAPOLÉON, par la grâce de Dieu et la volonté nationale, EMPEREUR DES FRANÇAIS,

A tous présents et à venir, SALUT.

Vu le décret du 5 juin 1855;

Sur le rapport de notre ministre secrétaire d'état au département de la marine et des colonies,

Avons décrété et décrétons ce qui suit :

ART. 1er. Le personnel de l'artillerie de la marine et des colonies se compose :

1° De deux officiers généraux, dont l'un est inspecteur général de l'arme et l'autre inspecteur général adjoint;

2° D'un état-major particulier ;

3° D'un corps de troupes.

ART. 2. L'état-major particulier de l'artillerie de la marine et des colonies comprend :

OFFICIERS.

Colonels..................................	6
Lieutenants-colonels........................	7
Chefs d'escadron...........................	7
Capitaines de 1re classe.....................	17
Capitaines en résidence fixe.................	7
Total................	44

EMPLOYÉS MILITAIRES.

Gardes : Section des comptables.......	Principaux.....	5
	1re classe......	10
	2e classe..... ...	10
Gardes : Section des contrôleurs d'armes.	Principaux.....	5
	1re classe	15
Artificiers	Maîtres	6
	Chefs.........	6
Ouvriers d'état	Principaux.....	6
	Chefs.........	10
	Sous-chefs.....	15
	Ouvriers	15
Total.............		103

Sont également compris dans l'état-major particulier de l'artillerie de la marine et des colonies les officiers supérieurs et autres destinés à remplir des emplois de commandant de dépendances aux colonies, d'aide de camp, d'officier d'ordonnance et des missions spéciales.

ART. 3. Les troupes de l'artillerie de la marine et des colonies forment :

Un régiment à pied;

Six compagnies d'ouvriers;

Une section de fuséens;

Un corps d'armuriers.

ART. 4. Le régiment d'artillerie comprend :

Un état-major;

Un peloton hors rang;

Vingt-huit batteries à pied;

Une compagnie de canonniers conducteurs.

La composition de ces diverses subdivisions est indiquée aux tableaux annexés A, B, C, D.

ART. 5. Les batteries et la compagnie de canonniers conducteurs ont leurs cadres permanents. Elles sont mises, selon les circonstances, sur le pied de paix, sur le pied de rassemblement ou sur le pied de guerre.

Dans ces diverses situations, elles passent de l'effectif de 104 hommes à celui de 154, et, enfin, à celui de 204 (officiers compris).

ART. 6. La composition des compagnies d'ouvriers est indiquée au tableau E ci-annexé.

La composition de la section des fuséens est indiquée au tableau F.

La composition du corps des armuriers est indiquée au tableau G.

Art. 7. L'ordonnance du 16 mars 1838 est applicable aux compagnies de canonniers conducteurs, en ce qui concerne les conditions d'instruction et d'avancement.

Les sous-officiers, brigadiers et soldats de la compagnie de conducteurs peuvent, au même titre que les autres sous-officiers, brigadiers et soldats du régiment, recevoir de l'avancement en grade en passant dans les batteries, s'ils remplissent les conditions de service et d'instruction exigées dans les batteries à pied,

Les sous-officiers, brigadiers et soldats des batteries peuvent également passer dans la compagnie de canonniers conducteurs, s'ils satisfont aux conditions exigées.

Art. 8. Toutes les dispositions contraires au présent décret sont et demeurent abrogées.

Art. 9. Notre ministre secrétaire d'état au département de la marine et des colonies est chargé de l'exécution du présent décret.

Fait à Paris, le 14 août 1861.

Signé NAPOLÉON.

Par l'Empereur :

Le Ministre secrétaire d'état de la marine et des colonies,

Signé Cte P. DE CHASSELOUP-LAUBAT.

Voir les tableaux au *Bulletin officiel,* n° 32, p. 172, année 1861.)

Rapport à l'Empereur, suivi d'un décret portant création, au ministère, d'une commission permanente de contrôle et de révision du règlement d'armement.

Paris, le 22 octobre 1862.

SIRE,

Création
d'une commission
permanente
de contrôle
et de révision
du règlement
d'armement.

Le règlement d'armement qui contient la nomenclature de tous les objets de matériel, sans exception, à délivrer aux différentes espèces de navires, tant pour leur armement que pour les approvisionnements et rechanges, est, en fait, soumis à une révision incessante; en effet, chaque jour les progrès des sciences, des arts, apportent des modifications à certaines parties des armements; tous les efforts de l'administration de la marine doivent tendre, d'un côté, à placer le navire dans les meilleures conditions possibles pour ses approvisionnements de tous genres et, de l'autre, à ne pas le surcharger d'objets inutiles qui peuvent se détériorer facilement à bord, ou qui, par leur encombrement et leur poids, nuisent à ses qualités nautiques.

Il y aurait donc, au double point de vue de l'économie et de l'amélioration des conditions de navigabilité des bâtiments, un avantage réel à ce qu'un controle spécial et permanent s'exerçât sur la composition de tous les objets qui entrent dans l'armement des différents navires.

Pour atteindre ce but, je viens demander à Votre Majesté de vouloir bien donner son approbation à la création d'une commission permanente qui, sous le titre de *Commission du règlement d'armement*, verrait ses membres se renouveler chaque année par moitié, afin d'y faire incessamment pénétrer la connaissance des progrès qui peuvent être réalisés par le service actif de la flotte et par les arsenaux.

Cette commission serait chargée de la révision du règlement d'armement, ainsi que de l'examen des demandes de matériel faites en cours de campagne, et du contrôle des acquisitions à l'étranger.

Il est, d'ailleurs, bien entendu que, quant aux demandes formées par les navires présents dans les ports, le préfet maritime continuerait à statuer sur place, ayant tous les moyens de s'éclairer sur les véritables besoins des services auxquels il lui appartient de pourvoir.

Si l'Empereur daigne approuver cette formation d'une commission dont les travaux, selon moi, doivent avoir pour conséquence de placer les bâtiments de la marine impériale dans les meilleures conditions d'armement, et aussi d'amener des économies qui ne seront pas sans valeur, je le prie de vouloir bien revêtir de sa signature le décret qui fixe la composition et détermine les attributions de cette commission.

Je suis, avec le plus profond respect, Sire, de Votre Majesté, le très-humble et très-obéissant serviteur,

Le Ministre secrétaire d'état de la marine et des colonies,

Signé Cᵗᵉ P. DE CHASSELOUP-LAUBAT.

DÉCRET DU 22 OCTOBRE 1862.

NAPOLÉON, par la grâce de Dieu et la volonté nationale, EMPEREUR DES FRANÇAIS,

A tous présents et à venir SALUT.

Sur le rapport de notre ministre secrétaire d'état au département de la marine et des colonies,

AVONS DÉCRÉTÉ et DÉCRÉTONS ce qui suit :

ARTICLE 1ᵉʳ. Il est créé au ministère de la marine et des

colonies une commission permanente de contrôle et de révision du règlement d'armement.

ART. 2. Cette commission est composée ainsi qu'il suit :

Un contre-amiral, *président;*

Un capitaine de vaisseau ;

Un capitaine de frégate ;

Un ingénieur de la marine ;

Un officier supérieur du commissariat ou de l'inspection,

Et un lieutenant de vaisseau, *secrétaire,* avec voix consultative;

Tous nommés par notre ministre secrétaire d'état de la marine et des colonies.

La durée des fonctions des membres de la commission est
fixée à deux ans.

Leur remplacement a lieu successivement chaque année par
moitié.

Ils ne peuvent être nommés de nouveau membres de la commission qu'après un intervalle de deux ans au moins, pendant
lesquels ils auront été employés activement, soit à la mer,
soit dans les ports.

Toutefois, le président et le secrétaire peuvent être maintenus en fonctions aussi longtemps que le bien du service
l'exige.

ART. 3. La commission est saisie de toutes les propositions
qui ont pour but d'ajouter de nouveaux objets à la nomenclature du règlement d'armement et de supprimer ceux qui deviennent inutiles.

ART. 4. Les demandes d'approvisionnements et rechanges,
autres que les vivres, adressées au ministre par les bâtiments
en cours de campagne, sont examinées d'urgence par la commission qui indique les modifications qui lui paraissent convenables.

Elle reçoit communication des états des approvisionnements achetés à l'étranger par ces navires, et soumet au ministre les observations que l'examen de ces états lui suggère.

ART. 5. La commission peut proposer toutes les modifications au règlement d'armement qui lui semblent opportunes.

ART. 6. Notre ministre secrétaire d'état de la marine et des colonies est chargé de l'exécution du présent décret.

Fait au palais de Saint-Cloud, le 22 octobre 1862.

Signé NAPOLÉON.

Par l'Empereur :

Le Ministre secrétaire d'état de la marine et des colonies,

Signé Cᵗᵉ P. DE CHASSELOUP-LAUBAT.

Décret du 17 mai 1862, portant organisation du personnel du service électro-sémaphorique du littoral de l'Empire.

NAPOLÉON, par la grâce de Dieu et la volonté nationale, EMPEREUR DES FRANÇAIS,

A tous présents et à venir, SALUT.

Sur le rapport de nos ministres secrétaires d'état aux départements de l'intérieur et de la marine et des colonies,

Le conseil d'amirauté entendu,

AVONS DÉCRÉTÉ et DÉCRÉTONS ce qui suit :

Organisation du service électro-sémaphorique.

Constitution du service.

ART. 1ᵉʳ. Il est créé une classe d'agents spéciaux, sous le

22.

titre de *chefs guetteurs* et *guetteurs,* pour le service des postes électro-sémaphoriques du littoral de l'Empire.

Art. 2. Dans chaque arrondissement maritime, le service est dirigé par le major général, sous l'autorité supérieure du préfet maritime.

Art. 3. Le major général a sous ses ordres le personnel du service électro-sémaphorique; il veille, en outre, à l'entretien des postes et à celui du matériel sémaphorique confié aux guetteurs.

Art. 4. Un agent supérieur, accrédité par le directeur de l'administration des lignes télégraphiques auprès du préfet de chaque arrondissement maritime, veille à l'entretien du matériel purement électrique, cadrans, fils, câbles sous-marins, etc. et porte à la connaissance des guetteurs les ordres exclusivement relatifs au service du télégraphe électrique.

Art. 5. Le major général a spécialement sous ses ordres, pour la direction et la surveillance du service, des capitaines de frégates ayant le titre d'*inspecteurs des électro-sémaphores.*

Art. 6. Il est affecté deux agents à chaque poste : ils manœuvrent les sémaphores et les appareils électriques, en se conformant aux instructions réglementaires.

Art. 7. Les capitaines de frégate inspecteurs résident dans les ports indiqués au tableau annexé au présent décret. Ils ont, sous l'autorité du major général, la direction de l'ensemble des postes de leur ressort, tant au personnel qu'au matériel. Ils reçoivent de cet officier général les ordres et les instructions nécessaires pour la marche du service.

Ils visitent fréquemment, et à une époque indéterminée, les postes électro-sémaphoriques, et maintiennent la discipline parmi les guetteurs.

Art. 8. Les capitaines de frégate inspecteurs veillent cons-

tamment au bon entretien des postes et du matériel des sémaphores.

Art. 9. Ils prescrivent aux guetteurs de prêter un concours
efficace aux agents de l'administration des lignes télégraphiques, chargés, conformément à l'article 12 ci-après, de l'entretien et des réparations du matériel électrique.

Art. 10. Ils rendent compte fréquemment au major général de l'état des choses, lui proposent les améliorations qu'ils
jugent convenables, et tiennent la main, en tout ce qui les
concerne, à la stricte régularité du service.

Art. 11. Le service des lignes télégraphiques assure l'entretien et le bon fonctionnement des appareils électriques. L'agent
supérieur accrédité dans chaque arrondissement maritime y
pourvoit directement, ou se concerte, à cet égard, avec les
inspecteurs des lignes télégraphiques dans les départements
du littoral maritime.

L'agent supérieur accrédité dans chaque arrondissement
maritime demande au major général les moyens nécessaires
pour les opérations qui exigent le concours de la marine.

Art. 12. Les agents secondaires désignés par l'administration des lignes télégraphiques sont chargés, sous la direction
de l'agent supérieur accrédité, de l'entretien du matériel
électrique des différents postes; les guetteurs sont tenus de
suivre les instructions de ces agents pour le soin et l'emploi
des appareils électriques.

Art. 13. Dans les îles et sur les points isolés où l'administration des lignes télégraphiques n'entretient pas d'agent, les
guetteurs pourront être chargés, sous les ordres de l'agent
supérieur des lignes télégraphiques, de visiter et de réparer
les sections de lignes qui leur seront indiquées.

Art. 14. En cas de conflit entre les agents de la marine
et ceux des lignes télégraphiques, il en est rendu compte sur-

le-champ au capitaine de frégate inspecteur, ainsi qu'à l'agent
supérieur. Ceux-ci, après en avoir référé au besoin au major général, avisent à la situation, réprimandent ou font punir, suivant le cas, les agents qui se seraient écartés de leurs devoirs.

Art. 15. Les guetteurs devront se conformer, en tout ce
qui concerne la transmission des dépêches officielles, et, s'il y
a lieu, des dépêches privées, et les observations météorologiques, aux règlements de l'administration des lignes télégraphiques.

Des capitaines de frégate inspecteurs.

Art. 16. Les capitaines de frégate inspecteurs sont désignés
par le ministre, sur la proposition des préfets maritimes.

Ils sont choisis parmi les officiers en activité.

Ils restent au moins trois ans dans le service électro-sémaphorique, et ne peuvent le quitter avant ce terme que sur un
ordre spécial du ministre.

Art. 17. Les allocations qu'il y a lieu d'accorder aux capitaines de frégate inspecteurs pour ce service spécial sont fixées
par décision ministérielle.

Des chefs guetteurs et guetteurs. — Constitution du cadre.

Art. 18. Le cadre du personnel électro-sémaphorique comprend :

Des chefs guetteurs de 1re et de 2e classe,

Des guetteurs de 1re et de 2e classe.

Le chiffre réglementaire de chacune des classes de ces deux
emplois est fixé au quart de l'effectif général attribué au service actif.

Il y a dans chaque poste un chef guetteur et un guetteur.

Il existe, en outre, dans chaque arrondissement maritime,
pour aviser aux éventualités, des guetteurs de 2e classe, dont

le nombre est fixé au dixième de l'effectif des chefs guetteurs et guetteurs de l'arrondissement.

Aʀт. 19. La position de chef guetteur et de guetteur constitue un emploi civil.

Examens et conditions à remplir.

Aʀт. 20. Les emplois de guetteurs de 2ᵉ classe sont accordés à la suite d'examens auxquels sont admis : les capitaines au long cours, les officiers-mariniers, les maîtres au cabotage, les quartiers-maîtres et marins de toute profession, soit de la marine impériale, soit de la marine du commerce.

Le minimum d'âge des candidats est fixé à vingt-cinq ans accomplis, le maximum à cinquante ans.

Ne seront admis aux examens, au-dessus de l'âge de trente ans, que les candidats réunissant déjà assez de services pour obtenir à soixante ans une pension de retraite ou une demi-solde.

Nul ne pourra, en outre, concourir, s'il ne justifie préalablement de cinq ans au moins d'embarquement, soit à l'État, soit au commerce.

Aʀт. 21. Lorsqu'il y a lieu de pourvoir à des vacances, un avis émanant de la majorité générale fait connaître dans tous les quartiers de l'arrondissement maritime le nombre d'emplois disponibles et l'époque des examens.

Cette époque est toujours postérieure d'un mois au moins à la publication de l'avis.

Aʀт. 22. Les candidats se font inscrire à la majorité générale de chaque port militaire. Ils doivent produire les pièces suivantes :

1° Leur acte de naissance ;

2° Un certificat de bonne vie et mœurs, signé du maire de leur commune, s'ils ont quitté le service, et, dans tous les cas, des certificats des chefs sous les ordres desquels ils ont été employés.

3° Une note indicative de leur résidence et de leur position actuelle (s'ils sont mariés, s'ils ont des enfants, etc.), faisant connaître, en outre, la nature de leurs services et leur temps d'embarquement, soit à l'État, soit au commerce.

Art. 23. A l'expiration du délai fixé par l'article 21, 2° paragraphe, le major général fait dresser une liste des candidats, après avoir éliminé ceux d'entre eux qui ne satisfont pas aux conditions mentionnées aux articles précédents.

Art. 24. Le préfet maritime, après avoir approuvé la liste de candidature présentée par le major général, nomme les membres de la commission qui doit procéder aux examens du premier degré.

Il indique la date et le lieu de ces examens.

Art. 25. La commission est composée de deux capitaines de frégate inspecteurs, assistés d'un officier de santé de la marine.

Art. 26. Les candidats doivent satisfaire aux conditions suivantes :

1° Faire preuve d'une bonne vue;

2° Être exempts d'infirmités qui les rendraient impropres au service;

3° Avoir une écriture lisible;

4° Montrer dans une composition écrite qu'ils sont capables de rendre compte de leurs observations avec clarté;

5° Connaître les quatre règles et avoir quelques notions du système décimal et du système métrique;

6° Faire preuve des connaissances nautiques nécessaires pour reconnaître les différentes espèces de navires, indiquer leurs manœuvres, signaler leurs avaries, et, en général, tous leurs mouvements;

7° Connaître la rose des vents et les mesures de distance usitées dans la marine (mille, encâblure, etc.); savoir prendre un relèvement au compas;

8° Connaître l'usage du thermomètre et du baromètre.

Art. 27. Les candidats examinés sont classés par ordre de mérite, et le procès-verbal de la commission est adressé au major général, qui le fait parvenir au préfet maritime, après y avoir consigné, s'il y a lieu, ses observations.

Art. 28. Le préfet maritime désigne, suivant l'ordre de mérite, un nombre de candidats supérieur d'un quart au chiffre des places vacantes. Ces agents, admis à titre essentiellement provisoire, sont dirigés, aux frais de la marine, sur ceux des postes électro-sémaphoriques où ils doivent faire un stage de deux mois.

Art. 29. Ce stage accompli, ces agents provisoires subissent un second examen, devant une commission nommée par le préfet maritime, et composée de deux capitaines de frégate inspecteurs et de l'agent supérieur des lignes télégraphiques.

Cet examen porte sur les points suivants :

1° Description et manœuvre du sémaphore; soins à donner à son entretien, réparations de légères avaries;

2° Description sommaire et entretien de l'appareil électrique; usage du cadran et transmission des signaux;

3° Précautions à prendre pour le bon fonctionnement du paratonnerre;

4° Pratique du livre de signaux, et connaissance des instructions qui l'accompagnent;

5° Connaissance des pavillons des différentes nations, du livre des signaux de grande distance et du dictionnaire télégraphique de la marine impériale.

Art. 30. Il est établi une liste, par ordre de mérite, des stagiaires qui ont satisfait à l'examen du second degré. Cette

liste détermine l'ordre de leur nomination à l'emploi de
guetteur de deuxième classe; elle est sans délai transmise au
ministre.

Ceux des candidats qui n'ont pu recevoir une destination
immédiate, soit dans le service actif, soit comme guetteurs
suppléants, sont renvoyés à leur dernier domicile aux frais de
la marine. Ils sont, pendant un an, susceptibles d'être appelés
à remplir les vacances qui se produiraient.

ART. 31. Les stagiaires déclarés inadmissibles sont congédiés et renvoyés à leur dernier domicile aux frais de la marine.

Nominations.

ART. 32. Les chefs guetteurs et les guetteurs sont commissionnés par le ministre.

Ils sont assermentés immédiatement après leur nomination
à l'emploi de guetteur de deuxième classe, et prêtent, en
outre, entre les mains d'un des capitaines de frégate inspecteurs désigné à cet effet, un serment spécial analogue à celui
des agents des lignes télégraphiques. Ce serment est ainsi
conçu :

« Je jure obéissance à la constitution et fidélité à l'Empe-
« reur. Je jure, en outre, de garder inviolablement le secret
« des dépêches qui me seront confiées et des renseignements
« que j'aurai recueillis, et de ne donner connaissance de ces
« dépêches et renseignements à qui que ce soit, sans un ordre
« écrit du préfet maritime. »

ART. 33. Un procès-verbal en double expédition constate
la prestation de ce serment; l'une des expéditions est adressée
au préfet maritime, l'autre reste entre les mains des guetteurs.

ART. 34. Les maîtres et les seconds maîtres du cadre de
maistrance de la flotte, détachés dans le service électro-séma-

phorique, sont classés dans la deuxième catégorie du cadre de disponibilité.

Art. 35. Les chefs guetteurs et guetteurs appartenant à l'inscription maritime ne peuvent être levés que sur un ordre spécial du ministre.

Avancement.

Art. 36. L'avancement des chefs guetteurs et guetteurs a lieu au choix et par arrondissement maritime.

Art. 37. Lorsqu'il est nécessaire de pourvoir à des vacances, soit en grade, soit en classe, le major général en rend compte au préfet maritime, qui soumet au ministre des propositions en faveur des agents les plus méritants.

Art. 38. Nul ne peut être promu en grade ou en classe, s'il ne compte au moins un an de service dans le grade ou la classe inférieure.

Solde.

Art. 39. La solde et autres allocations des agents des postes électro-sémaphoriques sont fixées conformément au tarif annexé au présent décret.

Art. 40. Il leur est, en outre, alloué des indemnités en argent pour éclairage et chauffage des postes électro-sémaphoriques.

Art. 41. Les guetteurs en disponibilité n'ont droit qu'à la solde de leur emploi.

Art. 42. Les chefs guetteurs et guetteurs détachés des cadres de maistrance de la flotte conservent leurs droits à la pension militaire de leur grade.

Quant à ceux des agents provenant de l'inscription maritime qui, au moment de leur admission, n'auraient pas acquis des droits à une pension ou à une demi-solde, ils seront assimilés, pour la retraite, les chefs guetteurs aux syndics, les guetteurs aux gardes maritimes.

Discipline.

Art. 43. Les chefs guetteurs et guetteurs sont placés, quant à la discipline et à l'exécution de leur service, sous l'autorité des capitaines de frégate inspecteurs.

Art. 44. Les capitaines de frégate inspecteurs et l'agent supérieur des lignes télégraphiques accrédité adressent trimestriellement au major général des notes sur la conduite et l'aptitude des chefs guetteurs et guetteurs. Ces notes sont inscrites sur un registre spécial tenu à la majorité.

Art. 45. Les chefs guetteurs et guetteurs se conforment strictement aux règlements relatifs à leur service, ainsi qu'aux instructions des capitaines de frégate inspecteurs. Ils doivent aussi, sauf à en référer à l'inspecteur des lignes télégraphiques, et en en rendant compte, s'il y a lieu, au capitaine de frégate, se conformer aux instructions des agents des lignes télégraphiques, en ce qui concerne le matériel électrique.

Art. 46. Ils sont tenus de dresser procès-verbal dans le cas de tentative ayant pour but de détruire leurs communications ou le matériel qui leur est confié.

Art. 47. Ils ne peuvent s'éloigner de leur poste qu'avec l'autorisation préalable des capitaines de frégate inspecteurs. Le préfet maritime seul peut leur accorder des congés dans la limite d'un mois.

Art. 48. Dans le cas où deux guetteurs de même classe se trouveraient éventuellement réunis dans le même poste, le plus ancien a l'autorité sur l'autre.

Art. 49. Les punitions disciplinaires sont :

1° La réprimande;

2° La retenue partielle de solde;

3° La suspension avec privation totale de la solde;

4° La révocation.

Art. 50. La réprimande est infligée par les capitaines de frégate inspecteurs.

La retenue de solde est prononcée par le préfet maritime, sur la proposition du major général.

L'agent supérieur des lignes télégraphiques, accrédité dans chaque arrondissement maritime, demande au major général l'application des punitions que les guetteurs pourraient encourir en ce qui concerne le service purement électrique.

La suspension et la révocation sont ordonnées par le ministre.

Toutefois, en cas d'urgence, la suspension peut être provisoirement prononcée par le préfet maritime.

Art. 51. Les chefs guetteurs et guetteurs sont porteurs d'un livret sur lequel sont inscrits,

Par les capitaines de frégate inspecteurs :

1° Leurs noms, prénoms et date de naissance;

2° La date de leurs nomination, promotions et mouvements;

3° Les punitions disciplinaires qui leur auront été infligées.

Par les soins de l'administration de la marine :

Les dates de payement et la quotité des sommes.

Uniforme.

Art. 52. L'uniforme des agents du service électro-sémaphorique est le suivant :

Veste de marin, modèle des sous-officiers, en drap bleu, à collet renversé et orné de chaque côté d'une ancre couronnée : cette ancre est brodée en or pour les chefs guetteurs, en soie jaune pour les guetteurs;

Pantalon et gilet en drap bleu; pantalon en toile pour l'été;

Boutons de la veste et du gilet en cuivre, portant une ancre couronnée avec les mots : *Service électro-sémaphorique.*

Casquette en drap bleu avec une ancre couronnée brodée en or pour les chefs guetteurs, et en soie pour les guetteurs.

Logement.

ART. 53. Les chefs guetteurs et guetteurs du service actif sont logés, avec leurs familles, dans les postes électro-sémaphoriques. Ils sont tenus de se procurer les meubles et objets nécessaires à leur usage personnel.

Dispositions transitoires.

ART. 54. Lors de la première formation, il sera procédé de la manière suivante :

1° Les examens du 1er et du 2e degré auront lieu au chef-lieu de l'arrondissement maritime;

2° Un ou plusieurs des postes les plus voisins du chef-lieu de l'arrondissement ou des sous-arrondissements seront érigés en *postes-écoles*; et les candidats déclarés admissibles à la suite du premier examen y recevront l'instruction spéciale pendant la durée du stage indiqué à l'article 28.

3° Il ne sera nommé, dans chaque arrondissement, que des guetteurs de 2e et de 1re classe.

Le chiffre de chaque classe sera égal à la moitié de l'effectif total déterminé à l'article 18, déduction faite du nombre de places attribuées à la disponibilité, laquelle ne comprendra que des guetteurs de 2e classe.

La 1re classe des guetteurs se composera des candidats qui, à la suite du second examen, auront obtenu les meilleurs rangs.

ART. 55. Les agents actuellement employés dans le service sémaphorique seront admis de droit au deuxième examen, après avoir toutefois accompli le stage ci-dessus indiqué.

ART. 56. Nos ministres secrétaires d'état aux départements de l'intérieur et de la marine et des colonies sont chargés, chacun en ce qui le concerne, de l'exécution du présent décret.

Fait au palais des Tuileries, le 17 mai 1862.

Signé NAPOLÉON.

Par l'Empereur :

Le Ministre secrétaire d'état
de l'intérieur,

Le Ministre secrétaire d'état de la marine et
des colonies,

Signé F. DE PERSIGNY.   Signé Cᵗᵉ P. DE CHASSELOUP-LAUBAT.

(Voir les tableaux au *Bulletin officiel de 1862*, n° 23, p. 511).

Règlement sur le service météorologique de la marine [1].

Organisation du service.

ART. 1ᵉʳ. Un service spécial de météorologie pratique est organisé dans les principaux ports et centralisé au ministère de la marine.

(marginal : Organisation du service météorologique.)

Il sera fait dans les ports militaires par les officiers chargés des observatoires, et dans les ports de commerce par les directeurs, ou à leur défaut, par les capitaines de port.

Ce service comprend :

1° La tenue des registres d'observations ;

2° La transmission des documents demandés par le ministère, le dépôt de la marine ou l'amiral Fitz-Roy;

3° La réception, l'affichage et la publication des télé-

[1] Ce service a commencé à fonctionner le 1ᵉʳ mai 1863.

grammes de l'amiral Fitz-Roy, et des avis du temps des ports voisins;

4° L'annonce immédiate des tempêtes, transmise par les sémaphores ou les télégraphes, dans les localités secondaires qui ne recevront pas directement de Paris de bulletin météorologique.

Tenue des registres d'observations.

ART. 2. Les officiers directeurs des observatoires des ports militaires continueront à tenir leurs registres selon les règlements actuellement en vigueur.

Dans les ports de commerce, les directeurs ou capitaines de port tiendront un registre sur lequel ils inscriront, au moins trois fois par jour, à huit heures du matin, à midi et à quatre heures du soir, la hauteur du baromètre côtier et de son thermomètre, la direction et la force du vent, l'état du ciel et de la mer et le nombre approché d'heures de pluie. Sur une colonne en regard, ils inscriront la prédiction du temps reçue le jour précédent. On notera en outre, autant que possible, les écarts extrêmes du baromètre et du thermomètre, quand ils offriront quelque particularité remarquable.

Les observateurs s'efforceront d'obtenir et de porter sur leur registre le temps réel qu'il fait sur la côte et non celui qu'ils peuvent observer près de leur domicile au fond du port. Dans les ports militaires, les directeurs de port seront chargés de faire recueillir, par leurs agents, l'état de la mer et du vent sur la côte et de les transmettre aux observatoires. Dans les ports de commerce, les capitaines de port trouveront facilement à se faire renseigner par le poste des pilotes de service.

Baromètre côtier.

Les directeurs d'observatoires ainsi que les directeurs ou capitaines de port de commerce sont en outre chargés de l'installation, de la surveillance et du règlement journalier du baromètre côtier; cet instrument étant principalement destiné à l'usage des capitaines au cabotage et des pêcheurs, sera placé en un lieu public, sur le point le plus fréquenté des quais, de manière à pouvoir être facilement consulté par les marins qui embarquent. On s'efforcera d'en rendre l'intelligence facile aux personnes les moins habituées à l'observation de cet instrument.

Envoi des bulletins météorologiques.

Art. 3. Tous les jours, à huit heures du matin et à trois heures du soir, les ports de Dunkerque, Boulogne, Le Havre, Cherbourg, Brest, Lorient, Rochefort, Bayonne et Toulon, enverront au ministère de la marine le bulletin météorologique du temps exprimé en chiffre; ce bulletin sera composé de deux groupes de cinq chiffres, le premier groupe indiquant l'état du temps, et le deuxième groupe, le baromètre et le thermomètre (ces bulletins seront envoyés directement par les capitaines de port au bureau télégraphique).

Premier groupe. — Les deux premiers chiffres indiquent la direction du vent de o à 32 pour les trente-deux aires de vent; le troisième chiffre indique la force du vent de 1 à 9; le quatrième chiffre l'état du ciel de 1 à 9; le cinquième chiffre l'état de la mer de 1 à 9.

Deuxième groupe. — Les trois premiers chiffres indiqueront la hauteur du baromètre en millimètres, et les deux derniers la hauteur du thermomètre, augmentée toujours de 20, pour éviter l'emploi du signe négatif quand le thermomètre est au-dessous de zéro. En outre, tous les matins à huit heures, les trois ports de Brest, Lorient et Rochefort, enverront chacun,

23

directement à l'amiral Fitz-Roy, à Londres, le bulletin ordinaire qu'ils envoyaient jusqu'ici par l'intermédiaire de Brest.

Réception et publication des bulletins météorologiques.

ART. 4. Tous les matins, vers dix heures, les ports recevront le bulletin météorologique indiquant l'état du temps et de la mer, dans cinq ou six ports voisins ou de la côte anglaise, selon l'ordre indiqué dans le tableau annexé à ce règlement.

Ils recevront en outre, vers deux heures, le bulletin de prévision du temps de l'amiral Fitz-Roy, pour le lendemain et le surlendemain.

Toutes ces dépêches seront traduites aussitôt leur arrivée et affichées sur les points les plus fréquentés par les marins ou le commerce, tels que les bureaux du capitaine du port et de la douane, la chambre du commerce, etc.

Ces dépêches seront en outre communiquées aux journaux qui s'impriment dans la soirée.

En cas d'annonce de mauvais temps, des avertissements seront immédiatement envoyés par les capitaines de port, à l'aide des sémaphores et des télégraphes, aux diverses localités maritimes de leur arrondissement qui ne reçoivent pas de dépêches du ministère de la marine.

Les directeurs des observatoires et les capitaines de port s'entendront avec les chefs du service, dans chaque localité, ainsi qu'avec les directeurs des bureaux télégraphiques et les présidents des chambres de commerce, pour que la transmission, l'affichage et la publication de ces dépêches s'effectuent avec toute la rapidité possible, en évitant avec soin tout retard, tout détour inutile; autant que possible, les bulletins devront être expédiés directement du bureau télégraphique, où ils pourront être transcrits en langue ordinaire, au point où ils doivent être affichés; un double en serait envoyé ensuite à l'observatoire ou au capitaine du port. Cette dépêche chiffrée sera d'ailleurs assez simple pour pouvoir être comprise et traduite à première vue sans le secours d'aucun tableau.

Bureau central du ministère.

Art. 5. Le bureau central, établi au ministère, recevra tous les matins à huit heures et demie, et tous les soirs à trois heures et demie, l'état météorologique des ports français, et il fera la distribution de ces dépêches dans les ports, selon le tableau n° 2 annexé à ce règlement.

Les bulletins envoyés par le ministère ne comprennent que l'état du vent, de la mer et du ciel; ils ne se composeront donc que d'un seul groupe de cinq chiffres pour chaque localité dont on signale le temps.

Afin d'éviter chaque jour la répétition des noms des localités, on aura la précaution d'envoyer ces groupes de chiffres toujours dans le même ordre qui sera adopté pour les noms des localités inscrites dans le tableau n° 2, annexé à ce règlement.

Quand le bulletin d'une localité manquera, il sera remplacé à son rang par un groupe de ooooo.

Vers une heure et demie ou 2 heures, on recevra directement de Londres le télégramme de l'amiral Fitz-Roy; ce télégramme sera immédiatement traduit et renvoyé dans les ports.

TABLEAU N° 1.

Noms des ports qui enverront deux fois par jour (8 h. et 3 h. 1/2 du soir) au Ministère de la marine le bulletin météorologique du temps.

1. Dunkerque.	4 Cherbourg.	7 Rochefort.
2. Boulogne.	5 Brest.	8 Bayonne.
3. Le Havre.	6 Lorient.	9 Toulon.

23.

TITRE V.

PORTS ANGLAIS.

10 Cork.   12 Weymouth.   14 Scarborough.
11 Cap Lezard.   13 Yarmouth.

TABLEAU N° 2 [1].

Liste des ports qui reçoivent le bulletin météorologique des quatorze ports
précédents.

Dunkerque.	Saint-Servan.	La Rochelle.
Boulogne.	Saint-Malo.	Royan.
Dieppe.	Brest.	Bordeaux.
Fécamp.	Lorient.	Cap Breton.
Le Havre.	Croisic.	Bayonne.
Honfleur.	Saint-Nazaire.	Toulon.
Cherbourg.	Nantes.	Cette.
Granville.	Rochefort.	

NOTA. — En été on signalera aux ports de la Manche le temps des mers du Nord
pendant tout le temps que la navigation y sera libre.

**Rapport suivi d'un décret portant réorganisation de l'administration
centrale du ministère de la marine et des colonies.**

SIRE,

Réorganisation
de
l'administration
centrale
de la marine
et des colonies.

En présence de l'augmentation croissante du prix de toutes
les choses de la vie matérielle à Paris, c'était un devoir pour
moi de rechercher, sans grever le budget, à améliorer les
traitements des employés de l'administration centrale du département que Votre Majesté a bien voulu me confier. J'ai
reconnu qu'il était possible d'atteindre ce but par une légère
réduction dans le personnel auquel on pourrait ainsi demander, d'ailleurs, un peu plus de travail.

C'est dans cet esprit qu'a été conçu le projet de réorganisation que j'ai l'honneur de soumettre à l'approbation de
l'Empereur.

[1] En attendant que cette liste soit complétée, chacun des ports qui reçoit
aujourd'hui le bulletin doit, autant que possible, informer les localités voisines
des annonces de mauvais temps.

En voici les principales bases :

Il y aura quatre classes de commis (1,800, 2,100, 2,400, 2,700 francs) et quatre classes de commis principaux (3,000, 3,300, 3,600 et 4,000 francs).

Ainsi, d'une part, les appointements de début seront de 1,800 francs (au lieu de 1,500 francs), et, de l'autre, le traitement des commis principaux, c'est-à-dire d'employés qui ont déjà consacré de longues années à des travaux qui, pour être obscurs, n'en sont pas moins bien importants, sera de 4,000 francs; et des hommes laborieux trouveront du moins une juste rémunération de leurs bons et anciens services.

Le traitement des sous-chefs est augmenté au minimum de 500 francs et au maximum de 1,000 francs.

Le traitement des chefs de bureau est accru dans une proportion analogue à celle qui a été adoptée par d'autres départements, afin de mettre les appointements de ces fonctionnaires en harmonie avec l'importance de leurs fonctions aussi bien qu'avec les exigences de leur situation.

En résumé, Sire, le décret que j'ai l'honneur de soumettre à Votre Majesté présente, à tous les degrés de la hiérarchie administrative, de notables améliorations de traitement : sans doute, j'aurais été heureux de pouvoir en faire profiter immédiatement les employés de tous les degrés, mais obligé de ne compter, pour les moyens d'exécution, que sur des réductions de personnel forcément restreintes et qu'il n'est pas possible de réaliser aussi promptement qu'on pourrait le désirer, j'ai dû me borner à demander à Votre Majesté de décider que les augmentations de traitement ne seront allouées qu'au fur et à mesure des ressources créées par la diminution du personnel actuel, et qu'elles seront accordées en commençant par les degrés inférieurs de la hiérarchie.

Quoi qu'il en soit, ces mesures produiront déjà une notable partie de tout le bien qu'il est permis d'espérer, sans augmenter le chiffre de nos dépenses, et c'est avec confiance que j'ai l'honneur de les soumettre à l'approbation de Votre Majesté.

Je suis avec un profond respect, Sire, de Votre Majesté, le très-humble, très-obéissant serviteur et fidèle sujet,

Le Ministre secrétaire d'état de la marine et des colonies,
Signé Cte P. DE CHASSELOUP-LAUBAT.

DÉCRET DU 27 DÉCEMBRE 1862.

NAPOLÉON, par la grâce de Dieu et la volonté nationale, EMPEREUR DES FRANÇAIS,

A tous présents et à venir, SALUT.

Vu les décrets des 3 mars 1852 et 31 décembre 1860, portant organisation de l'administration centrale de la marine et des colonies;

Sur le rapport de notre ministre secrétaire d'état au département de la marine et des colonies,

AVONS DÉCRÉTÉ et DÉCRÉTONS ce qui suit :

ART. 1er. L'administration centrale du ministère de la marine et des colonies est organisée d'après la hiérarchie suivante :

Directeur,
Chef du cabinet du ministre,
Sous-directeur,
Chef de bureau,
Sous-chef de bureau,
Commis principal,
Commis,
Surnuméraire.

Art. 2. Les traitements annuels sont fixés d'après le taux ci-après :

Directeur............................		20,000ᶠ
Chef du cabinet.......................		12,000
Sous-directeur........................		10,000
Chefs de bureau	1ʳᵉ classe............	9,000
	2ᵉ.................	8,000
	3ᵉ.................	7,000
Sous-chefs de bureau.	1ʳᵉ classe	6,000
	2ᵉ.................	5,500
	3ᵉ.................	5,000
Commis principaux ..	1ʳᵉ classe............	4,000
	2ᵉ.................	3,600
	3ᵉ.................	3,300
	4ᵉ.................	3,000
Commis..........	1ʳᵉ classe............	2,700
	2ᵉ.................	2,400
	3ᵉ.................	2,100
	4ᵉ.................	1,800

Art. 3. Les directeurs sont nommés par Nous, sur la présentation du ministre de la marine et des colonies, qui pourvoit directement à tous les autres emplois.

Les sous-directeurs sont chargés d'un ou de plusieurs bureaux dépendant du service auquel ils sont attachés.

Art. 4. Les dispositions du présent décret sont applicables à l'administration des invalides.

Art. 5. Les augmentations de traitement résultant des dispositions qui précèdent seront allouées au fur et à mesure des ressources créées par la diminution du personnel actuel.

Elles seront accordées en commençant par les degrés inférieurs de la hiérarchie.

Art. 6. Toutes les dispositions contraires au présent décret sont et demeurent abrogées.

ART. 7. Notre ministre secrétaire d'état de la marine et des colonies est chargé de l'exécution du présent décret.

Fait au palais des Tuileries, le 27 décembre 1862.

Signé NAPOLÉON.

Par l'Empereur :

Le Ministre secrétaire d'état de la marine et des colonies,

Signé Cte P. DE CHASSELOUP-LAUBAT.

Organisation d'un personnel de commis aux vivres et de magasiniers entretenus pour le service de la flotte.

RAPPORT A L'EMPEREUR.

Paris, le 11 juin 1863.

SIRE,

Organisation des commis aux vivres et des magasiniers de la flotte.

Le département de la marine s'est préoccupé depuis long-temps des dispositions à prendre pour attacher au service par des liens définitifs deux classes d'agents, les *commis aux vivres* et les *magasiniers*, qui font partie intégrante des équi-pages à la mer, mais qui, par une exception regrettable, se trouvent, pour la plupart, sans emploi quand vient le moment de désarmer les bâtiments à bord desquels ils remplissaient leurs fonctions.

Frappé de la situation précaire de ces agents, et aussi de l'inconvénient sérieux de confier des fonctions de comptables à des auxiliaires recrutés quelquefois à la hâte et dont la mo-ralité n'est pas toujours suffisamment connue, j'ai préparé, pour ces deux catégories d'agents, deux projets de décrets que j'ai l'honneur de soumettre à l'approbation de Votre Majesté.

Ils ont pour but de constituer, à titre permanent, un cadre

de commis aux vivres *entretenus* et un cadre de magasiniers également *entretenus*.

Ces projets sont formulés en un petit nombre d'articles et, en posant seulement les bases premières de l'organisation à donner à ce personnel, ils laissent à une réglementation ministérielle le soin d'en fixer les détails.

Calculé sur le chiffre de navires dont l'armement répond aux besoins permanents des forces navales que l'Empire entretient en temps ordinaire, l'effectif de chacun de ces cadres m'a paru devoir être déterminé comme il suit :

> Commis aux vivres entretenus......... 200
> Magasiniers entretenus............... 160

L'article 3 du chapitre IV du budget de la marine ayant pourvu à la solde de ces agents lorsqu'ils sont embarqués et qu'ils appartiennent ainsi aux équipages à la mer, j'ai dû seulement me préoccuper des moyens financiers à adopter pour assurer, sans avoir recours à de nouveaux crédits, la solde de 30 commis aux vivres et de 20 magasiniers qui se trouveront annuellement et à tour de rôle en expectative d'embarquement dans les ports.

En comparant les allocations portées à l'article 7 du chapitre VI et à l'article 6 du chapitre VII avec les besoins auxquels elles doivent pourvoir, j'ai reconnu que, sans entraver les services, je pourrais y puiser la somme nécessaire à la nouvelle organisation.

Je viens donc avec confiance demander à Votre Majesté de vouloir bien donner son approbation aux projets de décrets que j'ai l'honneur de lui soumettre, et qui ont reçu l'assentiment du conseil d'amirauté.

J'ai l'espoir que, en même temps qu'ils assureront un meilleur service pour la flotte, ils seront reçus avec une profonde reconnaissance par d'utiles agents dont ils fixent la position.

Je suis avec le plus profond respect, Sire, de Votre Majesté, le très-humble et très-obéissant serviteur et fidèle sujet,

Le Ministre secrétaire d'état de la marine et des colonies,

Signé Cᵗᵉ P. DE CHASSELOUP-LAUBAT.

DÉCRET DU 11 JUIN 1863.

NAPOLÉON, par la grâce de Dieu et la volonté nationale, EMPEREUR DES FRANÇAIS,

A tous présents et à venir, SALUT.

Sur le rapport de notre Ministre secrétaire d'état de la marine et des colonies,
Le conseil d'amirauté entendu,

AVONS DÉCRÉTÉ et DÉCRÉTONS ce qui suit :

ART. 1ᵉʳ. Pour assurer le service de comptabilité et de distribution de vivres, tant à bord des bâtiments de la flotte que dans les établissements de la marine à terre, il est créé un personnel de *Commis aux vivres*, dont le cadre est fixé comme suit :

Premiers commis aux vivres de 1ʳᵉ classe...	40
Premiers commis aux vivres de 2ᵉ classe....	40
Seconds commis aux vivres de 1ʳᵉ classe....	60
Seconds commis aux vivres de 2ᵉ classe....	60
ENSEMBLE............	200

ART. 2. La solde, les accessoires de la solde et les frais de

bureau des commis aux vivres embarqués restent fixés tels
que les déterminent les tarifs en vigueur.

Leur solde à terre, non prévue par ces tarifs, est réglée de
la manière suivante :

Premiers commis aux vivres de 1re classe. 1,200 fr. par an.
Premiers commis aux vivres de 2e classe. 1,100
Seconds commis aux vivres de 1re classe .   900
Seconds commis aux vivres de 2e classe..   800

Les premiers commis aux vivres employés comme comptables dans les divisions des équipages de la flotte à Cherbourg,
à Brest, à Lorient, à Rochefort et à Toulon, et dans le service des chiourmes de ce dernier port, reçoivent un supplément de 300 francs.

Il est, en outre, accordé à chacun de ces comptables une
indemnité mensuelle de 5 francs par mois pour frais de
bureau.

ART. 3. Les commis aux vivres de la flotte sont nommés
par notre Ministre de la marine et des colonies, sur la proposition des préfets maritimes.

Nul ne peut être nommé à l'emploi de second commis aux
vivres de 2e classe :

1° S'il n'est âgé de vingt et un ans au moins et de trente-
cinq ans au plus;

2° S'il n'est exempt de toute infirmité et reconnu propre au
service de la flotte par un conseil de santé;

3° S'il n'a été employé pendant deux ans au moins à la
mer en qualité de distributeur, ou pendant quatre ans dans
le service des subsistances de la marine à terre. Toutefois, les
agents de cette dernière catégorie ne pourront être nommés
qu'à défaut de candidats dans la classe des distributeurs.

Nul ne peut être nommé second commis aux vivres de 1re classe s'il n'a servi pendant un an à la mer dans la 2e classe.

Les premiers commis aux vivres de 2e classe sont choisis parmi les seconds commis aux vivres de 1re classe ayant servi en cette qualité pendant deux ans, dont un à la mer.

Ils ne peuvent passer à la 1re classe qu'après une année de service dans la 2e classe.

ART. 4. Les commis aux vivres de la flotte qui ne sont pas embarqués sont inscrits, dans chaque port, sur une liste dite des *commis aux vivres en expectative d'embarquement.*

Ils y sont portés à compter de la date de leur embarquement ou du jour de leur nomination.

En attendant une destination à la mer, ils sont employés dans les différents détails du commissariat de la marine.

ART. 5. Les commis aux vivres dont l'inconduite est signalée et ceux qui refusent de suivre une destination à la mer sont licenciés par notre Ministre de la marine et des colonies, sans préjudice de l'application des pénalités légales.

ART. 6. Les commis aux vivres sont assimilés pour la pension de retraite :

Les premiers commis, aux maîtres d'équipages de la flotte;

Les seconds commis, aux seconds maîtres.

ART. 7. La tenue des commis aux vivres de la flotte, le mode à suivre pour l'embarquement, pour les destinations à terre ou pour les propositions d'avancement, la répartition de ces agents entre les cinq ports militaires, les gratifications à leur accorder pour bonne gestion et tous les autres détails d'exécution du présent décret, seront réglés par un arrêté de notre Ministre de la marine et des colonies.

DISPOSITIONS TRANSITOIRES.

Art. 8. Les commis aux vivres entretenus des trois classes, actuellement en exercice, entreront dans le nouveau cadre en qualité de premiers commis aux vivres de 1re classe.

Les premiers et seconds commis aux vivres non entretenus qui seront proposés par les préfets maritimes pourront aussi être admis dans le nouveau cadre, comme premiers ou seconds commis aux vivres de la flotte.

Ils seront nommés à la 1re ou à la 2e classe de chacun de ces deux emplois, selon leur aptitude, leur ancienneté de services et leur conduite.

Art. 9. Toutes dispositions contraires au présent décret sont et demeurent abrogées.

Fait au palais de Fontainebleau, le 11 juin 1863.

Signé NAPOLÉON.

Par l'Empereur :

Le Ministre secrétaire d'état de la marine et des colonies,

Signé Cte P. DE CHASSELOUP-LAUBAT.

Arrêté ministériel pour l'application du décret du 11 juin 1863 portant création d'un personnel de Commis aux vivres entretenus de la flotte.

LE MINISTRE SECRÉTAIRE D'ÉTAT AU DÉPARTEMENT DE LA MARINE ET DES COLONIES,

Vu le décret du 11 juin 1863, portant création d'un personnel de Commis aux vivres entretenus de la flotte;

Considérant que l'article 7 dudit décret dispose que les mesures d'exécution seront réglées par un arrêté ministériel;

Le conseil d'amirauté entendu,

Arrête :

Attributions.
Affectation
à la mer
et à terre.

Art. 1er. Les commis aux vivres entretenus de la flotte sont chargés, sur les bâtiments armés, des fonctions déterminées par l'instruction du 12 août 1838, le décret du 15 août 1851 sur le service à bord des bâtiments, par le règlement du 28 août 1852 sur le service intérieur à bord, et par l'instruction du 1er octobre 1854 relative à la comptabilité des matières et denrées.

A terre, dans les ports, ils sont placés sous les ordres directs du commissaire général de la marine, qui les répartit, suivant les besoins du service, dans les détails du commissariat (*subsistances et armements*), pour y être affectés aux écritures de la comptabilité du personnel et des vivres.

Art. 2. Le cadre général de ces agents entretenus, fixé à 200 par le décret du 11 juin 1863, est réparti ainsi qu'il suit entre les cinq ports militaires : .

	CHER-BOURG.	BREST.	LORIENT.	ROCHE-FORT.	TOULON.	TOTAL.
Premiers commis aux vivres de 1re classe.........	5	13	5	6	11	40
Premiers commis aux vivres de 2e classe.........	5	13	5	6	11	40
Seconds commis aux vivres de 1re classe.........	9	17	8	11	15	60
Seconds commis aux vivres de 2e classe.........	9	17	8	11	15	60
	28	60	26	34	52	200

Les matricules de ces agents sont tenues au détail des revues.

Art. 3. Une liste des premiers et seconds commis aux vivres en expectative d'embarquement est tenue, dans chaque port, au détail des subsistances.

Ces agents y sont inscrits par classe et suivant la date de leur dernier débarquement.

Art. 4. Des permutations entre les commis aux vivres d'une même classe, et portés sur la liste d'embarquement, peuvent être autorisées par le préfet maritime, sur la proposition du commissaire général.

Art. 5. Les commis aux vivres des divisions des équipages de la flotte, des chiourmes et du pénitencier flottant sont également désignés d'après leur rang d'inscription sur la liste d'embarquement. A l'expiration de la deuxième année de leur gestion à terre, ils sont inscrits de nouveau sur cette liste.

Art. 6. Ils sont embarqués, savoir : les premiers commis aux vivres des deux classes :

Comme maîtres chargés, sur les vaisseaux et les frégates;

Les seconds commis aux vivres de 1re et de 2e classe :

Comme chargés ou en sous-ordre, sur les bâtiments dont les types comportent des agents de cette catégorie. (*Règlement du 22 mai 1857 et annexes.*)

Les seconds commis de 1re classe sont, autant que possible, réservés pour être chargés.

Art. 7. La durée de l'embarquement des commis aux vivres est fixée à trois ans. Après cette période, ils sont débarqués et placés à la queue de la liste d'embarquement.

La même mesure est prise à l'égard de ceux qui sont débarqués, pour quelque cause que ce soit, après deux années accomplies de service à la mer.

Ceux qui sont débarqués avant d'avoir accompli deux années d'embarquement prennent la tête de la liste d'embarquement.

Sur les bâtiments-écoles, pénitenciers ou stationnaires, la durée de l'embarquement est limitée à deux ans.

Solde
et suppléments
à bord
des bâtiments.

ART. 8. Les premiers et seconds commis aux vivres entretenus ont droit, pendant leur embarquement, à la solde fixe et aux allocations supplémentaires déterminées, suivant le rang du bâtiment, par le décret du 11 août 1856.

Gratification
pour
bonne gestion.

ART. 9. Les commis aux vivres chargés reçoivent, s'il y a lieu, après l'apurement de leurs comptes et de la comptabilité générale du bâtiment, une gratification dans les proportions ci-après indiquées, savoir :

Pour une très-bonne gestion, un mois de solde pour un an de gestion ;

Pour une bonne gestion, les deux tiers de la solde d'un mois par année de gestion.

Il s'agit, dans les deux cas, d'une gestion effective sur un bâtiment définitivement armé.

La gestion d'une durée inférieure à un an n'ouvre pas droit à la gratification.

Cette gratification est calculée sur le montant de la solde et du supplément.

Avancement.
Propositions
à établir.

ART. 10. L'avancement en classe des premiers et seconds commis aux vivres entretenus ne devant avoir lieu qu'au choix, les conseils d'administration des bâtiments dressent, s'il y a lieu, le 1er janvier de chaque année, un état de proposition en faveur des agents entretenus des vivres.

Cet état, accompagné de notes particulières données par le commandant, est envoyé au préfet maritime du port qui compte de la dépense du navire.

Les conseils d'administration des divisions des équipages de la flotte, du pénitencier flottant et le commissaire des chiourmes dressent également, quand il y a lieu et à la même époque, des états de proposition en faveur des agents placés sous leurs ordres.

Les distributeurs des vivres, réunissant deux ans de navigation, peuvent être compris sur ces états et présentés pour l'avancement à l'emploi de second commis de 2ᵉ classe.

D'après les propositions résumées par le commissaire aux subsistances, le commissaire général forme un tableau d'avancement divisé par classe.

Ce tableau, arrêté par le préfet maritime avec indication des numéros de préférence, est transmis au ministre le 1ᵉʳ juillet.

Les nominations et les avancements roulent distinctement sur le cadre de chaque port.

ART. 11. Les candidats à l'emploi de second commis aux vivres de 2ᵉ classe doivent se soumettre à un stage et à un examen préalable d'aptitude.

Recrutement et admission.

Les épreuves ont lieu au détail des subsistances : elles portent sur la lecture, l'écriture, l'orthographe, le calcul des nombres entiers et décimaux et sur la connaissance des règles principales qui déterminent les fonctions des commis aux vivres de la flotte.

La durée du stage, sans solde, est fixée à un mois.

Tout candidat servant déjà comme distributeur ou employé dans les magasins et manutentions des vivres peut être dispensé du stage.

24

ART. 12. Tout candidat à l'emploi de commis aux vivres, âgé de trente ans, devra compter avant sa nomination cinq années au moins de services antérieurs, afin d'avoir acquis à cinquante-cinq ans des droits à la pension de retraite.

ART. 13. Quand les épreuves suivies par les candidats ont été jugées satisfaisantes, et lorsque des vacances se produisent dans les cadres du port, le commissaire aux subsistances établit un état de proposition ·de nomination à l'emploi de second commis aux vivres entretenu de 2ᵉ classe.

Cet état, annoté par le commissaire général et revêtu de l'approbation du préfet maritime, avec indication de numéros de préférence, est transmis au Ministre.

ART. 14. L'uniforme obligatoire pour les commis aux vivres embarqués se compose :

D'un habit, redingote, pantalon et paletot de même couleur et de même qualité que ceux des officiers-mariniers des grades correspondants; coupe semblable;

Boutons en métal blanc timbrés d'une ancre;

Pour l'hiver et le mauvais temps, d'un caban pareil à celui que portent les maîtres entretenus des directions;

Casquette en même drap que l'habit, et du modèle adopté dans la marine.

Les marques distinctives sont :

Pour les premiers commis de 1ʳᵉ et de 2ᵉ classe :

1° Une patte en drap couleur jonquille, appliquée au collet et fixée à l'extrémité de l'arrière par un petit bouton d'uniforme. Cette patte a 0ᵐ,02 de large et 0ᵐ,09 de longueur;

2° Deux galons d'argent de 0ᵐ,006 placés autour de la patte à une distance de 0ᵐ,002;

3° Un galon d'argent de 0ᵐ,006 autour de la cuve de la

casquette, et bordé de chaque côté d'un liséré jonquille de 0^m,002 de largeur.

Pour les seconds commis aux vivres de 1re et de 2e classe :

1° Une patte au collet en drap jonquille et disposée comme celle qui vient d'être décrite, mais bordée d'un seul galon d'argent de 0^m,006;

2° Casquette avec un galon en soie jaune de 0^m,006 appliqué sur le milieu de la cuve.

Art. 15. Les commis aux vivres se pourvoient, à leurs frais, d'effets d'habillement avant leur embarquement.

A bord, les vêtements réglementaires, la chaussure, le savon et le tabac peuvent leur être délivrés, sauf précompte de la valeur sur la solde et déduction faite, s'il y a lieu, de la délégation.

Fournitures
d'effets
d'habillement
à bord.

Art. 16. Les commis aux vivres entretenus, justiciables des conseils de guerre et des tribunaux maritimes, sont soumis, pendant leur embarquement à toutes les règles de police et de discipline en vigueur à bord des bâtiments de la marine impériale.

Ils peuvent être suspendus de leurs fonctions par le capitaine et renvoyés à la disposition du préfet maritime du port comptable, qui prend les ordres du ministre.

A terre, ils sont assujettis, comme les entretenus des divers services de la marine, aux lois, règlements et consignes relatifs à la discipline, à la police et à la sûreté des arsenaux.

Police
et discipline.

Art. 17. Outre les commis aux vivres, il est embarqué sur les bâtiments de la flotte, ou employé dans les cambuses des établissements à terre, des distributeurs, des tonneliers, des boulangers et des coqs, de 1re et de 2e classe.

Les coqs, boulangers et tonneliers sont choisis parmi les

Distributeurs,
tonneliers,
boulangers,
Coqs.
Conditions
d'admission.

journaliers boulangers et tonneliers, employés dans le service des subsistances, qui, lors de leur admission, prennent l'engagement de naviguer: ceux qui refuseraient, sans motif plausible, de suivre leur destination, seraient immédiatement congédiés.

Les distributeurs de 2ᵉ classe sont choisis parmi les individus : 1° âgés de dix-huit ans au moins et de vingt-cinq ans au plus, à moins qu'ils ne justifient de services antérieurs, leur permettant de réunir, à l'âge de cinquante ans, le temps voulu pour avoir droit à la pension de retraite; 2° dont la bonne conduite est constatée; 3° ceux qui savent bien lire et écrire, convenablement orthographier et calculer en nombres entiers et décimaux.

Les ouvriers et journaliers du service des subsistances remplissant ces conditions sont choisis de préférence à tous autres individus.

A leur débarquement, les coqs, boulangers et tonneliers sont réintégrés dans les emplois qu'ils occupaient, avec la solde matriculaire dont ils jouissaient précédemment.

Les distributeurs sont employés dans le service des subsistances, soit comme ouvriers, soit comme journaliers.

Toutefois, l'admission ou la réintégration de ces agents ne peut avoir lieu que s'ils sont porteurs de certificats constatant leur bonne conduite pendant leur embarquement.

Distributeurs, tonneliers, boulangers et coqs. Solde, assimilation, habillement. **ART. 18.** A la mer, les distributeurs, boulangers, tonneliers et coqs sont assimilés, pour la solde, aux quartiers-maîtres de 1ʳᵉ et de 2ᵉ classe.

En voyage, pour le service, ils reçoivent la même indemnité de route et de séjour que les quartiers-maîtres.

Enfin, leur pension de retraite est liquidée suivant la même assimilation.

Ces agents portent les mêmes effets d'habillement que les marins, avec la casquette sans signe distinctif.

Ils se pourvoient, à leurs frais, de leurs effets d'habillement. Cependant, sur la demande de l'administration des subsistances, le magasin de la division des équipages de la flotte peut leur délivrer ces effets à titre de cession à charge de remboursement, par application de la circulaire du 30 avril 1863. (*Bulletin officiel,* page 193.)

A bord, les vêtements réglementaires et la chaussure leur sont délivrés, sauf précompte de la valeur sur la solde.

ART. 19. Les ordres d'embarquement pour les distributeurs, boulangers, tonneliers et coqs sont délivrés par le commissaire aux subsistances et présentés au bureau des armements pour la destination à bord.

Distributeurs, tonneliers, boulangers et coqs. Embarquement, avancement, discipline.

La durée de l'embarquement sur les bâtiments-écoles, ou les stationnaires, et de l'emploi dans les cambuses des établissements à terre, est limitée à deux ans.

Les distributeurs de 1re classe peuvent être embarqués comme comptables sur les bâtiments de flottille qui ne comportent pas de commis aux vivres.

Le passage de la 2e à la 1re classe dans les emplois de distributeur, tonnelier, boulanger et coq ne peut avoir lieu qu'au choix et après une année, au moins, d'embarquement dans la 2e classe.

Les propositions d'avancement en classe sont faites comme il est dit à l'article 10, en ce qui concerne les commis aux vivres.

A la mer, les distributeurs, tonneliers, boulangers et coqs sont soumis à toutes les règles de police et de discipline en vigueur à bord des bâtiments de la marine impériale.

A terre, ils sont assujettis aux règles de discipline auxquelles sont soumis les ouvriers de l'arsenal.

ART. 20. Une commission, présidée par le commissaire général de la marine, et composée d'un capitaine de vaisseau, du commissaire aux subsistances et d'un sous-commissaire, sera chargée, dans chaque port, de procéder à l'examen des titres des commis aux vivres auxiliaires et des distributeurs actuellement embarqués ou en ayant rempli les fonctions, et qui peuvent être compris dans la première formation du cadre des commis aux vivres entretenus.

ART. 21. Ces propositions générales seront adressées au préfet maritime, qui les transmet au Ministre avec son avis personnel.

Les anciens commis aux vivres entretenus de 1re, 2e et 3e classe seront compris de droit dans ce travail d'ensemble pour être nommés à l'emploi de premier commis aux vivres de 1re classe.

ART. 22. Les commis aux vivres entretenus et auxiliaires, actuellement embarqués sur des bâtiments en cours de campagne, y continueront leurs services.

Il n'est rien changé à leur position à bord sous le rapport de la solde, des accessoires, de l'habillement, etc.

ART. 23. Toutes dispositions contraires, et notamment celles que renferment les circulaires des 12 février 1842 et 22 février 1843, sont et demeurent abrogées.

Paris, le 15 juillet 1863.

Signé Cte P. DE CHASSELOUP-LAUBAT.

DÉCRET DU 11 JUIN 1863.

NAPOLÉON, par la grâce de Dieu et la volonté nationale, EMPEREUR DES FRANÇAIS,

Création des magasiniers de la flotte.

A tous présents et à venir, SALUT.

Sur le rapport de notre Ministre secrétaire d'état au département de la marine et des colonies,

Le Conseil d'amirauté entendu,

AVONS DÉCRÉTÉ et DÉCRÉTONS ce qui suit :

ART. 1ᵉʳ. Pour assurer la tenue de la comptabilité du matériel, la garde du magasin général à bord des bâtiments armés et le service des délivrances, il est créé un personnel de *Magasiniers de la flotte,* dont le cadre est fixé comme suit :

Magasiniers de 1ʳᵉ classe. 25
Magasiniers de 2ᵉ classe. 25
Magasiniers de 3ᵉ classe. 55
Magasiniers de 4ᵉ classe. 55

Ensemble 160

ART. 2. La solde à la mer des magasiniers de la flotte est réglée conformément au tableau ci-après :

	SOLDE JOURNALIÈRE			
	à la mer.	en congé.	à l'hôpital.	à l'hôpital, en congé.
Magasiniers de 1ʳᵉ classe.	3ᶠ 00ᶜ	2 00	1 80	1 00
Magasiniers de 2ᵉ classe	2 80	1 85	1 60	0 85
Magasiniers de 3ᵉ classe.	2 60	1 70	1 40	0 70
Magasiniers de 4ᵉ classe.	2 30	1 55	1 30	0 65

Les accessoires de solde et les frais de bureau des magasiniers embarqués restent fixés tels que les déterminent les tarifs en vigueur.

La solde à terre est réglée de la manière suivante :

Magasiniers de 1re classe...... 1,200 fr. par an.
Magasiniers de 2e classe...... 1,100
Magasiniers de 3e classe...... 900
Magasiniers de 4e classe...... 800

ART. 3. Les magasiniers de la flotte sont nommés par notre Ministre de la marine et des colonies, sur la proposition des préfets maritimes.

Nul ne peut être nommé à l'emploi de magasinier de 4e classe :

1° S'il n'est âgé de 21 ans au moins et 35 ans au plus;

2° S'il n'est exempt de toute infirmité et reconnu propre au service de la flotte par un conseil de santé;

· 3° S'il n'a été employé dans les arsenaux pendant deux ans au moins comme écrivain des divers services, comme préposé de dépôt ou comme distributeur.

Pourront aussi être nommés à l'emploi de magasinier de 4° classe :

1° Les officiers-mariniers, sergents-majors et fourriers des équipages de la flotte;

2° Les sous-officiers des corps de troupe de la marine, ou à défaut ceux de l'armée de terre, libérés du service;

3° Les ouvriers et journaliers des arsenaux réunissant six années de service et dont l'aptitude aura été constatée.

Les magasiniers de la flotte ne pourront passer d'une classe à l'autre qu'après avoir servi pendant un an au moins à la mer dans la classe immédiatement inférieure.

ART. 4. Ceux des magasiniers de la flotte qui ne sont pas

embarqués, sont inscrits, dans chaque port, sur une liste dite *des magasiniers en expectative d'embarquement.*

Ils y sont portés à compter de la date de leur débarquement ou du jour de leur nomination.

En attendant une destination à la mer, ils sont employés dans les différents détails du commissariat de la marine.

Art. 5. Les magasiniers dont l'inconduite est signalée et ceux qui refusent de suivre une destination à la mer, sont licenciés par notre Ministre de la marine et des colonies, sans préjudice de l'application des pénalités légales.

Art. 6. Les magasiniers de la flotte sont assimilés, pour la pension de retraite :

Ceux de 1re et de 2e classe, aux maîtres des équipages de la flotte ;

Ceux de 3e et de 4e classe, aux seconds maîtres.

Art. 7. La tenue des magasiniers de la flotte, le mode à suivre pour l'embarquement, pour les destinations à terre ou pour les propositions d'avancement, la répartition de ces agents entre les cinq ports militaires et tous les autres détails d'exécution du présent décret, seront réglés par un arrêté de notre Ministre de la marine et des colonies.

DISPOSITIONS TRANSITOIRES.

Art. 8. Les magasiniers actuellement embarqués sur les bâtiments de l'État, et ceux qui se trouvent sans emploi à terre, pourront être admis dans le nouveau cadre des magasiniers de la flotte, savoir :

1° Comme magasiniers de 1re et de 2e classe, ceux qui ont été embarqués pendant deux ans sur les vaisseaux ou sur les frégates en qualité de magasiniers, et qui réunissent au moins cinq ans de service.

2° Comme magasiniers de 3e et 4e classe, ceux qui auront

rempli pendant un an les fonctions de magasiniers à la mer et qui auront au moins deux ans de service.

Art. 9. Toutes dispositions contraires au présent décret sont et demeurent abrogées.

Fait au palais de Fontainebleau, le 11 juin 1863.

Signé NAPOLÉON.

Par l'Empereur :

Le Ministre secrétaire d'état de la marine et des colonies,
Signé Cte P. DE CHASSELOUP-LAUBAT.

Arrêté ministériel pour l'application du décret du 11 juin 1863, portant création d'un personnel de Magasiniers entretenus de la flotte.

Le Ministre secrétaire d'état au département de la marine et des colonies,

Vu le décret du 11 juin 1863, portant création d'un personnel de magasiniers entretenus de la flotte;

Considérant que l'article 7 dudit décret dispose que les mesures d'exécution seront réglées par un arrêté ministériel;

Le Conseil d'amirauté entendu,

Arrête :

Attributions.
Affectation
à terre
et à la mer.

Art. Ier. Les magasiniers entretenus de la flotte sont chargés, à bord des bâtiments armés, des fonctions déterminées par le décret du 15 août 1851 et par l'instruction du 1er octobre 1854.

A terre, dans les ports, ils sont placés sous les ordres directs du commissaire général de la marine, qui les répartit, suivant les besoins du service, dans les détails du commissariat (*Travaux, approvisionnements et hôpitaux*), pour y être affectés aux écritures de la comptabilité du matériel.

Art. 2. Le cadre général des magasiniers, fixé à 160 par le décret du 11 juin 1863, sera réparti ainsi qu'il suit entre les cinq ports militaires :

Répartition
par port
et
immatriculation.

	CHER-BOURG.	BREST.	LORIENT.	ROCHE-FORT.	TOULON.	TOTAL.
Magasiniers de 1re classe..	3	8	3	4	7	25
Magasiniers de 2e classe..	3	8	3	4	7	25
Magasiniers de 3e classe..	8	16	7	10	14	55
Magasiniers de 4e classe..	8	16	7	10	14	55
	22	48	20	28	42	160

Les matricules de ces agents sont tenues au détail des revues.

Art. 3. Les magasiniers embarqués ont droit, suivant leur classe et quel que soit le rang du bâtiment sur lequel ils sont placés, à la solde fixe indiquée par l'article 2 du décret précité, et aux allocations supplémentaires déterminées par le décret du 11 août 1856.

Solde
et suppléments
à bord
des bâtiments.

Art. 4. Ils sont embarqués, autant que possible, savoir :
Les magasiniers de 1re et de 2e classe, sur les vaisseaux et les frégates;
Ceux de 3e et de 4e classe, sur tous les autres bâtiments de la flotte.

Destination
à bord
suivant la classe.

Art. 5. Une liste des magasiniers entretenus en expectative d'embarquement est tenue dans chaque port au détail des travaux; ils y sont classés par date de nomination et époque du dernier débarquement.
Des permutations entre les magasiniers portés sur la liste

Liste
d'embarquement

d'embarquement pourront être autorisées par le préfet maritime, sur la proposition du commissaire général.

Durée
de
l'embarquement.

Art. 6. La durée de l'embarquement des magasiniers est
fixée à trois ans. Après cette période ils sont débarqués et placés à la queue de la liste d'embarquement.

La même mesure est prise à l'égard de ceux qui sont débarqués, pour quelque cause que ce soit, après deux années
accomplies de service à la mer.

Ceux qui sont débarqués avant d'avoir accompli deux années d'embarquement prennent la tête de la liste d'embarquement.

Sur les bâtiments écoles, pénitenciers ou stationnaires, la
durée de l'embarquement est limitée à deux ans.

Gratification
pour
bonne gestion.

Art. 7. Les magasiniers débarqués recevront, s'il y a lieu,
après l'apurement de leurs comptes et de la comptabilité générale du bâtiment, une gratification dont la quotité proportionnelle sera ainsi déterminée :

Pour une très-bonne gestion, une gratification équivalente
à un mois de solde du comptable, pour un an de gestion;

Pour une bonne gestion, les deux tiers de la solde d'un
mois également pour un an de gestion.

Dans les deux cas, il s'agit d'une gestion effective sur un
bâtiment définitivement armé.

La gestion d'une durée inférieure à un an n'ouvre pas droit
à la gratification.

Cette gratification est calculée sur le montant de la solde
et du supplément.

Avancement.
Propositions
à établir.

Art. 8. L'avancement en classe des magasiniers entretenus
ne pouvant avoir lieu qu'au choix et après un an d'embar-

quement, les propositions formulées à bord seront seules valables.

A cet effet, les conseils d'administration des bâtiments dresseront, s'il y a lieu, le 1er janvier de chaque année, un état de proposition en faveur du magasinier.

Cet état, accompagné de notes particulières données par le commandant, sera envoyé au préfet maritime du port.

D'après les propositions résumées par le commissaire aux travaux, le commissaire général établira un tableau d'avancement divisé par classe. Cet état, arrêté par le préfet maritime avec indication des numéros de préférence, sera transmis au Ministre le 1er juillet.

Les nominations et avancements rouleront distinctement sur le cadre de chaque port.

ART. 9. L'uniforme obligatoire pour les magasiniers embarqués se compose ainsi qu'il suit : habit, redingote, pantalon et paletot de drap de même couleur et de même qualité que ceux des officiers-mariniers des grades correspondants ; coupe semblable ;

Boutons en métal blanc timbrés d'une ancre ;

Pour l'hiver et le mauvais temps, un caban semblable à celui que portent les maîtres entretenus des directions ;

Casquette en même drap que l'habit, de la forme adoptée dans la marine.

Les marques distinctives sont :

Pour les magasiniers de 1re et de 2e classe :

1° Une patte en drap couleur bleu ciel appliquée au collet et fixée à l'extrémité de l'arrière par un petit bouton d'uniforme. Cette patte aura 0m,02 de largeur et 0m,09 de longueur ;

2° Deux galons d'argent de 0,006 placés autour de la patte à une distance de 0^m,002 ;.

3° Un galon d'argent de 0^m,006 autour de la cuve de la casquette, et bordé, de chaque côté, d'un liséré bleu de ciel de 0^m,002 de largeur.

Pour les magasiniers de 3e et de 4e classe :

1° Une patte au collet en drap bleu de ciel et disposée comme celle qui vient d'être décrite, mais bordée d'un seul galon d'argent de 0^m,006 ;

2° Casquette avec un galon en soie bleue de 0^m,006 appliqué sur le milieu de la cuve.

Fournitures d'effets d'habillement à bord.

ART. 10. Les magasiniers entretenus de toutes classes se pourvoient, à leurs frais, d'effet d'habillement avant leur embarquement.

A bord, les vêtements réglementaires, la chaussure, le savon et le tabac peuvent leur être délivrés, sauf précompte de la valeur sur leur solde et déduction faite, s'il y a lieu, de la délégation.

Recrutement et admission.

ART. 11. Les candidats à l'emploi de magasinier de quatrième classe devront se soumettre à un stage et à un examen préalable d'aptitude.

Les épreuves seront faites au détail des travaux : elles porteront sur la lecture, l'écriture, l'orthographe, le calcul des nombres entiers et décimaux et sur la connaissance des règles principales qui déterminent les fonctions des magasiniers de la flotte.

Le stage, sans solde, durera un mois.

Les candidats, déjà employés dans l'un des services de la marine, pourront être dispensés du stage.

Art. 12. Tout candidat âgé de plus de 30 ans devra compter cinq années au moins de services antérieurs au moment de son admission comme magasinier entretenu, afin d'avoir acquis, à cinquante-cinq ans, des droits à la pension de retraite.

Limite d'âge
pour
l'admission.

Art. 13. Après le stage et lorsque les épreuves subies auront été jugées satisfaisantes, le commissaire aux travaux établira un état de proposition de nomination à l'emploi de magasinier entretenu de quatrième classe.

Nomination
par le Ministre.

Cet état, annoté par le commissaire général et revêtu de l'approbation du préfet maritime, avec indications de numéros de préférence, sera transmis au Ministre.

Art. 14. Les magasiniers entretenus, justiciables des conseils de guerre et des tribunaux maritimes, sont soumis, pendant leur embarquement, à toutes les règles de police et de discipline en vigueur à bord des bâtiments de la marine impériale.

Police
et discipline.

A terre, ils sont assujettis, comme les entretenus des autres services de la marine, aux lois, règlements et consignes relatifs à la discipline, à la police et à la sûreté des arsenaux.

A bord, ils peuvent être suspendus de leurs fonctions par le capitaine et renvoyés à la disposition du préfet maritime du port comptable qui prend les ordres du Ministre.

DISPOSITIONS TRANSITOIRES.

Art. 15. Une Commission, présidée par le commissaire général de la marine et composée d'un capitaine de vaisseau, du commissaire aux travaux et d'un sous-commissaire, procédera, dans chaque port, à l'examen des titres des magasiniers actuellement embarqués ou en ayant rempli les fonctions, qui pourront être compris dans la première formation du cadre de ce personnel, par application de l'article 8 du décret du 11 juin 1863.

Art. 16. Ces propositions seront adressées au Préfet maritime qui les transmettra au Ministre avec son avis personnel.

Art. 17. Les magasiniers embarqués sur des bâtiments actuellement en cours de campagne y continueront leurs services.

Il ne sera rien changé à leur position à bord sous le rapport de la solde, des accessoires, de l'habillement, etc. etc.

Art. 18. Toutes dispositions contraires à celles que renferme le présent arrêté sont et demeurent abrogées.

Paris, le 15 juillet 1863.

Signé Cte P. DE CHASSELOUP-LAUBAT.

(Voir le tarif de la solde au *Bulletin officiel*, n° 28, p. 139.)

Notification des décrets portant organisation d'un personnel de Commis aux vivres et de Magasiniers entretenus pour le service de la flotte.

Circulaire ministérielle du 15 juillet 1863.

Organisation
des
commis aux vivres
et
des magasiniers
de la flotte.

Messieurs, l'Empereur a bien voulu, sur ma proposition, organiser par deux décrets, portant la date du 11 juin 1863, un personnel de *commis aux vivres* et de *magasiniers entretenus* pour le service de la flotte.

J'ai l'honneur de vous adresser ces décrets, qui sont précédés d'un rapport à Sa Majesté et suivis de deux arrêtés ministériels renfermant, pour leur application, des dispositions de détail qui ne me paraissent nécessiter aucune explication complémentaire.

Mais je crois devoir appeler votre attention particulière sur l'urgence de fournir, dans le plus bref délai, les propositions appuyées de notes justificatives qui devront servir à former, dans chaque port, le tableau général des agents qui pourront concourir pour la première formation de chacun des cadres d'entretenus récemment constitués.

A cet effet, les conseils d'administration des bâtiments armés ou en réserve et ceux des établissements à terre auront à établir, aussitôt que possible, un état distinct pour chaque spécialité de personnel (*commis aux vivres* ou *magasiniers*), dans la forme indiquée par le modèle ci-annexé. Cet état sera adressé au préfet maritime du port comptable, qui en saisira la commission spéciale instituée par les articles 15 et 20 des arrêtés ministériels.

Un document de même nature sera établi par les commissaires aux subsistances ou aux travaux, en ce qui concerne les commis aux vivres et magasiniers actuellement sans emploi à terre.

Mon intention est de faire centraliser au Ministère tous les documents concernant le personnel dont il s'agit. La matricule générale de ces agents, leurs notes, leurs dossiers seront, en conséquence, tenus à la 2e direction (*bureau des Corps entretenus et Agents divers*).

Le 1er de chaque mois, les commissaires aux revues, dans les ports, dresseront, pour m'être envoyé sous le timbre de la présente circulaire, un état, pour l'une et l'autre catégorie d'agents, des mutations survenues pendant le mois précédent, tant à terre qu'à bord des bâtiments, parmi les commis aux vivres et les magasiniers entretenus de la flotte.

Le 1er janvier de chaque année, il me sera également adressé un état général comprenant, par grade ou par classe, la totalité de ces mêmes agents présents à terre ou à la mer.

Recevez, Messieurs, l'assurance de ma considération très-distinguée.

Le Ministre secrétaire d'état de la marine et des colonies,

Signé Cte P. DE CHASSELOUP-LAUBAT.

Réorganisation du corps du commissariat de la marine et création d'un personnel de commis aux écritures.

RAPPORT A L'EMPEREUR.

Paris, le 7 octobre 1863.

SIRE,

Réorganisation du commissariat. Création d'un personnel de commis aux écritures.

L'organisation du commissariat de la marine, telle qu'elle a été déterminée en 1853, n'a pas réalisé les avantages qu'on en avait espérés; en effet, tandis que, d'un côté, on voulait demander des connaissances variées, des études sérieuses aux hommes appelés à diriger quelques-uns des services importants que renferme l'administration si complexe de la marine, de l'autre, à l'exception des deux élèves de l'école polytechnique qui, chaque année, pouvaient entrer dans le commissariat, on recrutait le corps parmi de nombreux commis de marine chargés principalement des écritures et fournis eux-mêmes par le personnel non moins nombreux des écrivains de marine. Or les écrivains sont nommés après un examen pour lequel l'administration est placée entre ces deux inconvénients, ou d'être trop facile pour l'admission de jeunes gens qui pourront plus tard faire partie du commissariat, ou de paraître par trop exigeante, le travail qui est confié à ces jeunes gens ne réclamant pas d'aptitudes spéciales, et (il faut bien le dire) la rémunération en étant faible et le plus souvent la récompense bien tardive.

Un écrivain de la marine touche 600 francs d'appointements, et il reste plusieurs années avant de pouvoir atteindre le chiffre maximum de ses émoluments, 900 francs, et plusieurs années encore avant d'obtenir le rang de commis de marine qui lui vaut 1,200 francs.

Une fois commis de marine, il peut, il est vrai, après deux ans, entrer dans le commissariat en obtenant au concours le grade d'aide-commissaire; le décret de 1853 a même fait une part à l'ancienneté; mais, par suite des besoins si multipliés du service, le nombre des commis est devenu considérable, l'avancement fort lent, et des hommes, d'ailleurs bien méritants, restent de longues années dans une situation qui leur fait regretter d'avoir pris une direction souvent sans issue, sans espoir d'amélioration pour eux; de là un découragement préjudiciable au bien du service.

Ce mode de recrutement, tout à la fois d'écrivains, de commis qui doivent principalement tenir les écritures et d'officiers du commissariat appelés à diriger d'importants services, se fait donc dans des conditions défectueuses.

Pour les commis, pour les écrivains, on exige plus qu'il n'est nécessaire, et dès lors on éloigne des hommes qui se contenteraient de ces positions modestes; on éloigne des officiers-mariniers, d'anciens sous-officiers qui seraient heureux d'obtenir un emploi (qu'il convient d'ailleurs de mieux rémunérer) et y apporteraient leurs habitudes de travail, de discipline, si nécessaires aux différents services de la marine. Pour les officiers du commissariat, au contraire, on n'exige peut-être pas assez, car, pour les fonctions qu'ils auront à remplir, il leur faut des connaissances variées, et, dès lors, c'est au

début de la carrière qu'il faudrait leur demander les preuves
de sérieuses études.

Sans doute, jusqu'à ce jour, je me hâte de le dire, les officiers du commissariat, dont un grand nombre, d'ailleurs, sont
déjà anciens, ont suffi à la tâche qui leur était imposée. Dans
l'administration des divers services, dans les expéditions de
guerre, dans les travaux de toutes sortes, ils ont fait preuve
d'autant de dévouement que d'habileté; mais il importe de ne
pas permettre que le niveau s'abaisse; il importe aussi d'offrir
aux hommes utiles qui rempliront les emplois obscurs de
commis aux écritures de meilleures conditions, et de les fixer
à un travail qu'ils feront d'autant mieux qu'ils n'en seront
jamais détournés par l'embarquement.

C'est pour remédier aux inconvénients que je viens de signaler qu'il m'a paru nécessaire d'apporter quelques modifications aux prescriptions de 1853, et que je viens soumettre
à l'approbation de Votre Majesté deux projets de décrets qui
ont pour but, d'une part, de choisir les officiers du commissariat parmi les hommes qui offriront les garanties de fortes
études et parmi les officiers de vaisseau déjà au fait des services de la marine et des besoins de la navigation et, d'autre
part, de composer un personnel de commis aux écritures,
de manière à diminuer leur nombre, à les mieux rétribuer
et à leur assurer des situations et des pensions plus favorables.

Le premier de ces décrets, sans toucher aux attributions
du commissariat, a pour but, avec une répartition de cadres
plus conforme aux nécessités du service, d'établir un nouveau
mode de recrutement pour le corps; il crée des élèves commissaires auxquels il demande le diplôme de licencié en droit,
parce que, appelés plus tard, comme officiers du commissariat, à diriger ou à contrôler des services importants, ils au-

ront à appliquer les règles prescrites par nos lois civiles et administratives. Toutefois, à défaut de licenciés en droit, le décret admet, après concours, des jeunes gens pourvus du diplôme de bachelier ès lettres. C'est encore une garantie de certaines études; seulement le stage de ces derniers est plus long.

C'est parmi les élèves commissaires que sont pris au concours les aides-commissaires, sauf quatre places réservées par an, deux aux élèves de l'école polytechnique et deux à des enseignes de vaisseau qui, toutefois, ne pourront passer sous-commissaires qu'après des examens que subissent, au surplus, aujourd'hui, les membres du commissariat provenant de l'école polytechnique.

Enfin, le grade de sous-commissaire est conféré pour les quatre cinquièmes aux aides-commissaires, et pour un cinquième à des lieutenants de vaisseau autorisés à concourir. Quant aux grades supérieurs, ils sont donnés conformément aux règles actuellement existantes. Le recrutement du commissariat se faisant ainsi parmi des élèves commissaires, parmi des élèves de l'école polytechnique et des officiers de vaisseau, offre tous les éléments d'une excellente composition.

Le second décret détermine l'organisation d'un personnel spécial de commis aux écritures pour tous les services confiés au commissariat. Ce personnel, il le demande aux officiers-mariniers et aux anciens sous-officiers des troupes de la marine et de l'armée; il leur assure pour leur travail une meilleure rémunération, et, plus tard, des pensions dont la loi de 1861 a augmenté la quotité.

Enfin, comme l'importance des armements et, dès lors, le travail qui en est la conséquence, varient souvent, le décret autorise pour la tenue des écritures des revues, des armements et des subsistances, l'aide d'auxiliaires empruntés aux

divers corps de la marine et dont le nombre se modifie selon
les exigences du service.

Telles sont, Sire, les dispositions principales des deux décrets auxquels le conseil d'amirauté a donné son approbation
et que j'ai l'honneur de soumettre à Votre Majesté. Leur application doit nous faire rentrer dans les allocations du budget
dépassées depuis 1857.

Mais ces dispositions ne pourront avoir leur entière exécution que lorsque le personnel existant aujourd'hui aura reçu une
destination définitive, car il ne pouvait entrer dans l'esprit du
département de la marine de briser les situations acquises, et
l'Empereur, qui étend sa bienveillante protection sur tous, ne
l'aurait pas permis.

Il a donc fallu prévoir une transition toujours difficile à
opérer.

Sans doute, le décret de 1853 n'avait constitué aucun droit
aux commis, aux écrivains de marine; les garanties de la loi
de 1834 n'existent qu'en faveur des officiers du commissariat,
et ces agents n'en font pas partie. Mais ce décret de 1853
avait ouvert certaines perspectives aux jeunes gens qui avaient
obtenu les positions d'écrivains et de commis de marine, et,
quoique bien souvent ils aient pu se décourager en ne voyant
pas se réaliser des espérances trop facilement conçues, cependant quelques-uns n'ont persisté que dans la pensée d'atteindre
un jour le but.

Le décret fait une part suffisante à cette légitime ambition,
en offrant immédiatement aux commis de marine qui voudront
en subir les chances les moyens de se présenter au concours.

Quant aux autres, ils entreront tous, s'ils le veulent, dans
le cadre des commis aux écritures, où ils pourront obtenir
un avancement et une amélioration de situation qu'ils ne sauraient avoir aujourd'hui.

J'ai donc lieu d'espérer que ces dispositions transitoires concilient autant que possible les besoins d'une nouvelle organisation avec les intérêts des hommes auxquels, en définitive, elles assurent une meilleure situation.

Je suis avec le plus profond respect, Sire, de Votre Majesté, le très-humble, très-obéissant serviteur et fidèle sujet,

Le Ministre secrétaire d'état de la marine et des colonies,

Signé C⁰ P. DE CHASSELOUP-LAUBAT.

Décret du 7 octobre 1863, portant réorganisation du corps du commissariat de la marine.

NAPOLÉON, par la grâce de Dieu et la volonté nationale, EMPEREUR DES FRANÇAIS,

A tous présents et à venir, SALUT.

Sur le rapport de notre ministre secrétaire d'état de la marine et des colonies;
Le conseil d'amirauté entendu,

AVONS DÉCRÉTÉ et DÉCRÉTONS ce qui suit :

TITRE PREMIER.

DU COMMISSARIAT DE LA MARINE.

CHAPITRE PREMIER.

DES GRADES ET DE L'AVANCEMENT.

ART. 1ᵉʳ. Le commissariat de la marine forme un corps d'administration militaire.

Les officiers de ce corps demeurent placés sous le régime de la loi du 19 mai 1834, concernant l'état des officiers.

Réorganisation du commissariat de la marine.

Art. 2. Les grades du commissariat de la marine sont les suivants :

Commissaire général,

Commissaire,

Commissaire-adjoint,

Sous-commissaire,

Aide-commissaire.

Chacun des grades de commissaire général, de commissaire, de commissaire-adjoint et de sous-commissaire se divise en deux classes.

Art. 3. Le grade d'aide-commissaire est conféré par suite de concours aux élèves commissaires dont il est fait mention au chapitre II du présent titre, et suivant les conditions qui y sont déterminées.

Toutefois, quatre places d'aide-commissaire sont réservées chaque année : deux pour les enseignes qui, sur leur demande, auront été choisis par notre ministre de la marine et des colonies; deux pour les élèves de l'école polytechnique reconnus admissibles dans les services publics.

La part faite aux candidats de chaque origine est distincte et ne peut être reportée d'une année sur l'autre.

Les aides-commissaires de cette double provenance prennent rang à compter du jour de leur admission dans le commissariat. Ils ne peuvent être nommés sous-commissaires, même à l'ancienneté, qu'après avoir été déclarés admissibles dans un examen dont le programme sera le même que celui du concours pour le grade d'aide-commissaire. Cet examen, auquel ils ne peuvent se présenter qu'après un an de service dans le commissariat de la marine, s'ils proviennent des enseignes de.vaisseau, et qu'après trois ans de service, s'ils proviennent des élèves de l'école polytechnique, les rend seulement aptes à l'avancement dans les conditions déterminées relativement aux aides-commissaires des autres provenances.

Le grade de sous-commissaire est conféré :

1° Pour les quatre cinquièmes, aux aides-commissaires;

2° Pour un cinquième, à ceux des lieutenants de vaisseau qui, autorisés à concourir, auront été admis par suite du concours.

Les enseignes de vaisseau nommés aides-commissaires et les lieutenants de vaisseau nommés sous-commissaires sont classés entre eux, dans chaque grade, en raison de leur ancienneté.

Ils prennent rang, comme aides-commissaires ou comme sous-commissaires, du jour de leur admission dans le commissariat.

Les avancements dévolus aux aides-commissaires ont lieu deux tiers à l'ancienneté et un tiers au choix. Le choix ne peut porter que sur des aides-commissaires ayant au moins une année de navigation ou de service aux colonies dans ce grade.

A défaut d'un nombre suffisant d'officiers de marine pour remplir le cinquième des vacances dans le grade de sous-commissaire, il est pourvu aux emplois disponibles par des avancements conférés aux aides-commissaires suivant les règles établies ci-dessus.

Le grade de commissaire-adjoint est conféré, moitié à l'ancienneté, moitié au choix, aux sous-commissaires.

Le grade de commissaire est conféré, au choix, aux commissaires-adjoints.

Le grade de commissaire général est conféré, au choix, aux commissaires.

Notre ministre de la marine et des colonies déterminera par un règlement le programme du concours à subir pour le grade d'aide-commissaire.

Art. 4. Sauf les cas déterminés par l'article 3 du présent décret, les officiers du commissariat de la marine ne peuvent être promus à un grade qu'après trois ans au moins de service dans le grade inférieur.

Art. 5. Les avancements aux différents grades déterminés par les articles 2 et 3 du présent décret sont conférés par Nous, sur la proposition de notre ministre de la marine et des colonies.

Le passage à la première classe dans le grade de commissaire général a lieu, au choix, par décret impérial.

Le passage de la deuxième classe à la première classe, pour les grades de commissaire, de commissaire-adjoint et de sous-commissaire, a lieu à l'ancienneté, par décision ministérielle, à compter du jour où la vacance s'est produite.

CHAPITRE II.

DES ÉLÈVES COMMISSAIRES.

Art. 6. Le recrutement du commissariat, sauf les exceptions mentionnées à l'article 3, a lieu par des élèves commissaires, à la nomination de notre ministre de la marine et des colonies.

Pour être nommé élève commissaire, il faut :

1° Être âgé au moins de vingt-trois ans;

2° Être reconnu propre au service militaire;

3° Être pourvu du diplôme de licencié en droit.

Toutefois, à défaut de licenciés en droit, les élèves commissaires peuvent être choisis parmi les jeunes gens remplissant les autres conditions ci-dessus, pourvus du diplôme de bachelier ès lettres, et qui auront été admis après un concours dont le programme sera déterminé par notre ministre de la marine et des colonies.

Art. 7. Après leur nomination, les élèves commissaires sont affectés aux principaux détails administratifs, dans un ou plusieurs ports désignés par notre ministre de la marine et des colonies.

Afin de leur faciliter l'étude des connaissances exigées pour le concours d'admission au grade d'aide-commissaire, il est établi un cours spécial confié à un officier supérieur du commissariat nommé par le ministre, et auquel les élèves commissaires sont tenus d'assister.

Art. 8. Le concours pour l'obtention du grade d'aide-commissaire a lieu à l'expiration de la période de stage de chaque promotion d'élèves commissaires.

Ce stage est d'un an pour les élèves pourvus du diplôme de licencié en droit, et de trois ans pour les bacheliers non pourvus de ce diplôme.

Les élèves commissaires déclarés admissibles à la suite des concours sont classés par ordre de mérite. Les listes sont inscrites à la suite l'une de l'autre; elles doivent être épuisées par ordre de date et de classement pour remplir les vacances dans le grade d'aide-commissaire, comme il est dit à l'article 3.

Les élèves commissaires sont rayés des contrôles lorsqu'à la suite de deux concours ils n'ont point été déclarés admissibles.

CHAPITRE III.

DU CADRE, DE LA SOLDE ET DES ACCESSOIRES DE LA SOLDE.

Art. 9. Le cadre général du commissariat de la marine, pour le service de la métropole, de l'Algérie, de la flotte, etc. est fixé ainsi qu'il suit :

Commissaires généraux......... { de 1ʳᵉ classe...... 4 / de 2ᵉ classe...... 5

Commissaires............... { de 1ʳᵉ classe...... 13 / de 2ᵉ classe....... 13

Commissaires-adjoints.......... { de 1ʳᵉ classe...... 25 / de 2ᵉ classe...... 25

Sous-commissaires............ { de 1ʳᵉ classe...... 75 / de 2ᵉ classe...... 75

Aides-commissaires............................... 180

Le nombre des élèves commissaires est fixé, chaque année, suivant les besoins du service.

Notre ministre de la marine et des colonies détermine par règlement la répartition numérique des officiers du commissariat entre les ports et les quartiers d'inscription maritime.

A la mer, le service administratif est réglé conformément aux dispositions du présent décret.

Les officiers du commissariat appelés à occuper des emplois dans l'administration centrale sont placés hors cadre.

Art. 10. La solde des officiers du commissariat et celle des élèves-commissaires est fixée conformément au tarif annexé au présent décret.

Les officiers du commissariat jouissent, en outre, des allocations accessoires qui leur sont attribuées par les règlements, à l'exception de la gratification pour bonne gestion, qui est supprimée.

Les élèves commissaires n'ont pas droit à l'indemnité de logement ou d'ameublement.

Les indemnités non prévues par les règlements, et qu'il y aurait lieu d'allouer temporairement en raison de positions spéciales, sont fixées par notre ministre de la marine et des colonies.

TITRE II.

DU SERVICE À LA MER.

ART. 11. A la mer, le service administratif est dirigé :

Dans une armée navale, par un commissaire général;

Dans une escadre, par un commissaire ou par un commissaire-adjoint;

Dans une division navale sous les ordres d'une officier général commandant en chef, par un commissaire-adjoint;

Dans une division navale commandée par un officier général en sous-ordre et momentanément détaché, et dans une division commandée par un capitaine de vaisseau, par un sous-commissaire remplissant en même temps les fonctions d'officier d'administration du bâtiment et pourvu d'une commission de sous-commissaire de division.

Sur tout autre bâtiment de la flotte, les fonctions d'officiers d'administration sont remplies par un sous-commissaire ou par un aide-commissaire.

Toutefois notre ministre de la marine et des colonies pourra désigner ceux des bâtiments de la flotte sur lesquels, soit à raison de la force de leur équipage, soit à raison de leur destination, il ne sera pas embarqué d'officier du commissariat.

Sur ces bâtiments, le capitaine, assisté d'un secrétaire militaire, exercera les fonctions de capitaine comptable.

Selon les circonstances, notre ministre de la marine et des colonies pourra aussi, par des décisions spéciales, confier le le service, dans les positions mentionnées aux quatre premiers paragraphes de cet article, à des officiers du commissariat d'un grade immédiatement inférieur à celui qui est indiqué.

Les officiers du commissariat prennent, selon leur position, les titres temporaires de commissaire général d'armée, commissaire d'escadre, commissaire de division, sous-commissaire de division et officier d'administration.

Les commissaires généraux d'armée choisissent, pour les assister dans leurs fonctions, un sous-commissaire, et les commissaires d'escadre et de division, quel que soit leur grade, un aide-commissaire.

Aucun emploi autre que ceux énoncés au présent article ne peut être conféré à bord des bâtiments aux officiers du commissariat, si ce n'est en vertu d'une décision spéciale de notre ministre de la marine et des colonies.

TITRE III.

DISPOSITIONS TRANSITOIRES.

Art. 12. Les commis de marine et les écrivains titulaires qui voudront suivre la carrière du commissariat devront en faire la demande dans le mois qui suivra l'arrivée du *Bulletin officiel de la marine* contenant le présent décret, au lieu où ils sont employés.

Cette demande reçue, suivant le cas, par le commissaire général, le chef du service de la marine ou le commandant du bâtiment, sera transmise à notre ministre de la marine et des colonies par la voie hiérarchique.

Les commis de marine qui auront fait la déclaration ci-dessus continueront leur service et conserveront leur solde de commis ; ils seront, suivant les règles tracées pour les élèves commissaires, admis à concourir pour le grade d'aide-commissaire.

Après deux concours dans lesquels ils n'auront pas été déclarés admissibles, ils seront nommés commis aux écritures de 4e classe.

Les écrivains titulaires qui auront fait la même déclaration, s'ils sont licenciés en droit, seront nommés élèves commissaires et soumis à toutes les dispositions de l'article 8 du présent décret.

S'il sont pourvus du diplôme de bachelier ès lettres, ils seront admis à se présenter au concours, suivant les règles tracées au 3ᵉ paragraphe de l'article 6, pour être nommés élèves commissaires.

S'ils ne sont pas déclarés admissibles, ils pourront, en cas de vacances, être nommés commis aux écritures de 4ᵉ classe.

Jusqu'à ce qu'ils aient concouru, ils conserveront la solde dont ils jouissaient antérieurement au présent décret.

Six mois sont accordés aux écrivains titulaires qui auront fait la déclaration relatée au paragraphe 1ᵉʳ de cet article, et à dater de ladite déclaration, pour se pourvoir du diplôme de bachelier ès lettres.

Dès qu'ils auront obtenu ce diplôme, ils seront admis à concourir conformément aux dispositions du 3ᵉ paragraphe de l'article 6.

Les dispositions du présent article concernant les commis de marine et les écrivains titulaires du commissariat sont applicables aux commis et aux écrivains titulaires de l'inspection des services administratifs de la marine.

Jusqu'à ce que le nombre actuel des aides-commissaires ait été ramené à l'effectif réglementaire fixé par l'article 9, l'admission dans le commissariat :

Des lieutenants de vaisseau,

Des enseignes de vaisseau,

Et des élèves commissaires autres que ceux provenant des écrivains titulaires, est suspendue.

TITRE IV.

DISPOSITIONS GÉNÉRALES.

ART. 13. Sont et demeurent abrogées les dispositions des ordonnances, décrets et règlements antérieurs qui seraient contraires à celles du présent décret.

ART. 14. Notre ministre de la marine et des colonies est chargé de l'exécution du présent décret.

Fait au palais des Tuileries, le 7 octobre 1863.

Signé NAPOLÉON.

Par l'Empereur :

Le Ministre secrétaire d'état de la marine et des colonies,

Signé Cᵗᵉ P. DE CHASSELOUP-LAUBAT.

(Voir les tableaux relatifs à la solde et à la répartition de l'effectif au *Bulletin officiel*, n° 42, p. 501.)

Décret du 7 octobre 1863, portant création d'un personnel de commis aux écritures.

NAPOLÉON, par la grâce de Dieu et la volonté nationale, EMPEREUR DES FRANÇAIS,

A tous présents et à venir, SALUT.

Sur le rapport de notre ministre secrétaire d'état au département de la marine et des colonies,

Le conseil d'amirauté entendu,

AVONS DÉCRÉTÉ et DÉCRÉTONS ce qui suit :

Création d'un personnel de commis aux écritures.

ART. 1ᵉʳ. Pour assurer à terre le service des écritures des différents services confiés au commissariat, il est formé un personnel spécial de commis.

ART. 2. Les commis aux écritures sont des agents civils; ils sont divisés en quatre classes: ils sont nommés par notre ministre de la marine et des colonies.

ART. 3. Le cadre des commis aux écritures est fixé comme suit :

Commis de 1re classe   25
Commis de 2e classe   50
Commis de 3e classe   125
Commis de 4e classe   200

La répartition des commis aux écritures est faite, suivant les besoins généraux du service, entre les ports et les quartiers d'inscription maritime, par notre ministre de la marine et des colonies.

La répartition par détail est faite par les commissaires généraux et les chefs du service de la marine.

ART. 4. Les commis aux écritures de 4e classe sont choisis :

1° Parmi les officiers mariniers et parmi les sous-officiers des corps de troupes de la marine libérés du service;

2° Parmi les officiers-mariniers en activité de service ayant au moins une année de grade et ayant servi comme secrétaires militaires;

3° Parmi les marins ou militaires des corps de la marine qui auront été employés pendant un an au moins, à titre d'auxiliaires, pour tenir les écritures des détails des revues, des armements et des subsistances, conformément à l'article 10 du présent décret;

4° Parmi les sous-officiers de l'armée de terre libérés du service.

ART. 5. Les candidats à l'emploi de commis aux écritures de 4e classe doivent satisfaire aux conditions suivantes :

N'être pas âgés de plus de trente ans, et, s'ils n'appartien-

26

nent pas à la catégorie des auxiliaires compris au paragraphe 3
du précédent article, avoir rempli pendant un an, au moins,
les fonctions de fourrier ou de sous-officier, posséder les
connaissances élémentaires sur lesquelles ils seront interrogés
dans un examen dont notre ministre de la marine et des colonies déterminera le programme.

ART. 6. L'emploi de commis aux écritures de 3ᵉ classe est
conféré, un tiers à l'ancienneté et deux tiers au choix, aux
commis de 4ᵉ classe réunissant au moins deux années de service en cette qualité.

Les emplois de commis aux écritures de 2ᵉ et de 1ʳᵉ classe
sont conférés au choix aux commis de la classe immédiatement inférieure, ayant au moins deux ans de service dans ladite classe.

ART. 7. La solde des commis aux écritures est fixée comme
suit :

Commis de 1ʳᵉ classe 2,200ᶠ
Commis de 2ᵉ classe.   1,800
Commis de 3ᵉ classe.   1,400
Commis de 4ᵉ classe.   1,200

ART. 8. Lorsque les commis aux écritures se déplacent
pour le service, ils ont droit aux indemnités de route et de
séjour attribuées par les règlements au personnel des comptables des matières de la marine, d'après les bases indiquées
à l'article 9 ci-après.

ART. 9. Les commis aux écritures reçoivent la pension allouée au personnel des comptables des matières, suivant les
tarifs annexés à la loi du 26 juin 1861, savoir :

Les commis de 1ʳᵉ classe, la pension des agents comptables;
Les commis de 2ᵉ et 3ᵉ classe, celle des sous-agents;
Les commis de 4ᵉ classe, celle des commis de comptabilité.

Art. 10. Dans chaque port militaire, pour la tenue des écritures des services des revues, des armements et des subsistances, il pourra être formé une section d'auxiliaires pris, dans les différents corps de la marine, parmi les hommes de l'inscription et du recrutement qui en feront la demande et auront fait preuve des connaissances requises.

Ces hommes compteront à leur corps. Il leur sera alloué un supplément de fonctions, conformément au tableau annexé au présent décret.

DISPOSITIONS TRANSITOIRES.

Art. 11. Pour la formation du personnel des commis aux écritures, il ne sera nommé que des commis de 1re, 3e et 4e classe.

Ne pourront être nommés commis de 1re classe, et jusqu'à concurrence du nombre de 25, que les aides-commissaires qui en feront la demande. Ils seront nommés par ordre d'ancienneté.

Seront nommés commis de 3e classe et jusqu'à concurrence de 50, et de 4e classe jusqu'à concurrence de 325 :

1° Les commis de marine et les commis de l'inspection qui n'auront pas demandé à concourir pour entrer dans le commissariat;

2° Les écrivains titulaires actuels du commissariat et de l'inspection qui seront dans le même cas.

Ils seront nommés par ordre d'ancienneté.

Un an après la formation de ce personnel, il sera pourvu à la nomination de 50 commis de 3e classe. Les nominations seront faites conformément aux dispositions de l'article 6, un tiers à l'ancienneté, deux tiers au choix, parmi les commis ayant au moins, depuis leur nomination en qualité de commis de marine, deux ans de service.

Le cadre de la 4ᵉ classe sera complété de la même manière l'année suivante.

L'effectif de la 2ᵉ classe sera formé par moitié, mais, au plus tôt, une année après que le personnel de la 3ᵉ classe aura été complété.

Les nominations seront faites conformément à l'article 6; mais, dans aucun cas, l'effectif des deux classes réunies ne devra dépasser le chiffre déterminé par l'article 3 du présent décret, et de manière à se renfermer dans les crédits affectés à ladite organisation.

Les écrivains titulaires actuellement en fonctions qui auront demandé à entrer dans le personnel des commis aux écritures, et qui n'auront pu être compris dans le cadre de formation, pourront être employés en qualité d'écrivains dans les diverses directions et continueront à toucher leur solde actuelle.

DISPOSITIONS GÉNÉRALES.

Art. 12. Sont et demeurent abrogées les dispositions des lois, décrets et règlements qui sont contraires à celles qui précèdent.

Art. 14. Notre ministre de la marine et des colonies est chargé de l'exécution du présent décret.

Fait au palais des Tuileries, le 7 octobre 1863.

Signé NAPOLÉON.

Par l'Empereur :

Le Ministre secrétaire d'état de la marine et des colonies,

Signé Cᵗᵉ P. DE CHASSELOUP-LAUBAT.

(Voir les tableaux relatifs à la solde et à la répartition de l'effectif au *Bulletin officiel* n° 42, p. 509.)

Notification des décrets du 7 octobre 1863, portant réorganisation du corps du commissariat de la marine et création d'un personnel de commis aux écritures.

Circulaire ministérielle du 18 novembre 1863.

MESSIEURS, j'ai l'honneur de vous annoncer que l'Empereur a bien voulu, sur mon rapport, sanctionner, le 7 octobre 1863, deux décrets que vous trouverez ci-annexés et qui ont pour objet, l'un, de réorganiser le corps du commissariat de la marine, l'autre, d'instituer, sous le titre de *commis aux écritures,* un personnel d'employés civils spécialement destiné à assurer la tenue des écritures et des matricules dans les différents services dont la direction est confiée aux officiers du commissariat.

Réorganisation du commissariat de la marine et création d'un personnel de commis aux écritures.

La constitution du corps du commissariat exigeait depuis longtemps des modifications qui fussent à la fois de nature à le maintenir à la hauteur du rôle important qui lui est dévolu et à assurer à ses membres un avancement plus en rapport avec leurs services.

J'aime à penser que ce double résultat sera atteint au moyen de la nouvelle organisation.

La lecture des documents que je vous transmets vous fera connaître que l'application des dispositions nouvelles exigera un certain délai; je désire cependant que la période de transition soit abrégée autant que possible, et je compte à cet égard sur le concours le plus actif des différentes autorités maritimes.

Il importe donc essentiellement que l'on m'adresse, avec la plus grande ponctualité, dans le délai d'un mois fixé par l'article 12 du décret concernant le commissariat, les déclarations qu'auront à formuler :

1° MM. les aides-commissaires de la marine qui se porteront candidats pour les vingt-cinq emplois de commis aux écritures de 1re classe : ces déclarations devront indiquer la résidence dans laquelle il leur conviendrait plus particulièrement de continuer leurs services;

2° MM. les commis de marine et les commis de l'inspection qui demanderont à suivre la carrière du commissariat;

3° MM. les écrivains titulaires, pourvus du diplôme de licencié en droit, qui désireront être nommés élèves commissaires;

4° MM. les écrivains titulaires, bacheliers ès lettres, qui veulent se présenter au concours pour être nommés élèves commissaires, et qui, en cas d'insuccès, pourront être admis dans la 4e classe des commis aux écritures;

5° MM. les écrivains titulaires qui, dans le même but, seront dans l'intention de se pourvoir du diplôme de bachelier ès lettres dans les six mois qui suivront la date de la notification du décret organique.

Le décret, par son article relatif aux commis de marine qui se destinent au commissariat, dispose qu'ils pourront se présenter à deux concours. Cette expression de *concours* est employée par le décret pour montrer que c'est dans l'ordre du classement que les candidats seront placés; mais, en réalité, ce sont deux examens auxquels ils pourront se présenter, et tous les candidats déclarés admissibles entreront dans le commissariat au fur et à mesure des vacances.

Je vous prie de vouloir bien faire remarquer aux commis de marine et aux commis de l'inspection, ainsi qu'aux écrivains qui demanderaient à suivre la carrière du commissariat, que, dans le cas où ils viendraient à échouer dans les deux épreuves auxquelles ils seront admis à se présenter suivant les règles tracées par l'article 12 du décret organique de ce corps, leur admission dans le personnel des commis aux écritures ne pourra pas avoir d'effet rétroactif. Ils prendront rang parmi les commis de 4e classe à compter de la date de leur nomination à cet emploi.

Enfin, il est bon que MM. les commis de marine comprennent bien que la 3e classe, dans laquelle les cinquante plus anciens entreront immédiatement, sera assez prochainement complétée au nombre de cent vingt-cinq, parmi lesquels cinquante seront encore choisis pour passer à la 2e classe, et que les pensions de retraite des commis de 2e et de 3e classe seront supérieures à celles qu'ils auraient obtenues comme commis de marine, et égales, pour la plupart des cas, à celle des aides-commissaires.

MM. les préfets maritimes, les chefs de service dans les ports secondaires et les inspecteurs en chef feront établir et m'adresseront, aussitôt que possible, une liste, par ordre d'ancienneté, des écrivains titulaires du commissariat et de l'inspection en service sous leurs ordres ou embarqués.

Le programme du concours pour le grade d'aide-commissaire est maintenu tel qu'il a été déterminé par l'instruction du 15 mai 1853.

Quant aux programmes pour l'admission des écrivains bacheliers ès lettres aux emplois d'élève commissaire et pour la nomination à l'emploi de commis aux écritures de 4e classe, ils seront publiés prochainement.

Vous trouverez joints à la présente circulaire les tableaux de répartition des nouveaux effectifs. Les cadres des officiers du commissariat étant notablement réduits et ayant été calculés pour faire face uniquement aux besoins du service spécial dont ce corps est chargé, il devient indispensable de faire rentrer dans les détails administratifs les sous-commissaires, les aides-commissaires, les commis de marine et les écrivains qui sont actuellement employés comme trésoriers des divisions, secrétaires des majors généraux ou des majors de la flotte, ou enfin des trésoriers des divisions.

On attendra, cependant, pour appliquer cette mesure aux trésoriers, que j'aie pourvu à leur remplacement par la nomination de lieutenants de vaisseau en résidence fixe. MM. les préfets maritimes recevront, sous le timbre de la 1re direction, l'invitation de me présenter des candidats pour ces emplois.

Les lieutenants de vaisseau trésoriers seront assistés d'un secrétaire militaire.

Les secrétariats des majors généraux et des majors de la flotte seront dirigés par des officiers de marine attachés à ces services; un secrétaire militaire sera mis à la disposition de chacun d'eux.

Il résulte du *nota* qui accompagne l'état n° 1 que l'emploi de chef du secrétariat de la préfecture maritime devra, à l'avenir, être rempli par un sous-commissaire au choix du préfet maritime; mais il est bien entendu que les titulaires actuels de ces fonctions les conserveront tant que les préfets près desquels ils servent le jugeront convenable.

Recevez, Messieurs, l'assurance de ma considération très-distinguée.

Le Ministre secrétaire d'état de la marine et des colonies,

Signé Cte P. DE CHASSELOUP-LAUBAT.

Examen et concours à subir pour les commis de marine et les écrivains titulaires pour devenir aides-commissaires ou élèves commissaires.

Circulaire ministérielle du 20 novembre 1863.

Examen
et concours
à subir

MESSIEURS, aux termes des décrets du 7 octobre dernier, portant réorganisation du commissariat de la marine et créa-

tion d'un personnel de commis aux écritures, les commis de marine et de l'inspection, et ceux des écrivains titulaires qui seront pourvus du diplôme de bachelier ès lettres, pourront obtenir, après avoir satisfait à des examens spéciaux, les premiers, le grade d'aide-commissaire, les seconds, l'emploi d'élève commissaire. Il est bien entendu que tous les commis de marine, sans distinction d'âge ou de temps de service, seront admis à se présenter aux concours. C'est là un avantage considérable que leur donne le décret du 7 octobre, puisque, sous l'empire des prescriptions de 1853, les commis non pourvus de diplômes ne pouvaient concourir que jusqu'à l'âge de trente ans.

par les commis et écrivains pour entrer dans le commissariat.

Les concours seront ouverts le 1er mai et le 1er novembre 1864, pour tous les commis de marine qui auront déclaré vouloir suivre la carrière du commissariat.

Tous les candidats qui seront en France au 1er avril 1864 devront se présenter au concours qui sera ouvert le 1er mai suivant. Ceux d'entre eux qui auront échoué dans cette première épreuve, et qui voudront en subir une seconde, devront se présenter au concours qui sera ouvert le 1er novembre de la même année.

Les candidats qui seront débarqués après le 1er avril et avant le 1er octobre seront tenus de se présenter au concours de novembre, et, s'ils échouent à cette époque, ils subiront leur seconde épreuve au mois de mai 1865.

La même marche sera suivie pour les commis qui ne seraient débarqués que postérieurement, lorsqu'ils auront fait la déclaration prescrite par l'article 12 du décret du 7 octobre, de sorte qu'ils soient mis en demeure de subir les deux épreuves qui ne devront avoir lieu qu'à six mois de distance, ou d'y renoncer.

Les candidats seront classés après chaque concours. Ceux

qui n'auront été reconnus admissibles qu'à un second concours formeront une seconde catégorie qui ne pourra prendre
part aux places d'aides-commissaires qu'après l'épuisement
complet de la première. Les commis qui ne seront débarqués
qu'après le 1er avril, s'ils sont déclarés admissibles à leur première épreuve, feront partie de la première catégorie et prendront rang d'après leur classement par ordre de mérite.

Les écrivains bacheliers ès lettres qui se présenteront au
concours pour obtenir l'emploi d'élève commissaire, et qui
auront été reconnus admissibles, seront également classés par
ordre de mérite, et ils seront nommés dans le même ordre.
Le concours pour les écrivains bacheliers sera annoncé trois
mois à l'avance.

, Les commis de marine et les écrivains actuellement employés
à la mer en qualité d'officiers d'administration seront débarqués.

Sur les bâtiments ayant quatre-vingts hommes d'équipage
et au-dessus, ils seront remplacés par des aides-commissaires ;
sur les bâtiments ayant moins de quatre-vingts hommes, et à
moins de décision spéciale, il n'y aura pas d'officier d'administration. Le capitaine prendra le titre de capitaine comptable, et il sera assisté d'un secrétaire militaire.

Ces mouvements ne commenceront cependant qu'après la
remise ou l'envoi des feuilles de journées de l'année courante,
et je vous invite à n'admettre d'exceptions à cette règle qu'autant que le bien du service et le bon ordre de la comptabilité
n'auraient pas à en souffrir.

Jusqu'à ce que le nombre des secrétaires militaires brevetés
soit suffisant, les fourriers ordinaires, les caporaux-fourriers
et les sergents-fourriers qui seront jugés capables, bien que
non brevetés, pourront être employés en qualité de secrétaires
des capitaines comptables. Ils auront droit, dans cette position, au supplément prévu par l'arrêté du 15 octobre 1863.

Après une année d'exercice, ces fourriers pourront, sans avoir suivi le cours fait à la division, et s'ils justifient devant la commission spéciale des connaissances requises, obtenir le brevet de secrétaire militaire.

Le dernier paragraphe de l'article 11 du titre II du décret constitutif du commissariat dispose qu'aucun autre emploi que ceux dont il est question dans ce titre ne pourra être conféré, à bord des bâtiments, aux officiers du commissariat, si ce n'est en vertu d'une décision spéciale.

En conséquence, et sauf des exceptions sur lesquelles je me réserve le soin de statuer, les secrétaires des officiers généraux exerçant des commandements à la mer, ceux des officiers supérieurs commandant en chef, et enfin ceux des chefs d'état-major, ne seront plus choisis dans le commissariat.

Le service dont ces secrétaires étaient chargés sera désormais confié à des officiers d'état-major général.

Les écrivains, les commis de marine et les officiers du commissariat actuellement embarqués dans ces diverses positions devront, s'ils déclarent vouloir faire partie des commis aux écritures, être débarqués et renvoyés en France; si, au contraire, ils déclarent vouloir subir les épreuves pour entrer dans le commissariat, ils ne seront débarqués qu'autant qu'ils en feront la demande.

Recevez, Messieurs, l'assurance de ma considération très-distinguée.

Le Ministre secrétaire d'état de la marine et des colonies,

Signé Cte P. DE CHASSELOUP-LAUBAT.

**Décret du 31 décembre 1863, détachant le service de l'artillerie
de la direction du matériel de la marine.**

NAPOLÉON, par la grâce de Dieu et la volonté nationale,
EMPEREUR DES FRANÇAIS,

A tous présents et à venir, SALUT.

Sur le rapport de notre ministre secrétaire d'état au département de la marine et des colonies,

AVONS DÉCRÉTÉ et DÉCRÉTONS ce qui suit :

ARTICLE PREMIER.

Le service de l'artillerie est détaché de la direction du matériel.

A partir du 1er janvier 1864, le service de l'artillerie de la marine cesse d'être compris dans la direction du matériel de la marine.

ART. 2.

Notre ministre secrétaire d'état de la marine et des colonies est chargé de l'exécution du présent décret.

Fait au palais des Tuileries, le 31 décembre 1863.

Signé NAPOLÉON.

Par l'Empereur :

Le Ministre secrétaire d'état de la marine et des colonies,

Signé Cte P. DE CHASSELOUP-LAUBAT.

Décret du 9 avril 1864, portant suppression de l'inspection permanente de l'artillerie de la marine et des colonies, et création d'un comité consultatif d'artillerie de la marine et des colonies.

NAPOLÉON, par la grâce de Dieu et la volonté nationale, EMPEREUR DES FRANÇAIS,

A tous présents et à venir, SALUT.

Vu l'ordonnance du 14 septembre 1835;
Vu le décret du 14 août 1861;
Vu le décret du 31 décembre 1863;
Sur le rapport de notre ministre secrétaire d'État de la marine et des colonies,

AVONS DÉCRÉTÉ et DÉCRÉTONS ce qui suit :

ARTICLE PREMIER.

L'inspection permanente de l'artillerie de la marine et des colonies est supprimée.

Chaque année, un officier général d'artillerie est chargé de faire une inspection générale, soit en France, soit aux colonies.

Après cette inspection, un rapport d'ensemble est par lui remis au ministre avec ses diverses propositions.

Création d'un comité consultatif d'artillerie de la marine et des colonies.

ART. 2.

Il est formé au ministère de la marine et des colonies un comité consultatif de l'artillerie de la marine et des colonies.

Les membres de ce comité sont nommés par Nous sur la proposition de notre ministre secrétaire d'état de la marine et des colonies.

ART. 3.

Le comité examine et discute, d'après les renvois ordonnés par le ministre, les questions relatives au service de l'artille-

rie, ainsi que les inventions ou découvertes qui peuvent intéresser ce service.

Il donne un avis motivé sur chacune des questions soumises
à son examen.

ART. 4.

Le comité est appelé à donner son avis sur la composition
de l'artillerie des bâtiments de la flotte.

ART. 5.

Le comité peut adresser au ministre des propositions relatives aux différentes parties du service de l'artillerie de la marine et des colonies.

ART. 6.

Le comité se compose :

D'un général de division de l'artillerie de la marine et des
colonies ;

D'un contre-amiral ;

D'un général de brigade d'artillerie de la marine ;

D'un capitaine de vaisseau ; ·

D'un colonel d'artillerie de la marine ;

D'un colonel ou lieutenant-colonel de la même arme, secrétaire, avec voix délibérative.

La présidence appartient au général de division de l'artillerie de la marine, et, en son absence, à l'officier général le
plus ancien en grade.

Le chef du bureau des travaux techniques de l'artillerie
assiste, avec voix consultative, aux délibérations du comité.

ART. 7.

Un général de brigade de l'artillerie de terre est adjoint,
avec voix délibérative, au comité d'artillerie de la marine.

ART. 8.

Lorsqu'en vertu de l'article 4 le comité est appelé à donner son avis sur la composition de l'artillerie des bâtiments de la flotte, il lui est adjoint, avec voix délibérative, un capitaine de vaisseau et un ingénieur des constructions navales.

ART. 9.

Le secrétaire du comité a la garde, la conservation et l'entretien des archives, des plans, mémoires, livres, modèles, documents et instruments de toute nature nécessaires aux travaux du comité.

ART. 10.

Les chefs de service de l'administration centrale du département de la marine et des colonies assistent, sans voix délibérative, aux séances du comité lorsque le ministre le juge nécessaire.

ART. 11.

Le président adresse au ministre les avis du comité, ainsi que les demandes de renseignements qui peuvent être nécessaires au comité.

ART. 12.

Trois membres du comité d'artillerie désignés par Nous sur la proposition du ministre de la marine, un officier général, un colonel d'artillerie et un capitaine de vaisseau, font partie du Conseil des travaux.

Fait également partie du Conseil des travaux le chef du bureau des travaux techniques de l'artillerie.

ART. 13.

Notre ministre secrétaire d'état de la marine et des colonies est chargé de l'exécution du présent décret.

Fait au palais des Tuileries, le 9 avril 1864.

Signé NAPOLÉON.

Par l'Empereur :

Le Ministre secrétaire d'état de la marine et des colonies,

Signé Cᵗᵉ PDE CHA SSEL OUP-LAUBAT.

Décret du 9 avril 1864, portant création d'une direction de l'artillerie de la marine et des colonies.

NAPOLÉON, par la grâce de Dieu et la volonté nationale, EMPEREUR DES FRANÇAIS,

A tous présents et à venir, SALUT.

Vu le décret en date du 27 décembre 1862, portant organisation de l'administration centrale du département de la marine et des colonies;

Vu le décret en date du 31 décembre 1863;

Vu le décret en date de ce jour, portant suppression de l'inspection permanente de l'artillerie de la marine et des colonies;

Sur le rapport de notre ministre secrétaire d'état au département de la marine et des colonies,

AVONS DÉCRÉTÉ et DÉCRÉTONS ce qui suit :

ARTICLE PREMIER.

Création d'une direction de l'artillerie de la marine et des colonies.

Il est créé dans l'administration centrale du département de la marine et des colonies une direction de l'artillerie de la marine et des colonies.

ART. 2.

Cette direction comprend deux bureaux :

1er bureau, 1re section : personnel, administration.

———————— 2e section : matériel, comptabilité.

2e bureau : bureau technique, projets et travaux.

Le dépôt des fortifications de la marine ressortira à la direction d'artillerie.

ART. 3.

Notre ministre secrétaire d'état au département de la marine et des colonies est chargé de l'exécution du présent décret, qui sera inséré au *Bulletin officiel de la marine*.

Fait au palais des Tuileries, le 9 avril 1864.

Signé NAPOLÉON.

Par l'Empereur :

Le Ministre secrétaire d'état de la marine et des colonies,

Signé Cte P. DE CHASSELOUP-LAUBAT.

————————————

Décret du 9 avril 1864, relatif à la composition des comités d'artillerie de la marine et de la guerre.

NAPOLÉON, par la grâce de Dieu et la volonté nationale, EMPEREUR DES FRANÇAIS,

A tous présents et à venir, SALUT.

Vu le décret en date du 9 avril 1864, portant création d'un comité consultatif d'artillerie de la marine et des colonies;

Sur le rapport de nos ministres secrétaires d'état de la guerre, de la marine et des colonies;

27

Considérant qu'il importe que l'artillerie de terre et l'artillerie de la marine profitent des progrès et des améliorations qui peuvent être introduites par chacun de ces services, qu'il est dès lors nécessaire que les expériences et les travaux exécutés par l'un d'eux puissent être connus de l'autre,

AVONS DÉCRÉTÉ et DÉCRÉTONS ce qui suit :

ARTICLE PREMIER.

Composition des comités d'artillerie de la marine et de la guerre. Un général de brigade de l'artillerie de terre est adjoint au comité d'artillerie de la marine et des colonies, et un général de brigade de l'artillerie de la marine et des colonies est adjoint au comité d'artillerie de la guerre.

Ils ont voix délibérative dans le comité auquel ils sont attachés.

ART. 2.

Deux officiers d'artillerie de la guerre sont adjoints à la commission de Gâvres, et deux officiers d'artillerie de la marine sont adjoints à la commission d'expériences d'artillerie du camp de Châlons.

Ils ont voix délibérative.

ART. 3.

Les procès-verbaux de ces commissions seront adressés simultanément à nos ministres secrétaires d'état de la guerre, de la marine et des colonies.

ART. 4.

Les nominations auront lieu par décrets impériaux, sur la présentation faite de concert par nos ministres secrétaires d'état de la guerre et de la marine et des colonies.

ART. 5.

Nos ministres secrétaires d'état de la guerre et de la marine et des colonies sont chargés, chacun en ce qui le concerne, de l'exécution du présent décret.

Fait au palais des Tuileries, le 9 avril 1864.

Signé NAPOLÉON.

Par l'Empereur :

Le Maréchal, ministre secré-   *Le Ministre secrétaire d'état de la marine*
taire d'état de la guerre,   *et des colonies,*

Signé RANDON.   Signé Cte P. DE CHASSELOUP-LAUBAT.

Projet de loi tendant à modifier les articles 6 et 7 de la loi du 20 avril 1832 sur l'avancement dans l'armée navale.

ARTICLE PREMIER.

Le premier paragraphe de l'article 6 de la loi du 20 avril 1862, sur l'avancement dans l'armée navale, est modifié de la manière suivante :

Avancement dans l'armée navale.

Nul ne pourra être aspirant de première classe s'il n'a deux ans de service à bord des bâtiments de l'État, en qualité d'aspirant de deuxième classe, ou une année de navigation en ladite qualité, à bord d'un bâtiment d'instruction.

Nul élève de l'École polytechnique ne pourra être nommé au grade d'aspirant de première classe s'il n'a été déclaré admissible dans les services publics, à la suite des examens de sortie de ladite école.

27.

ART. 2.

Le deuxième paragraphe de l'article 7 de la même loi du 20 avril 1832 est modifié de la manière suivante :

Ou s'il n'a servi sur les bâtiments de l'État pendant deux années au moins, comme premier maître, et s'il n'a satisfait à un examen tant sur la théorie de la navigation que sur les connaissances pratiques de la marine [1].

---

[1] Ce projet de loi a été adopté par le Corps législatif dans sa séance du 22 avril 1864.

TITRE SIXIÈME.

COLONIES.

Immigration. — Lettre de S. M. l'Empereur à S. Exc. le Ministre de la marine et des colonies.

« Fontainebleau, le 1er juillet 1861.

« Monsieur le Ministre, depuis l'émancipation des esclaves, nos colonies ont cherché à se procurer des travailleurs sur les côtes d'Afrique, par voie de rachat et au moyen de contrats d'engagement qui assurent aux nègres un salaire pour le travail qu'ils exécutent. Ces engagements sont faits pour cinq ou sept années, après lesquelles les travailleurs sont gratuitement rapatriés, à moins qu'ils ne préfèrent se fixer dans la colonie, et, en ce cas, ils sont admis à y résider au même titre que les autres habitants.

Suppression de l'immigration africaine. Ouverture des recrutements dans l'Inde.

« Ce mode de recrutement, il faut le reconnaître, diffère complétement de la traite; en effet, tandis que celle-ci avait pour origine et pour but l'*esclavage,* celui-là, au contraire, conduit à la *liberté.* Le nègre esclave, une fois engagé comme travailleur, est libre, et n'est tenu à d'autres obligations que celles qui résultent de son contrat.

« Toutefois, des doutes se sont élevés quant aux conséquences que ces engagements peuvent avoir sur les populations africaines. On s'est demandé si le prix de rachat ne constituait pas une prime à l'esclavage.

« Déjà, en 1859, j'ai ordonné de faire cesser tout recrutement sur la côte orientale d'Afrique, où il avait présenté des inconvénients; puis j'ai prescrit de restreindre ces sortes d'opérations sur la côte occidentale. Enfin, j'ai voulu qu'on examinât avec le plus grand soin toutes les questions que soulève l'émigration africaine.

« Aujourd'hui, je signe un Traité avec la Reine de la Grande-Bretagne, par lequel Sa Majesté Britannique consent à autoriser, dans les provinces de l'Inde soumises à sa couronne, l'engagement de travailleurs pour nos colonies, aux mêmes conditions que celles observées pour les colonies anglaises.

« Nous devons donc trouver dans l'Inde, dans les possessions françaises de l'Afrique, et dans les contrés où l'esclavage est proscrit, tous les travailleurs libres dont nous avons besoin. Dans de pareilles circonstances, je désire que le recrutement africain, par voie de rachat, soit complétement abandonné par le commerce français à partir du jour où le Traité conclu avec Sa Majesté Britannique commencera à recevoir son exécution, et pendant tout le temps de sa durée. Si ce Traité venait à cesser d'exister, ce ne serait qu'en vertu d'une autorisation expresse que ce recrutement, s'il était reconnu indispensable et sans inconvénient, pourrait être repris.

« Vous voudrez donc bien prendre les mesures nécessaires pour que cette décision reçoive son effet à partir du 1er juillet 1862, et que l'introduction des nègres recrutés postérieurement à cette époque sur la côte d'Afrique soit interdite dans nos colonies.

« Sur ce, je prie Dieu qu'il vous ait en sa sainte garde.

« Signé NAPOLÉON. »

Décret impérial du 10 août 1861, portant promulgation de la convention conclue, le 1ᵉʳ juillet 1861, entre la France et la Grande-Bretagne, pour régler l'immigration des travailleurs indiens dans les colonies françaises.

NAPOLÉON, par la grâce de Dieu et la volonté nationale, EMPEREUR DES FRANÇAIS,

A tous présents et à venir, SALUT.

Sur le rapport de notre ministre secrétaire d'état au département des affaires étrangères,

AVONS DÉCRÉTÉ et DÉCRÉTONS ce qui suit :

ART. Iᵉʳ. Une Convention, suivie d'un Article additionnel, ayant été signée, le 1ᵉʳ juillet 1861, entre la France et le Royaume-Uni de la Grande-Bretagne et d'Irlande, pour régler l'immigration de travailleurs indiens dans les colonies françaises, et les ratifications de ces actes ayant été échangées à Paris, le 30 juillet 1861, lesdits Convention et Article additionnel, dont la teneur suit, recevront leur pleine et entière exécution.

Convention pour régler l'immigration des travailleurs indiens dans les colonies françaises.

CONVENTION.

Sa Majesté l'Empereur des Français ayant fait connaître, par une déclaration en date de ce jour (1ᵉʳ juillet 1861), sa volonté de mettre fin au recrutement, sur la côte d'Afrique, de travailleurs noirs par voie de rachat, et, en conséquence, Sa Majesté la Reine du Royaume-Uni de la Grande-Bretagne et d'Irlande désirant faciliter l'immigration des travailleurs libres dans les colonies françaises, Leursdites Majestés ont résolu de conclure une Convention destinée à en régler le recrutement sur les territoires britanniques dans l'Inde. A cet effet, Elles ont nommé pour leurs plénipotentiaires, savoir :

Sa Majesté l'Empereur des Français, M. *Edouard-Antoine Thouvenel,* sénateur, son ministre et secrétaire d'État au département des affaires étrangères;

Et Sa Majesté la Reine du Royaume-Uni de la Grande-Bretagne et d'Irlande, le très-honorable *Henri-Richard-Charles* comte *Cowley,* son ambassadeur extraordinaire et plénipotentiaire près Sa Majesté l'Empereur des Français;

Lesquels, après s'être communiqué leurs pleins pouvoirs respectifs, trouvés en bonne et due forme, sont convenus des articles suivants :

Art. Ier. Le Gouvernement français pourra recruter et engager, pour les colonies françaises, des travailleurs sur les territoires indiens appartenant à la Grande-Bretagne, et embarquer les émigrants sujets de Sa Majesté Britannique, soit dans les ports britanniques, soit dans les ports français de l'Inde, aux conditions ci-après stipulées.

Art. 2. Le Gouvernement français confiera, dans chaque centre de recrutement, la direction des opérations à un agent de son choix.

Ces agents devront être agréés par le Gouvernement britannique.

Cet agrément est assimilé, quant au droit de l'accorder et de le retirer, à l'exequatur donné aux agents consulaires.

Art. 3. Ce recrutement sera effectué conformément aux règlements existants ou qui pourraient être établis pour le recrutement des travailleurs à destination des colonies britanniques.

Art. 4. L'agent français jouira, relativement aux opérations de recrutement qui lui seront confiées, pour lui comme pour toutes les personnes qu'il emploiera, de toutes les facilités et avantages accordés aux agents de recrutement pour les colonies britanniques.

Art. 5. Le Gouvernement de Sa Majesté Britannique désignera, dans les ports britanniques où aura lieu l'embarquement des émigrants, un agent qui sera spécialement chargé de leurs intérêts.

Le même soin sera confié, dans les ports français, à l'agent consulaire britannique, à l'égard des Indiens sujets de Sa Majesté Britannique.

Sous le terme *agents consulaires* sont compris les consuls, vice-consuls et tous autres officiers consulaires commissionnés.

Art. 6. Aucun émigrant ne pourra être embarqué sans que les agents désignés dans l'article précédent aient été mis à même de s'assurer ou que l'émigrant n'est pas sujet britannique, ou, s'il est sujet britannique, qu'il s'est librement engagé, qu'il a une connaissance parfaite du contrat qu'il a passé, du lieu de sa destination, de la durée probable de son voyage, et des divers avantages attachés à son engagement.

Art. 7. Les contrats de service devront, sauf l'exception prévue au paragraphe 4 de l'article 9 et au paragraphe 2 de l'article 10, être passés dans l'Inde, et contenir, pour l'émigrant, l'obligation de servir, soit une personne nommément désignée, soit toute personne à laquelle il sera confié par l'autorité, à son arrivée dans la colonie.

Art. 8. Les contrats devront, en outre, stipuler :

1° La durée de l'engagement, à l'expiration duquel le rapatriement reste à la charge de l'administration française, et les conditions auxquelles l'émigrant pourra renoncer à son droit de rapatriement gratuit;

2° Le nombre des jours et des heures de travail;

3° Les gages et les rations, ainsi que les salaires pour tout travail extraordinaire, et tous les avantages promis à l'émigrant;

4° L'assistance médicale gratuite pour l'émigrant, excepté pour le cas où, dans l'opinion de l'agent de l'administration, sa maladie serait le résultat de son inconduite.

Tout contrat d'engagement portera copie textuelle des articles 9, 10 et 21 de la présente Convention.

ART. 9. 1° La durée de l'engagement d'un immigrant ne pourra être de plus de cinq années. Toutefois, en cas d'interruption volontaire du travail, régulièrement constatée, l'immigrant devra un nombre de jours égal à celui de la durée de l'interruption.

2° A l'expiration de ce terme, tout Indien qui aura atteint l'âge de dix ans au moment de son départ de l'Inde aura droit à son rapatriement aux frais de l'administration française.

3° S'il justifie d'une conduite régulière et de moyens d'existence, il pourra être admis à résider dans la colonie sans engagement; mais il perdra, dès ce moment, tout droit au rapatriement gratuit.

4° S'il consent à contracter un nouvel engagement, il aura droit à une prime, et conservera le droit au rapatriement à l'expiration de ce second engagement.

Le droit de l'immigrant au rapatriement s'étend à sa femme et à ses enfants ayant quitté l'Inde âgés de moins de dix ans, et à ceux qui sont nés dans les colonies.

ART. 10. L'immigrant ne pourra être tenu de travailler plus de six jours sur sept, ni plus de neuf heures et demie par jour.

Les conditions du travail à la tâche et tout autre mode de règlement du travail devront être librement débattus avec l'engagé. N'est pas considérée comme travail l'obligation de pourvoir, les jours fériés, aux soins que nécessitent les animaux et aux besoins de la vie habituelle.

Art. 11. Dans les ports britanniques, les dispositions qui précèdent le départ des émigrants seront conformes à celles prescrites par les règlements pour les colonies britanniques.

Dans les ports français, l'agent d'émigration ou ses délégués remettront aux agents consulaires britanniques, au départ de tout navire d'émigrants, la liste nominative des émigrants sujets de Sa Majesté Britannique, avec les indications signalétiques, et leur communiqueront les contrats, dont ils pourront demander copie; dans ce cas, il ne leur sera donné qu'une seule copie pour tous les contrats identiques.

Art. 12. Dans les ports d'embarquement, les émigrants sujets de Sa Majesté Britannique seront libres de sortir, en se conformant aux règlements de police relatifs à ces établissements, des dépôts ou de tout endroit où ils seraient logés, pour communiquer avec les agents britanniques, lesquels pourront, de leur côté, visiter à toute heure convenable les lieux où se trouveraient réunis ou logés les émigrants sujets de Sa Majesté Britannique.

Art. 13. Le départ des émigrants de l'Inde, pour les colonies à l'est du cap de Bonne-Espérance, pourra avoir lieu à toutes les époques de l'année.

Pour les autres colonies, les départs ne pourront s'effectuer que du 1er août au 15 mars. Cette disposition n'est applicable qu'aux bâtiments à voiles; les départs pourront avoir lieu toute l'année par des bâtiments munis d'un moteur à vapeur.

Tout émigrant partant de l'Inde pour les Antilles entre le 1er mars et le 15 septembre recevra au moins une couverture de laine double (en sus des vêtements qui lui sont ordinairement attribués), et pourra s'en servir aussi longtemps que le navire sera en dehors des tropiques.

Art. 14. Tout navire transportant des émigrants devra avoir à son bord un chirurgien européen et un interprète.

Les capitaines des navires portant des émigrants seront tenus de se charger de toute dépêche qui leur serait remise par l'agent britannique au port d'embarquement pour l'agent consulaire britannique au port de débarquement, et la remettront immédiatement après leur arrivée à l'administration coloniale.

. Art. 15. Dans tout navire affecté au transport des émigrants sujets de Sa Majesté Britannique, les émigrants occuperont, soit dans les entre-ponts, soit dans des cabines construites sur le pont supérieur, solidement établies et parfaitement couvertes, un espace qui sera attribué à leur usage exclusif. Ces cabines et entre-ponts devront avoir partout une hauteur qui ne sera pas moindre, en mesure française, de un mètre soixante-cinq centimètres ($1^m,65^c$), en mesure anglaise de cinq pieds et demi (5 $1/2^p$).

Chacun des logements ne pourra recevoir plus d'un émigrant adulte par espace cubique de deux mètres (2^m), soit en mesure anglaise, soixante et douze pieds (72^p), dans la présidence du Bengale et à Chandernagor, et de un mètre soixante et dix centimètres ($1^m,70^c$), soit en mesure anglaise, soixante pieds (60^p), dans les autres ports français, et dans les présidences de Bombay et de Madras.

Un émigrant âgé de plus de dix ans comptera pour un émigrant adulte, et deux enfants âgés de un à dix ans compteront pour un émigrant adulte.

Un local devant servir d'hôpital sera installé sur tout navire destiné à transporter des émigrants.

Les femmes et les enfants devront occuper des postes distincts et séparés de ceux des hommes.

Art. 16. Chaque contingent devra comprendre un nombre

de femmes égal, au moins, au quart de celui des hommes. A l'expiration de trois ans, la proportion numérique des femmes sera portée à un tiers; deux ans plus tard, à la moitié, et, deux ans après, la proportion sera fixée telle qu'elle existera pour les colonies britanniques.

Art. 17. Les agents britanniques à l'embarquement auront, à tout moment convenable, le droit d'accès dans toutes les parties des navires attribuées aux émigrants.

Art. 18. Les gouverneurs des établissements français dans l'Inde rendront les règlements d'administration nécessaires pour assurer l'entière exécution des clauses ci-dessus stipulées.

Art. 19. A l'arrivée dans une colonie française d'un navire d'émigrants, l'administration fera remettre à l'agent consulaire britannique, avec les dépêches qu'elle aurait reçues pour lui :

1° Un état nominatif des travailleurs débarqués sujets de Sa Majesté Britannique;

2° Un état des décès ou des naissances qui auraient eu lieu pendant le voyage.

L'administration coloniale prendra les mesures nécessaires pour que l'agent consulaire britannique puisse communiquer avec les émigrants, avant leur distribution dans la colonie.

Une copie de l'état de distribution sera remise à l'agent consulaire.

Il lui sera donné avis des décès et naissances qui pourraient survenir durant l'engagement, ainsi que des changements de maîtres et de rapatriement.

Tout rengagement ou acte de renonciation au droit de rapatriement gratuit sera communiqué à l'agent consulaire.

Art. 20. Les immigrants sujets de Sa Majesté Britannique jouiront, dans les colonies françaises, de la faculté d'invoquer l'assistance des agents consulaires britanniques, au même titre que tous les autres sujets relevant de la Couronne britannique, et conformément aux règles ordinaires du droit international, et il ne sera apporté aucun obstacle à ce que l'engagé puisse se rendre chez l'agent consulaire et entrer en rapport avec lui; le tout sans préjudice, bien entendu, des obligations résultant de l'engagement.

ART. 21. Dans la répartition des travailleurs, aucun mari ne sera séparé de sa femme, aucun père, ni aucune mère, de ses enfants âgés de moins de quinze ans. Aucun travailleur, sans son consentement, ne sera tenu de changer de maître, à moins d'être remis à l'administration ou à l'acquéreur de l'établissement dans lequel il est occupé.

Les immigrants qui deviendraient, d'une manière permanente, incapables de travail, soit par maladie, soit par d'autres causes involontaires, seront rapatriés aux frais du Gouvernement français, quel que soit le temps de service qu'ils devraient encore pour avoir droit au rapatriement gratuit.

ART. 22. Les opérations d'immigration pourront être effectuées dans les colonies françaises, par des navires français ou britanniques indistinctement.

Les navires britanniques qui se livreront à ces opérations devront se conformer à toutes les mesures de police, d'hygiène et d'installation qui seraient imposées aux bâtiments français.

ART. 23. Le règlement de travail de la Martinique servira de base à tous les règlements des colonies françaises dans lesquelles les émigrants indiens sujets de Sa Majesté Britannique pourront être introduits.

Le Gouvernement français s'engage à n'apporter à ce règlement aucune modification qui aurait pour conséquence ou de placer lesdits sujets indiens dans une position exceptionnelle, ou de leur imposer des conditions de travail plus dures que celles stipulées par ledit règlement.

Art. 24. La présente Convention s'applique à l'émigration aux colonies de la Réunion, de la Martinique, de la Guadeloupe et dépendances, et de la Guyane.

Elle pourra ultérieurement être appliquée à l'émigration pour d'autres colonies dans lesquelles des agents consulaires britanniques seraient institués.

Art. 25. Les dispositions de la présente Convention relatives aux Indiens sujets de Sa Majesté Britannique sont applicables aux natifs de tout État indien placé sous la protection ou le contrôle politique de Sa Majesté ou dont le Gouvernement aura reconnu la suprématie de la Couronne britannique.

Art. 26. La présente Convention commencera à courir à partir du 1er juillet 1862; sa durée est fixée à trois ans et demi. Elle restera de plein droit en vigueur si elle n'est pas dénoncée dans le courant du mois de juillet de la troisième année, et ne pourra plus être dénoncée que dans le courant du mois de juillet de chacune des années suivantes.

Dans le cas de dénonciation, elle cessera dix-huit mois après.

Néanmoins, le gouverneur général de l'Inde britannique en son conseil aura, conformément à l'acte du 19 septembre 1856, relatif à l'immigration aux colonies britanniques, la faculté de suspendre, en tout temps, l'émigration pour une ou plusieurs des colonies françaises, dans le cas où il y aurait lieu de croire que, dans cette ou ces colonies, les mesures convenables n'ont pas été prises, soit pour la protection des émigrants immédiatement à leur arrivée, ou pendant le temps qu'ils y ont passé, soit pour leur retour en sûreté dans l'Inde, soit pour les pourvoir du passage de retour à l'époque à laquelle ils y auront droit.

Dans le cas, cependant, où il serait fait usage, à quelque moment que ce soit, de la faculté ainsi réservée au gouver-

neur général de l'Inde britannique, le Gouvernement français
aura le droit de mettre fin immédiatement à la Convention
tout entière s'il juge convenable d'agir ainsi.

Mais en cas de cessation de la présente Convention, par
quelque cause que ce soit, les stipulations qui sont relatives
aux sujets indiens de Sa Majesté Britannique introduits dans
les colonies françaises resteront en vigueur pour lesdits sujets
indiens jusqu'à ce qu'ils aient été rapatriés, ou qu'ils aient re-
noncé à leur droit à un passage de retour dans l'Inde.

Art. 27. La présente Convention sera ratifiée et les ratifications en seront échangées à Paris dans le délai de quatre
semaines, ou plus tôt si faire se peut.

En foi de quoi, les plénipotentiaires respectifs l'ont signée
et y ont apposé le cachet de leurs armes.

Fait à Paris, le 1er juillet de l'an de grâce 1861.

> (*L. S.*) Signé THOUVENEL.
> (*L. S.*) Signé COWLEY.

ARTICLE ADDITIONNEL.

Sa Majesté l'Empereur des Français ayant fait connaître
que, par suite de l'ordre qu'il a donné depuis longtemps de
ne plus introduire d'émigrants africains dans l'île de la Réunion, cette colonie a dû, dès l'année dernière, chercher des
travailleurs dans les Indes et en Chine, et Sa Majesté Britannique, par une Convention signée, le 25 juillet 1860, entre
Sa Majesté et Sa Majesté l'Empereur des Français, ayant autorisé la colonie de la Réunion à recruter six mille travailleurs
dans ses possessions indiennes, il est convenu que la Convention de ce jour sera applicable immédiatement à ladite colonie de la Réunion.

Le présent article additionnel aura la même force et valeur

que s'il était inséré, mot pour mot, dans la Convention signée aujourd'hui. Il sera ratifié et les ratifications seront échangées en même temps que la Convention.

En foi de quoi, les plénipotentiaires respectifs l'ont signé et y ont apposé le cachet de leurs armes.

Fait à Paris, le 1er juillet 1861.

(*L. S.*) Signé THOUVENEL.
(*L. S.*) Signé COWLEY.

ART. 2.

Notre ministre secrétaire d'état au département des affaires étrangères est chargé de l'exécution du présent décret.

Fait à Saint-Cloud, le 10 août 1861.

Signé NAPOLÉON.

Vu et scellé du sceau de l'État :
Le Garde des sceaux, ministre de la justice,
Signé DELANGLE.

Par l'Empereur :
Le Ministre des affaires étrangères,
Signé THOUVENEL.

Réorganisation du régime douanier des colonies de la Martinique, de la Guadeloupe et de la Réunion.

RAPPORT A L'EMPEREUR.

SIRE,

Notre régime colonial a appelé, depuis quelque temps déjà, l'attention de Votre Majesté. *Régime douanier des colonies.*

L'Empereur a pensé que nos établissements d'outre-mer ne devaient pas rester en arrière de la grande réforme qui s'accomplit en France, et qui, en nous procurant aux meilleures

28

conditions possibles les matières premières, doit stimuler le génie de nos fabricants, et les mettre à même de donner un nouvel essor à notre industrie nationale.

Sous l'empire de ce qu'on appelait le *pacte colonial*, la France se réservait le droit exclusif d'approvisionner ses colonies de tous les objets dont elles avaient besoin; il était défendu aux colonies de vendre leurs produits à d'autres pays que la métropole, et de les élever à l'état de produits manufacturés; le transport entre la métropole et les colonies était réservé aux bâtiments français.

En échange de ces obligations qui leur étaient imposées, les colonies rencontraient en France, pour le placement de leurs produits, d'abord une sorte de monopole, puis, un peu plus tard, un traitement de faveur.

La situation n'est plus la même aujourd'hui.

Le sucre étranger d'une part, le sucre de betterave de l'autre, font une concurrence chaque jour plus vive au sucre colonial sur le marché métropolitain, le seul qui soit cependant ouvert à nos planteurs.

La loi du 23 mai 1860 a posé le principe de l'égalité des droits entre les produits de nos établissements d'outre-mer et ceux des fabriques métropolitaines; elle avait établi une différence de taxe de trois francs seulement, entre les sucres français et les sucres étrangers, que le décret du 16 janvier a supprimée.

Nous sommes bien loin, on le voit, du temps où les produits coloniaux, n'ayant pas à redouter le similaire français, étaient protégés contre la concurrence étrangère par des droits réellement prohibitifs.

Il est vrai de reconnaître aussi que le régime de l'*exclusif*, sous lequel, dans l'origine, nos établissements d'outre-mer se trouvaient placés, a subi quelques modifications dans un sens libéral, et la défense faite, dans le principe, à nos colonies de commercer avec l'étranger n'est plus *sans limites*.

Le principe subsiste néanmoins, et ses applications sont encore assez nombreuses pour gêner le développement commercial. Les entraves qui leur sont encore imposées leur sont d'autant plus préjudiciables, que l'industrie métropolitaine obtient plus de facilités pour améliorer ses produits, et que cette amélioration est singulièrement encouragée par une taxe unique sur le sucre, quel que soit le degré de perfectionnement auquel il puisse atteindre.

Il faut donc, de toute nécessité, que les colonies, dont les produits sont frappés des mêmes droits, perfectionnent aussi leur production et arrivent à des prix de revient les plus bas possible, par la faculté de se procurer les objets nécessaires à l'alimentation et à la fabrication dans les meilleures conditions.

Aussi les conseils généraux des Antilles, la chambre d'agriculture de la Réunion, de nombreuses pétitions et diverses manifestations de la presse coloniale ne cessent de demander au Gouvernement de l'Empereur la modification radicale du régime douanier de nos colonies. Elles font observer que, dans l'absence de toute espèce de concurrence, on leur impose des prix exorbitants pour tout ce qui est indispensable, soit pour l'agriculture, soit pour leur industrie, et qu'il en résulte pour elles des renchérissements considérables pour leur production.

Elles citent les articles obtenus dans les colonies espagnoles et anglaises à moitié prix de ce qu'ils leur coûtent. Il faut le reconnaître, en effet, les cours des objets de première nécessité sont bien plus élevés dans nos Antilles que dans les colonies étrangères (Antigue, Trinidad, Barbade, Demerara). Ainsi, à ne considérer que les intérêts coloniaux, il est évi-

28.

dent que ces intérêts réclament avec raison la liberté d'ex-
portation et l'introduction des objets dont les planteurs ont
besoin. Notre industrie nationale ne saurait d'ailleurs s'inquié-
ter beaucoup de cette faculté; car, au moyen des droits par
lesquels elle est protégée sur le marché métropolitain, et qui
seraient également perçus sur le marché colonial, elle aurait
toujours la même protection et ne saurait se plaindre de se
trouver aux colonies dans les mêmes conditions que celles
dans lesquelles elle est placée en France.

N'est-il pas juste, d'ailleurs, de n'imposer au consommateur français, aux colonies, que les mêmes charges que la
loi a voulu demander au consommateur en France, lorsqu'il
réclame l'usage des produits étrangers?

Mais il est un autre intérêt que celui de l'industrie, que
celui même du consommateur, dont on a dû se préoccuper:
c'est l'intérêt de notre commerce maritime, c'est-à-dire de
notre navigation, dont la conservation importe à un si haut
degré à la puissance même de la France. On ne saurait vouloir abandonner cette importante navigation.

Mais, d'abord, n'est-il pas probable qu'avec les habitudes
prises de certaines consommations françaises dans nos colonies, les relations commerciales continueront, dans une immense proportion, à donner la préférence au marché métropolitain et à notre pavillon? Sous ce rapport, la navigation
entre la France et les colonies représente, chaque année,
500,000 à 600,000 tonneaux de fret. L'exemple de l'Angleterre est de nature à nous rassurer. En effet, pour la
Grande-Bretagne, le rappel des lois de navigation a ouvert
les colonies anglaises aux bâtiments des autres pays, et cependant le mouvement maritime métropolitain est loin d'avoir
subi la moindre décroissance. A Maurice, par exemple, colonie qui offre de l'analogie avec le plus florissant des établis-

sements français, le mouvement maritime national qui était, en 1842, de 389 navires jaugeant 91,000 tonneaux, s'était élevé, en 1858, à 550 navires et à 296,000 tonneaux. Ces proportions s'accroissent encore annuellement.

Durant la même période, il est vrai, le mouvement du commerce étranger s'élevait de 50 navires à 295 et de 12,000 tonneaux à 116,000. Mais, si l'augmentation du commerce étranger a été relativement plus considérable, cela tient à ce que les navires·étrangers étaient peu nombreux avant l'abolition de l'acte. En définitive, ce qui est important, c'est que la marine britannique a vu ses navires porter 296,00 tonneaux au lieu de 91,000.

Dans les Antilles anglaises, le mouvement a été moins rapide, et cependant, de 1849 à 1858, la valeur des importations et des exportations réunies s'est élevée de 177 millions de francs à 245 millions, et, dans ce mouvement, la part de l'activité nationale était de 80 p. o/o.

Ces résultats montrent que la suppression du pacte colonial et de l'acte de navigation n'a pas causé de préjudice à la marine anglaise, et que le mouvement maritime métropolitain, loin d'être compromis par la cessation de ses priviléges de la navigation réservée, a suivi une marche constamment ascendante.

Au surplus, ce que je propose à Votre Majesté n'est pas de renoncer à tout avantage en faveur de notre pavillon pour la navigation, entre la métropole et les colonies, mais en réalité, sous un régime d'assimilation avec la France, de leur permettre d'exporter librement leurs produits et de demander à l'étranger, aux mêmes tarifs de douanes que la métropole, les approvisionnements dont elles ont besoin.

Seulement, dans un intérêt de protection pour notre marine, il m'a paru convenable d'établir une surtaxe de 30 francs par tonneau pour les provenances ou destinations d'au delà du cap de Bonne-Espérance et du cap Horn, et de 20 francs pour les autres provenances ou destinations.

Conformément au sénatus-consulte du 3 mai 1854, ces dispositions doivent faire l'objet d'un projet de loi. D'accord avec mon collègue, M. le ministre du commerce, j'ai en conséquence l'honneur de proposer à Votre Majesté de vouloir bien approuver le renvoi au conseil d'État du projet ci-joint.

Je suis avec le plus profond respect, Sire, de Votre Majesté, le très-humble, très-obéissant et fidèle sujet,

Le Ministre secrétaire d'état de la marine et des colonies,

Signé Cᵗᵉ P. DE CHASSELOUP-LAUBAT.

(2 février 1861.)

Loi du 3 juillet 1861 sur le régime des douanes aux colonies de la Martinique, de la Guadeloupe et de la Réunion.

ART. 1ᵉʳ. Toutes les marchandises étrangères dont l'importation est autorisée en France peuvent être importées dans les colonies de la Martinique, de la Guadeloupe et de la Réunion.

ART. 2. Les marchandises étrangères sont assujetties, à leur importation aux colonies, aux mêmes droits de douane que ceux qui leur sont imposés à leur importation en France.

Toutefois, un décret rendu dans la forme des règlements d'administration publique, qui sera soumis au Corps législatif dans la session qui suivra sa promulgation, pourra convertir en droits spécifiques les droits *ad valorem* pour lesquels cette conversion sera jugée nécessaire.

ART. 3. Les marchandises étrangères peuvent être importées aux colonies sous tous pavillons.

Importés par navires étrangers, elles sont soumises à une surtaxe de pavillon réglée ainsi qu'il suit, par tonneau d'affrétement :

Des pays d'Europe, ainsi que des pays non européens situés sur la Méditerranée.	A la Réunion	30ᶠ
	Aux Antilles	20
Des pays situés sur l'océan Atlantique, non compris la ville du Cap et son territoire.	A la Réunion	20
	Aux Antilles	10
Des pays situés sur le grand Océan, y compris la ville du Cap et son territoire.	A la Réunion	10
	Aux Antilles	20

ART. 4. Les marchandises étrangères actuellement admises aux colonies continueront à être régies par les tarifs résultant des lois, ordonnances et décrets qui en ont autorisé l'importation, dans tous les cas où les droits de douane ou les surtaxes de pavillon, établis par les dispositions qui précèdent, seraient supérieurs à ceux qui ont été fixés par les tarifs existants.

ART. 5. Les produits étrangers dont les similaires français sont soumis actuellement à un droit de douane à leur entrée aux colonies, acquittent le même droit augmenté de celui qui est fixé par le tarif de France.

ART. 6. Les produits des colonies à destination de la France, et les produits de la France à destination des colonies, peuvent être transportés sous tous pavillons.

Lorsque les transports sont effectués sous pavillon étranger, il est perçu une surtaxe de 30 francs par tonneau d'affrétement, sur les produits à destination ou en provenance de la Réunion, de 20 francs sur les produits à destination ou en provenance de la Martinique et de la Guadeloupe.

ART. 7. Les colonies peuvent exporter sous tous pavillons leurs produits, soit pour l'étranger, soit pour une autre colonie française, pourvu que cette colonie soit située en dehors des limites assignées au cabotage.

Art. 8. Les produits des colonies, autres que le sucre, les mélasses non destinées à être converties en alcool, les confitures et fruits confits au sucre, le café et le cacao, importés en France par navires français, sont admis en franchise de droits de douane.

Art. 9. La composition du tonneau d'affrétement sera déterminée par un décret rendu dans la forme des règlements d'administration publique.

Art. 10. La présente loi sera exécutoire à partir du 1er septembre 1861.

Décret du 10 janvier 1863, relatif à l'organisation financière de la Cochinchine.

NAPOLÉON, par la grâce de Dieu et la volonté nationale, EMPEREUR DES FRANÇAIS,

A tous présents et à venir, SALUT.

Vu l'article 18 du sénatus-consulte du 3 mai 1854 ;

Sur le rapport de notre ministre secrétaire d'état au département de la marine et des colonies, et de notre ministre secrétaire d'état au département des finances,

AVONS DÉCRÉTÉ et DÉCRÉTONS ce qui suit :

Organisation financière de la Cochinchine. Art. 1er. Dans les territoires de la Cochinchine sur lesquels s'étend l'autorité française, les dépenses autres que celles des services militaires et de la marine seront supportées par les recettes locales.

Toutefois les traitements du gouverneur et du trésorier seront à la charge de l'État.

Art. 2. Des subventions pourront être accordées par la loi de finances au budget local de la Cochinchine.

En cas d'excédant de recettes, un contingent à fournir au
trésor public par ledit budget pourra être fixé par ladite loi.

Art. 3. Sont comprises au budget local les recettes et les
dépenses désignées ci-après :

Recettes.

Contributions directes ou indirectes de toute nature ;
Droits d'enregistrement, de timbre et d'hypothèques ;
Droits à l'entrée ou à la sortie des marchandises ;
Droits d'entrepôt ;
Taxe de navigation et droits de phares ;
Poste aux lettres ;
Produit des amendes de toute nature ;
Produit de la location, de la vente ou de la concession des
biens du domaine ;
Subvention accordée en exécution de l'article 2 du présent
décret.

Et généralement toutes les ressources autres que celles provenant de la vente ou de la concession d'objets payés sur les
fonds généraux du trésor, des restitutions de sommes indûment
perçues au compte de l'État, des retenues sur traitements
inscrits au budget de l'État, et des contributions de guerre.

Dépenses.

Toutes dépenses autres que celles des services portés au
compte de l'État par les articles 1 et 2 du présent décret.

Art. 4. Le gouverneur prépare chaque année et transmet à
notre ministre de la marine et des colonies le projet des dépenses à faire au compte de l'État ; il pourvoit à ces dépenses,
dans les limites qui lui sont tracées, arrête et transmet au
ministre l'état des recettes et des dépenses faites au même
compte.

Il arrête et rend exécutoire le budget des recettes et des dépenses du service local; il règle les comptes d'exercice du même service.

ART. 5. Le gouverneur représente l'Empereur; il est dépositaire de son autorité.

Il nomme les agents et fonctionnaires dont la nomination n'est pas réservée.

Il fixe les tarifs des taxes locales et détermine le mode d'assiette et les règles de perception des contributions publiques. Les arrêtés rendus sur ces matières sont immédiatement soumis à l'approbation du ministre de la marine et des colonies; ils sont, toutefois, provisoirement exécutoires.

Il prend des arrêtés et des décisions pour régler les matières d'administration et de police et pour l'exécution des lois, décrets et règlements promulgués dans l'étendue de son gouvernement, et rend compte de ses actes au ministre.

ART. 6. Les dépenses des services à la charge de l'État sont acquittées sur les crédits législatifs délégués par notre ministre de la marine et des colonies, et mandatées conformément aux règles de la comptabilité publique.

Les dépenses du service local sont mandatées dans la même forme, et acquittées sur les crédits arrêtés par le gouverneur au budget local de la colonie.

ART. 7. La clôture de l'exercice est fixée ainsi qu'il suit :

Au dernier jour de février de la seconde année, pour achever les opérations du matériel des divers services, dont l'exécution n'aurait pas pu être terminée le 31 décembre;

Au 20 mars de la seconde année de l'exercice, pour la liquidation et le mandatement, et au 31 du même mois, pour le payement des dépenses des services à la charge de l'État;

Au 20 juin de la seconde année de l'exercice, pour la li-

quidation et le mandatement, et au 30 du même mois, pour
le payement des dépenses du service local.

ART. 8. Il est institué, en Cochinchine, un trésorier réunissant les fonctions de receveur général et de payeur chargé
de la centralisation des recettes, de la garde des fonds et de
l'acquittement des dépenses.

Ce comptable est soumis, pour sa comptabilité, aux règles
tracées dans le décret du 26 septembre 1855.

ART. 9. Un conseil consultatif, dont la composition est déterminée par arrêté du ministre de la marine et des colonies,
assiste le gouverneur dans les actes de son administration.

ART. 10. Le conseil délibère :

Sur les projets des budgets des services au compte de
l'État;

Sur le budget et les comptes des recettes et des dépenses
du service local;

Sur l'assiette des impôts, le mode de perception et les tarifs des taxes à percevoir;

Et généralement sur toutes les matières qui lui sont défé-
rées par le gouverneur.

Les avis du conseil privé ne sont point obligatoires pour le
gouverneur.

Les procès-verbaux des délibérations du conseil sont con-
signés sur un registre spécial et transmis en copie au ministre
de la marine et des colonies.

ART. 11. Le présent décret ne sera exécutoire qu'à partir
de 1865, en ce qui concerne l'inscription par la loi de finances
de la subvention au profit du budget local, ou du contingent
à fournir au trésor public, conformément à l'article 2 ci-
dessus.

Jusqu'à cette époque, les dépenses autres que celles laissées à la charge de l'État seront couvertes par les recettes lo-

cales, et, en cas d'insuffisance de ces recettes, continueront d'être imputées sur le budget du service marine.

Art. 12. Notre ministre secrétaire d'état au département de la marine et des colonies, et notre ministre secrétaire d'état au département des finances, sont chargés, chacun en ce qui le concerne, de l'exécution du présent décret, qui sera inséré au *Bulletin des lois.*

Fait au palais des Tuileries, le 10 janvier 1863.

Signé NAPOLÉON.

Par l'Empereur :

Le Ministre secrétaire d'état de la marine et des colonies,

Signé Cte P. DE CHASSELOUP-LAUBAT.

Rapport à l'Empereur, suivi d'un décret réglant les conditions de la navigation au cabotage dans les colonies.

Sire,

Navigation au cabotage dans les colonies. L'admission au commandement des bâtiments de commerce destinés à la navigation au cabotage dans nos colonies a été réglée par l'ordonnance royale du 31 août 1828.

Depuis cette époque, sont intervenus dans la métropole divers actes qui ont modifié les conditions dans lesquelles s'exerçait la navigation de cabotage, et les droits que conférait le brevet de maître au cabotage. J'ai pensé qu'il convenait d'apporter aux règlements qui régissent nos colonies sur cette matière les modifications introduites dans ceux de la métropole par le décret du 26 janvier 1857, en tenant compte des nécessités spéciales à chaque localité coloniale et des difficultés résultant de la pénurie de sujets en état de subir les examens de théorie.

Dans cet ordre d'idées, trois catégories ont été établies pour les commandants des navires, bateaux, barges, alléges, gros-bois et autres embarcations au-dessus de 25 tonneaux de jauge, servant au transport des marchandises et des passagers, et surtout à celui des denrées coloniales. Ces trois catégories sont : le grand cabotage, le petit cabotage, le bornage.

Pour le grand cabotage, une extension des limites d'exercice a été consacrée relativement aux bases posées par l'ordonnance du 31 août 1828. Elle est motivée par les relations qui se sont développées depuis cette époque entre nos établissements du Sénégal et de la côte occidentale d'Afrique. Pour les colonies de l'Inde et de la Réunion, les limites restent fixées comme il a été prévu par l'ordonnance de 1828, c'est-à-dire qu'elles comprendront « les côtes et les îles situées « sur les mers qui s'étendent du cap de Bonne-Espérance jus- « ques et y compris les îles de la Sonde. »

En compensation des extensions de compétence accordées, les maîtres au grand cabotage devront désormais satisfaire au programme exigé en France pour l'examen de maître au cabotage, augmenté de notions sur la pratique du canonnage à bord. La défense éventuelle des côtes de nos colonies, les besoins de la flotte qui, depuis quelques années, recrute une partie des équipages des stations coloniales dans la population maritime de ces localités, justifient cette dernière addition.

Nonobstant le défaut de cours publics aux colonies et de tous autres moyens d'instruction théorique pour les candidats, j'ai pensé que l'extension donnée à la sphère d'action de la navigation au cabotage de nos colonies exigeait l'adoption d'un programme en rapport avec les progrès réalisés en France.

Pour le petit cabotage, le projet nécessiterait les limites d'exercice posées par l'ordonnance du 31 août 1828, en tenant compte d'une légère extension, déjà consacrée par l'usage

depuis quelque temps, en ce qui touche les relations du Sénégal avec Sierra-Leone.

Le programme des connaissances exigées pour cette branche
de navigation desservie par des marins pratiques, auxquels
il faudra bien des années encore pour s'initier aux règles
théoriques de l'art, a été, en conséquence, libellé dans des
termes qui offrent plus de garanties que les conditions vagues
posées par l'ordonnance de 1828.

Enfin, dans le but d'assurer au commerce local, et surtout
à la production agricole, un complément de moyens indispensables pour le mouvement des denrées et des marchandises, le projet de décret ci-joint porte institution d'un
3e ordre de commandement sous le titre de *bornage*. Les conditions à remplir pour cette sorte de navigation se rapprochent
de celles usitées en France, mais sous les modifications que
comportent les nécessités locales et les usages de la population coloniale.

Un délai d'un an, au moins, entre la publication du décret
réglant les conditions des examens, sera accordé aux populations maritimes des colonies pour qu'elles puissent se préparer
à la pratique du régime nouveau.

Le projet que j'ai l'honneur de soumettre à Votre Majesté
a été adopté par le conseil d'amirauté; si Votre Majesté lui
donne son approbation, je la prie de vouloir bien y apposer sa
signature.

J'ai l'honneur d'être, Sire, de Votre Majesté, le très-humble
et très-obéissant serviteur et fidèle sujet,

Le Ministre secrétaire d'état de la marine et des colonies,

Signé Cte P. DE CHASSELOUP-LAUBAT.

DÉCRET DU 16 FÉVRIER 1863.

NAPOLÉON, par la grâce de Dieu et la volonté nationale, EMPEREUR DES FRANÇAIS,

A tous présents et à venir, SALUT.

Vu l'ordonnance royale du 31 août 1828, sur le cabotage aux colonies;

Vu le décret impérial du 26 janvier 1857, sur l'admission au commandement des bâtiments du commerce dans les ports de l'Empire;

Vu le décret du 20 mars 1852, sur la navigation au bornage;

Sur le rapport de notre ministre secrétaire d'état au département de la marine et des colonies;

Le conseil d'amirauté entendu,

AVONS DÉCRÉTÉ et DÉCRÉTONS ce qui suit :

TITRE PREMIER.

DES DIVERSES CATÉGORIES DE NAVIGATION AUX COLONIES ET DE LEURS LIMITES RESPECTIVES.

ART. 1er. Dans les colonies de la Martinique, de la Guadeloupe, de la Guyane française, du Sénégal et dépendances, de la Réunion et de l'Inde, la navigation commerciale autre que celle effectuée par les navires au long cours, comprend les catégories ci-après, savoir :

Le grand cabotage,
Le petit cabotage,
Le bornage.

ART. 2. La navigation au grand cabotage est celle qui s'exerce dans les limites suivantes :

Pour la Martinique, la Guadeloupe et la Guyane française, sur toute l'étendue des côtes et des îles situées entre le cap Saint-Roch, sur la côte orientale de l'Amérique du Sud et la partie septentrionale de l'île de Terre-Neuve, soit dans toute la portion de l'Atlantique comprise à l'ouest du 35e degré et entre les 5e degré de latitude sud et 52e de latitude nord ;

Pour le Sénégal, entre les îles Canaries au nord, le Gabon au sud, et les îles du Cap-Vert à l'ouest, soit à l'est du 30e degré de longitude ouest, entre les parallèles de 0 à 30 degrés nord ;

Pour la Réunion et les établissements de l'Inde, sur les côtes et les îles situées dans les mers qui s'étendent du cap de Bonne-Espérance jusques et y compris les îles de la Sonde.

ART. 3. La navigation au petit cabotage comprend :

Pour la Martinique et la Guadeloupe, l'espace situé entre le 8e et le 19e degré de latitude nord, et depuis le 61e degré de longitude occidentale du méridien de Paris jusqu'à une ligne partant de l'extrémité ouest de l'île de Puerto-Rico et dirigée sur le cap Chichibaco, dans l'Amérique méridionale ;

Pour la Guyane française, l'espace entre le fleuve des Amazones et celui de l'Orénoque ;

Pour le Sénégal, le banc d'Arguin et le parcours entre ce point et Sierra-Leone ;

Pour la Réunion, les côtes de l'île et les voyages entre ces côtes et l'île Maurice ;

Dans l'Inde, pour Mahé, la côte de Malabar, depuis Surate jusqu'au cap Comorin ; et pour les établissements situés sur la partie orientale de la presqu'île, la côte de Coromandel, depuis le Gange jusqu'à la pointe de Galles.

ART. 4. La navigation au bornage est celle faite d'un point à un autre de chaque colonie, ou entre la colonie et celles de ses dépendances qui sont situées à vue d'œil du rivage, par une embarcation jaugeant au plus vingt-cinq tonneaux, avec faculté d'escales sur la côte desdites terres seulement.

Le chiffre de tonnage peut toutefois être élevé, mais seulement pour les chalands, alléges, gros-bois et autres embarcations de transport naviguant le long de la côte.

TITRE II.

DE LA RÉCEPTION DES MAÎTRES AU CABOTAGE.

Art. 5. Nul ne peut être admis à commander au grand cabotage ou au petit cabotage des colonies, s'il n'a satisfait à un examen sur la pratique et la théorie de la navigation.

Art. 6. Chaque année, il est procédé à cet examen par une commission composée :

D'un officier supérieur de la marine impériale en activité de service, ou, à défaut, d'un officier commandant un bâtiment ;

Du capitaine de port ;

De deux capitaines au long cours, et (à défaut de professeur d'hydrographie) d'un professeur de mathématiques désigné par le gouverneur.

La commission est présidée par l'officier de vaisseau ou par le capitaine de port, suivant la priorité de grade ou d'ancienneté, si ce dernier appartient au corps de la marine impériale et se trouve en activité de service.

Art. 7. Les examens sont publics. Ils ont lieu à l'époque et dans la localité fixées par le gouverneur. Ils sont annoncés trois mois à l'avance.

Art. 8. Nul ne peut se présenter aux examens pour l'obtention du brevet de maître au grand cabotage ou au petit cabotage,

S'il n'est âgé de vingt-quatre ans accomplis, avant l'époque fixée pour les examens ;

29

S'il ne justifie de soixante mois de navigation effectués sur les bâtiments français, dont douze au moins à bord des bâtiments de l'État, autres que les stationnaires et les bâtiments de servitude employés dans l'intérieur des ports et rades.

L'embarquement à titre correctionnel ne peut être admis dans la supputation des douze mois de service à l'État. (Décret-loi du 24 mars 1852, article 55.)

ART. 9. Sont dispensés de la condition de douze mois de service à bord des bâtiments de l'État :

1° Les candidats qui ont subi une détention de plus de deux années dans les prisons de l'ennemi ;

2° Les candidats atteints d'infirmités évidentes, ou qui ont été déclarés impropres au service de la flotte d'une manière absolue par le conseil de santé de la colonie.

Ceux de ces derniers qui n'auront pas encore été portés sur la matricule des livres de service ne pourront, toutefois, être admis aux examens sans une autorisation du gouverneur.

ART. 10. Les candidats doivent produire :

1° Leur acte de naissance ou une pièce équivalente (ceux d'origine étrangère sont tenus de justifier de leur naturalisation ou de leur admission à domicile en pays français) ;

2° L'état de leurs services ;

3° Une attestation de bonne conduite délivrée par le maire du lieu de leur domicile et visée par le commissaire de l'inscription maritime ;

4° Les certificats des capitaines des bâtiments à bord desquels ils ont navigué, affirmant leur aptitude et leur bonne conduite.

Les certificats délivrés par les capitaines des navires de commerce doivent être visés par le commissaire de l'inscription maritime.

Il est procédé à l'inscription des candidats dont les pièces sont reconnues régulières, sur des listes nominatives (modèle n° 1), établies d'après l'espèce de commandement auquel aspirent les candidats ; une annotation spéciale indique ceux d'entre eux qui désirent exercer le commandement de navires à vapeur.

Ces listes sont ouvertes au secrétariat de l'ordonnateur ; elles sont arrêtées et remises au président de la commission, avec toutes les pièces à l'appui, le jour fixé pour l'examen.

ART. 11. La commission procède à un tirage au sort des candidats portés sur les listes qui lui ont été remises.

Le sort indique l'ordre dans lequel les candidats sont interrogés.

ART. 12. Pour les maîtres au grand cabotage, l'examen de pratique porte :

1° Sur le gréement ;

2° Sur la manœuvre des bâtiments à voiles et des embarcations ;

3° Sur les sondes ;

4° Sur la connaissance des fonds ;

5° Sur le gisement des terres et écueils, les courants et les marées, dans les limites assignées à la navigation au grand cabotage des colonies ;

6° Sur le canonnage.

Toutes les parties du programme sont également obligatoires.

Les candidats qui ont manifesté l'intention d'exercer des commandements de navires à vapeur sont seuls interrogés sur la manœuvre de ces bâtiments.

La commission peut se faire assister, avec voix consultative, du premier pilote ou d'un pratique du pays.

Les candidats déclarés admissibles peuvent seuls se présenter à l'examen de théorie. Ils reçoivent, à cet effet, un bulletin d'admission.

Il est procédé en deux séances distinctes à l'examen de *pratique* et à celui de *théorie*. Chacun de ces examens comporte une liste spéciale de candidats et un tirage au sort, conformément aux dispositions de l'article 11.

L'examen de théorie se divise en deux parties :

La première est relative aux questions orales ;

La seconde aux questions écrites.

Les épreuves orales comprennent :

1° Les éléments d'arithmétique pratique ;

2° Des notions élémentaires de géométrie ;

3° Des éléments de navigation pratique ;

4° Des notions élémentaires sur les machines à vapeur et leur application à la navigation, mais seulement pour les candidats qui se destinent à exercer des commandements de bâtiments à vapeur.

Les épreuves écrites comprennent :

1° Deux séries de calculs conformes aux types adoptés ;

2° Une réponse écrite à l'une des questions de l'examen.

Toutes les conditions portées au présent article sont également obligatoires.

Les candidats sont classés par ordre de mérite.

Les candidats déclarés inadmissibles à l'examen de théorie pourront se présenter à cet examen pendant deux années consécutives, et ainsi de suite, pourvu qu'ils aient accompli six mois de navigation pour chaque nouvelle période de deux années.

ART. 13. Pour les maîtres au petit cabotage, l'examen comprend à la fois la *théorie* et la *pratique;* il porte :

1° Sur le gréement ;

2° Sur la manœuvre des bâtiments à voiles et des embarcations ;

3° Sur l'usage de la boussole et de la carte réduite ;

4° Sur les sondes, la connaissance des fonds, le gisement des terres et écueils, la direction des courants, des marées et des vents, sur l'entrée des principaux ports et rades, le tout dans les limites assignées à la navigation au petit cabotage;

5° Sur la lecture, l'écriture et les éléments d'arithmétique et de navigation pratique.

ART. 14. Les examens mentionnés aux articles 12 et 13 ci-dessus auront lieu conformément aux programmes détaillés ci-annexés.

ART. 15. La commission dresse des listes conformes au modèle n° 2; il y est fait mention, en ce qui touche le grand cabotage, des candidats admissibles qui ont fait preuve des connaissances exigées sur les machines à vapeur. Ces listes sont adressées au gouverneur par l'intermédiaire de l'ordonnateur.

ART. 16. Les candidats qui, ayant satisfait aux conditions ci-dessus, auront été déclarés admissibles à la suite des examens, recevront du gouverneur le brevet de maître au grand cabotage ou de maître au petit cabotage des colonies (modèle n° 3), avec mention, pour les maîtres au grand cabotage, de leur aptitude à commander les navires à vapeur.

ART. 18. Les maîtres au grand cabotage des colonies, qui voudront exercer dans une circonscription coloniale autre que celle de leur ressort, devront se présenter à l'examen dans cette nouvelle circonscription, mais seulement pour les matières énumérées au paragraphe 5 de l'article 12 ci-dessus. S'ils sont déclarés admissibles, leur brevet sera annoté par le gouverneur de la nouvelle juridiction dans laquelle ils seront placés.

TITRE III.

DES CONDITIONS POUR LE COMMANDEMENT AU BORNAGE.

Art. 19. Tout marin définitivement inscrit et réunissant trente-six mois de navigation, dont douze sur les bâtiments de l'État, pourra commander au bornage.

Art. 20. Le rôle d'équipage de tout bâtiment ou embarcation armé au bornage mentionnera ce genre de navigation; il sera renouvelé annuellement; il sera assimilé au rôle des bâtiments ou embarcations armés au cabotage, en ce qui touche le décomptage des services et la prestation des invalides.

Art. 21. Les bâtiments et embarcations armés au bornage seront assimilés à ceux qui sont armés au cabotage, relativement aux infractions en matière de rôle d'équipage, d'indications à l'arrière, d'embarquement et de débarquement irréguliers.

Art. 22. Tout individu non autorisé qui aura exercé le commandement d'une embarcation armée au bornage sera puni d'une amende de cent francs.

Sera puni de la même peine tout patron au bornage qui aura exercé le commandement d'une embarcation de plus de vingt-cinq tonneaux, ou qui aura franchi la limite de parcours indiquée sur le rôle d'équipage.

Art. 23. Sera également puni d'une amende de cent francs tout patron pêcheur qui aura effectué un transport de marchandises ou de passagers.

Art. 24. Le commandement d'une embarcation armée à la petite pêche ne pourra être exercé que par un marin définitivement inscrit, sous peine de cinquante francs d'amende.

Art. 25. Les informations prévues par le présent titre, au-

tres que celles relatives à l'usurpation du commandement, qui
sont du ressort des tribunaux maritimes commerciaux créés
par le décret-loi du 24 mars 1852, et auxquelles sont applicables les dispositions des articles 8, 9, 10, 11 et 12 du décret
du 19 mars 1852, seront recherchées et constatées par les
commissaires de l'inscription maritime, consuls et vice-consuls
de France, officiers et officiers-mariniers commandant les bâtiments ou embarcations de l'État, les syndics des gens de
mer, gardes maritimes, gendarmes et autres agents à ce préposés.

TITRE IV.

DISPOSITIONS GÉNÉRALES.

ART. 26. Des arrêtés des gouverneurs, rendus dans les limites de compétence fixées par le sénatus-consulte du 3 mai
1854, organique de la constitution coloniale, réglementent,
dans chaque colonie, la police des embarcations non pontées,
inférieures à vingt-cinq tonneaux de jauge.

ART. 27. Les dispositions du présent décret seront mises
en vigueur à partir du 1er juillet 1863.

Elles pourront être successivement appliquées par arrêtés
des gouverneurs, à chacune des autres colonies françaises non
dénommées ci-dessus.

Ces arrêtés, qui devront être préalablement soumis à l'approbation de notre ministre de la marine et des colonies, fixe-
ront les limites assignées, tant au grand qu'au petit cabotage,
dans chaque localité.

ART. 28. Sont abrogées, à partir de la mise en vigueur du
présent décret, toutes les dispositions contraires à celles qu'il
contient, notamment l'ordonnance du 31 août 1828, en ce qui
concerne la réception des maîtres au grand et au petit cabotage des colonies.

Art. 29. Notre ministre secrétaire d'état au département de la marine et des colonies est chargé de l'exécution du présent décret, qui sera inséré au *Bulletin des lois* et au *Bulletin officiel de la marine et des colonies.*

Fait au palais des Tuileries, le 26 février 1862.

Signé NAPOLÉON.

Par l'Empereur :

Le Ministre secrétaire d'état de la marine et des colonies,

Signé Cte P. DE CHASSELOUP-LAUBAT.

(Pour les annexes, voir au *Bulletin officiel de la marine,* p. 262, n° 12, 1er semestre de 1862.)

Régime de la presse aux colonies.

RAPPORT A L'EMPEREUR.

Paris, le 5 juillet 1863.

Sire,

Régime
de la presse
aux colonies.

Les ordonnances organiques de la Martinique, de la Guadeloupe et de la Réunion, avaient placé la presse sous le régime de la censure. L'esclavage existait alors, et, malgré la nouvelle législation qui vint plus tard régir la presse en France, on ne pensa pas qu'il fallût en faire jouir les colonies. On redoutait surtout pour elles de voir s'y introduire la polémique à laquelle la généreuse pensée de l'émancipation avait donné naissance.

Lorsque l'abolition de l'esclavage fut proclamée, on crut le moment venu d'abroger toutes les prescriptions des ordonnances de 1825 et 1837; mais, il faut bien le dire, on ne tarda pas à reconnaître qu'il pouvait y avoir dans la presse des incitations bien autrement dangereuses pour les colonies qu'elles ne sauraient l'être pour la métropole.

Aussi la loi du 7 août 1850 frappa-t-elle de peines sévères les provocations au rétablissement de l'esclavage, les excitations à la haine entre les anciennes classes de la population, ainsi que divers actes qui, dans un pays éclairé comme en France et gouverné par les grands principes de notre Constitution, seraient sans influence, mais qui, dans une société dont naguère encore l'organisation reposait sur des bases tout autres, pouvaient exalter les plus violentes passions et amener les excès les plus déplorables. Enfin, en présence de certains désordres, les décrets de 1852 rendirent aux gouverneurs les pouvoirs qu'ils tenaient des ordonnances organiques.

Mais depuis cette époque, Sire, l'autorité, rétablie sans contestation, a vu sous son égide la transformation de la société coloniale s'opérer sans secousse. Le travail libre a plus produit qu'autrefois le travail esclave; les colons français, dans leurs généreux efforts, n'ont reculé devant aucun sacrifice : ils ont loyalement accepté les nouvelles conditions dans lesquelles ils sont placés; enfin les passions, les distinctions de races sont affaiblies; elles disparaissent, et aujourd'hui, sous l'influence d'une législation libérale, les colonies, dégagées des entraves qui arrêtaient leur essor, sont entrées dans une voie de progrès où elles ne cherchent plus qu'à développer les éléments de leur prospérité.

Devant cet apaisement des esprits, les prescriptions des anciennes ordonnances devaient cesser d'être appliquées; les instructions de l'administration supérieure avaient au surplus indiqué aux gouverneurs qu'il fallait, pour réprimer les écarts que la presse pourrait commettre, avoir recours à la législation métropolitaine; et, en fait, c'est ce qui a presque toujours eu lieu.

Je viens donc demander à Votre Majesté de vouloir bien donner son approbation à un décret qui répond, j'espère, aux vues libérales de l'Empereur, en abolissant la censure aux colonies.

Je crois que cette réforme est aujourd'hui sans danger.

Telle a été, au surplus, l'opinion du comité consultatif des colonies et du Conseil d'État, qui ont adopté le projet de décret, qui se borne, en quelque sorte, à appliquer à la Martinique, à la Guadeloupe et à la Réunion, les principales dispositions des lois et décrets qui régissent en France la presse ainsi que la police de l'imprimerie et de la librairie.

Je suis avec un profond respect, Sire, de Votre Majesté, le très-humble serviteur et fidèle sujet,

Le Ministre secrétaire d'état de la marine et des colonies,

Signé Cte P. DE CHASSELOUP-LAUBAT.

Décret du 5 juillet 1863 sur le régime de la presse dans les colonies de la Martinique, de la Guadeloupe et de la Réunion.

NAPOLÉON, par la grâce de Dieu et la volonté nationale, EMPEREUR DES FRANÇAIS,

A tous présents et à venir, SALUT.

Sur le rapport de notre ministre secrétaire d'état au département de la marine et des colonies;

Vu l'article 6 du sénatus-consulte du 3 mai 1854;

Vu l'article 42 de l'ordonnance du 21 août 1825, sur le gouvernement de la Réunion, et l'article 44 de l'ordonnance du 9 février 1827, sur le gouvernement des Antilles;

Vu le décret du Gouvernement provisoire du 2 mai 1848, la loi du 7 août 1850, nos décrets des 20 février et 30 avril 1852, sur le régime de la presse aux colonies;

Vu notre décret du 17 février 1852, sur le régime de la presse en France;

Notre Conseil d'État entendu,

Avons décrété et décrétons ce qui suit :

Art. 1er. Dans les colonies de la Martinique, de la Guadeloupe et de la Réunion, le régime de la presse est réglé conformément aux dispositions ci-après.

Art. 2. La censure est abolie.

Tous écrits autres que les journaux et publications périodiques peuvent être publiés sans autorisation préalable.

CHAPITRE PREMIER.

DES ÉCRITS NON PÉRIODIQUES.

Art. 3. Nul ne pourra imprimer un écrit avant d'avoir déclaré qu'il se propose de l'imprimer, ni le mettre en vente ou le publier, de quelque manière que ce soit, avant d'en avoir déposé trois exemplaires au secrétariat de la direction de l'intérieur.

Art. 4. Il y a lieu à saisie et séquestre d'un ouvrage :

1° Si l'imprimeur ne représente pas les récépissés de la déclaration et du dépôt ordonnés en l'article précédent;

2° Si chaque exemplaire ne porte pas le vrai nom et la vraie demeure de l'imprimeur;

3° Si l'ouvrage est déféré aux tribunaux pour son contenu.

Art. 5. Le défaut de déclaration avant l'impression et le défaut de dépôt avant la publication, constatés comme il est dit en l'article précédent, seront punis chacun d'une amende de mille francs pour la première fois, et de deux mille francs pour la seconde.

ART. 6. Le défaut d'indication, de la part de l'imprimeur, de son nom et de sa demeure, sera puni d'une amende de trois mille francs. L'indication d'un faux nom et d'une fausse demeure sera puni d'une amende de six mille francs, sans préjudice de l'emprisonnement prononcé par le Code pénal.

ART. 7. Les exemplaires saisis pour simple contravention au présent décret seront restitués après le payement des amendes.

ART. 8. Tout libraire chez qui il sera trouvé ou qui sera convaincu d'avoir mis en vente ou distribué un ouvrage sans nom d'imprimeur, sera condamné à une amende de deux mille francs, à moins qu'il ne prouve qu'il a été imprimé avant la promulgation du présent décret.

ART. 9. Indépendamment du dépôt prescrit par l'article 4 du présent décret, tous les écrits traitant de matières politiques ou d'économie sociale, et ayant moins de dix feuilles d'impression, autres que les journaux ou écrits périodiques, devront être déposés par l'imprimeur au parquet du procureur impérial du lieu de l'impression, trois jours avant toute publication et distribution.

L'imprimeur devra déclarer, au moment du dépôt, le nombre d'exemplaires qu'il aura tirés.

Il sera donné récépissé de la déclaration.

Toute contravention aux dispositions du présent article sera punie par le tribunal de police correctionnelle d'une amende de cent à cinq cents francs.

ART. 10. Aucuns dessins, gravures, lithographies, médailles, estampes ou emblèmes, de quelque nature et espèce qu'ils soient, ne pourront être publiés, exposés ou mis en vente sans l'autorisation préalable du gouverneur.

En cas de contravention, les dessins, gravures, lithographies, médailles, estampes ou emblèmes pourront être confisqués, et ceux qui les auront publiés seront condamnés à un emprisonnement d'un mois à un an et à une amende de cent francs à mille francs.

CHAPITRE II.

DES JOURNAUX ET ÉCRITS PÉRIODIQUES.

ART. 11. Aucun journal ou écrit périodique traitant de matières politiques ou d'économie sociale, et paraissant soit régulièrement et à jour fixe, soit par livraisons et irrégulièrement, ne pourra être créé ou publié sans l'autorisation préalable du gouverneur.

Cette autorisation ne pourra être accordée qu'à un Français majeur, jouissant de ses droits civils et politiques.

L'autorisation préalable du gouverneur sera pareillement nécessaire, à raison de tous changements opérés dans le personnel des gérants, rédacteurs en chef, propriétaires ou administrateurs d'un journal.

ART. 12. Les journaux politiques ou d'économie sociale publiés à l'étranger ne pourront circuler aux colonies qu'en vertu d'une autorisation du gouverneur.

Les introducteurs, vendeurs ou distributeurs d'un journal étranger, dont la circulation n'aura pas été autorisée, seront punis d'un emprisonnement d'un mois à un an et d'une amende de cent francs à cinq mille francs.

ART. 13. Les propriétaires de tout journal ou écrit périodique traitant de matières politiques ou d'économie sociale sont tenus, avant sa publication, de verser au trésor un cautionnement en numéraire dont l'intérêt sera payé au taux réglé pour les cautionnements.

Art. 14. Toute publication de journal ou écrit périodique sans autorisation préalable, sans cautionnement ou sans que le cautionnement soit complété, sera puni d'une amende de cent francs à deux mille francs pour chaque numéro ou livraison publié en contravention, et d'un emprisonnement d'un mois à deux ans.

Celui qui aura publié le journal ou l'écrit périodique, et l'imprimeur, seront solidairement responsables.

Le journal ou l'écrit périodique cessera de paraître.

Art. 15. A l'avenir, tout article de discussion politique, philosophique ou religieuse, inséré dans un journal, devra être signé par son auteur, sous peine d'une amende de cinq cents francs pour la première contravention, et de mille francs en cas de récidive.

Toute fausse signature sera punie d'une amende de mille francs et d'un emprisonnement de six mois, tant contre l'auteur de la fausse signature que contre l'auteur de l'article et l'éditeur responsable du journal.

Art. 16. Les dispositions de l'article précédent seront applicables à tous les articles, quelle que soit leur étendue, publiés dans les feuilles politiques ou non politiques, dans lesquels seront discutés des actes ou opinions des citoyens et des intérêts individuels ou collectifs.

Art. 17. Tout gérant sera tenu d'insérer en tête du journal les documents officiels, réponses et rectifications qui lui seront adressés par le directeur de l'intérieur. La publication devra avoir lieu dans le plus prochain numéro qui paraitra après le jour de la réception des pièces.

L'insertion sera gratuite.

En cas de contravention, les contrevenants seront punis d'une amende de cinquante francs à mille francs. En outre, le journal pourra être suspendu par voie administrative pendant quinze jours au plus, en la forme indiquée à l'article 21 ci-après.

ART. 18. La publication ou la reproduction de nouvelles fausses, de pièces fabriquées, falsifiées ou mensongèrement attribuées à des tiers, sera punie d'une amende de cinquante francs à mille francs. Si la publication ou la reproduction est faite de mauvaise foi, ou si elle est de nature à troubler la paix publique, la peine sera d'un mois à un an d'emprisonnement et d'une amende de cinq cents à mille francs.

Le maximum de la peine sera appliqué si la publication ou reproduction est tout à la fois de nature à troubler la paix publique et faite de mauvaise foi.

ART. 19. Il est interdit de rendre compte des procès pour délits de presse : la poursuite pourra seulement être annoncée. Dans tous les cas, le jugement pourra être publié.

Dans toutes les affaires civiles, correctionnelles ou criminelles, les cours et tribunaux pourront interdire le compte rendu des procès. Cette interdiction ne s'appliquera pas au jugement, qui pourra toujours être publié.

Toute contravention aux dispositions du présent article sera punie d'une amende de cinquante francs à cinq mille francs, sans préjudice des peines prononcées par la loi, si le compte rendu est infidèle et de mauvaise foi.

ART. 20. La publication de tout article traitant de matières politiques ou d'économie sociale, et émanant d'un individu condamné à une peine afflictive et infamante, ou infamante seulement, est interdite.

Les éditeurs, gérants, imprimeurs qui auront concouru à cette publication, seront condamnés à une amende de mille à cinq mille francs.

ART. 21. Tout journal peut être l'objet d'un avertissement motivé donné par le directeur de l'intérieur. Cet avertissement sera inséré dans le plus prochain numéro du journal et dans la gazétte officielle.

Tout avertissement est périmé deux ans après sa date.

Après deux avertissements non périmés, le journal peut être suspendu pendant deux mois au plus, par arrêté du gouverneur.

Une suspension de même durée peut être prononcée par mesure de sûreté générale, sans qu'il soit besoin d'avertissement préalable.

ART. 22. Toute condamnation pour crime commis par la voie de la presse entraîne de plein droit la suppression du journal dont les gérants ont été condamnés.

Tout journal peut être supprimé par arrêté du gouverneur, soit après une suspension judiciaire ou administrative, soit par mesure de sûreté générale, alors même qu'il n'a été l'objet d'aucune condamnation ou d'aucun avertissement.

Les mesures de suspension ou de suppression sont délibérées en Conseil privé, sans que l'avis du Conseil soit obligatoire pour le gouverneur.

ART. 23. Si la publication d'un journal ou d'un écrit périodique frappé de suppression ou de suspension administrative ou judiciaire est continuée sous le même titre ou sous un titre déguisé, les auteurs, gérants ou imprimeurs seront condamnés à la peine d'un mois à deux ans d'emprisonnement et solidairement à une amende de cinq cents à trois mille francs par chaque numéro ou feuille publié en contravention.

ART. 24. La législation sur la presse aux colonies est maintenue en tout ce qui n'est pas contraire aux dispositions du présent décret.

ART. 25. Notre ministre secrétaire d'état au département

de la marine et des colonies est chargé de l'exécution du présent décret, qui sera inséré au *Bulletin des lois*.

Fait au palais de Fontainebleau, le 5 juillet 1863.

Signé NAPOLÉON.

Par l'Empereur :

Le Ministre secrétaire d'état de la marine et des colonies,

Signé Cte P. DE CHASSELOUP-LAUBAT.

Notification du décret du 5 juillet 1863, concernant le régime de la presse dans les colonies de la Martinique, de la Guadeloupe et de la Réunion.

Circulaire ministérielle du 1er août 1863.

Monsieur le Gouverneur, l'Empereur a signé, le 5 du mois dernier, le décret ci-joint qui étend au régime de la presse dans nos colonies des Antilles et de la Réunion le droit commun de la législation en vigueur dans la métropole, sans abroger cependant les principales dispositions de la loi spéciale du 7 août 1850.

Régime de la presse aux colonies.

La censure préventive est abolie; toutefois, vous restez investi du droit d'autoriser les journaux, de les avertir, de les suspendre et de les supprimer au besoin. Mais, par cela même que votre pouvoir est considérable, il importe de n'en user qu'avec prudence et discernement. Cette arme que la loi vous remet ne doit être employée que dans un intérêt public; c'est en vous plaçant à un point de vue élevé que vous devez surveiller la presse, la prévenir de la mauvaise voie dans laquelle elle pourrait entrer, l'avertir lorsqu'elle y persiste, enfin la frapper si elle devient dangereuse.

Ainsi, vous devez laisser discuter en pleine liberté les actes

30

qui émanent de l'autorité. Lorsque cette discussion n'accuse pas un parti pris de nuire à sa considération et d'affaiblir son influence, elle peut avoir de sérieux avantages. L'initiative des particuliers n'est pas inutile au progrès; elle le sert souvent, soit par ses indications, soit même par l'émulation qu'elle fait naître chez les hommes placés à la tête des affaires. Si, dans de pareils débats, la presse se laisse entraîner sur une pente qui vous semble mauvaise, il est bon que vous commenciez par lui donner des avis officieux; souvent cela suffit pour ramener au calme et à la modération les esprits de bonne foi momentanément égarés.

L'avertissement officiel, premier degré de répression, ne doit, en général, être appliqué que quand les démarches officieuses auront échoué.

Quant à la suspension et à la suppression, ce sont de graves mesures auxquelles vous ne devez recourir que dans le cas où un système de dénigrement remplacerait une polémique convenable, ou que des attaques réitérées et déloyales tenteraient de fausser l'opinion et de soulever contre l'action des pouvoirs publics de véritables obstacles. Vous remarquerez que l'intervention du Conseil privé doit précéder vos décisions lorsqu'il vous paraîtra nécessaire de vous servir de l'un ou de l'autre de ces moyens de répression.

Dans ce cas, vous vous rappellerez que c'est une magistrature que vous exercez, que vous avez à rendre une sorte de jugement qui atteint l'écrivain et le journal dans ses intérêts moraux et matériels. Sans aucun doute, votre première préoccupation doit être de sauvegarder les grands intérêts de la société à la tête de laquelle vous êtes placé; le besoin d'ordre, de sécurité pour la colonie, de considération pour l'autorité ne doit jamais être un instant négligé par vous, mais aussi vous ne devez pas oublier qu'une sévérité intempestive provoque toujours une réaction fâcheuse et rend plus difficile l'exercice de l'autorité. Dans la situation spéciale des colonies, les ménagements sont nécessaires et la prudence conseille surtout de ne pas paraître se mêler à des débats dans lesquels l'intervention de l'autorité n'est pas d'absolue nécessité.

Je vous recommande aussi de n'user du droit de *communiqué* qu'avec une certaine discrétion et lorsque des mesures émanant de l'autorité auront été travesties par des indications dont la rectification importera réellement à l'intérêt public. Plus rares seront vos rectifications, plus elles prendront d'importance et d'efficacité.

Vous pourrez accorder des autorisations de publicité périodique lorsque les garanties de lumière et d'honorabilité des demandeurs vous paraîtront suffisantes. Il faut que tous les intérêts respectables puissent être représentés dans la colonie; et l'on peut espérer que, sous le nouveau régime, des hommes de valeur viendront à prendre part aux discussions générales qui intéressent nos établissements d'outre-mer, et que les vues libérales du Gouvernement de l'Empereur trouveront un appui dans l'expression consciencieuse et calme de leur opinion.

Je vous prie de faire promulguer dans la colonie le décret dont il s'agit.

Recevez, etc.

Le Ministre secrétaire d'état de la marine et des colonies,

Signé Cte P. DE CHASSELOUP-LAUBAT.

Décret du 31 août 1863, approuvant les modifications apportées aux statuts de la Société de Crédit colonial, et changeant la dénomination de ladite société.

NAPOLÉON, par la grâce de Dieu et la volonté nationale, EMPEREUR DES FRANÇAIS,

A tous présents et à venir, SALUT.

Vu les articles 6 et 8 du sénatus-consulte du 3 mai 1854;

Vu le décret du 25 février 1852, sur l'établissement des sociétés de crédit foncier en France;

Vu la loi du 10 juin 1853, qui modifie le chapitre 1er du titre IV du décret du 28 février 1852, relatif à la purge;

Vu le décret du 26 juin 1854, qui place les sociétés de crédit foncier dans les attributions du ministre des finances;

Vu le décret du 24 octobre 1860, qui autorise la société anonyme fondée à Paris, sous la dénomination de *Société de Crédit colonial;*

Vu la délibération du conseil d'administration de cette société, en date du 29 janvier 1863;

Vu l'avis du comité consultatif des colonies, en date du 7 février 1863;

Sur le rapport de notre ministre secrétaire d'état au département de la marine et des colonies, et l'avis de notre ministre secrétaire d'état au département des finances,

Notre Conseil d'état entendu,

AVONS DÉCRÉTÉ et DÉCRÉTONS ce qui suit:

Transformation du crédit colonial en crédit foncier colonial.

ART. 1er. Les modifications apportées aux statuts de la société de crédit colonial sont approuvées telles qu'elles sont contenues dans l'acte passé devant Me Cottin et son collègue, à Paris, le 26 août 1863, lequel acte restera annexé au présent décret.

ART. 2. La société anonyme fondée à Paris sous la dénomination de *Société de Crédit colonial* prend le titre de *Société de Crédit foncier colonial.*

ART. 3. En dehors des prêts à l'industrie sucrière, qui font l'objet du paragraphe 1er de l'article 2 des statuts de la société, la société de crédit foncier colonial est autorisée :

1° A prêter sur hypothèque, aux propriétaires d'immeubles situés dans les colonies, des sommes remboursables par les emprunteurs, soit à long terme, au moyen d'annuités comprenant les intérêts, l'amortissement et les frais d'administration, soit à court terme, avec ou sans amortissement;

2° A acquérir, par voie de cession ou autrement, et à rembourser, avec ou sans subrogation, des créances privilégiées ou hypothécaires, dans les conditions déterminées par ses statuts;

3° A prêter aux colonies et aux communes des colonies, avec ou sans hypothèque, soit à long terme, avec remboursement par annuités, soit à court terme, avec ou sans amortissement, les sommes qu'elles auront obtenu la faculté d'emprunter;

4° A créer, ou à négocier, pour une valeur égale au montant des prêts, des obligations foncières portant un intérêt annuel et remboursable par la voie du tirage au sort, avec la faculté d'y joindre des lots ou primes.

ART. 4. Les prêts à long terme sont les prêts remboursables au moyen d'annuités, calculées de manière à amortir la dette dans un délai de cinq ans au moins et trente ans au plus.

Les dispositions spéciales du décret du 28 février 1852 et de la loi du 10 juin 1853 ne sont applicables qu'aux prêts à long terme.

ART. 5. Les prêts sont réalisés en numéraire.

Le taux de l'intérêt exigible ne pourra dépasser 8 p. o/o; la durée des prêts ne pourra dépasser trente années; l'allocation pour frais d'administration ne pourra excéder 1 fr. 20 cent. par an et pour 100 francs.

En cas de remboursements anticipés, la société a droit à une indemnité, calculée à raison de 50 centimes p. o/o, sur les termes restant à courir sur la durée du prêt.

ART. 6. La durée de la société de crédit foncier colonial est fixée à soixante ans.

ART. 7. Le capital de garantie de la société de crédit foncier colonial est fixé à douze millions de francs.

Les prêts ne peuvent excéder le décuple du capital social.

ART. 8. Aucune autre société de crédit foncier ne sera autorisé, pour les colonies de la Martinique et de la Guadeloupe, pendant quarante ans, à partir de la promulgation du présent décret.

ART. 9. La société est tenue de remettre, tous les trois mois, un extrait de son état de situation au greffe du tribunal civil de première instance de la Seine.

ART. 10. En outre, la société devra fournir au ministre de la marine et des colonies et au ministre des finances, tous les mois, les mêmes états, présentant la situation de ses comptes, ainsi que le mouvement de ses opérations.

ART. 11. La gestion de la société et de ses agences dans les colonies pourra être soumise à la vérification des délégués du ministre des finances toutes les fois que celui-ci le jugera convenable. Il sera donné à ces délégués communication du registre des délibérations, ainsi que de tous les livres à souches, comptes, documents et pièces appartenant à la société. Les valeurs de caisse et de portefeuille leur seront également représentées.

ART. 12. La présente autorisation pourra être révoquée en cas de violation ou de non-exécution des statuts approuvés, sans préjudice des droits des tiers.

Art. 13. Sont déclarés applicables aux colonies les lois et décrets suivants :

Le décret du 28 février 1852, sur les sociétés de crédit foncier;

La loi du 10 juin 1853, modifiant le chapitre 1er du titre IV du décret-loi du 28 février 1852, relatif à la purge;

Le décret du 26 juin 1854, qui place les sociétés de crédit foncier dans les attributions du ministre des finances.

Art. 14. Nos ministres secrétaires d'état au département de la marine et des colonies et au département des finances sont chargés, chacun en ce qui le concerne, de l'exécution du présent décret, qui sera publié au *Bulletin des lois,* inséré au *Moniteur,* dans les journaux officiels des colonies et dans les recueils des actes administratifs.

Fait au palais de Saint-Cloud, le 31 août 1863.

Signé NAPOLÉON.

Par l'Empereur :

Le Ministre secrétaire d'état de la marine et des colonies,

Signé Cte P. DE CHASSELOUP-LAUBAT.

(Voir les statuts au *Bulletin officiel de la marine,* n° 34, p. 266, année 1863.)

Décret du 31 août 1863, approuvant la convention passée, le 9 août 1863, entre le ministre de la marine et des colonies et le président du conseil d'administration de la Société de Crédit colonial.

NAPOLÉON, par la grâce de Dieu et la volonté nationale, Empereur des Français,

A tous présents et à venir, salut.

Sur le rapport de notre ministre secrétaire d'état au département de la marine et des colonies;

Vu notre décret, en date de ce jour, contenant autorisation du crédit foncier dans les colonies de la Martinique et de la Guadeloupe, et approbation de modifications aux statuts de la société de crédit colonial;

Vu les délibérations des conseils généraux de la Martinique et de la Guadeloupe, en date des 4 et 7 avril 1863, ayant pour objet: 1° d'assurer à la société de crédit foncier colonial la jouissance gratuite d'une maison dans la colonie; 2° de pourvoir aux frais de passage des employés de la compagnie; 3° d'autoriser l'inscription annuelle, à titre de garantie, au budget de chacune desdites colonies, d'une somme égale à deux et demi pour cent du montant des prêts réalisés dans la colonie par la société de crédit colonial; 4° de conférer tous pouvoirs à notre ministre de la marine et des colonies pour contracter, au nom desdites colonies, avec la société de crédit colonial, dans le sens des délibérations précitées, et de signer tous actes à cet effet;

Vu la convention arrêtée, le 9 août 1863, entre notre ministre de la marine et des colonies, agissant aux fins desdites délibérations, et le sieur Pinard, président du conseil d'administration de la société de crédit colonial;

Vu l'article 6 du sénatus-consulte du 3 mai 1854;

Notre Conseil d'état entendu,

Avons décrété et décrétons ce qui suit:

Art. 1er. Est et demeure approuvée la convention passée, le 9 août 1863, entre notre ministre secrétaire d'état au département de la marine et des colonies et le sieur Pinard, président du conseil d'administration de la société de crédit colonial, laquelle convention restera annexée au présent décret.

Art. 2. Notre ministre secrétaire d'état au département de

la marine et des colonies est chargé de l'exécution du présent décret.

Fait au palais de Saint-Cloud, le 31 août 1863.

Signé NAPOLÉON.

Par l'Empereur:

Le Ministre secrétaire d'état de la marine et des colonies,

Signé Cᵗᵉ P. DE CHASSELOUP-LAUBAT.

ANNEXE.

Convention du 9 août 1863, relative à la fondation d'une Société de Crédit foncier dans les colonies de la Martinique et de la Guadeloupe.

Entre Son Excellence M. le ministre de la marine et des colonies, agissant au nom des colonies de la Martinique et de la Guadeloupe, en vertu des pouvoirs qui lui ont été conférés par le conseil général de la Martinique, le 7 avril 1863, et par le conseil général de la Guadeloupe, le 4 avril 1863,

D'une part,

Et la société anonyme de crédit colonial établie à Paris, et stipulant en vue de l'extension de ses opérations aux prêts fonciers dans les colonies françaises sous la dénomination de *Société de Crédit foncier colonial,* et en conformité des modifications aux statuts, adoptées par l'assemblée générale des actionnaires du 19 février 1863, et soumises en ce moment à l'approbation du Gouvernement;

Ladite société représentée par M. Alphonse Pinard, président de son conseil d'administration, élisant domicile au siège social, à Paris, et agissant en vertu des pouvoirs spéciaux

Convention relative à la fondation d'une société de crédit foncier colonial à la Martinique et à la Guadeloupe.

qui lui ont été conférés par délibérations du conseil d'administration, en date du 29 janvier et 11 juillet 1863,

D'autre part,

Il a été convenu ce qui suit :

Art. 1er. La société de crédit foncier colonial s'engage à
effectuer des prêts, dans les colonies de la Martinique et de
la Guadeloupe, jusqu'à concurrence d'un minimum de dix millions de francs pour chacune des deux colonies.

Ces prêts seront faits soit à la colonie elle-même, soit aux
communes pour l'immigration de travailleurs étrangers, travaux d'utilité publique ou autres besoins, soit aux particuliers,
sur hypothèque, dans les conditions spécifiées par les statuts
de la société.

La société s'oblige, en outre, à réaliser ses prêts en numéraire dans la colonie, et à en stipuler le remboursement par
annuités, comprenant :

1° L'intérêt, qui ne pourra dépasser 8 p. o/o ;

2° La somme nécessaire pour amortir la dette dans le délai
de trente ans au plus ;

3° L'allocation pour frais d'administration, qui ne pourra
excéder 1 fr. 20 cent.

Art. 2. Les colonies de la Martinique et de la Guadeloupe
s'obligent, envers la société de crédit foncier colonial, à lui
assurer :

1° La jouissance gratuite, dans chacune des colonies, pendant toute la durée de son privilége, d'une maison dans laquelle seront établis les bureaux de son administration ;

2° Le passage gratuit, pendant le même temps, des côtes
de France dans la colonie et de la colonie en France, des agents
que la société jugera nécessaire d'envoyer dans la colonie, soit
pour y gérer ses intérêts, soit pour y faire des tournées d'inspection.

La dépense résultant de ce double engagement ne pourra, toutefois, s'élever annuellement à une somme excédant huit mille francs pour chacune des colonies.

Il est, en outre, convenu que les stipulations qui précèdent cesseront d'avoir effet lorsque le fonds de réserve de la société de crédit foncier colonial aura atteint le cinquième du capital social.

Elles reprendront néanmoins leur cours, si la réserve vient à être entamée.

Art. 3. Les colonies de la Martinique et de la Guadeloupe s'obligent, en outre, à garantir éventuellement chaque année, à la société de crédit foncier colonial, une somme égale à 2 1/2 p. o/o du montant des obligations émises par la société, en représentation des prêts réalisés par elle dans la colonie.

Cette somme ne pourra, en aucun cas, excéder deux cent cinquante mille francs pour chacune des deux colonies.

Elle sera affectée, par préférence, aux ressources de la société, et, à titre de subvention éventuelle, à couvrir, dans la double limite ci-dessus spécifiée, les pertes que le crédit foncier colonial pourrait avoir éprouvées dans le cours d'un exercice, soit sur le payement des annuités dues par chacun des emprunteurs, soit sur le remboursement du capital de chacun des prêts, après la liquidation du gage.

Art. 4. Lorsqu'il résultera du compte de l'exercice que la garantie devra fonctionner, la société remettra au directeur de l'intérieur de la colonie un état des sommes qui lui resteront dues, soit sur les annuités, soit sur le capital, après réalisation des gages hypothécaires liquidés dans l'année.

Sur le vu de cet état, le gouvernement colonial pourvoira au payement de la dette, en inscrivant au plus prochain budget de la colonie un crédit d'égale somme, jusqu'à concurrence du chiffre maximum ci-dessus fixé.

Les effets de la garantie seront épuisés dans le cours de deux semestres; l'imputation de la dette d'un exercice ne pourra jamais être reportée sur l'autre.

ART. 5. Les sommes dues en exécution de la garantie, sur les annuités ou sur le capital, seront toujours calculées déduction faite des frais d'administration.

ART. 6. La colonie aura toujours la faculté de s'affranchir du service des annuités en provoquant de la part de la société l'exécution immédiate du gage. Cette exécution ne pourra être différée que du consentement de la colonie et dans l'intérêt commun.

ART. 7. Dans le cas où, l'expropriation ayant été poursuivie, la société se rendrait adjudicataire de l'immeuble constituant le gage, moyennant un prix inférieur à la somme restant due sur le prêt, elle devra faire profiter la colonie, jusqu'à concurrence du capital que celle-ci aura fourni en exécution de la garantie, de la plus-value qui pourra résulter de la revente.

L'époque et la condition de cette revente seront déterminées d'un commun accord entre la société et la colonie.

ART. 8. Il sera également tenu compte à la colonie, par la société, de tout excédant qui pourrait rester libre entre ses mains à la suite de recouvrements opérés ultérieurement sur ses débiteurs, après application desdits recouvrements à l'extinction de sa créance en principal et accessoires.

ART. 9. Dans le cas prévu par l'article 77 des statuts, c'est-à-dire lorsque la retenue exercée sur les bénéfices et destinée à la création du fonds de réserve aura atteint le cinquième du capital social, ce prélèvement continuera à être opéré et servira à former un fonds de garantie, dont le montant sera spécialement et successivement affecté au remboursement des sommes que la colonie aurait été obligée de verser à la société par suite de la garantie.

Ce fonds fera retour à la société, en tout ou en partie, dans le cas où les prévisions qui en ont déterminé la création ne se seraient pas réalisées, ou s'il n'est pas épuisé par les remboursements effectués.

ART. 10. La garantie de la colonie ne pourra être invoquée par la société pour couvrir les pertes qu'elle pourrait éprouver par suite de l'irrégularité de ses titres ou de toute autre faute lourde de sa part.

ART. 11. Les prêts consentis par la société de crédit colonial, antérieurement à la transformation de ladite société en société de crédit foncier colonial, ne sont point garantis par la colonie.

ART. 12. Il est expressément convenu que, dans le cas où la société de crédit foncier colonial s'établirait dans une colonie autre que la Martinique et la Guadeloupe, soit sans exiger de garantie, soit moyennant une garantie moindre que celle qui est stipulée dans la présente convention, les colonies de la Martinique et de la Guadeloupe seront admises, de plein droit, à réclamer le bénéfice de l'égalité de traitement.

Fait à Paris, le 9 août 1863.

Signé PINARD.   Signé Cte P. DE CHASSELOUP-LAUBAT.

Décret du 7 octobre 1863, autorisant la société de crédit foncier colonial à étendre ses opérations à la colonie de la Réunion.

NAPOLÉON, par la grâce de Dieu et la volonté nationale, EMPEREUR DES FRANÇAIS,

A tous présents et à venir, SALUT.

Sur le rapport de notre ministre secrétaire d'état au département de la marine et des colonies, et l'avis de notre ministre secrétaire d'état au département des finances;

Vu notre décret du 31 août 1863 [1], contenant autorisation de l'établissement du crédit foncier dans les colonies de la Martinique et de la Guadeloupe, et approbation de modifications aux statuts de la société de crédit colonial;

Notre Conseil d'état entendu,

Avons décrété et décrétons ce qui suit :

Établissement du crédit foncier colonial à la Réunion.

Art. 1er. La société de crédit foncier colonial est autorisée à étendre ses opérations à la colonie de la Réunion, en se conformant aux dispositions du décret susvisé.

Art. 2. Aucune autre société de crédit foncier ne sera autorisée pour la colonie de la Réunion, pendant quarante ans, à partir de la promulgation du présent décret.

Art. 3. Notre ministre secrétaire d'état au département de la marine et des colonies et notre ministre secrétaire d'état au département des finances sont chargés, chacun en ce qui le concerne, de l'exécution du présent décret, qui sera publié au *Bulletin des lois,* inséré au *Moniteur,* dans les journaux officiels des colonies et dans les recueils des actes administratifs.

Fait au palais des Tuileries, le 7 octobre 1863.

Signé NAPOLÉON.

Par l'Empereur:

Le Ministre secrétaire d'état des finances,

Signé A. FOULD.

Le Ministre secrétaire d'état de la marine et des colonies,

Signé Cte P. DE CHASSELOUP-LAUBAT.

[1] Voir plus haut, page 462.

Décret du 7 octobre 1863, approuvant la convention passée, le 8 septembre 1863, entre le ministre de la marine et des colonies et M. Pinard, président de la société de crédit foncier colonial.

NAPOLÉON, par la grâce de Dieu et la volonté nationale, EMPEREUR DES FRANÇAIS,

A tous présents et à venir, SALUT.

Sur le rapport de notre ministre secrétaire d'état au département de la marine et des colonies;

Vu notre décret du 31 août 1863, contenant autorisation de l'établissement du crédit foncier dans les colonies et approbation de modifications aux statuts de la société de crédit colonial;

Vu notre décret, en date de ce jour, qui autorise la société de crédit foncier colonial à étendre ses opérations à la colonie de la Réunion;

Vu la délibération du conseil général de la Réunion, en date du 31 juillet 1863, ayant pour objet de donner pleins pouvoirs à notre ministre de la marine et des colonies pour traiter avec le conseil d'administration du crédit foncier colonial et accepter, au nom de la colonie, les conditions les plus avantageuses à ses intérêts;

Vu la convention arrêtée, le 8 septembre 1863, entre notre ministre de la marine et des colonies, agissant aux fins de ladite délibération, et le sieur Pinard, président du conseil d'administration de la société du crédit foncier colonial;

Vu l'article 6 du sénatus-consulte du 3 mai 1854;

Notre Conseil d'état entendu,

AVONS DÉCRÉTÉ et DÉCRÉTONS ce qui suit :

ART. 1er. Est et demeure approuvée la convention [1] passée, le 8 septembre 1863, entre notre ministre de la marine et des colonies et le sieur Pinard, président du conseil d'administra-

[1] Cette convention est la même que celle pour la Martinique et la Guadeloupe. (Voir page 467.)

tion de la société de crédit foncier colonial, laquelle convention restera annexée au présent décret.

ART. 2. Notre ministre secrétaire d'état au département de la marine et des colonies est chargé de l'exécution du présent décret.

Fait au palais des Tuileries, le 7 octobre 1863.

Signé NAPOLÉON.

Par l'Empereur :

Le Ministre secrétaire d'état de la marine et des colonies,

Signé Cᵗᵉ P. DE CHASSELOUP-LAUBAT.

TABLE CHRONOLOGIQUE.

TITRE PREMIER. — INSCRIPTION MARITIME.

TITRE II. — ÉCOLES.

31.

TITRE III. — PÊCHE.

TITRE IV. — NAVIGATION COMMERCIALE.

TITRE V. — ORGANISATION DES SERVICES DE LA FLOTTE.

TITRE VI. — COLONIES.

[1] Date de l'adoption de ce projet par le Corps législatif.

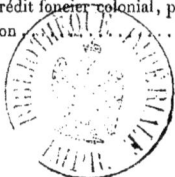

TABLE ANALYTIQUE

ET ALPHABÉTIQUE.

Avancement. Avancement dans les équipages de la flotte, *décret du 22 octobre 1863*, titre III, p. 53.

Modifications des articles 6 et 7 de la loi du 20 avril 1832 sur l'avancement dans l'armée navale, *projet de loi voté, le 22 avril 1864, par le Corps législatif*, p. 413.

B

Baleine. Voy. *Pêche de la baleine.*

Bateaux de plaisance. Voy. *Yachts.*

Bâtiments-écoles. Désignation des officiers sur les bâtiments-écoles, *décret du 12 février 1862*, p. 305.

Bâtiments en réserve. Voy. *Réserve.*

Bornage (navigation au). Les candidats au brevet de capitaine au bornage sont dispensés de l'obligation de justifier de certaines conditions de navigation à l'État, *décret du 22 octobre 1863*, p. 72.

Réduction de la patente des navires au bornage n'allant pas à la mer, *circ. du 7 octobre 1861*, p. 267.

Institution de la navigation au bornage dans les colonies, *décret du 16 février 1863*, p. 448.

C

Cabotage. Les certificats de visite des navires armés au cabotage ont la même durée que le rôle d'équipage, *circ. du 19 décembre 1862*, p. 264.

Les navires au cabotage faisant directement retour au port d'armement sont dispensés de la visite, *circ. du 23 mars 1862*, p. 265.

Conditions de la navigation au cabotage dans les colonies, *rapport et décret du 26 février 1863*, p. 438.

Caisse des gens de mer. Voy. *Caisse des invalides*, p. 31.

Caisse des invalides de la marine. Mesures à prendre pour accélérer le payement des sommes déposées à la caisse des gens de mer et de celles versées à la caisse des invalides, *circ. du 18 juin 1862*, p. 31.

Nouvelles mesures relatives au remboursement des sommes déposées à la caisse des invalides de la marine, et portant modification aux dispositions de la circulaire du 18 juin 1862, *circ. du 9 avril 1863*, p. 34.

Canonniers. Voy. *École des canonniers*, p. 97.

Capitaines du commerce. Suppression de l'obligation de justifier de certaines conditions de navigation à l'État pour se présenter aux examens de capitaine du commerce et de pilote, ou pour commander au bornage, *rapport et décret du 22 octobre 1863*, p. 72.

Certificats de visite. Voy. *Visite.*

Chauffeurs de la flotte. Voy. *Mécaniciens de la flotte.*

Cochinchine. Organisation financière de la Cochinchine, *décret du 10 janvier 1863*, p. 434.

Code Reynold. Le code de signaux maritimes de Reynold n'est plus obligatoire, *arrêté du 30 avril 1863*, p. 283.

Colonies. Les actes relatifs aux colonies sont insérés de la page 415 à la page 474. — Voy. *Bornage, Cabotage, Cochinchine, Crédit foncier colonial, Douanes coloniales, Guadeloupe, Immigration, Martinique, Presse coloniale et Réunion.*

Commerce de la morue. Nouvelles facilités pour l'importation de la morue en Espagne, *circ. du 25 juillet 1862*, p. 246.

Renseignements sur l'importation de la morue aux États-Unis, *circ. du 2 juin 1863*, p. 248. Voy. *Pêche de la morue.*

Commerce des colonies. Voy. *Douanes coloniales.*

compagnies spéciales de novices et d'apprentis-marins, *arrêté du 2 décembre 1863*, p. 66.

Instruction pour l'établissement des situations du personnel des équipages de la flotte, *circ. du 2 décembre 1863*, p. 69.

Décret du 12 mars 1862 qui modifie le titre III du décret du 5 juin 1856 sur l'organisation des équipages de la flotte (marins-fusiliers), p. 100.

Équipages du commerce. Les marins étrangers peuvent entrer pour un quart dans la composition des équipages du commerce, *circ. du 4 avril 1862*, p. 272.

Établissements huîtriers. Voy. *Huîtrières, Pêche aux huîtres, Parcs à huîtres.*

État-major de la flotte. Augmentation du cadre de l'état-major de la flotte, *rapport et décret du 14 août 1861*, p. 292.

État-major général de la flotte. Augmentation du cadre de la 1re section du cadre de l'état-major général de la flotte, *loi du 6 mai 1863*, p. 294.

F

Filets et engins de pêche. Les filets et instruments de pêche saisis pourront être restitués aux pêcheurs à titre gracieux, *circ. du 3 juin 1861*, p. 171.

Les filets et engins de pêche peuvent être employés à trois milles au large, *décret du 22 février 1862*, p. 174.

Décret du 10 mai 1862, p. 185; notification de ce décret, p. 190.

Circulaire du 18 juillet 1861, p. 218.

Fixation de la quantité des filets que peuvent embarquer les bateaux pour la pêche du hareng, *circ. du 20 juin 1863*, p. 224.

Suppression du minimum de filets pour les bateaux de pêcheurs de ha-

reng et de maquereau, au delà de 75 tonneaux, *décision du 22 septembre 1863*, p. 227.

Formation du personnel des équipages de la flotte. Voy. *Équipages de la flotte.*

Frais de conduite. Les frais de conduite et de rapatriement des gens de mer sont laissés à la liberté des stipulations entre les armateurs et les marins, *arrêté du 22 mars 1862*, p. 257; *rapport à l'Empereur*, p. 260; *circ. du 29 mars 1862*, p. 261.

Fusiliers-marins. Voy. *Marins-fusiliers.*

G

Gens de mer. Mesures pour accélérer le payement des sommes dues aux gens de mer, *circ. du 18 juin 1862*, p. 31; *circ. du 9 avril 1863*, p. 34.

Les frais de conduite et de rapatriement laissés à la liberté des stipulations, *arrêté du 22 mars 1862*, p. 257; *rapport à l'Empereur*, p. 260; *circ. du 29 mars 1862*, p. 261.

Guadeloupe. Modifications au régime douanier, *loi du 3 juillet 1861*, p. 432.

Navigation au cabotage, *décret du 26 février 1862*, p. 438.

Régime de la presse, *décret du 5 février 1863*, p. 450; *circ. du 1er août 1863*, p. 459.

Société de crédit foncier colonial, *décret du 31 août 1863*, p. 462 et 465.

Guetteurs sémaphoriques. Voy. *Sémaphores.*

H

Hareng. Voy. *Pêche du hareng.*

Huîtres. Voy. *Pêche des huîtres.*

Huîtrières. Demande de propositions pour l'amélioration des huîtrières du littoral, *circ. du 24 février 1862*, p. 173.

3₂

de la Manche et de la mer du Nord, *circ. du 31 décembre 1861*, p. 167.

Pensions. Amélioration des pensions : 1° des contre-maîtres, aides contre-maîtres et ouvriers nou inscrits, et d'autres agents de la marine servant à terre ; 2° des marins et autres qui complètent les 25 ans exigés pour la demi-solde au moyen de la navigation pour le compte du commerce, *loi du 28 juin 1862,* p. 81 ; *circ. du 2 juillet 1863*, p. 75.

Admission des officiers-mariniers et marins à la pension de retraite et à la pension dite *demi-solde, circ. du 22 janvier 1864*, p. 83.

Amélioration des pensions de retraites des officiers, fonctionnaires et agents de la marine et des colonies, *loi du 26 juin 1861*, p. 314; *circ. du 27 septembre 1861*, p. 309.

Permis de séjour à l'étranger. Les commissaires de l'inscription maritime pourront désormais délivrer dans certaines conditions des permis de séjour à l'étranger aux inscrits maritimes, *circ. du 20 juillet 1863*, p. 74.

Personnel de la flotte. Voy. *Équipages de la flotte, Officiers de vaisseau, État-major.*

Pilotes. Conditions pour se présenter au concours, p. 72.

Police de la pêche à Terre-Neuve. Modification du décret du 2 mars 1852 sur la police de la pêche de la morue à Terre-Neuve, *décret du 22 mars 1862,* p. 235.

Presse coloniale. Modification du régime de la presse aux colonies, *rapport à l'Empereur, suivi d'un décret du 5 juillet 1863*, p. 450.

Notification du décret du 5 juillet 1863, concernant le régime de la presse dans les colonies de la Martinique, de la Guadeloupe et de la Réunion, *circ. du 1er août 1863*, p. 459.

Primes de réadmission. Rapport à l'Empereur, suivi d'un décret du 25 juin 1861, p. 4.

Solutions données à diverses questions relatives à l'application du décret du 25 juin 1861, *circ. du 30 décembre 1861*, p. 18.

Décret du 22 octobre 1863 sur la formation des équipages de la flotte, titre IV, p. 54.

Pupilles de la marine. Création à Brest d'un établissement dit *des Pupilles de la marine, rapport et décret du 15 novembre 1862*, p. 85.

Envoi d'un arrêté qui réglemente le mode d'admission à l'établissement des pupilles, *circ. du 9 février 1863*, p. 89.

Notification d'un règlement relatif à l'établissement des pupilles, *décret du 8 avril 1863*, p. 93.

Application aux colonies des mesures relatives à l'établissement des pupilles, *circ. du 11 septembre 1863*, p. 96.

R

Rapatriement. Voy. *Frais de conduite.*

Réadmission au service de la flotte. Voy. *Primes de réadmission.*

Réexpéditions, etc. Les réexpéditions de navires français à l'étranger, avec le même rôle d'équipage, sont autorisées, *circ. du 9 juillet 1861*, p. 251 et 252; *arrêté du 22 mars 1862*, p. 258; *et circ. du 29 mars 1862*, p. 261.

Régime douanier aux colonies. Voy. *Douanes coloniales.*

Régime de la presse aux colonies. Voy. *Presse coloniale.*

Règlement d'armement. Création d'une commission permanente de contrôle et de révision du règlement d'armement, *rapport à l'Empereur*, p. 330; *décret du 22 octobre 1862*, p. 331.

Réglementation de la pêche côtière

Le secours de dix centimes par jour doit être alloué aux enfants, âgés de moins de dix ans, des marins requis de nouveau ou maintenus au service après l'accomplissement d'une première période obligatoire, *dépêche du 11 septembre 1862*, p. 24.

Notification d'une décision impériale relative aux secours journaliers de dix centimes alloués aux enfants, âgés de moins de dix ans, des marins inscrits en activité de service après l'accomplissement de la première période obligatoire, *circ. du 26 décembre 1862*, p. 25.

Séjour à l'étranger. V. *Permis de séjour.*

Sels. Autorisation accordée aux pêcheurs d'embarquer du sel français en quantités illimitées et en franchise de droits, et du sel étranger au droit de 50 centimes par 100 kil. *décret du 11 mai 1861*, p. 215.

Augmentation des quantités de sel allouées pour la préparation du hareng salé à terre, *décret du 5 décembre 1861*, p. 219.

Autorisation donnée aux pêcheurs partant pour Terre-Neuve sur lest de prendre du sel au retour dans un port d'Espagne ou de Portugal, *dépêche du 4 juin 1861*, p. 230.

Sémaphores. Organisation du service électro-sémaphorique du littoral de l'Empire, *décret du 17 mai 1862*, p. 333.

Service à l'État. Facilités à accorder aux marins qui veulent compléter six années de services à l'État, *circ. du 18 mars 1862*, p. 26.

Ne sont plus obligés de justifier de conditions de navigation sur les bâtiments de l'État, les candidats au brevet de capitaine du commerce et de pilote, *décret du 22 octobre 1863*, p. 72.

Service météorologique. Voy. *Météorologie télégraphique.*

Service sémaphorique. Voy. *Sémaphores.*

Signaux maritimes. Le code Reynold n'est plus obligatoire, *arrêté du 30 avril 1863*, p. 283.

Solde de disponibilité. Délivrance des congés renouvelables et mode de payement de la solde de disponibilité due aux inscrits maritimes qui se sont engagés à ne naviguer durant leur congé qu'au cabotage, au bornage ou à la petite pêche, *arrêté du 2 décembre 1863*, p. 67.

Spiritueux. Dispositions relatives à l'embarquement des spiritueux pour la pêche de la morue en Islande, *circ. du 10 janvier 1862*, p. 231.

Statistique de la pêche. *Circ. du 4 janvier 1863*, p. 204.

Sursis de levée. Exercice de la levée permanente et sursis à accorder à certaines catégories de marins, *rapport et décret du 25 juin 1861*, p. 1.

Solutions données à diverses questions relatives à l'application des décrets du 25 juin 1861, *circ. du 30 décembre 1861*, p. 11.

Décret du 22 octobre 1863, titre II, art. 9, p. 51.

T

Télégraphie météorologique. Règlement de ce service, p. 345.

Truite. Voy. *Pêche de la truite.*

V

Vaisseaux-écoles des canonniers. Voy. *Écoles des canonniers*, p. 97.

Visite (Certificats de). Les certificats de visite des navires au cabotage ont la même durée que le rôle d'équipage, *circ. du 19 décembre 1862*, p. 264.

Viviers. Envoi annuel d'un état statistique des produits des réservoirs à poissons, parcs, viviers, claires, etc. *circ. du 4 janvier 1863*, p. 204.

Y

Yachts et bateaux de plaisance.
Le rôle d'équipage des bateaux de plaisance est remplacé par un permis de navigation, *circ. du 23 mai 1862*, p. 284 ;

rapport à *l'Empereur et décret du 23 octobre 1863*, p. 287.

Les mots *bateaux de plaisance* doivent être inscrits sur les congés destinés à ces navires pour servir à les reconnaître, *circ. du 13 mars 1863*, p. 285.

Des rôles d'équipage peuvent être délivrés aux navires de plaisance, *circ. du 30 juin 1863*, p. 286.

FIN.

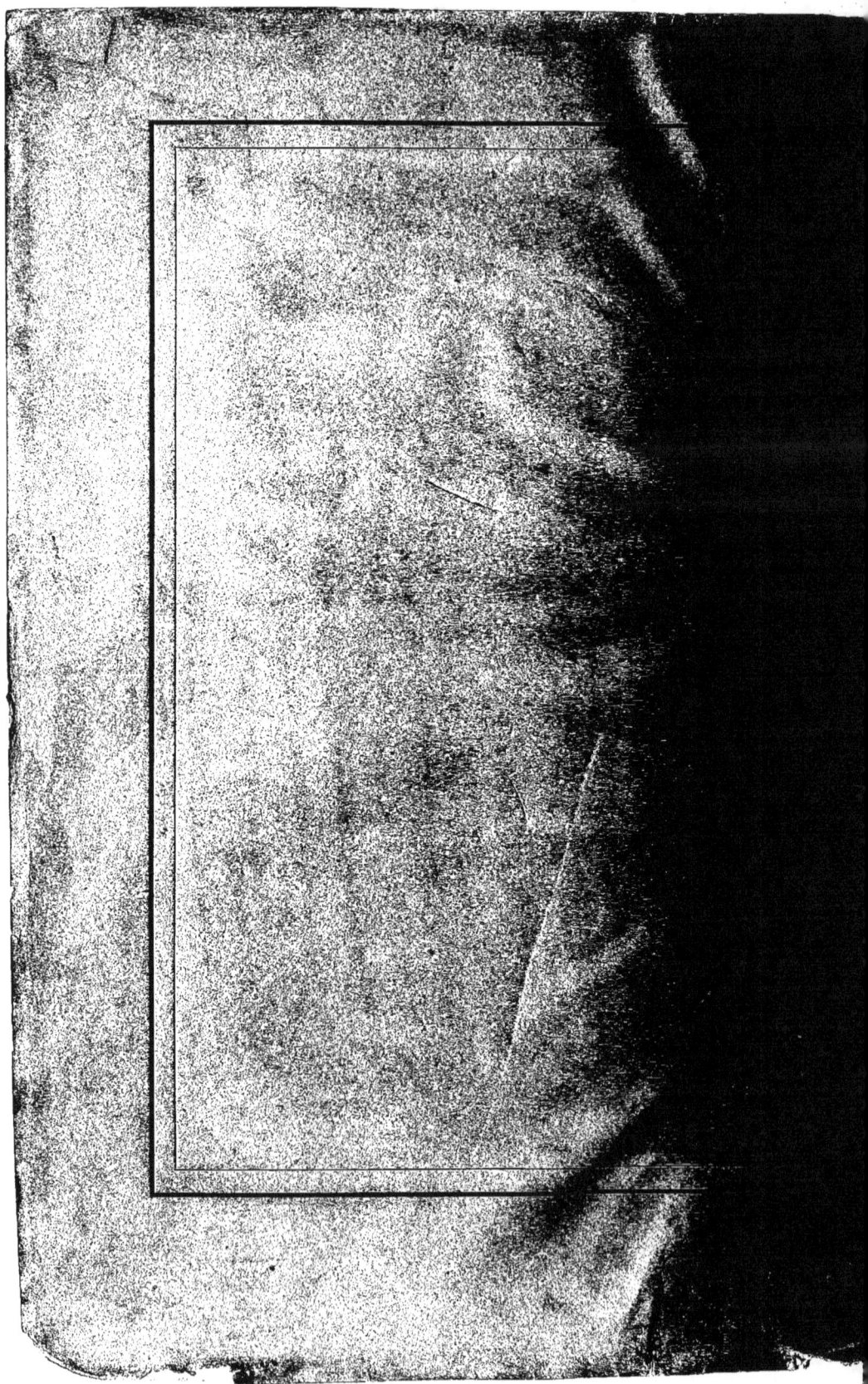

www.ingramcontent.com/pod-product-compliance
Lightning Source LLC
Chambersburg PA
CBHW060920220326
41599CB00020B/3028